Fitness am PC

Informationsverarbeitung 10/11

Zweistufige Wirtschaftsschule Bayern

1. Auflage 2016

Svenja Hausener
Holger Dickgießer

Svenja Hausener verfügt über langjährige Unterrichtspraxis in den Klassen Bürokaufleute, Kaufleute für Bürokommunikation, weiteren Berufsschulklassen sowie im Wirtschaftsgymnasium und in der Wirtschaftsschule.

Sie ist Prüferin bei der IHK für verschiedene Berufszweige (Bürokaufleute, Kaufleute für Groß- und Außenhandel, Kaufleute für Einzelhandel). In ihrer Schule ist sie u. a. zuständig für Individualfeedback und die Förderung der Methodenkompetenz der Schülerinnen und Schüler.

Vor ihrer Tätigkeit als Lehrerin arbeitete Frau Hausener in einem großen Unternehmen als Personalsachbearbeiterin und war in diesem auch für die Ausbildung der Auszubildenden sowie alle vertragsrelevanten Tätigkeiten in diesem Zusammenhang zuständig. Sie besitzt daher ein klares Bild von den Anforderungen, die an die Auszubildenden in der Unternehmenspraxis gestellt werden.

© by KLV Verlag GmbH

Alle Rechte vorbehalten

Ohne Genehmigung des Herausgebers ist es nicht gestattet, das Buch oder Teile daraus in irgendeiner Form zu reproduzieren.

Layout und Cover: KLV Verlag GmbH

1. Auflage 2016

ISBN 978-3-95739-050-9

KLV Verlag GmbH
Bellamonter Straße 30
88463 Eberhardzell
Tel.: 07358 9610920
Fax: 07358 9610921
www.klv-verlag.de
info@klv-verlag.de

Tariq Oguz 10e

Inhaltsverzeichnis

1 Lernbereich 10II.1: Sachgemäß und rationell mit dem Computer umgehen — 12

2 Lernbereich 10II.2: Moderne Kommunikationsmöglichkeiten zur Berufsorientierung nutzen — 54

3 Lernbereich 10II.3: Standardsoftware nutzen, um betriebliche Aufgaben zu bewältigen — 74

4 Lernbereich 11II.1: Standardsoftware einsetzen, um in einem Unternehmen erfolgreich zu agieren — 106

Erklärung Icons

 Kompetenz

Lernsituation

Beispiel

Hinweis/Merke/Achtung

Aufgaben

Qualitätsansprüche

KLV steht für **K**LAR • **L**ÖSUNGSORIENTIERT • **V**ERSTÄNDLICH.

Bitte melden Sie sich bei uns per E-Mail (info@klv-verlag.de) oder Telefon 07358 9610920, wenn Sie in diesem Werk Verbesserungsmöglichkeiten sehen oder Druckfehler finden. Vielen Dank.

Vorwort

„Kompetenzen werden nicht unterrichtet, sondern erworben."

Der Lehrplan Plus der Wirtschaftsschule hat es sich zum Ziel gemacht, dass die Schülerinnen und Schüler von nun an im Unterricht dauerhafte Kompetenzen erwerben sollen. Unter Kompetenzen werden „erlernbare, auf Wissen begründete Fähigkeiten und Fertigkeiten verstanden, die eine erfolgreiche Bewältigung bestimmter Anforderungssituationen ermöglichen." (Quelle: ISB)

Damit einher geht nicht nur eine neue Aufgabenkultur, sondern auch ein neues Unterrichtskonzept, das neben realitätsbezogenem Arbeiten auf eine stärkere Selbstständigkeit und Eigenaktivität der Schüler sowie auf verstärkte Teamarbeit abzielt.

Weg vom klassischen Frontalunterricht hin zu Lernsituationen über die eigenständige Erarbeitung und die Reflexion der eigenen Arbeitsschritte gestaltet sich diese neue Unterrichtskultur für viele Kollegen, in der sie die Rolle als Berater, Organisator und Begleiter übernehmen, als Herausforderung.

Das Doppelband Informationsverarbeitung (IV) für die Jahrgangsstufen 10 und 11 enthält neben den Lernbereichen einen Methodenpool und ein Programmhandbuch für Excel, Word und PowerPoint. Auch ein DIN-Regelheft ist enthalten.

Die Briefmaske der Berger & Thaler Sportswear OHG kann über die Homepage der KLV-Verlag GmbH heruntergeladen werden.

www.klv-verlag.de/fitness-am-pc

Durch den Lehrplan ist eine enge Verknüpfung der Inhalte aus den BSK-Stunden und den IV-Stunden gegeben. Ein Unterrichten im Tandem ist daher einfach und leicht möglich. Die allgemeinen BSK-Themen sind in diesem Buch nochmals erläutert.

Zur besseren Orientierung führen drei Symbole durch das Buch!

 steht für **„Los geht's"**!    steht für **„Kannst du es?"**

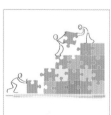 steht für **„Informationen"**!

Wir wünschen ein gutes und erfolgreiches Schuljahr!

Svenja Hausener, Holger Dickgießer

Lernbereich 10II.1: Sachgemäß und rationell mit dem Computer umgehen

Kapitel 1

1

1 Lernbereich 10II.1: Sachgemäß und rationell mit dem Computer umgehen

Lernbereich 10II.1

Kompetenzerwartungen

Die Schülerinnen und Schüler

– nutzen Geräte der Informationstechnik rationell und sicher bei der Erstellung von Dokumenten. Sie steigern ihre Leistungen durch gezieltes und eigenverantwortliches Üben.
– hinterfragen bei der Arbeit mit dem Computer die eigene Einstellung zur Arbeit und reflektieren ihre Stärken und Schwächen, um Maßnahmen zur Optimierung ihrer Arbeitsweise treffen zu können. Die Schülerinnen und Schüler steigern durch Erfolgserlebnisse ihre Selbstmotivation, z. B. durch sichtbare Fortschritte bei der Schreibgeschwindigkeit und Schreibsicherheit.
– sichern ihre erstellten Dokumente auf verschiedenen Speichermedien und ordnen sie übersichtlich.
– nutzen elektronische Geräte verantwortungsbewusst, sorgfältig und sachgerecht, um deren Funktion und Wert zu erhalten und die Umwelt zu schonen.
– achten bei der Arbeit am Computer auf die Einhaltung ergonomischer Gesichtspunkte und nutzen zielgerichtete Bewegungsübungen, um ihre Gesundheit und Leistungsfähigkeit zu erhalten.
– entwickeln eigenmotiviert und selbstreguliert Strategien, um sich selbstständig die verschiedenen Programmsystematiken zu erschließen. Dabei nutzen sie didaktische und fachspezifische (Online-)Lernprogramme sowie Hilfefunktionen der Softwareprogramme.

1.1 Einführung – welche Erwartungen habt ihr an das Fach Informationsverarbeitung?

Die beiden Schüler, Lena und Luca, haben heute zum ersten Mal das Fach Informationsverarbeitung und wissen nicht so richtig, was alles auf sie zukommt. Die Lehrerin eröffnet die Stunde mit folgenden Worten:

„Im Laufe der Zeit werdet ihr viele neue Dinge erfahren, euer Wissen in Bezug auf die Anwendersoftware erweitern und euch einige Fähigkeiten, Fertigkeiten und Kenntnisse aneignen, die ihr euer ganzes Leben lang nutzen werdet."

Lena und Luca sind gespannt.

1. **Informiert** euch über das Programm Word (Allgemeines, Bildschirmaufbau usw.) – siehe Programmhandbuch für Word.
2. **Öffnet** ein leeres Word-Dokument.
3. **Fügt** als Überschrift „Was erwartet mich im Fach Informationsverarbeitung" ein.
4. **Formatiert** die Überschrift fett und unterstreicht diese.
5. **Sammelt** eure Gedanken (Brainstorming – siehe Methodenpool) und **notiert** diese. **Nutzt** als Hilfe auch die Informationstexte.
6. **Diskutiert** eure Ergebnisse im Klassenverband (Plenum) und **ergänzt** ggf.
7. **Druckt** eure Produkte (Ergebnisse) aus und **heftet** diese in eurem Ordner ab.
8. **Überprüft** am Schuljahresende, ob die Erwartungen erfüllt wurden!

Zu Beginn des Schuljahres musst du dich mit dem Schulnetz vertraut machen! Wie meldest du dich an, wo speicherst bzw. wie speicherst du ab, was musst du generell bei dem Schulnetz berücksichtigen?

Auch wie du das 10-Finger-Tastschreiben lernst, wirst du erfahren. Einfache Formatierungen in einem Textverarbeitungsprogramm, das Arbeiten mit einem Tabellenkalkulationsprogramm und Präsentationsprogramm sowie vielfältige Methoden lernst du kennen. Auch der korrekte Umgang mit dem Internet und das Verhalten in sozialen Netzwerken werden behandelt.

Im Laufe des Schuljahres werden viele Produkte bzw. Ergebnisse erstellt. Mit diesen kannst du dich auf Proben und Tests vorbereiten oder wichtige Informationen für dich selbst nachlesen. Daher ist es sinnvoll, einen Ordner für das Fach Informationsverarbeitung anzulegen.

Tipps:

- Gehe sorgsam mit deinen Arbeitsmitteln um (PC, Drucker, Maus, Tastatur).
- Arbeite gewissenhaft und vergebe immer sinnvolle Dateinamen, damit du später deine Daten auch schnell wiederfindest.
- Höre den Anweisungen des Lehrers genau zu und notiere dir ggf. wichtige Informationen.
- Notiere dir dein Passwort sowie deinen Anmeldenamen (aber möglichst so, dass nur du auf diese Notizen zurückgreifen kannst = Datenschutz!).
- Drucke nicht unnötig! Prüfe dein Dokument vor jedem Druck in der Seitenansicht und verbessere zuerst die hier entdeckten Fehler.
- Übe auch zu Hause das Schreiben mit zehn Fingern (selbst, wenn du in Facebook und Co etwas schreibst).

1.2 Word

1.2.1 Allgemeines

1.2.1.1 Aufgaben eines Textverarbeitungsprogramms

Mithilfe eines Textverarbeitungsprogramms können Texte einfach erfasst, formatiert, strukturiert und verändert werden. Um professionell im Büro arbeiten zu können, müssen grundlegende Funktionen eines solchen Programms gekannt und angewendet werden.

1.2.1.2 Vor- und Nachteile eines Textverarbeitungsprogramms

Die Vorteile eines Textverarbeitungsprogramms liegen klar auf der Hand:

- lesbare Schrift
- Texte können schnell und einfach erfasst werden.
- Texte und Inhalte können übersichtlich dargestellt werden.
- Textänderungen sind schnell und einfach möglich.
- Umweltschonend, da bei Berücksichtigung verschiedener Kriterien (Seitenlayout vor dem Druck kontrollieren, ...) Papier gespart wird.
- Individuelle Gestaltungen sind leicht möglich.
- Vielfältige Formatierungsmöglichkeiten.
- Einsatz von Grafiken, Organigrammen ... ist leicht möglich.
- Inhalte lassen sich einfach speichern und transportieren („Papierflut entfällt").
- Durch die Speicherung von Dateien muss nicht immer wieder der „Aufschrieb" neu erstellt werden = erhebliche Zeitersparnis.

Vergleich handschriftliche Notizen

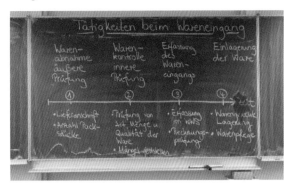

am PC erfasste Daten

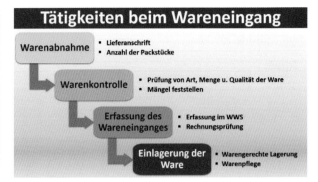

Nachteile sind:

– auf Stromversorgung angewiesen
– Gestaltung ist abhängig von den Kenntnissen des Nutzers
  (ggf. Unübersichtlichkeit).
– Aufwand, um grafische Darstellungen zu erzeugen
– Datenverlust durch Viren, Würmer, Fehler im Programm

1.2.2 Das Anwendungsfenster

Nach dem **Start** des Programms über das Programmsymbol [W] erscheint das **Word-Anwendungsfenster.**

Einstieg in das Programm Word 2010

Das Programm Word 2010 wird geöffnet und die Bildschirmansicht sieht wie folgt aus:

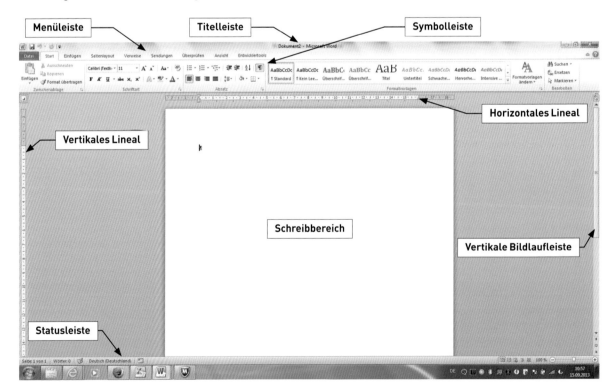

Onlinetool zur Steigerung der Schreibleistung

„Üben, üben, üben"! Diese Aussage hört ihr sicher öfters von eurer IV-Lehrerin bzw. eurem IV-Lehrer. Damit euch das Üben etwas leichter fällt, könnt ihr z. B. Hausaufgaben für andere Fächer am PC erledigen oder mithilfe von kostenlosen Onlinetools eure Schreibleistung steigern.

Quiz

1. **Löst** das Quiz und findet das Lösungswort. Ihr könnt zusammen mit eurem Banknachbarn arbeiten. Die Partner, die als Erstes fertig sind, haben den Schnelligkeitstest gewonnen.
2. **Seid** vorsichtig: Sind die Antworten auch wirklich richtig?! **Überprüft** euch gegenseitig.
3. **Arbeitet** ordentlich.

1. Wie nennt man die Leiste, in der der Dateiname zu sehen ist?

   _ _ _ _ _ _ _ _ _ _ _ _

2. Wie nennt man den Bereich, in welchem man immer schreibt und arbeitet?

   _ _ _ _ _ _ _ _ _ _ _ _ _ _

3. In welchen zwei Himmelsrichtungen verläuft das Lineal?

   _ _ _ _ _ _ _ _ UND _ _ _ _ _ _ _ _ _ _

4. Wie heißt der Bereich, in welchem ihr sehen könnt, wie viele Seiten euer Dokument hat, welche Sprache ausgewählt wurde ...?

   _ _ _ _ _ _ _ _ _ _ _ _

5. Wie heißt die Leiste, mit deren Hilfe ihr euer Dokument nach oben und unten schieben könnt?

   _ _ _ _ _ _ _ _ _ _ _ _ _ _

6. In welcher Leiste findet ihr die Wörter: START, EINFÜGEN, ANSICHT ...?

   _ _ _ _ _ _ _ _ _ _

   LÖSUNGSWORT: _ _ _ _ _ _ _ _

1.3 Umgang mit dem Schulnetz

1.3.1 Anmelden am Netzwerk und Speichern von Dateien

Heute geht die Lehrerin für Informationsverarbeitung mit der Klasse zum ersten Mal in den EDV-Raum, in welchem die Schüler nun die kommenden Stunden verbringen werden.

Lena ist etwas unsicher.

Lena: Du, wie machst du das denn zu Hause? Hast du einen eigenen PC?

Luca: Nein, ich nutze den PC zusammen mit meinem Bruder. Wir haben jeweils ein eigenes Nutzerkonto, mit welchem wir uns einloggen können. So sieht Marc nicht, was ich alles speichere und umgekehrt ist es auch so.

Lena: Ah, das ist ja praktisch. Und wie speicherst du deine Daten ab?

Luca: Mmm, irgendwie halt. Ich finde sie dann meistens schon wieder.

Lena: Meistens! Und wenn nicht?

Luca: Ja, dann muss ich manches wieder neu machen. Ich weiß mir da auch nicht so richtig zu helfen.

1. **Überlegt,** wie die PCs miteinander „reden" bzw. kommunizieren können, und notiert eure Ergebnisse/Vorschläge.
2. **Diskutiert** diese im Klassenverband!
3. **Schaut** euch das Bild 1 genau an und **diskutiert** dieses ebenfalls.
4. **Überlegt** zusammen mit eurem Nachbarn, welche Ordner und Unterordner ihr gerne in eurem Laufwerk anlegen möchtet, und **notiert** diese auf einem Spickzettel am PC.
5. **Notiert** auf eurem Spickzettel auch die Grundsätze, die beim Erstellen einer Ordnerstruktur Berücksichtigung finden sollen, sowie Eckdaten zu Symbolen, die in Dateinamen verwendet bzw. nicht verwendet werden können, und wichtige Informationen zum Datenschutz in diesem Zusammenhang.
6. **Gestaltet** diesen sinnvoll und **verwendet** die Überschrift „Ordnerstruktur und wichtige Informationen".
7. **Vergleicht** eure Spickzettel und **erstellt** mithilfe eurer Lehrerin/eures Lehrers die entsprechenden Ordner an eurem PC, in die ihr später speichern könnt.
8. **Druckt** den Spickzettel aus und **heftet** ihn in eure IV-Mappe ab.
9. **Gebt** Luca einen Tipp, wie er seine Daten speichern sollte und worauf zu achten ist.
10. **Berücksichtigt** euer neues Wissen in der Zukunft.

Eure Informationsverarbeitungslehrerin bzw. euer Informationsverarbeitungslehrer verrät, wie ihr euch am Schulnetzwerk anmeldet.

Dateien, die ihr erstellt, sollten natürlich auch gespeichert und, wenn ihr sie benötigt, wiedergefunden werden! Daher sollte man sich Ordner anlegen, in denen man die entsprechenden Dateien ablegt. Das Anlegen von Ordnern geschieht in einer Baumstruktur, die im Bild auf der folgenden Seite verdeutlicht wird. Ihr könnt es euch so vorstellen, dass der „Hauptast" des Baumes der thematische Oberbegriff ist und die „Nebenäste" die untergeordneten Begriffe zu den Oberbegriffen darstellen.

Das strukturierte Speichern von Dateien nennt man **Ablage.** Würdet ihr eure Daten einfach „irgendwo" bzw. „irgendwie" abspeichern, liegt die Annahme nahe, dass ihr eure Daten nur schwer bzw. gar nicht mehr oder nur mit einem hohen Zeitaufwand wiederfindet.

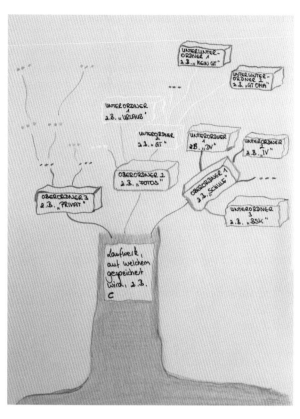

Wichtig ist also eine sinnvolle und strukturierte Ablage, für die gilt:

– Deine Struktur muss immer nachvollziehbar und einheitlich sein.
– Achte auf Übersichtlichkeit.
– Du musst schnell auf deine Daten zugreifen können.

Um deine gespeicherten Daten noch einfacher und schneller zu finden, bietet das Betriebssystem eine Sortiermöglichkeit z. B. nach Name, Größe, Typ oder Änderungsdatum an.

1.3.2 Dateinamen vergeben

Datei- und Ordnernamen können mit wenigen Einschränkungen vom Anwender frei vergeben werden und aus einer Kombination von Buchstaben, Zahlen und Sonderzeichen bestehen.

Aber Achtung:

– Fragezeichen (?),
– Stern (*),
– Doppelpunkt (:),
– Anführungszeichen („),
– Kleiner-/Größer-Zeichen (< >),
– Schrägstrich (/),
– Leerzeichen ( ),

können keine Bestandteile von Dateinamen sein.

1.3.3 Datenschutz

Natürlich spielt auch bei dem Speichern von Daten der Datenschutz eine wichtige Rolle. Handelt es sich um „sensible Daten" (z. B. persönliche Daten von dir, wie ein Lebenslauf), sollten die Dateien oder Ordner, in welchen die Daten gespeichert werden, unbedingt mit einem Passwort versehen werden, um die Nutzung durch Unbefugte gleich im Voraus auszuschließen. Unwichtige Informationen (schnelle Notizen, die man nur für einen Moment benötigt) müssen nicht gespeichert werden. Diese würden nur unnötig den Speicher (z. B. Festplatte, USB-Stick usw.) „füllen" und große Datenmengen können sogar die Geschwindigkeit des PCs herabsetzen.

1

Lernbereich 10II.1

1.4 Erstellen eines Deckblattes für die Informationsverarbeitungsmappe

Am kommenden Montag sammelt die Informationsverarbeitungslehrerin, Frau Riewer, die Ordner zur Benotung ein. Luca gerät leicht in „Panik", weil ihm Blätter fehlen, ein paar „Eselsohren" in diesen vorhanden sind und er auch nicht alles der Reihe nach eingeheftet hat.

Aufgeregt bittet er Lena um Hilfe.

1. **Öffnet** ein leeres Word-Dokument.
2. **Speichert** es in einem sinnvollen Ordner (z. B. Ordner „Informationsverarbeitung") unter dem Dateinamen „DECKBLATT" ab.
3. **Schreibt** als Überschrift „Unterlagen des Faches Informationsverarbeitung" in euer Dokument und **formatiert** diese ansprechend.
4. **Ergänzt** unter der Überschrift „eure Klassenbezeichnung" sowie „euren eigenen Namen" und **fügt** ein passendes Clipart ein.
5. **Überprüft** in der Seitenansicht, ob euer Dokument ansprechend aussieht und nehmt ggf. „Verschiebungen" vor.
6. **Speichert** noch einmal und **druckt** euer Dokument aus!
7. **Heftet** es als Deckblatt in eurer IV-Mappe ab.

Da ihr bereits einige Produkte erstellt habt, ist es sinnvoll, dass ihr diese ordentlich in einer Mappe oder einem Ordner abheftet. Damit der Ordner ansprechend aussieht und ihr immer genau wisst, für welches Fach der Ordner ist, bietet sich das Erstellen eines Deckblattes an.

Dabei ist darauf zu achten, dass der „Inhalt" des Deckblattes sinnvoll über das ganze Dokument verteilt wird.

Beispiel 1
weniger gute Aufteilung und Gestaltung

Deckblatt
Fach Informationsverarbeitung

Lena Zagerl

Beispiel 2
gute Aufteilung und Gestaltung

Informationsverarbeitung

Fachlehrerin: Frau Riewer

Schuljahr 2015/2016

Lena Zagerl
Klasse 7 b

Wirtschaftsschule

1. **Überprüft,** für welche Fächer ihr Ordner habt, und **erstellt** für diese jeweils ein ansprechendes Deckblatt.
2. **Verwendet** verschiedene Formatierungen und **fügt** sinnvolle Bilder und Grafiken ein.
3. **Kontrolliert** immer in der Seitenansicht, ob eure Dokumente ansprechend aussehen.
4. **Prüft** diese auf Vollständigkeit und Richtigkeit, **druckt** dann alle eure Deckblätter aus und **heftet** sie in den entsprechenden Ordnern ab.
5. **Nutzt** eure Fähigkeiten und Fertigkeiten für die Zukunft.

Lernbereich 10II.1

1

1.5 Zehn-Finger-Tastschreiben

Die Unterrichtsstunde wird von Frau Riewer mit folgenden Worten eröffnet:
„Heute legen wir das „Adlersuchsystem" ab und fangen an, mit zehn Fingern zu schreiben!"
Lena schaut etwas verwundert und fragt Frau Riewer: „Was ist denn ein „Adlersuchsystem"?
Frau Riewer antwortet: „Na, erst mit den Fingern über der Tastatur kreisen, dann stürzen! So schreiben hier fast alle Schüler, habe ich gesehen! Wir wollen es aber richtig lernen, damit ihr eine gute Schreibgeschwindigkeit erreicht und dadurch viel Zeit spart!
Lena lacht! „Ist gut", sagt sie.

1. **Informiert** euch, mit welchem Finger welche Buchstaben „angeschlagen" werden.
2. **Sucht** euch im Internet das Bild einer Tastatur heraus und **druckt** dieses aus.
3. **Vergebt** für jeden eurer Finger eine Farbe. **Markiert** immer, wenn ihr neue Buchstaben lernt, die Taste mit der entsprechenden Farbe, die für den Finger steht, mit welchem ihr den Buchstaben anschlagt.
4. **Übt** selbstständig das Tastschreiben – auch zu Hause (ihr könnt Texte aus Zeitungen abschreiben, ggf. Hausaufgaben für andere Fächer am PC erledigen usw.). **Druckt** diese immer aus und **heftet** sie in eurem Ordner ab.
5. **Prüft** eure Schreibgeschwindigkeit, indem ihr die Zeit stoppt und **schaut,** wie viele Anschläge ihr in dieser erreicht (am besten immer im 10-Minuten-Takt arbeiten!).
6. **Vergleicht** am Schuljahresende eure Schreibleistung mit eurer Schreibgeschwindigkeit vom Schuljahresanfang und **notiert** eure Feststellungen unter dem Bild von eurer Tastatur oder auf der Rückseite von diesem.
7. **Bildet** ein Fazit, warum das 10-Finger-Tastschreiben so wichtig ist und **welche** Vorteile das richtige Beherrschen der Tastatur für euch hat.
8. **Berücksichtigt** eure Erkenntnisse in der Zukunft.

1.5.1 Die Grundstellung

Bitte arbeitet immer mit der Schriftart Courier New, 12 pt! Nur dann sehen die Zeilen bei euch am Bildschirm wie im Buch aus! Eure Seitenränder müssen links immer 2,5 cm und rechts 2,0 cm betragen.

Wir lernen die Buchstaben ASDF, JKLÖ, das Betätigen der Leertaste und der Returntaste.

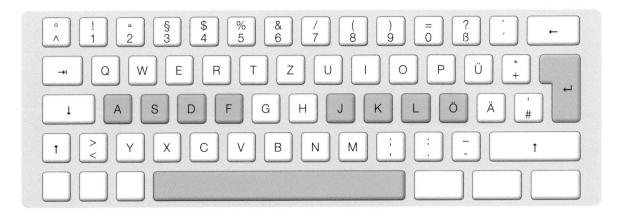

Daumen – Tastwege (Leertaste)
Mit den beiden Daumen wird die Leertaste angeschlagen und ein Leerschritt eingefügt. Du wirst sehen, dass sich im Laufe des Schreibens ein Daumen „hervortut", mit dem du meistens die Leertaste anschlägst!

kleiner Finger – Tastwege (Returntaste)
Mit dem kleinen Finger wird die Returntaste angeschlagen. Wird diese betätigt, gelangst du mit deinem Cursor in die nächste Zeile!

Zeigefinger – Tastwege (F und J)

```
fff fff fff jjj jjj jjj fff jjj fff jjj fjf fjf jfj jfj jfj
fff jjj fff jjj fff jjj fjf fjf fjf jfj jfj jfj fff jjj fff
jjj fff jfj jfj fjf fjf fff jjj jjf jjf jjf ffj ffj ffj jjf
fjf jfj jfj jfj fff jjj fjf fjf jjf jjf jfj fjf ffj ffj fff
```

Mittelfinger – Tastwege (D und K)

```
ddd ddd ddd kkk kkk kkk ddk ddk ddk kkd kkd kkd kdk kdk kdk
dkd dkd dkd kdk kdk kdk kkd kkd kkd ddk ddk ddk kkd ddk dkd
kdk kdk kdk ddk ddk ddk kkd kkd kkd dkd kdk kkd ddk kdk ddk
dkd dkd dkd kkd kkd kkd kdk kdk dkd dkd ddk ddk kkd kkd kkk
```

Ringfinger – Tastwege (S und L)

```
sss sss sss lll lll lll sss lll sss lll sss lll sss lll sss
sss lll sss lll sss lll sls sls sls lls lls lls ssl ssl ssl
sls lsl sls lsl sll ssl sls lsl sls lsl lls ssl lls ssl lsl
lsl lsl lsl sls sls sls ssl ssl ssl lls lls lls lsl sls lls
```

kleiner Finger – Tastwege (A und Ö)

```
aaa aaa aaa ööö ööö ööö aaa aaa aaa ööö ööö ööö aaa ööö aaa
aöa aöa aöa öaö öaö öaö aaö aaö aaö ööa ööa ööa öaö aöa öaö
aöö aaö aöö aaö aöa öaö aöa aaö ööa aöö aaö aöa öaö aöö ööa
ööö ööö ööö aaa aaa aaa öaö öaö öaö aöa aöa aöa ööa aaö aöö
```

Übungen

```
fdsa jklö asdf jklö asdf jklö fdsa jklö asdf jklö fdsa ölkj
ölkj dsaf fasd jölk dasf klöj lökj sadf asdf jklö ölkj fdsa
al la sa sö ös da ka ak jf fj as öl kj df fj dk sl aö al ja
ja al da dk kd ls aö öa öl da dd kf kd sl ls aö fj dk sl al
```

Nun kannst du bereits Wörter schreiben!

```
da da da ja ja ja als als als das das das öl öl öl da ja öl
als als als las las las das das das all all all öl öl öl ja
ja ja ja da da da saal saal saal öl öl öl ja da da saal das
das als da ja öl saal las lass das als da ja öl saal las ja
```

Finger, die nicht schreiben, ruhen auf der Tastatur.

1

1.5.2 Wir lernen die Buchstaben E und I und das Betätigen der Löschtaste

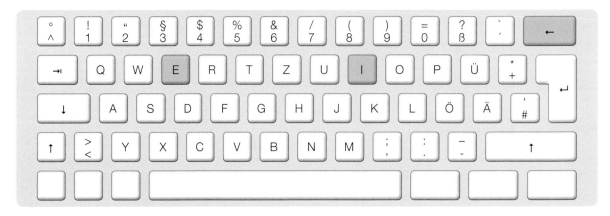

kleiner Finger – Tastwege (Löschtaste)

Die Löschtaste wird mit dem kleinen Finger der rechten Hand angeschlagen. Dazu dreht sich die rechte Hand leicht nach oben rechts. Diesen Griff musst du etwas üben!

Mittelfinger – Tastwege (E und I)

```
ded ded ded ded ede ede ede ede def def def des des des des
dea dea dea dea def def def def das das das das dea def das
kik kik kik kik iki iki iki iki kij kij kij kij kik iki kij
kiö kiö kiö kiö kij kij kij kij öli öli öli öli kiö kij öli

eis eis eis eis die die die die löse löse löse löse eis die
öse öse öse öse sei sei sei sei die die die die öse sei die
lasse lasse lasse lasse fasse fasse fasse fasse lasse fasse
lasse es fasse es sei leise lasse es fasse es sei leise eis
```

Übungen

```
das eis fasse das eis die öle ja das eis sei leise löse ess
esse es fasse es lasse es sei öse öl jede jedes ja eis esse
öse löse leise sei lasse es sei leise öse die das löse lass
like es sei leise keks kekse esse kekse lasse kekse löse e

kiel leise leid seid dieses diese das lies lied eile die da
alles fiel seife lass die seife das lied lies das sei leise
diese diele das leid seid leise lies das die seife esse das
das öl die kekse esse die kekse löse das eis lasse das dies

die klasse esse die kekse lasse die diele löse die kasse da
löse die diele lasse das sei leise esse die kekse leise das
fasse es leise esse das eis leise lasse die kekse da lös es
die öse das kleid kleide das lasse das kleid leide lass das
die kekse das kleid sei leise löse es lasse es das kleid es
fasse die kekse esse das eis löse die diele lasse das kleid
```

Formatierungsaufgabe

1. **Suche** im Teil „Übungen" die Wörter „eis", „kleid" und „diele" heraus.
2. **Formatiere** jeweils das Wort „eis" FETT, das Wort „kleid" UNTERSTRICHEN und das Wort „diele" KURSIV.

1.5.3   Wir lernen das Betätigen des Umschalters für die Groß- und Kleinschreibung sowie das Komma

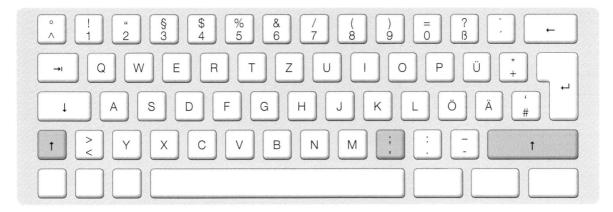

kleiner Finger – Tastwege (Umschalter)

```
Eis Eis Eis Eis Die Die Die Die Das Das Das Das Diele Kleid
Ja Ja Ja Ja Klasse Klasse Klasse Klasse Ja Klasse Kasse Das
Öl Öl Öl Lade Lade Lade Kleid Kleid Kleid Kekse Kekse Kekse
Fasse Fasse Fasse Leise Leise Leise Klasse Sei Das Diele Öl

Lasse das Sei leise das Öl das Kleid die Kekse die Diele Es
Esse die Kekse Lasse die Kasse Löse es Esse das Eis Lass es
Like das leise Lese es dieses Kleid die Diele Esse Eis dass
Allee die Allee Akelei die Akelei das Kleid die Kekse Diele
```

Mittelfinger – Tastwege (Komma)

```
k,k k,k k,k ,k, ,k, ,k, kk, kk, kk, ,kk ,kk ,kk k,, k,, k,,
esse Eis, lass das, sei leise, die Klasse, das Kleid, alles
Fasse es, löse die Diele, esse das Eis, Like es, die Kekse,
Lese dies, esse die Kekse, lasse die Klasse, sei leise, als

Kiel, die Seife, das Leid, eine Kasse, die Öse, Lasse dies,
Fasse die Kekse, Löse die Diele, das Öl, lasse das Öl, All,
die Seife, lies das, die Öse, das All, die Eile, Löse dies,
```

Übungen

```
das Eis, fasse das Eis, die Öle, ja das Eis, sei leise, All
Esse es, Fasse es, Die Öse, das Eis, Jede, das Öl, Esse es,
Kiel, das alles, diese Diele, diese Klasse, lass die Kasse,
Fasse die Seife, esse das Eis, lasse die Öse, das All, Eile
```

Formatierungsaufgabe

1. **Formatiere** den ersten Absatz linksbündig, den zweiten Absatz rechtsbündig und den dritten Absatz zentriert.
2. **Suche** im letzten Absatz der Übungen „Esse es" heraus und **formatiere** jeweils FETT.
3. **Öffne** ein leeres Word-Dokument und speichere dieses unter dem Dateinamen „din_regelheft"
4. **Schreibe** die unten stehende Regel ab und speichere.

Das Komma (wie alle Satzzeichen) schließt sich direkt ohne ein Leerzeichen an, nach dem Komma muss ein Leerzeichen eingefügt werden.

1

1.5.4 Wir lernen die Buchstaben R und U

Zeigefinger – Tastwege (R und U)

```
frf frf frf rfr rfr rfr juj juj juj uju uju uju frf uju jju
reis reis reis frei frei frei rasse rasse rasse der der der
raus raus raus urs urs urs rufe rufe rufe hufe hufe hufe du
ulf ulf ulf laus laus laus gras gras gras der der der du du

Jade, raues Kleid, die Reise, der Huf, lass die Klasse, Dur
der Reis, die Reise, das Ufer, rufe Ulf, Reise, Rassel, der
das Alles, das Fass, der Ruf, diese Ufer, jede Laus, Rassel
Raffe es, reine Seife, dieser Ulf, dieser Urs, Ursel, Rufe,

du, leeres, leider flau, jeder erfasse es, er dulde es, Ruf
daraus, die Laus, faul, sause, dulde, kaufe, lasse Ulf, der
das Kleid, die Akelei, das Ufer, jede Rassel, die Laus, Huf
Rufe Urs, der Reis, freie, sei fair, diese faire Adele, Dur
```

Übungen

```
Rufe Ulf, die Laus, der Huf, rufe Ilse, dies Haus, die Rufe
Lies es, Sei faul, kaufe es, sause, saure, dieses Haus, Huf
leider faul, liefere es, dass er fair sei, rufe sie, Adele,
Leider alles aus, lasse dies, Rufe Ulf, die Hufe, das Gras,

sie rufe es, sie rufe es aus, sie erfasse es, rufe die Ilse
lasse das, lasse sie raus, leere das alles, dulde es leise,
leere das aus, lass die Rassel, lasse die Reise, dies Haus,
leider das Kleid, alles frei, sauer, sei fair, faire Adele,
Rufe die Ursel, lese es, lasse die Ilse, rufe die Ursel, du
```

Formatierungsaufgabe
1. **Ändere** im Teil „Übungen" den ersten Absatz in Schriftart Arial, 14 pt.
2. **Formatiere** den ersten Absatz rechtsbündig.
3. **Formatiere** den zweiten Absatz in der Schriftfarbe Grün – FETT.

1.5.5 Wir lernen die Buchstaben G und H

Zeigefinger – Tastwege (G und H)

```
fgf fgf fgf gfg gfg gfg jhj jhj jhj hjh hjh hjh fgg jhh ghf
Gerda Gerda Gerda gerade gerade gerade greife greife greife
Heike, Heike, Heike, heiser, heiser, heiser, gehe, gehe, ja
Lass das Lisa, sei Leise, esse die Kekse, heiser ist Gerda,

Ruhr, Drehe, Dreher, aha, ruhig, fahre, heiser, lag es, dir
der Guss, die Ruhe, das Haar, leihe es aus, rufe es aus, ja
greife es, helfe ihr, ihre Helfer, Ulf esse die Kekse, gehe
das Haus, die Heide, leihe es, er sah Karla, der Graf, Hall

Frage Ulf aus Kassel, Frage Adele aus Kiel, Gehe leise, ihr
leihe es, siehe da, siehe das Haar, esse Karlas Eis, heiser
der Hase, der Hals, die Fahrer, die Hasser, der Hass, Ruhe,
ruhig, erlag, ölig, sage, fahre, siehe, fuhr, frage, Kekse,
```

Übungen

```
der Juli, dieses Feld, fahre auf das Feld, lass Karlas Eis,
die Öse, ruhe aus, das leere Glas, leihe dir die Kekse, geh
gerades Haus, die heisere Ida, das Gleis, Adele aus Kassel,
liefere die Löffel, gerade da, der Diskus, leihe dir dieses

leihe dir das Glas, sehe diese Auslage, Er rufe Ida aus, da
das Ölfeuer, lass die Löffel, heisere Heike, sehe die Saale
die Saar, gehe auf das Rad, sehe die Seife, die Dias, Haus,
kaufe Kaffee, frage Heike, die Auslage, fahre auf das Feld,
geh leise, der Hall, die Halle, das Haus, gerade das, Gleis
```

Formatierungsaufgabe

1. **Suche** im Teil „Übungen" die Wörter „Feld" und „Haus" heraus.
2. **Formatiere** jeweils das Wort „Feld" in der Schriftfarbe Grün; Schriftart: Arial und FETT; das Wort „Haus" in der Schriftfarbe Rot; Schriftart: Times New Roman und UNTERSTRICHEN.

1.5.6 Wir lernen die Buchstaben W und O sowie den Punkt

Ringfinger – Tastwege (W, O und Punkt)

```
sws sws sws wsw wsw wsw lol lol lol olo olo olo wss wws ool
1.1 1.1 1.1 .1. .1. .1. 11. 11. 11. ..1 ..1 ..1 1.1 .1. 11.
Weise, Weise, Weise, der Weg, der Weg, der Weg, Wiese, Wall
wo, wo, wo, weil, weil, weil, warf, warf, warf, Welle, Ware

Ware. Ware. Ware. wer, wer, wer, Wasser. Wasser. Wasser. Wo
Das Haus. Das Haus. Die Wale. Die Wale. Die Welle. Der Olli
Esse das Eis. Lasse Olli. Fasse die Diele. Esse das Öl. Wer
Lass die Ware. Werfe es. Das Wasser. Lasse die Ware. Wiese.
```

Übungen

```
Wer war es. Die rosa Kekse. Die raue Adele. Die raue Welle.
Die Wahl. er isst die Waffel. Der rosa Wels. das Wasser, wo
Wo sei er. er warf es. Er rufe es aus. Reise du, das Werke,
Ilse warf es, sieh das Werk, esse die Waffel, fasse das, es

Wer kaufte es. Lies dies. Lasse es. Wer war es. Rufe Willi.
Kaufe die Waale. Höre die Diele. Sieh das Öl. der Wald, was
was sagt der Willi, wie der Wels, wie die Ware, diese Wiese
das Wetter, Lass die Akelei. dieses weiss er, esse die Ware

Werk, Werk, Werk, Waffel, Waffel, Waffel, Wels, Wels, Wels,
Esse die Waffel. Siehe, das Werk. Weil es so sei. Die Ware.
Willi sagt das, wo war die Ware. Esse das Öl. die Wiese, Ja
die Welle war rau. diese Wiese, er warf es. die Ware war so
```

Formatierungsaufgabe
1. **Setze** im Teil „Übungen" um den ersten Absatz einen Rahmen und **füge** eine sinnvolle Schattierung ein.
2. **Schattiere** den zweiten Absatz in einem Hellrot.
3. **Öffne** die Datei „din-regelheft". Schalte zweimal und ergänze die unten stehende Regel. Speichere ab.

Der Punkt schließt sich direkt ohne ein Leerzeichen an, nach dem Punkt muss ein Leerzeichen eingefügt werden.

1.5.7 Wir lernen die Buchstaben T und Z, Q und P

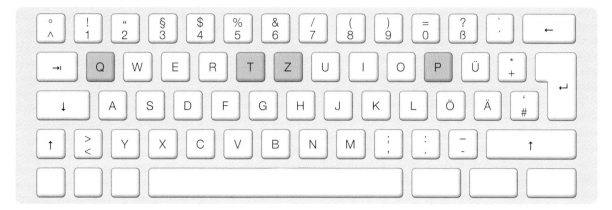

Zeigefinger – Tastwege (T und Z)

ftf ftf ftf tft tft tft jzj jzj jzj zjz zjz zjz ftt jzz ftz
teuer, teuer, teuer, treu, treu, treu, kurze, kurze, kurze,
Kritik, Kritik, Kritik, Zeuge, Zeuge, Zeuge, gut, gut, gut,
heute, heute, heute, zart, zart, zart, Teige, Teige, Teige,

das Ziel, das Herz, der Arzt, das Zitat, das Kreuz, die Tat
die Kritik, das zarte Kleid, treue Adele, die teure Akelei,
er zielte gerade, es war still, das Tal war ruhig, Feiertag
zarte Kleider, Ute war es leid. Heute zahlt er alles. Kurze

kleiner Finger – Tastwege (Q und P)

aqa aqa aqa qaq qaq qaq öpö öpö öpö pöp pöp pöp aaq ööp öqp
Tipp, Tipp, Tipp, Paula, Paula, Paula, Paola, Paola, Paola,
die Quelle, die Quelle, die Quelle, Qualle, Qualle, Qualle,
Quote, Quote, Quote, Pakete, Pakete, Pakete, pro, pro, pro,

purpur, paar, der Opa, Quantum, der Quader, Quittung, Quarz
das Quartier, der Pass, das Papier, die Post, dieses Paket,
sieh diese Quelle, Er sah das Paket. Er hat die Wahl. Paola
Das ist diese Quelle. Der Tipp ist gut. Siehe diese Posten.

Übungen

die Tage, Es war der Feiertag. Er diskutiert es. das Kreuz,
Er fahre zu Opa. Die Qual der Wahl. Er kreuzt es. Tue dies.
Es ist ölig. Der Tipp ist gut. Es war sehr still. Wo ist er
Paul spielt Lotto. Otto isst gerade Eis. Der Arzt kaufe es.

Trotz der Welle, geht er raus aufs Wasser. Peter ist still.
still, still, still, Zeit, Zeit, Zeit, Kreuz, Kreuz, Kreuz,
die Qual, die Qual, die Qual, die Post, die Post, die Post,
Oskar isst gerade Kekse. Adele lass das. Paul ist zur Post.

Formatierungsaufgabe
1. **Füge** um dein Dokument einen Seitenrand mit Effekt ein.
2. **Formatiere** alle Sätze kursiv.

1

1.5.8   Wir lernen die Buchstaben V und M, B und N

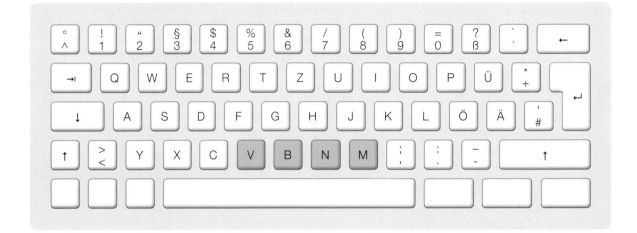

Zeigefinger – Tastwege (V und M, B und N)

```
fbf fbf fbf bfb bfb bfb jnj jnj jnj njn njn njn fbb jnn fbn
Bahn, Bahn, Bahn, seine, seine, seine, deine, deine, deine,
geben, geben, geben, Bett, Bett, Bett, beide, beide, beide,
Burgen, Burgen, Burgen, neun, neun, neun, neue, neue, neue,

fvf fvf fvf vfv vfv vfv jmj jmj jmj nmn nmn nmn ffv jmm fvm
mir, mir, mir, Turm, Turm, Turm, Mais, Mais, Mais, in in in
Musik, Musik, Musik, Nonne, Nonne, Nonne, viel, viel, viel,
meist, meist, meist, Vase, Vase, Vase, Taler, Taler, Taler,
```

Übungen

```
Fieber, Fieber, Fieber, Nase, Nase, Nase, Nerv, Nerv, Nerv,
Verse, Verse, Verse, Vater, Vater, Vater, Darm, Darm, Darm,
Das Meer ist blau. Peter hat Mut. Der Vater isst Eis. Darum
mag ich Anna. Herr Meier mag gern Kekse. Das Vieh ist lieb.

Anna mag Kiel. Eva fuhr mittags mit dem Rad. Heute isst er.
Er hat viel vor. Er hat leider viele Verluste. Mag er dies.
Heute kauft Ute eine Karte ein. Morgen wird es wohl regnen.
Es kann nicht sein. Er mag die Vase. Die Nonne isst Vieles.

Er mag gerne Musik. Das Fieber geht runter. Um neun muss er
ins Bett. Der Turm ist grau. Die Musik ist laut. Er kann es
heute erledigen. Peter hat heute viele Hausaufgaben auf. In
der Klasse ist es laut. Manu hatte die Miete schon gezahlt.
Am Freitag sind Ferien. Mittags fuhr Anna zum Baden. Mutig,
wer morgen Eis isst. Ulf hat die Miete schon heute gezahlt.
```

Formatierungsaufgabe
1. **Formatiere** bei „Übungen" die drei Absätze jeweils mit unterschiedlichen Rahmen.
2. **Füge** zwei verschiedene ClipArts ein und **positioniere** diese „passend".

1.5.9 Wir lernen den Buchstaben C und das Semikolon (Strichpunkt)

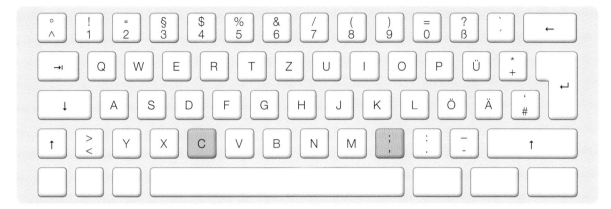

Mittelfinger – Tastwege (C und Semikolon)

Das Semikolon (Strichpunkt) wird durch Betätigen des Umschalters und der Taste für das Semikolon (Komma) geschrieben.

```
dcd dcd dcd cdc cdc cdc k;k k;k k;k ;k; ;k; ;k; dcc k;; dc;
mich; mich; mich; sich; sich; sich; Machen; Machen; Machen;
auch; auch; auch; aua; aua; aua; Christi, Christi, Christi,
das Lachen; der Charakter; der Chirurg; die Creme, Centrum,

die acht Kleider; das neue Eis; das Schachspiel; schlechtes
Kinderspiel; mich; meine lachenden Kinder; Mach das richtig
Christian ist mein Freund; er mag Schach gerne. Anna lacht;
die Saite; der Leib; der Laib; Herr Maier; das Schachspiel;
```

Übungen

```
das Eis; lasse das Eis liegen; Das Weltall ist schön; Hass;
das rote Dach; die rosa Kleider; die graue Heuschrecke; ich
Adele isst gerne Fisch; Heike mag gerne Chirurgen; höflich;
Mein Fahrlehrer bildet gut aus. Ich mag Adele. Ach wie toll

Jana arbeitet am PC und schreibt gerade seine Hausaufgaben.
Chrissi strengt sich gut an; deswegen bekommt er eine Zwei.
Anna-Mia trainiert jeden Tag und erreicht ihr Ziel schnell.
Herr Maier ist ein toller Lehrer und Mia mag ihn sehr gern.

Ergonomie am Arbeitsplatz ist sehr wichtig für alle, die am
Schreibtisch sitzen. Kann das sein; es scheint mir nicht so
Mia ist höflich und geduldig; sie ist eine liebe Schülerin.
Herr Mari bittet Mia, ihm das Heft unaufgefordert zu geben.
```

Formatierungsaufgabe

1. **Öffne** die Datei „din-regelheft". Füge ein WordArt als Überschrift mit dem Text „kleines DIN-Regelheft" ein.
2. **Erfasse** die nachfolgende DIN-Regel unterhalb der von dir bereits geschriebenen Regeln.
3. **Speichere** ab.

Das Semikolon schließt sich direkt ohne ein Leerzeichen an, nach dem Semikolon muss ein Leerzeichen eingefügt werden.

1.5.10 Wir lernen den Buchstaben X und den Doppelpunkt

Ringfinger – Tastwege (X und Doppelpunkt)

Der Doppelpunkt wird durch Betätigen des Umschalters und der Taste für den Punkt geschrieben.

```
sxs sxs sxs xsx xsx xsx l:l l:l l:l :l: :l: :l: sxx l:: dx:
boxe boxe boxe hexe hexe hexe extra extra extra axt axt axt
mixen mixen mixen Texte Texte Texte Max Max Max Box Box Box
exakt exakt exakt Mexiko Mexiko Mexiko Lux Lux Lux Ex Ex Ex

Hunderassen: Dackel, Schäferhund, Terrier, Bulldogge, Mops,
Hundenamen: Merlin, Max, Foxi, Tixi, Einstein, Hanibal, Mo,
Städte: Trier, München, Augsburg, Schweinfurt, Ulm, Berlin,
Farben: rot, gelb, blau, grau, orange, lila, violett, rosa,
```

Übungen

```
Max mag einen Hund, dessen Name Hexe ist. Zu Ostern bekomme
ich ein Hexenhaus, das man in den Garten stellen kann. Mein
exakter Zeitplan war aufgestellt: Montag wollte ich kochen,
Dienstag wollte ich Max besuchen, Mittwoch den Text lernen.

Ich mag folgende Hunderassen: Dackel, Terrier und Labrador.
Im Lexikon lese ich gerne. Die Texte finde ich interessant.
Boxen ist eine tolle Sportart. Kennst du dies: Harz, Eifel,
Siebengebirge. Max mag kleine Hexen und auch Zauberer sehr.

In einem Lexikon kann man viele Dinge nachschlagen: Exaktes
Beschreiben muss der Autor beherrschen. Max hat die Axt da.
Verschiedene Sportarten: Boxen, Fahrrad fahren, Tischtennis
```

Formatierungsaufgabe

1. **Öffne** die Datei „din-regelheft".
2. **Erfasse** die nachfolgende DIN-Regel unterhalb der von dir bereits geschriebenen Regeln.
3. **Füge** ein passendes ClipArt ein.
4. **Speichere** ab.

Der Doppelpunkt schließt sich direkt ohne ein Leerzeichen an, nach dem Doppelpunkt muss ein Leerzeichen eingefügt werden.

1.5.11 Wir lernen die Buchstaben Y, Ä und den Mittestrich

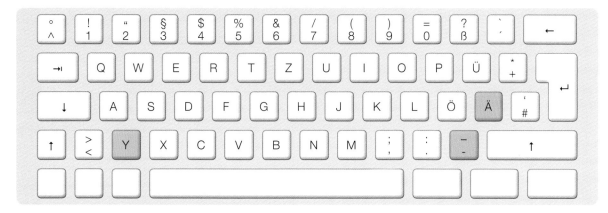

kleiner Finger – Tastwege (Y, Ä und Mittestrich)

```
aya aya aya yay yay yay öäö öäö öäö äöä äöä äöä ö-ö -ö- öö-
day day day yes yes yes boy boy boy why why why any any any
lady lady lady, you you you, hey hey hey, yours yours yours
very; very; very; family: family: family: Jury, Jury, Jury,

City, City, City, Handy, Handy, Handy, Spray, Spray, Spray,
Okay, Okay, Yet, Yet, Your, Your, Baby, Baby, Handy, Handy,
Sylvia-von-Schön-Allee, Sybille-von-Stein-Str., Anna-Maria,
Bayreuther-Sommer-Str., Speyer, Sydney, Ufer-Allee, Sylvio,
```

Übungen

```
Schreibe deinen Vor- und Zunamen auf das Blatt. Heute waren
wir im Schiller-Theater in Schweinfurt und dies hat uns gut
gefallen. Der Kornhaus-Platz ist in Trier. Dieser ist super
schön und wir sind oft dort, auch, wenn es mal regnen soll.

Sybilla ist heute sehr leise und ruhig. Vielleicht ist dies
ja wegen des schlechten Wetters so. Was meinst du, Tatjana.
In der City-Ring-Allee ist heute viel Verkehr. Yavus findet
das auch. Er muss nachher noch mit seinem Baby zum Chirurg.

Der Mittestrich wird auch als Bindestrich verwendet, wie in
zusammengesetzten Namen: Dr.-Hausemann-Allee, Max-Neu-GmbH,
Anika-Lena. Beachte, dass er ohne Leerschritt direkt an das
vorherige bzw. nachfolgende Wort angeschlossen wird. Prima.
```

Formatierungsaufgabe
1. **Öffne** die Datei „din-regelheft".
2. **Erfasse** die nachfolgende DIN-Regel unterhalb der von dir bereits geschriebenen Regeln.
3. **Ändere** die Schrift in deinem Dokument in Monotype Corsiva, 14 pt, Schriftfarbe Grün.
4. **Speichere** ab.

Der Mittestrich wird auf vielfältige Weise verwendet. Je nachdem, wofür er steht, sind die entsprechenden DIN-Regeln anzuwenden (siehe DIN-Regelheft Kapitel 7)!

1.5.12 Wir lernen die Buchstaben Ü und ß, den Grundstrich und das Fragezeichen

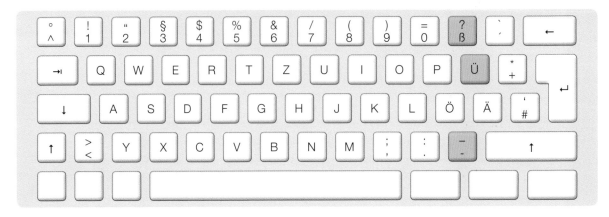

kleiner Finger – Tastwege (Ü, ß, Grundstrich und Fragezeichen)

Das Fragezeichen wird durch Betätigen des Umschalters und der ß-Taste geschrieben.
Der Grundstrich wird durch das Betätigen des Umschalters und der Mittestrich-Taste geschrieben.

```
öüö öüö öüö üöü üöü üöü ößö ößö ößö ßöß ßöß ßöß ßßö öüß ßüö
ö_ö ö_ö ö_ö _ö_ _ö_ _ö_ ö?ö ö?ö ö?ö ?ö? ?ö? ?ö? ?öö ?ö_ _ö?
üben? üben? üben? Über? Über? Über? grüßen, grüßen, grüßen,
Staße_ Straße_ Straße_ Weißt? Weißt? Weißt? Groß Groß Groß,
über die Straße, die E-Mail-Adresse mit Unterstrich, sarah_

Wann kommt die Lösung? Über welche Summe reden wir? Wessen?
Worüber reden wir hier? Gab es in Übersee auch viele Hasen?
Die Straße dort drüben meinst du? Das Üben fällt mir schwer
und ich möchte nun aufhören, geht das? Lübeck ist so schön.

Möchtest du wichtige Stellen im Text hervorheben, so sollst
du die DIN-Regeln einhalten. Diese gelten übrigens auch für
das Schreiben von Briefen und E-Mails. Denke daran, die DIN
immer einzuhalten und lese nach, wenn du mal unsicher bist.
```

Übungen

```
Soll ein Wort getrennt werden, nutze bitte den Mittestrich.
Es gibt auch einen geschützten Mittestrich. Dieser wird wie
folgt eingefügt: Betätige den Umschalter, die Taste Steue-
rung und die Taste für den Mittestrich gleichzeitig. Der ge-
schützte Mittestrich wird eingefügt. Nutze diesen sehr oft.
```

Formatierungsaufgabe
1. **Öffne** die Datei „din-regelheft".
2. **Erfasse** die nachfolgende DIN-Regel unterhalb der von dir bereits geschriebenen Regeln.
3. **Füge** ein ansprechendes Fragezeichen in dein Dokument ein (ClipArt oder WordArt) und positioniere passend.
4. **Speichere** ab.

Das Fragezeichen schließt sich direkt ohne ein Leerzeichen an, nach dem Fragezeichen muss ein
Leerzeichen eingefügt werden.

1.5.13 Wir lernen die Ziffern 4 und 9, das Dollarzeichen sowie die Nachklammer

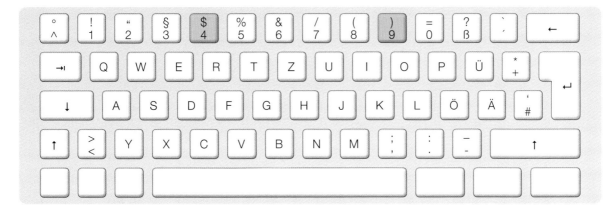

Mittelfinger – Tastwege (4 und Dollarzeichen, 9 und Nachklammer)

```
d4d d4d d4d 4d4 4d4 4d4 k9k k9k k9k 9k9 9k9 9k9 d44 kk9 d49
4 mm, 9 cm, 4 dm, 9 m, 49 km, 4 g, 9 kg, 49 t, 4 ml, 49 dB,
4. April, etwa 4 Uhr, 444, 4 EUR, 99 EUR, 444 EUR, 4,49 EUR
9 444,99 EUR, 9,49 EUR, 49,59 EUR, gegen 9 Uhr, gegen 4 Uhr

d$d d$d d$d $d$ $d$ $d$ k)k k)k k)k )k) )k) )k) d$$ k)) d$)
4 $, 49 $, für 4 $, genau 4 $, Dafür benötige ich 449,99 $.
Mische nun: a) 944 g Mehl, b) 49 g Butter, c) 499 g Zucker.
Wir fahren nun nach: a) Scheinfurt, b) München, c) Augsburg
```

Übungen

```
Für die Zahlengliederungen gibt es besondere Regeln, an die
man sich nach der DIN halten muss. In unserem DIN-Regelheft
sind diese Regeln aufgeführt: Setze bei Nachklammern a), b)
usw. kein Leerzeichen zwischen Buchstaben und den Klammern.

Das Dollarzeichen steht für das Wort Dollar und es wird mit
einem Leerzeichen zur vorherigen Zahl und dem nachfolgenden
Text abgetrennt - es sei denn, dass direkt nach dem Dollar-
zeichen ein Satzzeichen folgt. Dieses wird natürlich direkt
angeschlossen. Beispiele: Ich benötige 444,99 $ bis morgen.

Wir fahren nach: a) Italien, b) Schweden, c) Kiel, d) Oslo.
Am 9. September werden wir heiraten. Kennst du die Schwamm-
Straße 49 in München. Diese ist sehr schön. Für 499,99 Euro
kannst du nach Kiel fliegen und dort 9 Tage im Urlaub sein.
```

Formatierungsaufgabe
1. **Öffne** die Datei „din-regelheft".
2. **Erfasse** die nachfolgende DIN-Regel unterhalb der von dir bereits geschriebenen Regeln.
3. **Füge** in deinem Dokument einen Seitenrahmen mit Effekt ein und **speichere**.

Für die Zahlengliederungen gibt es einige DIN-Regeln. Diese findest du im DIN-Regelheft. Nachklammern schließen sich ohne Leerzeichen direkt an. Hinter den Nachklammern folgt ein Leerzeichen.

Lernbereich 10II.1

1 **Lernbereich 10II.1**

1.5.14 Wir lernen die Ziffern 5 und 8, das Prozentzeichen sowie die Vorklammer

Zeigefinger – Tastwege (5 und Prozentzeichen, 8 und Vorklammer)

```
f5f f5f f5f 5f5 5f5 5f5 j8j j8j j8j 8j8 8j8 8j8 f55 j88 f58
8 mm, 5 cm, 8 dm, 5 m, 58 km, 8 g, 5 kg, 58 t, 5 ml, 58 dB,
5. Mai, gegen 5 Uhr, 5 EUR, 88 EUR, 555 EUR, 88.555,55 EUR,
8,55 EUR, 58,58 EUR, 5.555,58 EUR, gegen 5 Uhr, gegen 8 Uhr

f%f f%f f%f%f%%f%%f% j(j j(j j(j (j( (j( (j( f%% j(( f%(
5% Rabatt, 8% Rabatt, 5%ig, 8%ig, (5 Mal), (8 Mal), 5.588
Bei Zahlung innerhalb von 58 Tagen erhalten Sie 5% Rabatt.
```

Übungen

```
8. Stock, Schulstr. 85, Torweg 8, Postleitzahl 88445, 5-mal
Heute, 5. September, ist es wieder so weit. Die Schulen aus
dem Schweinfurter Raum (45 Stück) feiern nun ihr jährliches
Sportfest. Man kann viele tolle Preise (85 Stück) gewinnen.

Alle qualifizierten Schüler (insgesamt über 945) sind schon
sehr aufgeregt. Aus den Abteilungen a) Hochsprung, b) Weit-
wurf, c) 1000-m-Lauf usw. gibt es einiges zu berichten. Das
Preisgeld für die Klassenkasse des jeweiligen Gewinners be-
trägt 50,00 EUR und kommt in diesem Jahr von der Riewer AG.

Jede der Klassen von den verschiedenen Schulen hat sich um-
gehend bereit erklärt, 45% des Gewinns für wohltätige Ein-
richtungen zu spenden. Dieses finden nicht nur die Schüler,
sondern auch die Eltern toll! So macht der Sport viel Spaß.
```

Formatierungsaufgabe
1. **Formatiere** fünf verschiedene Wörter in den Absätzen eins und zwei bei „Übungen" mit verschiedenen Texteffekten.
2. **Formatiere** im letzten Absatz bei „Übungen" fünf Wörter mit der Texthervorhebungsfarbe.
3. **Öffne** die Datei „din-regelheft".
4. **Erfasse** die nachfolgende DIN-Regel unterhalb der von dir bereits geschriebenen Regeln.
5. **Speichere** ab.

Das Prozentzeichen steht für ein Wort, deswegen wird vor bzw. nach diesem ein Leerzeichen geschrieben. Wird das Prozentzeichen in Zusammensetzungen aus Ziffern und Zahlen verwendet, wird kein Leerzeichen gesetzt.

1.5.15 Wir lernen die Ziffern 6 und 7, Und-Zeichen (&), Schrägstrich

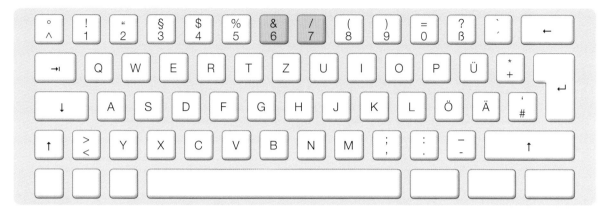

Zeigefinger – Tastwege (6 sowie Und-Zeichen, 7 und Schrägstrich)

```
f6f f6f f6f 6f6 6f6 6f6 j7n j7j j7j 7j7 7j7 7j7 f66 j77 f67
6 mm, 7 cm, 6 dm, 7 m, 67 km, 6 g, 7 kg, 67 t, 6 ml, 67 dB,
6. Mai, gegen 7 Uhr, 6 EUR, 67 EUR, 667 EUR, 66.777,66 EUR,
6,66 EUR, 67,76 EUR, 6.677,67 EUR, gegen 7 Uhr, gegen 6 Uhr

f&f f&f f&f &f& &f& &f& j/j j/j j/j /j/ /j/ /j/ f&& j// f&/
Zimmermann & Co. KG, Weidert & Söhne, Peterle & Paula GmbH,
Maschinen: Typ 677/77, Typ 7/66, Typ 67/667, Jahrgang 67/68
Berechne: 6 6/7 von 67 Euro, 5 4/5% von 89 $, 6 7/5 Meter,
```

Übungen

```
Im BSK-Unterricht beschäftigt sich die Klasse heute mit den
verschiedenen Unternehmensformen. Es gibt zum Beispiel OHG,
AG, GmbH usw. Alle Abkürzungen müssen von den Schülern ge-
kannt werden. Im Schweinfurter Raum gibt es über 467 unter-
schiedliche Unternehmen. Breuer & Söhne GmbH, Maxel AG usw.

Das Zeichen für das Wort UND darf nur in Verbindung mit den
Firmennamen verwendet werden. In einem normalen Text ist es
nicht für das Wort UND einzusetzen. Der Schrägstrich findet
Verwendung bei Bruchzahlen oder Sonstigem und schließt sich
immer direkt an (ohne Leerzeichen). Folgende Beispiele ver-
deutlichen dies: 5/7%, 6 7/6 km, 67 km/h, 122 km/h, 3/4 %.
```

Formatierungsaufgabe

1. **Öffne** die Datei „din-regelheft" und erfasse die nachfolgende DIN-Regel unterhalb der von dir bereits geschriebenen Regeln.
2. **Formatiere** dein Dokument wie folgt: Schriftart Monotype Corsiva, 14 pt, Zeilenabstand: 1,5 Zeilen.

Das Zeichen für das Wort UND (&) darf nur in Verbindung mit Firmennamen verwendet werden. Vor und nach dem Zeichen steht ein Leerzeichen. Der Schrägstrich schließt sich ohne Leerzeichen an.

1

Lernbereich 10II.1

1.5.16 Wir lernen die Ziffern 3 und 0, Paragrafzeichen und Gleichheitszeichen

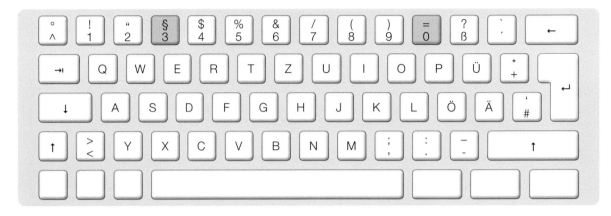

Ringfinger – Tastwege (3 und Paragrafzeichen, 0 und Gleichheitszeichen)

```
s3s s3s s3s 3s3 3s3 3s3 l0l l0l l0l 0l0 0l0 0l0 s33 l00 s30
3. Juni, 03.03., 03:09 Uhr, 03:03:03 Uhr, 3. Stock, 3 Tage,
30 Tage, 300 Euro, 33,33 Euro, 30 Jahre, 300 km, 3.000 EUR,
In 30 Tagen reisen wir nach Spanien. 333,00 EUR kostet das.

s§s s§s s§s §s§ §s§ §s§ l=l l=l l=l =l= =l= =l= s§§ l== s§=
§ 3, § 33 Abs. 4, §§ 33 und 34, Du musst den § 3 einhalten.
Die Summe der Zahlen 34 und 30 = 64. 56 = 56, S = Stuttgart
M = München, TR = Trier, NL = Niederlande, D = Deutschland,
```

Übungen

```
In 30 Tagen sind Ferien und wir fahren in Urlaub. Als Erste
aus unserer Familie fahre ich nach Dänemark mit Mia, meiner
Freundin. Ich bekomme 350 Euro Taschengeld mit und kann mir
dort viele schöne Dinge kaufen. Wenn ich wieder zurück bin,
geht es mit Mama und Papa in die Türkei. Ich finde es toll.

Im BSK-Unterricht beschäftigen wir uns jetzt mit vielen Ge-
setzen und Paragrafen. Im § 10 – Rauchen in der Öffentlich-
keit, Tabakwaren des Jugendschutzgesetzes - steht sehr viel
Wissenswertes. Die §§ 4 und 5 sind ebenfalls total wichtig.
Kennst du diese Nummernschilder? N = Nürnberg, A = Augsburg
```

Formatierungsaufgabe
1. **Öffne** die Datei „din-regelheft".
2. **Erfasse** die nachfolgende DIN-Regel unterhalb der von dir bereits geschriebenen Regeln.
3. **Richte** dein Dokument ins Querformat ein und füge ein passendes ClipArt oder eine passende Grafik ein.
4. **Speichere** ab.

Das Paragrafzeichen (§) steht für ein Wort. Vor und nach diesem muss ein Leerzeichen eingefügt werden. Steht das Paragrafzeichen in Verbindung mit der Nennung der Paragrafennummern für das Wort „Paragrafen", muss es im Text doppelt eingefügt werden: §§ 3 und 5.
Das Gleichheitszeichen (=) steht für das Wort „gleich". Davor und danach ist ein Leerzeichen einzufügen.

1.5.17 Wir lernen die Ziffern 1 und 2, das Ausrufezeichen und das Anführungszeichen

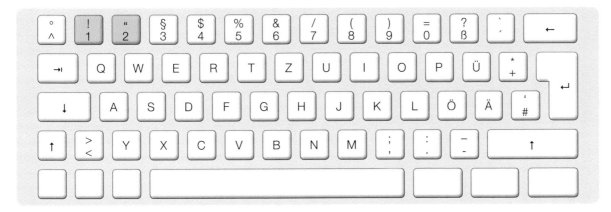

kleiner Finger – Tastwege (1 und Ausrufezeichen, 2 und Anführungszeichen)

```
a1a a1a a1a 1a1 1a1 1a1 a2a a2a a2a 2a2 2a2 2a2 a11 a22 a12
1. Januar, 01.01., 01:02 Uhr, 01:01:01 Uhr, 1 Auto, 2 Tage,
12 Tage, 100 Euro, 22,11 Euro, 20 Jahre, 222 km, 1.200 EUR,
Am 11.05. feiern wir eine Fete. Es werden 221 Leute kommen.

a!a a!a a!a !a! !a! !a! a"a a"a a"a „a" „a" „a" a!! a"" a!"
Na logisch! Pass auf! Genau! Ich mag es! Schau mal da vorn!
„Siehst du die 12 Vögel?!" „Kennst du diese 122 Personen?!"
Ferienpark „Fun", Modell „Heidi", „Sage das bitte Paulina!"
```

Übungen

```
Heute möchten Mia und ihre Eltern nach 22113 Hamburg reisen
und dort ihre Ferien verbringen. „Mama", sagt Pia, „weshalb
fahren wir schon morgens um 02:00 Uhr los?!" „Na weil immer
so viel Verkehr ist und wir dadurch hoffen, nicht unbedingt
in einen 21 km langen Stau zu kommen. In einem solchen Stau
standen wir im letzten Jahr, weißt du das nicht mehr Mia?",
entgegnet die Mutter. „Doch, das weiß ich noch, es war sehr
anstrengend und warm damals im Auto. Diesmal haben wir viel
bessere Chancen gut durchzukommen, weil wir ja schon in der
Früh losfahren", meint Mia. Alle sind schon sehr aufgeregt.
```

Formatierungsaufgabe
1. **Öffne** die Datei „din-regelheft".
2. **Erfasse** die nachfolgende DIN-Regel unterhalb der von dir bereits geschriebenen Regeln.
3. **Ändere** den Zeilenabstand auf 1,5 Zeilen.
4. **Speichere** ab.

Das Ausrufezeichen schließt sich ohne Leerzeichen an. Hinter dem Ausrufezeichen folgt das Leerzeichen.
Die Anführungszeichen werden ohne Leerzeichen direkt vor und nach den Text, der von diesen „umschlossen ist", geschrieben. Satzzeichen, wie Komma oder Punkt, schließen sich ohne Leerzeichen an die Anführungszeichen an.

1.5.18 Wir lernen die Sonderzeichen Plus (+), geboren (*), mal (*), gestorben (+), Akzente (´, `), das Nummernzeichen (#) und das Apostroph (')

kleiner Finger – Tastwege (Plus, geboren, gestorben, Akzente, Nummernzeichen, Apostroph)

```
ö+ö ö+ö ö+ö +ö+ +ö+ +ö+ ö#ö ö#ö ö#ö #ö# #ö# #ö# ö++ ö## ö+#
ö´ö ö´ö ö´ö ´ö´ ´ö´ ´ö´ ö'ö ö'ö ö'ö ö*ö ö*ö ö*ö ö`ö ö`ö ö`ö
7 + 8 = 15, 9 * 1 = 10, 77 + 19 + 22 + 39 = 157, 9 + 4 = 13
Herr Zimmermann: * 25.06.1940 in Trier; + 15.06.2013 in Rom

Andreas › Mutter ist 55 Jahre alt. Mattis › Bruder mag Tennis.
André mag seinen Namen. Auch Adèle findet ihren Namen toll.
Wir bestellen den Artikel # 1200 sowie den Artikel # 11244.
Für die Sonderzeichen +, *, # usw., gelten die DIN-Regeln.
```

Übungen

```
Wir bestellen den Artikel # 122. Marléne stammt aus Calais.
Maélys, Èva, Théo, Inès sind die beliebtesten französischen
Vornamen im Jahr 2014. Clément und Chloé erreichten Platz 1
und über 1 000 Kinder wurden im Jahr 2014 so genannt. Bitte
bestelle den Artikel # 45. Diesen benötige ich schleunigst.
Herr Alfons Müller: * 15.06.1920 in Roden, + 2012 in Roden.
```

Formatierungsaufgabe
1. **Öffne** die Datei „din-regelheft".
2. **Erfasse** den nachfolgenden Text unterhalb der von dir bereits geschriebenen Regeln.
3. **Füge** eine Grafik vom Eiffelturm in Paris ein.
4. **Speichere** ab.

Die DIN-Regeln zu den Sonderzeichen findest du im DIN-Regelheft!
Den Accent circonflexe findest du unterhalb der Esc-Taste auf deiner Tastatur (^)!

1.5.19 Exkurs: Amtliche Buchstabiertafel

1. **Informiere** dich über die Amtliche Buchstabiertafel und **lerne** diese gründlich.
2. **Buchstabiere** deinen Vor- und Nachnamen.
3. **Buchstabiere** deine Straße und deinen Wohnort.
4. **Wende** dein neu erworbenes Wissen in der Zukunft an.

Bei manchen Namen oder Wörtern hört man nicht immer, ob es sich bei einem Buchstaben z. B. um ein P oder ein B handelt. Daher gibt es eine amtliche Buchstabiertafel, die Anwendung findet.

Buchstabe	National (D)	International	Buchstabe	National (D)	International
A	Anton	Alfa	O	Otto	Oscar
Ä	Ärger	Alfa-Echo	Ö	Ökonom	Oscar-Echo
B	Berta	Bravo	P	Paula	Papa
C	Cäsar	Charlie	Q	Quelle	Quebec
CH	Charlotte	Charlie-Hotel	R	Richard	Romeo
D	Dora	Delta	S	Samuel	Sierra
E	Emil	Echo	SCH	Schule	–
F	Friedrich	Foxtrott	T	Theodor	Tango
G	Gustav	Golf	U	Ulrich	Uniform
H	Heinrich	Hotel	Ü	Übermut	Uniform-Echo
I	Ida	India	V	Viktor	Victor
J	Julius	Juliett	W	Wilhelm	Whiskey
K	Kaufmann	Kilo	X	Xanthippe	X-Ray
L	Ludwig	Lima	Y	Ypsilon	Yankee
M	Martha	Mike	Z	Zacharias	Zoulou
N	Nordpol	November			

1.6 Dateiformate

Lucas Drucker funktioniert nicht. Er ruft Lena an und bittet diese, seine Hausaufgaben an ihrem PC auszudrucken. „Mail kommt gleich", meint er! „Kein Problem", sagt Lena, „mache ich gerne!"

Nachdem Lena mehrere Versuche gestartet hat, die Datei zu öffnen, um sie später zu drucken, gibt sie auf. Irgendwas scheint nicht zu stimmen.

1. **Überlegt,** welche Dateiformate ihr kennt, und **notiert** diese bzw. die Endungen am PC. **Informiert** euch auch mithilfe der Informationen.
2. **Stellt** Vermutungen an, warum es so viele verschiedene Dateiformate gibt, und haltet eure Erkenntnisse ebenfalls in eurem Dokument fest.
3. **Notiert** die Überschrift „Dateiendungen/Dateiformate" über eurem Text und formatiert diese als WordArt.
4. **Gestaltet** euer Dokument ansprechend und sinnvoll.
5. **Tauscht** euch mit eurem Nachbarn aus und **präsentiert** eure Ergebnisse im Plenum.
6. **Prüft** eure Ergebnisse auf Vollständigkeit und Richtigkeit und **druckt** diese aus.
7. **Heftet** die Produkte in eurem IT-Ordner ab.
8. **Findet** einen Lösungsvorschlag für Lenas Problem und **erläutert,** warum das Öffnen der Datei vielleicht nicht funktioniert haben könnte. **Berücksichtigt** eure Lösungsvorschläge bei eurem eigenen Umgang mit Dateien.

Ihr werdet bald feststellen, dass es viele verschiedene Programme gibt, mit denen ihr arbeiten könnt. Jedes Programm hat ein bestimmtes „Dateiformat".

Damit ihr es leichter habt, eure gespeicherten Dateien einem Programm zuzuordnen, findet ihr nachfolgend eine Übersicht über verschiedene gängige Programme sowie die passenden Dateiformate/Dateiendungen:

Programm	Dateiendung (Dateiformat)
Microsoft Word (Schreibprogramm)	doc oder docx
Microsoft Excel (Kalkulationsprogramm)	xls oder xlsx
Microsoft PowerPoint (Präsentationsprogramm)	ppt oder pptx
Adobe Reader (meist nur ein Leseprogramm, da der DateIInhalt nicht verändert werden kann)	pdf
Open Office Writer (Schreibprogramm – kostenloses Programm)	odt
Open Office Calc (Kalkulationsprogramm – kostenloses Programm)	ods
Open Office Impress (Präsentationsprogramm – kostenloses Programm)	odp

Es gibt aber natürlich noch viele weitere Programme und die dazugehörigen Dateiendungen. Hier sind fast keine Grenzen gesetzt.

Manche Dateien lassen sich nur mit den zugehörigen Programmen öffnen. An der Dateiendung eurer vorliegenden Datei könnt ihr also sehen, ob diese mit eurem Computer geöffnet werden kann oder ihr vielleicht zuerst ein neues Programm installieren müsst.

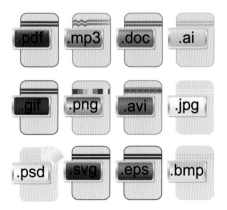

1.7 Ökologische Gesichtspunkte während der Bürotätigkeiten

In der Zeitung liest Luca einen interessanten Artikel. In diesem geht es um den Umweltschutz am Arbeitsplatz und im Büro. Es wird z. B. darauf hingewiesen, dass nicht nur der Arbeitsplatz in einem Unternehmen, sondern auch der „Arbeitsplatz" zu Hause oder in der Schule nach ökologischen Gesichtspunkten eingerichtet bzw. in Ordnung gehalten werden soll. Im IV-Unterricht erzählt Luca Frau Riewer von diesem Artikel.

Luca:	Guten Morgen, Frau Riewer.
Frau Riewer:	Guten Morgen, Luca.
Luca:	Haben Sie heute Morgen den Artikel zum Thema „Umweltschutz im Büro" gelesen? Ich fand diesen sehr interessant.
Frau Riewer:	Ja, Luca, das habe ich. Und er passt genau zu dem Thema, das wir in der nächsten Zeit im IV-Unterricht behandeln werden. Ihr sollt euch heute mit den Umweltmaßnahmen, die für eine Bürotätigkeit infrage kommen, auseinandersetzen und diese in einem übersichtlichen Handout festhalten. Das Handout soll dann an unserem „Fair Nature Tag" an die Besucher verteilt werden.

Arbeitsauftrag

1. **Überlegt**, was euch alles zum Thema Umweltschutz am Arbeitsplatz einfällt, und **haltet** eure Gedanken auf Metaplan-Karten fest. **Hängt** diese an eine Pinnwand und **diskutiert** im Klassenverband.
2. **Informiert** euch über den Themenbereich Umweltfreundlichkeit und Nachhaltigkeit. **Haltet** wichtige Informationen stichpunktartig in einem Worddokument fest.
3. **Erstellt** das Handout mit der Überschrift „Fair Nature Tag" und der Unterüberschrift „Umweltschutz am Arbeitsplatz". **Nutzt** dabei eure bereits vorhandenen Stichpunkte als Hilfe.
4. **Definiert**, welche verschiedenen Arbeitsplätze es gibt, und **stellt** dies grafisch dar (z. B. als SmartArt).
5. **Gestaltet** euer Dokument ansprechend.
6. **Druckt** eure Dokumente aus und **heftet** diese an die Pinnwand.
7. **Prüft**, ob die Inhalte, die auf den Metaplan-Karten gesammelt wurden, in eurem Handout vorhanden sind, und **begründet** dies.
8. **Bewertet**, ob die Dokumente vollständig und ansprechend formatiert sind, und **gebt** euch gegenseitig ein Feedback.
9. **Nehmt** ggf. Änderungen/Ergänzungen vor und **druckt** neu aus.
10. **Berücksichtigt** eure neuen Erkenntnisse für die Zukunft und euer künftiges Handeln.

1.7.1 Umweltfreundlichkeit

Etwas für die Umwelt tun? Müll trennen, möglichst wiederverwertbare Materialien verwenden!

Diese Sätze begegnen uns im Alltag sehr häufig. Doch was hat das mit der Arbeit im Büro bzw. an einem Schreibtisch zu tun? Du wirst feststellen: sehr viel! Denn auch bei der Verrichtung von Bürotätigkeiten kann auf die Umwelt geachtet werden, indem mit den Arbeitsmitteln, der Energie, die diese verbrauchen, und den Arbeitsmaterialien effizient und intelligent umgegangen wird.

Zu den Arbeitsplätzen kann der eigene Schreibtisch zu Hause, in der Schule oder im Büro zählen. Und es gibt noch viele weitere Orte, an denen gearbeitet wird.

Lernbereich 10II.1

Tipps für umweltfreundliches Verhalten:

- Trenne deinen Müll.
- Achte bei dem Kauf von Materialien darauf, dass diese umweltfreundlich sind (Recyclingpapier etc.).
- Schaffe ökologisch produzierte Möbel für deinen Arbeitsplatz (Schreibtisch, Regale usw.) an.
- Verschwende keine Energie (keine lange geöffneten Fenster bei voller Heizleistung, Laptop ausschalten und nicht dauerhaft „online" sein usw).
- Verwende energiesparende Arbeitsmittel (Kopierer, Drucker, Fax, Leuchtmittel).
- Verhalte dich umweltfreundlich und verschwende keine Ressourcen (Ausdrucken, ohne vorher das Dokument in der Bildschirmansicht auf Fehler/Design zu prüfen, sinnloses Ausdrucken von Dokumenten, die nicht benötigt werden ...).
- Wähle – wenn möglich – vermehrt „digitale Ablagesysteme" anstelle der Papierform.
- Verwende wiederauffüllbare Druckerpatronen.
- „Erziehe", wenn du eine Ausbildungs- oder Praktikumsstelle antrittst, deinen Chef zur Umweltfreundlichkeit – dies kann in der Außenwirkung eine gute Unternehmensstrategie sein.

Ein weiterer wichtiger Punkt, der im Zuge der Umweltfreundlichkeit Berücksichtigung finden muss, ist der **Lieferweg** von benötigten Artikeln, da diese heutzutage häufig über das Internet oder Telefon bestellt und auf dem Postweg an dich bzw. Unternehmen versendet oder per Kurier oder Transportunternehmen übergeben werden.

Lena unterhält sich mit ihrer Freundin Marlis. Diese erzählt ihr, dass sie sich in einem Internethandel mal wieder total schöne Sachen gekauft hat und diese auf dem Postweg zugestellt bekommt! Bei einigen Artikeln war sie sich nicht sicher, welche Größe sie benötigt bzw. ob die Ware ihr auch tatsächlich gefällt. Daher hat Marlis einige Produkte einfach mal zur Ansicht bestellt.

Lenas Schwester kommt zu dem Gespräch hinzu. Sie teilt den beiden Mädels mit, dass etwa 50 % der von Frauen im Internet bestellten Ware wieder an den Absender zurückgesendet wird und sowohl durch die Zusendung als auch die Rücksendung der Lkw-Verkehr und damit die Umweltbelastung erheblich zunimmt.

Du grinst gerade? Wie beurteilst du dein Internetkaufverhalten? Ähnelt es dem Beispiel?

Ein Grundsatz sollte unbedingt vor einer Bestellung (ganz gleich, ob dienstlich oder privat!) Anwendung finden:

Bestelle nur Materialien und/oder Artikel, die auch tatsächlich benötigt und nicht wieder retourniert (zurückgesendet) werden. Auch so wird die Umwelt entlastet!

1.7.2 Nachhaltigkeit

Nachhaltigkeit steht immer mehr im Fokus der Öffentlichkeit. Nicht nur Unternehmen verwenden mittlerweile diesen Begriff in ihren Werbeslogans und in ihrer Corporate Identity, sondern auch die Politik interessiert sich seit Jahren für diesen Themenbereich.

Unter Nachhaltigkeit versteht man ein Gleichgewicht von ökologischen (Beachtung der und verantwortungsvoller Umgang mit der Umwelt), sozialen (gerechter Umgang mit Kunden/Mitarbeitern ...) und ökonomischen (was bringt das Unternehmen positiv „nach vorne") Gesichtspunkten.

> Die Berger & Thaler Sportswear OHG strebt eine Gewinnmaximierung an, versucht diese mithilfe von motivierten, gut geführten und kompetenten Mitarbeitern zu erreichen und berücksichtigt beim Vertrieb der Sportartikel, dass diese aus ökologischen Rohstoffen gefertigt werden.

Beherzigt also ein Unternehmen oder auch ein Privatmensch das Thema Nachhaltigkeit, haben alle Beteiligten große Vorteile davon:

– Die Umwelt und die Ressourcen dieser werden geschont.
– Die Mitarbeiter sind motiviert und erzielen gute Arbeitsergebnisse.
– Das Unternehmen macht Gewinn, steht wirtschaftlich und in der Öffentlichkeit gut da.

Möchte ein Unternehmen ein ausgeklügeltes nachhaltiges Konzept entwickeln und umsetzen, bieten sich meist externe Berater an. Diese entwickeln, unterstützen und helfen bei der Umsetzung des neuen Konzepts. Dabei sollte auch der „Weg, auf dem die Materialien" angeliefert werden, eine Rolle spielen und mit berücksichtigt werden. Denn auch dieser sollte möglichst „ökologisch" sein.

1

1.8   Ergonomie am Arbeitsplatz

In der Tageszeitung findet Lena einen interessanten Flyer. In der Schule soll genau dieses Thema behandelt werden! Lena überlegt, an dem Seminar teilzunehmen. Vorher möchte sie allerdings ihren Freund Luca fragen, ob dieser sie begleitet.

Ergonomie am Arbeitsplatz – auch schon in der Schule wichtig!

Du hast jetzt bereits beim Arbeiten am PC Rückenschmerzen? Deine Hände und Schultern tun dir weh und die Arbeit macht dir nach wenigen Minuten keinen Spaß mehr?

Um deinem Problem Abhilfe zu schaffen, bieten wir für Schülerinnen und Schüler ab der Jahrgangsstufe 10 ein eintägiges Seminar zum Thema „Ergonomie" an!

Datum:	10.05.JJJJ
Ort:	Wirtschaftsschule Schweinfurt (Eingangshalle)
Uhrzeit:	09:00–15:00 Uhr
Kosten pro Schülerin/Schüler:	10,00 €
mitzubringen:	gute Laune
Anmeldung bis:	01.05.JJJJ mit beiliegendem Formular!

Rückfragen könnt ihr gerne per E-Mail an info@ergonomie.de stellen!

Im Preis ist ein kleiner Snack am Morgen sowie am Nachmittag und das Mittagessen inbegriffen!

Wir freuen uns auf euch!

Eure IHK Schweinfurt

---

1. **Informiert** euch über den Themenbereich „Ergonomie am Arbeitsplatz" und **notiert** wichtige Informationen übersichtlich auf einem Spickzettel am PC.
2. **Formatiert** ansprechend.
3. **Schaut** euch die Bilder 1 bis 3 an und **überlegt,** auf welchem Bild die Sitzposition richtig ist und warum dies der Fall ist. Notiert eure Ergebnisse ebenfalls auf dem Spickzettel (Word-Dokument).
4. **Schaut** euch in eurem PC-Raum um. Welche Gegenstände fallen euch auf? **Notiert** diese. Die Bilder 4 bis 6 sollen euch als Hilfe dienen.
5. **Überlegt,** warum die Hinweise zu den „Gegenständen" so wichtig sind und schreibt eure Antworten hinter den jeweiligen Gegenstand.
6. **Beschäftigt** euch mit der Ausgleich- und Fingergymnastik. **Sucht** weitere Übungen aus dem Internet oder aus Fachzeitschriften und **notiert** das Vorgehen bei den Übungen übersichtlich.
7. **Diskutiert** eure Ergebnisse im Klassenverband und **überlegt,** ob ihr immer die „Ergonomie" einhaltet (zu Hause, im Alltag oder in der Schule).
8. **Zieht** daraus wichtige Schlüsse für die Zukunft. **Wendet** die Ausgleichs- und Fingergymnastik bei Bedarf an.
9. **Erläutert** Lena, ob es sinnvoll ist, an einem solchen Seminar teilzunehmen und **begründet** eure Meinung.

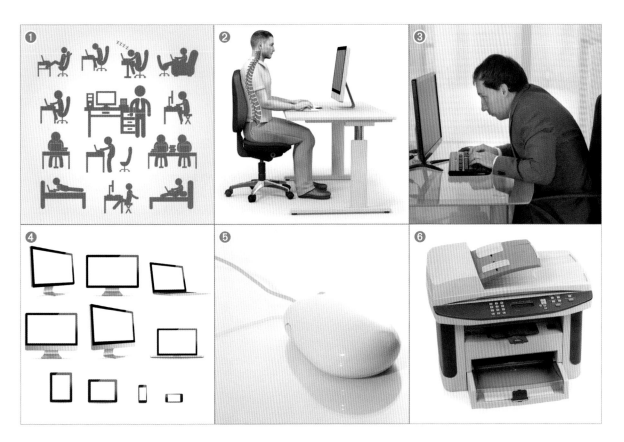

Ergonomie? Was für ein komisches Wort! Aber eigentlich ist es gar nicht so komisch. Es bedeutet, dass die Arbeitsmittel (also alles, was du z. B. an deinem Schreibtisch zum Arbeiten brauchst) an den Menschen und dessen Bedürfnisse angepasst sein sollen.

1.8.1 Richtiges Sitzen

Bitte achte z. B. beim Sitzen am PC darauf, dass du eine richtige Sitzposition einnimmst, um Rücken-schmerzen oder sonstige Schäden zu vermeiden! Eine optimale Sitzposition sieht folgendermaßen aus:

- Sitze gerade! Dein Rücken soll kein „Rundrücken" sein, sondern gerade nach oben gestreckt werden!
- Schlage deine Beine nicht übereinander, sondern stelle sie parallel nebeneinander!
- Setze dich nicht auf die Stuhlkante, sondern auf die gesamte Sitzfläche!
- „Schaukel nicht mit deinem Stuhl herum, sondern bleibe ruhig sitzen"!
- Achte darauf, dass deine Arme ein „L" bilden, wenn du die Hände auf die Tastatur legst!

Achte bitte auch zu Hause auf die richtige Sitzposition.

1.8.2 Bestandteile des Bildschirmarbeitsplatzes

Die Gegenstände, die oben von euch bezeichnet wurden, finden sich an einem Arbeitsplatz wieder, der Bildschirmarbeitsplatz genannt wird.

1

Lernbereich 10II.1

Wissenswertes

Gegenstand	Hinweise
Bildschirm	– Richte den Bildschirm parallel zur Tischkante aus, frontal zu deinem Körper. – Stelle Zeichengröße, Helligkeit und Kontrast je nach Programm oder Dokument ein. – Beachte bei Flachbildschirmen die Angaben des Herstellers bezüglich der Einstellung. – Neige den Bildschirm nach Bedarf (Oberkante etwas nach hinten), „Blickstrahl" trifft in ca. 90°-Winkel auf die Bildschirmfläche. – Nutze ggf. einen „Monitorschwenkarm" für mehr Flexibilität der Einstellung! So kann der Bildschirm durch mehrere Personen bzw. gut für Präsentationen genutzt werden. – Wende während der Bildschirmarbeit immer mal wieder den Blick vom Bildschirm ab und lasse ihn durch den Raum schweifen, damit sich deine Augen entspannen und du deine Körperhaltung veränderst. – Ziehe im Bildschirmbereich indirekte Beleuchtung vor, da diese keine Blendungen und Spiegelungen verursacht. – Erhöhe bei Dunkelheit den Lichtpegel, damit die Augen nicht so schnell ermüden und ein angenehmes Arbeiten (auch das Ablesen von Dokumenten auf dem Schreibtisch) gewährleistet ist.
Tastatur	– Richte die Tastatur parallel zu Bildschirm und Tischkante aus und platziere diese vor dem Monitor, allerdings mit einem Abstand zur Tischkante von etwa 20 cm, damit du deine Handballen noch gut auflegen kannst. – Achte darauf, dass beim Schreiben deine Ellbogengelenke im 90°-Winkel gekrümmt sind (ggf. musst du dafür die Höhe deines Tisches oder Bürostuhls verändern). – Nutze möglichst eine ergonomische Tastatur, damit ein angenehmes Schreiben möglich ist. – Kabellose Tastaturen ermöglichen mehr Flexibilität und du kannst besser mit deiner Maus arbeiten. – Stelle die Füße der Tastatur so ein, dass der Winkel in den Handgelenken möglichst klein ist (kein Abknicken).
Maus	– Achte darauf, dass diese gut über den „Untergrund" rollt und – eine ergonomische Form hat.
Drucker	– Sollte geräuscharm (leise) sein. – Wenig Strom verbrauchen, um Energiekosten zu senken und umweltfreundlich zu arbeiten. – Sollte von seinen Leistungen her den „Anforderungen" entsprechen (muss ich farbig oder doppelseitig drucken usw.). – Sollte nicht zu groß sein, damit er auf den Schreibtisch passt (ansonsten Unterbringung in einem anderen Raum oder an einem anderen Platz notwendig). – Druckpatronen sollten nicht zu teuer und sehr langlebig sein.
Fußstütze	– Stelle diese in der Höhe richtig ein, um gesundheitliche Schäden zu vermeiden. – Achte darauf, dass der Neigungswinkel verstellbar ist. – Berücksichtige, dass diese aus rutschfestem Material im Bereich der Fußauflage besteht (Gummierung mit Abrutschnoppen) und – standsicher, stabil sowie leicht transportierbar ist.
Vorlagen-halter	– Positioniere diesen richtig auf deinem Schreibtisch, um unnötige Kopfdrehungen zu vermeiden (blicke gerade auf diesen). – Achte auf den richtigen Abstand zwischen dem Vorlagenhalter und deinen Augen – dieser muss genauso groß wie der Abstand zu den übrigen Arbeitsmitteln sein.

1.8.3 Ausgleichsgymnastik und Fingergymnastik

Wird viel am PC gearbeitet, ist es wichtig, dass man zwischendurch Pausen einlegt, um gesundheitlichen Problemen vorzubeugen. Auch Ausgleichs- oder Fingergymnastik tragen zu einem guten „Wohlbefinden" bei.

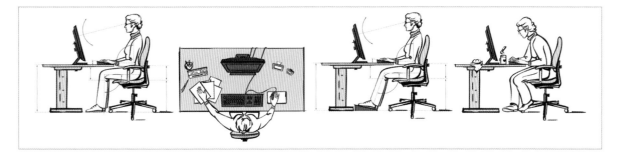

ÜBUNG 1

1. Setze dich gerade auf einen Stuhl.
2. Strecke die Arme nach vorne.
3. Atme tief ein und hebe dabei die Arme senkrecht in die Höhe.
4. Atme aus und senke die Arme wieder.
5. Atme tief ein und strecke die Arme nach hinten, bleibe kurz in dieser Position und atme zwei- bis dreimal aus und ein. Beim letzten Ausatmen senke die Arme wieder nach unten.
6. Wiederhole die Übung etwa dreimal.

ÜBUNG 2

1. Setze dich gerade auf einen Stuhl.
2. Lasse die Arme seitlich hängen und beuge dich nach vorne.
3. Lasse den Kopf zwischen deinen Knien hängen und atme tief ein und aus.
4. Bleibe so für etwa 20 bis 30 Sekunden.
5. Wiederhole die Übung etwa dreimal.

ÜBUNG 3

1. Setze dich gerade auf einen Stuhl.
2. Lasse die Arme seitlich hängen und lege deine Hände auf die Oberschenkel.
3. Hebe deine rechte Schulter in Richtung Ohr und atme tief ein.
4. Senke deine rechte Schulter und atme tief aus.
5. Wiederhole diesen Vorgang mit dem linken Arm.
6. Wiederhole die Übung etwa dreimal.

ÜBUNG 4

1. Stelle dich gerade hin.
2. Strecke die Arme nach vorne.
3. Schüttle deine Arme sowie deine Hände kräftig aus.
4. Atme dabei gleichmäßig ein und aus.
5. Wiederhole die Übung etwa dreimal.

ÜBUNG 5

1. Stelle dich gerade hin.
2. Strecke die Arme nach vorne und deine Finger weit auseinander.
3. Balle anschließend deine Hände zu einer Faust.
4. Strecke die Finger wieder weit auseinander.
5. Atme dabei gleichmäßig ein und aus.
6. Wiederhole die Übung etwa fünf- bis zehnmal.

ÜBUNG 6

1. Blicke öfter während der Arbeit am PC über den Bildschirm hinweg in die „Ferne".
2. Schaue dann wieder in die „Nähe", also auf deinen Bildschirm.
3. Achte darauf, dass du nicht ohne Pausen in den Bildschirm starrst.
4. Wiederhole diese Übung mehrmals während der PC-Arbeit.

1. **Setzt** euch auf euren Stuhl!
2. **Überprüft** eure eigene Sitzhaltung sowie die Sitzhaltung eures Nachbarn!
3. **Korrigiert** eure Sitzposition und gebt auch eurem Nachbarn eine Rückmeldung zu dessen Sitzposition.

1

1.9 Faktoren der Leistungsfähigkeit

Kurz vor den Osterferien! Lena und Luca treffen sich am Wochenende:

Lena: Hey Luca, du siehst irgendwie fertig aus.

Luca: Ach Lena, das bin ich auch. Ich weiß gar nicht genau, warum.

Lena: Mmm, hast du gerade viel Stress?

Luca: Nun ja, es geht so. Ich fahre in den Osterferien ins Fußballcamp, dann schreiben wir doch nächste Woche noch Mathe und BSK, ich muss morgen Abend auf meinen Bruder aufpassen, weil meine Eltern auf einer Veranstaltung sind und mein Zimmer muss auch noch aufgeräumt werden.

Lena: Das ist ja schon viel. Bekommst du denn alles hin?

Luca: Ich weiß es ehrlich gesagt nicht genau und ich weiß auch nicht, wo ich anfangen soll. Irgendwie scheint alles wichtig.

Lena: Ja, da hast du recht. Wir überlegen jetzt mal gemeinsam, wie wir vorgehen, okay?

Luca: Okay, danke.

1. **Informiert** euch über die Faktoren der Leistungsfähigkeit.
2. **Überlegt,** was euch „belastet", und haltet eure Ergebnisse in einer Mindmap (von Hand oder mit einem Programm) fest.
3. **Diskutiert** eure Ergebnisse und **prüft,** ob ihr ggf. Faktoren ergänzen müsst.
4. **Erstellt** ein Handout (siehe Methodenpool) zum Thema „Stress- und Konfliktbewältigung", welches alle wichtigen Informationen zu diesem Themenbereich enthält. **Formatiert** das Handout ansprechend und nutzt verschiedene Wordfunktionen wie „Nummerierung/Aufzählungen" usw. Berücksichtigt die DIN-Regeln zu Nummerierung/Aufzählungen (siehe DIN-Regelheft).
5. **Präsentiert** eure Ergebnisse im Plenum und geht auch auf die gewählten Formatierungen (Vorgehensweise beim Einfügen dieser) ein.
6. **Prüft** euer Dokument auf Vollständigkeit und Richtigkeit und **nehmt** ggf. Änderungen/Ergänzungen vor.
7. **Druckt** dieses aus.
8. **Gebt** Lena und Luca einen Tipp, wie sie die zu bewältigenden Aufgaben meistern können.
9. **Nutzt** das neue Wissen über den Themenbereich „Faktoren der Leistungsfähigkeit" für euch selbst und **berücksichtigt** die Tipps.

1.9.1 Unterscheidung Leistungsfähigkeit und Leistungsbereitschaft

„Schon wieder eine fünf in Erdkunde, wie kann das denn sein?", fragt Frau Zimmermann ihren Sohn Matti.

Dies kann von zwei Faktoren abhängen, die immer unterschieden werden müssen:

Leistungsfähigkeit	Was kann ich im Rahmen meiner Kenntnisse, Fähigkeiten und Fertigkeiten leisten?
Leistungsbereitschaft	Was will ich leisten (mache ich meine Hausaufgaben ordentlich, lerne ich für Proben ...)?

Durch den technischen Fortschritt ist es dem Menschen in vielen Situationen einfach möglich, geforderte Dinge schnell und korrekt zu erledigen. Natürlich können auch das soziale Umfeld sowie die Lernbedingungen (habe ich einen eigenen Schreibtisch in meinem Zimmer, ist es nachmittags, wenn ich Hausaufgaben mache, laut oder leise usw.) zu einem positiven Arbeitsergebnis beitragen.

Was passiert, wenn ich die beiden Faktoren nicht berücksichtige?

- Unzufriedenheit des Schülers, der Eltern und der Lehrer (und ggf. daraus entstehender Streit/Ärger)
- Überforderung oder Unterforderung des Schülers
- weniger gute „Arbeitsergebnisse" (Proben, Tests, Präsentationen usw.)
- Motivation wird geringer
- Konflikte können entstehen (mit Mitschülern, Eltern, Lehrern usw.)

Was sollte ich unbedingt in diesem Zusammenhang beachten?

Man sollte sich immer „KRITISCH" mit dem Thema Leistungsfähigkeit und Leistungsbereitschaft auseinandersetzen und ehrlich zugeben, wenn man etwas „mal nicht kann" oder „wenn man an einigen Stellen noch Schwächen hat". Lehrer, Eltern und Mitschüler helfen bestimmt gerne weiter.

Motivationsfaktoren

Um die Leistungen eines Menschen (Schülers, Mitarbeiters, Sportlers usw.) zu steigern, spielen zwei Größen eine wichtige Rolle:

Motivation von innen (intrinsische Motivation)	Motivation von außen (extrinsische Motivation)
hervorgerufen durch	hervorgerufen durch
- Lob und Anerkennung durch Lehrer, Mitschüler, Freunde - interessante Tätigkeit, die Freude bereitet und den Schüler fordert - mögliche Selbstständigkeit und Selbstverwirklichung - „Belohnung" der Arbeitsleistung mit Erfolgen	- gute Zusammenarbeit mit Mitschülerinnen und Mitschülern z. B. bei Gruppenarbeiten, Hausaufgaben - „Art des Lehrers" (wie geht dieser mit den Schülern um, gibt er Hilfestellung und ist ein angenehmer Mensch, ...) - Stellung innerhalb des Klassenverbunds („Wo stehe ich – wer steht über bzw. unter mir?") - gute Bedingungen in der Schule (schöne Pausenräume, „tolle Lehrer und Mitschüler", gute Fachräume, helle Umgebung, Cafeteria usw.)

1.9.2   Stressbewältigung

Eine typische Aussage aus dem Alltag ist: „Ich bin total gestresst!"

Doch, was ist Stress eigentlich? Dieser Begriff stellt eine psychische Belastung dar und darf kein Dauerzustand sein.

Ursachen sind:

- zu erledigende Aufgaben (Hausaufgaben, Vorbereitung von Referaten) sind zu schwierig, zu umfangreich
- Zeitvorgaben sind weniger günstig
- falsche Einschätzung der eigenen Leistungsfähigkeit

Anzeichen für Stress sind:

- hektisches und nervöses Verhalten
- Hände werden feucht
- Bauch- oder Kopfschmerzen
- Schlafstörungen und Müdigkeit
- Ängstlichkeit
- feuchte Hände

Folgen von Stress:

- mangelnde Konzentration und deswegen ggf. schlechte Arbeitsergebnisse (Proben, Tests usw.)
- unzufriedene Schüler, Lehrer, Eltern
- Überempfindlichkeit (z. B. „Ausrasten" in Situationen, die eigentlich nicht „ausrastungswürdig" sind)
- andauerndes Traurigkeitsgefühl und Selbstzweifel
- Suchtgefahr

Tipps zur Vermeidung von Stress:

- Achte auf dich und deinen Körper (Wie geht es dir? Stellst du Anzeichen für Stress fest? usw.).
- Nimm Ratschläge und Hinweise von deinen Mitmenschen ernst und setze dich mit diesen auseinander (du kannst auch gerne mit deinen Eltern oder Lehrern darüber sprechen).
- Versuche, Aufgaben zeitnah zu erledigen und schiebe diese nicht auf (Sonst stehst du später vor einem „Aufgabenberg" und hast zu wenig Zeit, um alles ordentlich zu erledigen!).
- Stellst du fest, dass du etwas nicht schaffst, nimm Hilfe an bzw. frage nach Hilfe.

1.9.3 Konzentration

Aussagen wie „Konzentriere dich mal" oder „Konzentration bitte" hört man sehr häufig, auch im Schulalltag.

Viele Schülerinnen und Schüler können sich gut konzentrieren und erzielen gute Arbeitsergebnisse bzw. können Aufgaben schnell und einfach lösen. Andere hingegen versuchen dies, können aber unter Umständen noch nicht einmal mehr einen Text lesen und sich das Gelesene merken. Ist dies der Fall, kann die Ursache ein Konzentrationsproblem sein.

Anzeichen für Konzentrationsprobleme:

- Du kannst dir nichts mehr merken.
- Du bist nervös .
- Du kannst deine Gedanken nicht „sortieren".
- Du bist unaufmerksam und abgelenkt.
- Müdigkeit

Folgen von Konzentrationsproblemen:

- schlechte Arbeitsergebnisse (Hausaufgaben, Proben, Tests usw.)
- Ärger mit Schülern, Eltern und Lehrern
- Angst zu versagen (und ggf. dadurch bedingt „Blackouts" in Proben oder Tests)

Tipps zur Vermeidung von Konzentrationsproblemen:

- Mache während Arbeitsphasen Pausen.
- Atme ruhig und gleichmäßig ein und aus während der Pausen.
- Konzentriere dich kurze Zeit auf „etwas anderes" als auf das, was du gerade erledigen musst.
- Gehe an die „frische Luft" und treibe etwas Sport.
- Überlege, warum du dich nicht konzentrieren kannst, und notiere mögliche Ursachen. Spreche diese dann ggf. mit deinen Eltern, Lehrern oder Mitschülern durch und versuche, die Ursachen zu beheben.
- „Rede dir gut zu" – du kannst alles schaffen.

1. **Überlege,** was dich stresst und wie leistungsfähig du bist bzw. was dich motiviert.
2. **Erstelle** dir jeweils Mindmaps, in denen du deine Gedanken festhältst.
3. **Überlege** dir, wie du Stress vermeiden und deine Leistungsfähigkeit steigern kannst, und **notiere** deine Gedanken ebenfalls.
4. **Spreche** mit deinen Eltern, Freunden und Lehrern über deine Feststellungen und **berücksichtige** diese für die Zukunft.

Lernbereich 10II.1

Lernbereich 10II.2: Moderne Kommunikationsmöglichkeiten zur Berufsorientierung nutzen

Kapitel 2

2 Lernbereich 10II.2: Moderne Kommunikationsmöglichkeiten zur Berufsorientierung nutzen

Kompetenzerwartungen
Die Schülerinnen und Schüler

- nutzen die Möglichkeiten eines internetbasierten E-Mail-Systems verantwortungsbewusst und zweckorientiert für eine effiziente, adressatengerechte Kommunikation (z. B. mit Unternehmen und Institutionen) und verwalten E-Mails systematisch.
- erstellen alle notwendigen Bewerbungsunterlagen für einen Ausbildungsplatz.

2.1 E-Mail

Die beiden Schüler Lena und Luca treffen sich in der ersten Schulwoche nach den Ferien auf dem Pausenhof.

Lena: Hallo, Luca, du, sag mal, wir müssen uns doch über die Möglichkeiten zur Berufsinformation im Fach BSK informieren und auch darüber eine Präsentation erstellen. Ich habe per Mail eine Einladung für die Bildungsmesse bekommen. Man kann auch an Workshops auf dieser teilnehmen. Sollen wir uns für einen Workshop anmelden?

Luca: Ja, die Idee ist gut. Wie meldet man sich an?

Lena: Man kann eine Rückantwort per Mail senden. Muss man da eigentlich irgendwelche Regeln einhalten – ich meine, wenn man eine Mail versendet? Diese ist ja eigentlich auch ein elektronischer Brief.

Luca: Oh, das weiß ich gerade auch nicht. Am besten treffen wir uns nach der Schule und schauen mal? Um 14 Uhr bei mir?

Lena: Perfekt – machen wir. 14 Uhr bei dir!

Von: info@bildungsmesse.de
An: lena.zagerl@gmx.de
Betreff: Bildungsmesse

Liebe Schülerinnen und Schüler,

vom 28.03. bis 30.03. dieses Jahres findet unsere Bildungsmesse in der Donauhalle in Schweinfurt statt. Zu dieser laden wir euch herzlich ein.

Unsere Öffnungszeiten: 28.03. 09:00 Uhr bis 16:00 Uhr
29.03. 09:00 Uhr bis 18:00 Uhr
30.03. 09:00 Uhr bis 16:00 Uhr

Der Eintritt zur Bildungsmesse ist frei. Parkplätze sind vor den Messehallen vorhanden und können kostenlos genutzt werden.

Bei unseren rund 300 Ausstellern handelt es sich um Ausbildungsbetriebe, Schulen, Hochschulen, Bildungs- und Weiterbildungsanbieter. Die Messe wird in Kooperation mit der Stadt Schweinfurt und der IHK ausgerichtet.

Außerdem werden während der Messe verschiedene Workshops angeboten, zu denen man sich ebenfalls kostenlos anmelden kann. Anmeldeschluss für die Workshops ist der 15.03. dieses Jahres. Bitte meldet euch per E-Mail unter Angabe eures gewünschten Workshops an: E-Mail-Adresse: workshop@bildungsmesse.de

Für sonstige Fragen stehen wir euch jederzeit gerne zur Verfügung.

Kontakt: Geschäftsstelle Bildungsmesse, Frau Winzer, Schönbornstr. 1, 97421 Schweinfurt, Telefonnummer 09721 1220-15, Faxnummer 09721 1220-16, E-Mail-Adresse: winzer@bildungsmesse.de

Wir freuen uns, euch auf der Bildungsmesse zu begrüßen!

Saskia Winzer

Auszug aus dem Programm der Bildungsmesse in der Donauhalle in Schweinfurt:

Workshop 1 – aussagekräftige Bewerbungsunterlagen erstellen

wann: 28.03.JJJJ
wo: Seminarraum 1
Uhrzeit: 15:00 Uhr
Dauer: ca. 1,5 Std.
Inhalt: aussagekräftige Bewerbungsunterlagen am PC erstellen

Workshop 2 – aussagekräftige Bewerbungsunterlagen erstellen

wann: 29.03.JJJJ
wo: Seminarraum 1
Uhrzeit: 15:00 Uhr
Dauer: ca. 1,5 Std.
Inhalt: aussagekräftige Bewerbungsunterlagen am PC erstellen

Workshop 3 – aussagekräftige Bewerbungsunterlagen erstellen

wann: 30.03.JJJJ
wo: Seminarraum 1
Uhrzeit: 15:00 Uhr
Dauer: ca. 1,5 Std.
Inhalt: aussagekräftige Bewerbungsunterlagen am PC erstellen

Workshop 4 – Vorstellungsgespräche erfolgreich führen

wann: 28.03.JJJJ
wo: Seminarraum 2
Uhrzeit: 13:00 Uhr
Dauer: ca. 1,5 Std.
Inhalt: Wie bereite ich mich auf ein Vorstellungsgespräch vor und führe dieses erfolgreich?

Workshop 5 – Vorstellungsgespräche erfolgreich führen

wann: 29.03.JJJJ
wo: Seminarraum 2
Uhrzeit: 13:00 Uhr
Dauer: ca. 1,5 Std.
Inhalt: Wie bereite ich mich auf ein Vorstellungsgespräch vor und führe dieses erfolgreich?

Workshop 6 – Vorstellungsgespräche erfolgreich führen

wann: 30.03.JJJJ
wo: Seminarraum 2
Uhrzeit: 13:00 Uhr
Dauer: ca. 1,5 Std.
Inhalt: Wie bereite ich mich auf ein Vorstellungsgespräch vor und führe dieses erfolgreich?

Arbeitsauftrag 1

1. **Informiert** euch über den Themenbereich E-Mail und entsprechende Regeln, die beim Verfassen von E-Mails einzuhalten sind.
2. **Öffnet** ein leeres Worddokument.
3. **Fügt** als WordArt die Überschrift „E-Mails" ein.
4. **Erstellt** ein Handout über das Thema E-Mails. **Nehmt** entsprechende Gliederungen vor und veranschaulicht euer Dokument mit Bildern, Grafiken. **Geht** auch auf das Thema Netiquette ein.
5. **Speichert** unter dem Dateinamen „E-Mail" ab und **prüft** euer Dokument in der Seitenansicht.
6. **Druckt** eure Produkte (Ergebnisse) aus und **hängt** sie an eine Pinnwand. **Präsentiert** diese und **geht** dabei genau auf den Inhalt eurer Handouts ein und **erklärt**, warum ihr euch für die gewählten Formatierungen entschieden habt.
7. **Nehmt** ggf. Verbesserungen/Änderungen vor. **Druckt** ggf. erneut aus und **heftet** eure Ergebnisse in eurem Ordner ab.
8. **Berücksichtigt** euer neu gewonnenes Wissen in der Zukunft.

Lernbereich 10II.2

2

2

Lernbereich 10II.2

Arbeitsauftrag 2

1. **Entscheidet** euch für einen Workshop aus dem Programmheft-Auszug.
2. **Öffnet** ein leeres Worddokument und **speichert** dieses unter dem Dateinamen „Anm_workshop" ab.
3. **Fügt** alle Inhalte, die eine E-Mail enthält (AN, VON, BETREFF ...) in euer Dokument ein.
4. **Meldet** euch zu einem Workshop an und **berücksichtigt** dabei die euch vorliegenden Angaben.
5. **Präsentiert** eure Ergebnisse im Plenum und **prüft** eure Dokumente auf Vollständigkeit/Richtigkeit.
6. **Nehmt** ggf. Verbesserungen/Änderungen vor.
7. **Druckt** aus und **heftet** eure Ergebnisse in eurem Ordner ab.
8. **Erläutert**, warum die Teilnahme an einer Bildungsmesse sinnvoll ist.
9. **Berücksichtigt** euer neu gewonnenes Wissen in der Zukunft.

Die E-Mail (elektronische Nachricht) bekommt eine immer größere Bedeutung in der Privat- sowie in der Geschäftswelt. Es ist mit ihr jederzeit möglich, Nachrichten in Text- oder Dateiform zu versenden und fast zeitgleich zu empfangen. Man spart also Zeit und Geld und ist immer „up to date".

2.1.1 Allgemeines

Werbeaktionen, Einladungen und das Versenden von Formularen sind nur einige Beispiele für den Einsatz von E-Mails. Es wird mittlerweile sogar ein richtiges „E-Mail-Marketing" betrieben.

Aber auch hier gilt: **Datenschutz beachten!**

E-Mail-Adressen dürfen nicht an andere Schüler/Kunden, Lehrer usw. ohne Zustimmung der jeweiligen Personen weitergegeben werden. Manchmal passiert dies jedoch recht schnell. Nämlich wenn alle „Empfänger-Adressen" im Feld „An" eingegeben werden. Dann kann jeder Empfänger mit dem Empfangen der Nachricht sehen, welche „Mitempfänger" die E-Mail ebenfalls erhalten haben, und die angezeigten Adressen für sich verwenden.

Der Sachbearbeiter, Herr Kolb, der die Einladungen zur Bildungsmesse versendet hat, vermerkte im Feld „An" alle Empfänger-E-Mail-Adressen. Nun kann Lena genau sehen, wer noch die Einladung zur Bildungsmesse erhalten hat, und die E-Mail-Adressen selbst verwenden.

Vorteile von E-Mails sind:

- kostengünstiges Versenden von Unterlagen
- Senden und Empfangen erfolgt fast zeitgleich
- durch Verschlüsselungsmöglichkeiten sichere „Kommunikationsart"
- umweltfreundlich
- keine umfangreichen technischen Anschaffungen notwendig
- einfache Handhabung
- durch den Einsatz von Smartphones „rund um den Globus und jederzeit empfangbar"
- schnelles Kommunikationsmittel

Nachteile von E-Mails sind:

– Ein entsprechendes Gerät, um E-Mails zu empfangen, muss vorhanden sein – dies ist abhängig von Strom.
– Eine Internetverbindung ist notwendig.
– Bei „Netzschwankungen" können E-Mail-Inhalte über Smartphones nicht immer richtig geladen werden.
– Sie gilt vor Gericht nur als Beweismittel, wenn beispielsweise ein „E-Postbrief" versendet wurde, also eine E-Mail, die auf den Absender zurückzuführen ist. (Der seit 2010 von der Deutschen Post angebotene E-Postbrief wird immer häufiger von Privatpersonen und Unternehmen genutzt. Die Anmeldung bzw. Registrierung für diesen erfolgt recht einfach über die Homepage der Deutschen Post: www.deutschepost.de.)
– Gesundheitliche Gefahren drohen, z. B. Überlastung der Mitarbeiter, da diese jederzeit erreichbar sind, „Abhängigkeitsgefühl" usw.

2.1.2 Netiquette

Das Wort „Netiquette" wird mittlerweile auch in Zusammenhang mit E-Mails genannt. Hintergrund ist hier, dass die E-Mail den Geschäfts-, aber auch den Privatbrief immer stärker ersetzt und die gängigen Schreib- und Gestaltungsregeln in einer E-Mail Anwendung finden sollen. Auch die Formulierungen in E-Mails sollen einen „offiziellen Charakter" haben und nicht aus reinen Abkürzungen oder Rechtschreib- bzw. Grammatikfehlern bestehen, also:

– Formuliere deinen Text ansprechend und verwende keine verschachtelten Sätze oder veralteten Formulierungen – bringe das Wesentliche auf den Punkt.
– Achte auf Rechtschreibung und Grammatik.
– Gestalte deinen Brieftext ansprechend (ggf. mit Hervorhebungen, Aufzählungen ...).
– Lies deinen E-Mail-Text noch einmal durch, bevor du ihn versendest.
– Denke daran, die Anlagen anzuhängen, die du im E-Mail-Anschreiben erwähnt hast oder mitversenden möchtest.
– Halte die DIN-Regeln für das Verfassen von E-Mails ein (Briefabschluss ...).
– Beantworte eingehende E-Mails möglichst zeitnah.
– Hast du eine Anfrage per E-Mail gesendet und erhältst eine Rückantwort, bedanke dich für diese und gib den „aktuellen Stand" an den Absender weiter.

2.1.3 DIN-Regeln

Wie zuvor bereits erwähnt, sind auch bei der E-Mail DIN-Regeln einzuhalten, die nachfolgend dargestellt sind:

Beispiel für den Abschluss einer geschäftlichen E-Mail	Beispiel für den Abschluss einer privaten E-Mail
Freundliche Grüße ¶ Rad & Roll GmbH ¶ i. A. ¶ L. Rogg ¶ Telefon: 0711 12343-200 Telefax: 0711 12343-439 E-Mail: LRogg@rad&roll.de Internet: www.rad&roll.de ¶ Sitz/Hausanschrift: Schlossstr. 21, 70176 Stuttgart Geschäftsführer: Frau Kroner Amtsgericht Stuttgart HRB 126533	Sonnige Grüße ¶ Stephan Breitner Blaue Allee 101 54296 Trier ¶ Telefon: 0651 4332 Mobiltelefon: 0152 80907025 Telefax: 0651 4333 E-Mail: stephan.breitner@t-online.de

2

Lernbereich 10II.2

Aufgabe 1

Lena und Luca haben eine Einladung der IHK Schweinfurt erhalten und möchten sich per E-Mail zu diesem Seminar anmelden. Folgende Angaben liegen vor:

Seminar

„Welche Möglichkeiten habe ich, mich über die verschiedenen Berufe zu informieren?"

Seminar-Nr.   2210

Wann?   15.04.JJJJ
Wo?   IHK Schweinfurt, Schulungsraum 212,
     1. Stock, Hauptgebäude
Eckdaten: Seminarbeginn 10:00 Uhr,
     Seminarende 16:00 Uhr

Mittagessen sowie Seminarunterlagen werden kostenlos zur Verfügung gestellt.

Teilnahmebescheinigung wird auf Wunsch angefertigt.

Anmeldung per E-Mail bis zum 02.04.JJJJ unter Angabe der teilnehmenden Personen (Vor- und Nachname sowie Adresse und Telefonnummer) und der Seminar-Nr. möglich.

E-Mail-Adresse: maximilian.loeper@ihk-schweinfurt.de

Kontakt: Maximilian Müller, IHK Schweinfurt,
     Olgastr. 17/1, 97421 Schweinfurt,
     Tel.: 09721 134-120, Fax: 09721 134-122

---

1. **Überlegt,** was für euch Netiquette bei E-Mails bedeutet.
2. **Notiert** eure Gedanken in einem Worddokument und **speichert** unter „Netiquette" ab.
3. **Öffnet** ein leeres Worddokument und **speichert** dieses unter dem Dateinamen „Anm_seminar" ab.
4. **Fügt** alle Inhalte, die eine E-Mail enthält (AN, VON, BETREFF ...) in euer Dokument ein.
5. **Verfasst** nun den Anmeldetext an die IHK Schweinfurt unter Berücksichtigung der euch vorliegenden Angaben.
6. **Achtet** auf das Einhalten der DIN-Regeln beim Verfassen der E-Mail.
7. **Präsentiert** eure E-Mail im Plenum und **geht** auch auf die DIN-Regeln ein.
8. **Nehmt** ggf. Änderungen/Ergänzungen vor, **druckt** aus und **heftet** eure Ergebnisse ab.

Aufgabe 2

In der Schule unterhalten sich Lena und Luca mit ihren Mitschülern Matti und Christian. Beide sind an dem Seminar „Welche Möglichkeiten habe ich, mich über die verschiedenen Berufe zu informieren" sehr interessiert. Sie bitten Lena, die E-Mail an sie weiterzuleiten (matti@schneider.de, chrissi_17@gmx.de).

1. **Öffnet** ein leeres Worddokument und speichert dieses unter dem Dateinamen „weiterl_mail" ab.
2. **Fügt** alle Inhalte, die eine E-Mail enthält (AN, VON;,BETREFF ...) in euer Dokument ein.
3. **Verfasst** einen passenden E-Mail-Text an eure beiden Mitschüler.
4. **Achtet** auf das Einhalten der DIN-Regeln beim Verfassen der E-Mail.
5. **Präsentiert** eure E-Mail im Plenum.
6. **Nehmt** ggf. Änderungen/Ergänzungen vor, **druckt** aus und **heftet** eure Ergebnisse ab.

2.2 E-Mail-Verwaltung

Nachdem Lena und Luca sich zu der Bildungsmesse angemeldet haben, erhalten sie eine Bestätigungsmail über den Eingang ihrer Anmeldung. Neben dieser Anmeldung befinden sich noch weitere E-Mails in Lenas Postfach.

Lena: Hallo, Luca! Du, sag mal, muss ich eigentlich alle Mails ausdrucken und irgendwo abheften?

Luca: Nein, wie kommst du denn darauf? Ich lösche immer gleich alle Mails und drucke auch nie was aus.

Lena: Echt? Warum das denn?

Luca: Na, vor Kurzem war mein Postfach voll und ich konnte keine Mails mehr empfangen. Daher lösche ich nun immer gleich alles. Und in die Ausdrucke schaue ich doch auch nicht mehr rein und das ist sowie nicht umweltfreundlich.

Lena: Ja, stimmt schon. Aber wenn du eine Mail dann doch wieder brauchst? Was machst du dann? Es wäre doch dann viel besser, wenn wir unsere Mails irgendwie sortieren und wichtige Informationen archivieren würden, oder?

Luca: Ähm, das weiß ich jetzt auch nicht. Wie geht das?

1. **Überlegt**, wie ihr mit euren E-Mails verfahrt und **notiert** eure Ergebnisse.
2. **Diskutiert** diese im Klassenverband.
3. **Informiert** euch über den Themenbereich „E-Mail-Verwaltung" und **erstellt** über diesen ein Plakat (dies ist auch am PC möglich).
4. **Entwerft** ein Muster für eure Ordnerstruktur und **fügt** dies auf eurem Plakat ein. **Gestaltet** ansprechend.
5. **Geht** auf eurem Plakat auch auf das Thema Umweltschutz in Zusammenhang mit E-Mails ein. **Nutzt** zur Recherche ggf. das Internet.
6. **Präsentiert** eure Ergebnisse im Plenum und **prüft** diese auf Vollständigkeit und Richtigkeit.
7. **Gebt** Luca und Lena einen Tipp, wie sie in Zukunft mit E-Mails umgehen sollen und worauf zu achten ist.
8. **Berücksichtigt** euer neues Wissen in der Zukunft.

Aus den ersten IV-Stunden wisst ihr, dass Daten, die ihr noch einmal benötigt, so gespeichert werden müssen, dass ihr sie auch schnell wiederfindet. Also nicht „irgendwo im nirgendwo" abspeichern.

Das Gleiche gilt für Daten, die ihr per E-Mail erhaltet. Diese sollten „sortiert", in der Ablage „P (Papierkorb)" abgelegt oder archiviert werden.

Dabei habt ihr verschiedene Möglichkeiten. Zum einen könnt ihr Dateianhänge ganz normal auf einer Festplatte, einem Stick oder einem sonstigen Speichermedium sichern. Zum anderen könnt ihr aber auch die gesamte E-Mail „archivieren" und euch in eurem E-Mail-Programm verschiedene Ordner anlegen.

Zur Erinnerung:
Das strukturierte Speichern von Dateien nennt man **Ablage.** Würdet ihr eure Daten einfach „irgendwo" bzw. „irgendwie" abspeichern, liegt die Annahme nahe, dass ihr eure Daten nur schwer bzw. gar nicht mehr oder nur mit einem hohen Zeitaufwand wiederfindet.

Wichtig ist also eine sinnvolle und strukturierte Ablage, für die gilt:

- Deine Struktur sowie deine Ordnernamen müssen immer nachvollziehbar und einheitlich sein!
- Achte auf Übersichtlichkeit!
- Du musst schnell auf deine Daten zugreifen können!
- Daten müssen regelmäßig „sortiert" werden.

Natürlich spielt auch bei dem Speichern von Daten der Datenschutz eine wichtige Rolle. Handelt es sich um „sensible Daten" (z. B. persönliche Daten von dir, wie ein Lebenslauf), sollten die Dateien oder Ordner, in denen die Daten gespeichert werden, unbedingt mit einem Passwort versehen werden, um die Nutzung durch Unbefugte gleich im Voraus auszuschließen. Unwichtige Daten müssen nicht gespeichert werden. Diese würden nur unnötig den Speicher „füllen" und große Datenmengen können sogar die Geschwindigkeit des PCs herabsetzen. Also: unwichtige E-Mails löschen!

Befinden sich wichtige Inhalte in E-Mails, sollten diese mithilfe von kryptografischen Verfahren (z. B. Verschlüsselung oder digitale Signatur) geschützt werden. So ist es möglich, Manipulationen oder Übertragungsfehler zu erkennen und die Daten vor unbefugten Dritten zu schützen.

Mittlerweile gibt es verschiedene Signatur- und Verschlüsselungslösungen, die mit geringem Aufwand eingesetzt werden können.

Auf dem Portal des Bundesamtes für Sicherheit in der Informationstechnik werden viele aktuelle Hinweise zum sicheren E-Mail-Verkehr gegeben und verschiedene Möglichkeiten der Verschlüsselung/ digitalen Signatur vorgestellt.

Auch sollte man Datenanhänge kritisch anschauen. Ist der Absender nicht bekannt und die E-Mail eher „unseriös", sollte man auf keinen Fall den Anhang öffnen. Oft können sich in diesen Viren, Trojaner und Co. verstecken.

Auch die Möglichkeit, „unseriöse" E-Mails in den Spamordner zu verschieben, sollte genutzt werden.

1. **Öffnet** euren E-Mail-Account.
2. **Geht** alle E-Mails (Posteingang/Postausgang/Spam-Ordner, Ordner „Gelöschte Objekte") in Ruhe durch.
3. **Legt** alle für euch notwendigen Ordner an. Nutzt dabei ggf. eure Notizen aus den letzten Unterrichtsstunden.
4. **„Sortiert"** eure E-Mails in die entsprechenden Ordner ein bzw. löscht unnötige E-Mails.
5. **Speichert** wichtige Dateianhänge auf eurer Festplatte ab.
6. **Tauscht** euch mit eurem Nachbarn aus.
7. **Wendet** euer neu erworbenes Wissen in Zukunft an und **„sortiert"** eure E-Mails regelmäßig.

2.3 Normgerechte Anschreiben für eine Bewerbung erstellen

Auf der Bildungsmesse haben Lena und Luca einige interessante Berufe kennengelernt und auch der Workshop war sehr informativ. Nun möchten sich die beiden Schüler für verschiedene Ausbildungsplätze bewerben und legen gleich los.

Arbeitsauftrag 1

1. **Informiert** euch über den Themenbereich „Informieren – das A und O für die richtige Berufswahl".
2. **Haltet** wichtige Informationen auf einem Spickzettel fest.
3. **Erstellt** mithilfe eurer Stichpunkte ein Plakat zu eurem Themenbereich, welches alle wichtigen Informationen enthält.
4. **Veranschaulicht** dieses mit Bildern/Grafiken (ausdrucken oder selbst erstellen).
5. **Präsentiert** eure Plakate im Plenum und **geht** dabei sowohl auf den Inhalt als auch auf die Gestaltung ein.
6. **Gebt** euch gegenseitig ein Feedback und **berücksichtigt** eure Erkenntnisse für euer zukünftiges Handeln.

Arbeitsauftrag 2

1. **Überlegt**, wo eure Stärken und Schwächen liegen, und **notiert** diese in einem Worddokument (für euch selbst).
2. **Recherchiert** Berufe, die euch interessieren und von denen ihr euch vorstellen könnt, diese zu erlernen (Internetrecherche, Berufsinformationszentren, Fachzeitschriften usw.).
3. **Informiert** euch genau über die Aufgaben, die euch in den verschiedenen Berufen erwarten und welche Anforderungen an Auszubildende, die diesen Beruf erlernen, gestellt werden.
4. **Haltet** alle relevanten Informationen ebenfalls in eurem Worddokument fest. **Gestaltet** dieses ansprechend.
5. **Überlegt**, ob ihr die Anforderungen eures Wunschberufes erfüllen könnt oder ob ihr ggf. einen anderen Beruf wählen solltet (**ergänzt** bei Bedarf die neuen Informationen).
6. **Recherchiert** Betriebe, die den von euch gewählten Ausbildungsberuf ausbilden, und informiert euch über die Unternehmen. **Notiert** die Adressen der für euch infrage kommenden Unternehmen in eurer Datei.
7. **Stellt** euren Wunsch-Ausbildungsberuf im Plenum vor (mithilfe eures Worddokumentes) und **beantwortet** gegebenenfalls aufkommende Fragen.
8. **Gebt** euch gegenseitig ein Feedback zu den gefundenen Berufen und **nutzt** dieses Feedback für die Zukunft.

Arbeitsauftrag 3

1. **Informiert** euch über das Erstellen von Bewerbungsunterlagen.
2. **Notiert** wichtige Informationen auf einem Spickzettel.
3. **Formuliert** ein Bewerbungsschreiben unter Berücksichtigung der Schreib- und Gestaltungsregeln nach der DIN 5008. **Verwendet** dabei auch eure recherchierten Adressen aus den vorherigen Stunden.
4. **Erstellt** ferner einen Lebenslauf und **gestaltet** diesen ansprechend.
5. **Bereitet** euch auf die Präsentation vor.
6. **Präsentiert** eure Ergebnisse im Plenum und **geht** dabei auf die DIN-Regeln sowie den Inhalt eurer Dokumente ein.
7. **Prüft** eure Dokumente auf Vollständigkeit und Richtigkeit. **Bewertet** das gewählte Layout und **gebt** euch gegenseitig ein Feedback.
8. **Nehmt** ggf. Änderungen/Ergänzungen vor und **druckt** aus.
9. **Verwendet** eure erstellten Unterlagen als Vorlagen für weitere Bewerbungen.

2.3.1 Informieren – das A und O für die richtige Berufswahl

Mai 20..

Trierer Morgenpost
Autorin Rebecca Waldkind

Eigene Neigungen bei der Berufswahl ignorieren und in die Fußstapfen der Eltern treten?!

Max ist 18 Jahre alt und hat sein Abitur in der Tasche. Am liebsten würde er eine Ausbildung als Industriekaufmann beginnen, doch seine Mutter hat etwas dagegen. Sie ist Apothekerin und möchte, dass ihr Sohn einmal das Familienunternehmen, das bereits seit 81 Jahren existiert, übernimmt. Max ist hin- und hergerissen. Soll er studieren, soll er sich gegen seine Mutter entscheiden?

Sein Vater äußert sich wenig zu diesem Thema. Er legt Max jedoch nahe, sich eingehend über seinen Wunschberuf, aber ebenfalls über die vorgeschlagene Berufsmöglichkeit der Mutter zu informieren.

Nicht nur Max` Berufswahl wird durch die Eltern beeinflusst. Vielen jungen Menschen geht es so. Eltern wollen meist nur „das Beste" für ihre Kinder und spiegeln sich in ihnen wider. Diese Verhaltensweise ist sehr natürlich und auch nicht immer ein Nachteil. Eltern verfügen über eine große Lebenserfahrung, waren vielleicht schon in mehreren Berufszweigen tätig und haben viele Einblicke in die Berufswelt bekommen. Doch auch Eltern sollten auf die Neigungen und Interessen ihrer Kinder eingehen und diese bei der richtigen Berufswahl in Bezug auf die Stärken und Schwächen der Kinder unterstützen.

Weitere Anlaufstellen für Jugendliche können z. B. die Agentur für Arbeit oder vor Ort ansässige Kammern (IHK, HWK) sein. Diese verfügen über vielerlei Informationen zu Berufsbildern, welche körperlichen, sozialen und geistigen Anforderungen bzw. Fähigkeiten für diese benötigt werden und welche „neuen Berufe" es gibt. Ebenso können offene Ausbildungsplätze in Erfahrung gebracht werden.

Auch das Internet trägt wesentlich zu einer Transparenz in Bezug auf die verschiedenen Berufsmöglichkeiten bei. So

z. B. bietet die Agentur für Arbeit die Seite www.berufe.net an, die sehr ausführliche Auskünfte zu vielen Berufsbildern enthält.

„Ich kenne jemanden, der als Personalverantwortlicher in einem Unternehmen tätig ist!"

Prima, denn dieser kann interviewt werden und viele Fragen beantworten. Auch Auszubildende, die den angehenden Wunschberuf erlernen, können wichtige Informationsquellen sein – ebenso Beratungslehrerinnen und Beratungslehrer der Schulen.

Falls in der Umgebung „Fachmessen oder Veranstaltungen zur Berufsorientierung" stattfinden, ist es ratsam, an diesen teilzunehmen und sich während des Besuchs über die verschiedenen Berufsmöglichkeiten und die entsprechenden Voraussetzungen zu erkundigen. Oft werden sogar erste Kontakte zu Betrieben oder Studieneinrichtungen geknüpft, die später sehr hilfreich sein können.

Natürlich bieten sich des Weiteren Praktika an. Während dieser kann am besten erkannt werden, ob der ausgesuchte Beruf tatsächlich zu einem passt und man die Stärken und Schwächen besitzt, die zur Ausübung notwendig sind.

Zusammengefasst kann gesagt werden:

Überlege:

– „Welcher Beruf interessiert mich und was muss ich zur Ausübung von diesem für Kenntnisse, Fertigkeiten und Fähigkeiten haben?"
– „Was kann ich gut und was weniger gut?"
– „Was möchte ich in meinem Leben erreichen?"

2.3.2 Eigene Stärken und Schwächen erkennen und nutzen

Wer bin ich? Was interessiert mich? Was kann ich gut, was kann ich weniger gut? Mit diesen Fragen sollte sich jeder Mensch auseinandersetzen, wenn es darum geht, einen geeigneten Beruf auszusuchen.

Begriffe wie **Aufgeschlossenheit, Ausdauer, Ehrlichkeit, Eigeninitiative, Kreativität, Teamfähigkeit, Lern- und Leistungsbereitschaft, Zuverlässigkeit usw.** sind dabei genauso zu berücksichtigen wie die individuellen Schwächen jedes Einzelnen (Unpünktlichkeit, Gutmütigkeit, weniger gutes Zahlenverständnis usw.).

Nur wer seine Stärken und Schwächen erkennt und dieses Wissen nutzt, wird später in der Lage sein, den passenden Beruf zu finden und den gewählten Beruf mit Freude auszuüben.

2.3.3 Anschreiben bzw. Bewerbungsschreiben erstellen

Anschreiben

Unter Anschreiben versteht man Briefe, die an bestimmte Personen oder Unternehmen gerichtet sind und immer einen bestimmten Zweck erfüllen bzw. ein Ziel haben. Damit die Briefe beim Empfänger ankommen und auch der gewünschte Zweck erfüllt bzw. das Ziel erreicht wird, müssen einige Regeln eingehalten werden, die unter anderem in der DIN 5008 (Schreib- und Gestaltungsregeln) festgehalten sind.

DIN ist die Abkürzung für „Deutsches Institut für Normung", welches die Regeln von Zeit zu Zeit überprüft und ggf. anpasst.

In der Praxis unterscheidet man bei den Anschreiben zwischen dem Privatbrief und dem Geschäftsbrief. Der Unterschied der beiden Briefe besteht darin, dass der Privatbrief von Privatpersonen und der Geschäftsbrief im Berufs- und Arbeitsleben verfasst wird.

Die Inhalte der beiden Anschreiben können gleich sein.

Lenas Vater kündigt seinen Handyvertrag zum nächstmöglichen Zeitpunkt.

Frau Berger von der Berger & Thaler Sportswear OHG setzt das Kündigungsschreiben für die Firmenhandy-Verträge auf.

Früher hat man für den Privatbrief einen besonderen Aufbau verwendet, der noch aus dem Zeitalter der Schreibmaschine stammt. Heute verwendet man für Privatbriefe meistens in Anlehnung an den Geschäftsbrief eine Briefmaske, die nach der DIN 5008 wie in den folgenden Beispielen dargestellt, aussieht.

Bewerbungsschreiben

Werden Bewerbungsunterlagen erstellt, sollte der Bewerber immer ein eindeutiges Ziel vor Augen haben. Das Unternehmen bekommt nämlich mit dem Zusenden der entsprechenden Schreiben einen ersten Eindruck von seinem angehenden Mitarbeiter/Auszubildenden.

Der Absender möchte sich zum einen vorstellen und zum anderen „Werbung" für sich machen, damit der angestrebte Ausbildungsplatz auch genau an ihn vergeben wird.

Die Bewerbung soll also:

– Aufmerksamkeit bei dem zukünftigen Arbeitgeber erzeugen
– Interesse an der eigenen Person wecken
– die Möglichkeit auf ein Vorstellungsgespräch geben, in welchem man abschließend überzeugen kann

2

Lernbereich 10II.2

Tipps zur Vorgehensweise:

1. Überlege, welche Inhalte dein Schreiben enthalten soll, und notiere diese stichpunktartig.
2. Formuliere mithilfe der Stichpunkte dein Schreiben.
3. Achte darauf, dass du einfache und ansprechende Sätze verwendest.
4. Gestalte dein Schreiben ansprechend unter Berücksichtigung der DIN-Regeln in Bezug auf Absätze, Einzüge usw.
5. Schalte nach dem letzten Satz deines Briefes zweimal und füge den Briefabschluss ein (Freundliche Grüße).
6. Schalte viermal, sodass drei Leerzeilen entstehen und füge an dieser Stelle deinen Vor- und Nachnamen ein.
7. Prüfe, ob Anlagen mit deinem Schreiben versendet werden sollen, und vermerke diese (schalte nach deinem Vor- und Nachnamen zweimal, sodass eine Leerzeile entsteht, und ergänze das Wort Anlage (wenn du eine Anlage mit versendest) bzw. Anlagen (wenn du deinem Schreiben mehrere Anlagen beifügst).
8. Formatiere das Wort Anlage bzw. Anlagen fett.
9. Kontrolliere dein Schreiben auf Vollständigkeit und Richtigkeit (Rechtschreibung und Grammatik sowie DIN-Regeln) und drucke erst nach der Prüfung dein Schreiben aus.
10. Unterschreibe an der richtigen Stelle (zwischen deinem Briefabschluss und deiner maschinellen Unterschrift) und versende deinen Brief.

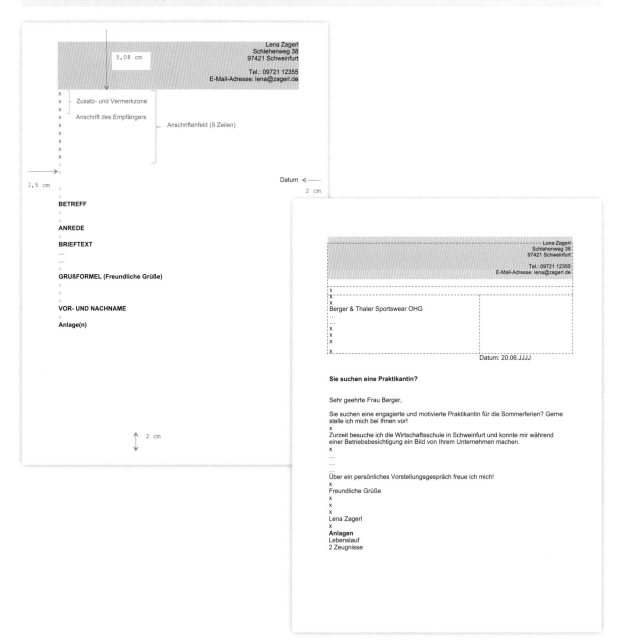

2.3.4 Einen informativen Lebenslauf und ein ansprechendes Deckblatt erstellen

Zu den vollständigen Bewerbungsunterlagen gehören neben dem Anschreiben auch der Lebenslauf und das Deckblatt.

Beide sollten übersichtlich gestaltet sein und alle notwendigen Informationen (vollständig UND lückenlos) enthalten. Oft bietet sich für das Erstellen des Lebenslaufs die Tabellenfunktion in Word oder der Einsatz von Tabstopps an.

Auch bietet Word die Möglichkeit, mit Vorlagen zu arbeiten. Diese können über die

Registerkarte DATEI – Vorlagen – z. B. Ordner PERSÖNLICH – entsprechendes Dokument aussuchen und DOPPELKLICK

abgerufen werden.

Konkrete Vorgaben für das Erstellen eines Lebenslaufs gibt es nicht. Jedoch sollten folgende Empfehlungen Berücksichtigung finden:

- Lebenslauf möglichst auf einer Seite darstellen
- alle Angaben müssen wahr und vollständig (lückenlos) sein sowie dokumentiert werden können (mithilfe von Bescheinigungen, Zeugnissen usw.)
- als Erstes sollte der Zeitraum angegeben werden, anschließend folgen Angaben wie Schule/Tätigkeit/Ort usw.
- übersichtliche und klar strukturierte Gestaltung
- falls ein Lichtbild auf dem Lebenslauf vorhanden ist, sollte dieses ansprechend und im oberen rechten Bereich des Lebenslaufes positioniert sein
- neben persönlichen, schulischen und beruflichen Daten sollten des Weiteren Angaben über besondere Kenntnisse und Fähigkeiten (z. B. Sprachen, 10-Finger-Tastschreiben usw.), abgeleistete Praktika, Hobbys und Sonstiges (Mitgliedschaft in Vereinen, Führerscheinklasse, ...) gemacht werden
- Prüfungsdaten sollten optisch hervorgehoben werden
- zeitliche Lücken sind zu begründen

Allgemeine Inhalte eines Lebenslaufs, die mit Zwischenüberschriften gegliedert werden können:

Persönliche Daten:
- Vor- und Zuname
- Geburtsdatum und Geburtsort
- Staatsangehörigkeit
- Name und Beruf der Erziehungsberechtigten sowie Geschwister (später nicht mehr notwendig)
- Familienstand
- Schulbildung
- genaue Angaben zur Schulausbildung (Grundschule, Realschule, Gymnasium ...)

Beruflicher Werdegang:
- Berufsausbildung
- berufliche Tätigkeiten (Unternehmen, Ort, Art der Tätigkeit)
- Wehr-/Zivildienstzeiten

Fortbildungs- und Weiterbildungsveranstaltungen:
- Schulungen
- Lehrgänge
- Sprachreisen

2

Lernbereich 10II.2

Besondere Kenntnisse:
– Sprachen
– EDV-Kenntnisse

Sonstiges:
– abgeleistete Praktika
– Hobbys/Interessen
– Führerschein

Datum und Unterschrift

Für die Gestaltung des Deckblattes bietet das Programm Word ebenfalls verschiedene Vorlagen an. Diese werden wie die Vorlagen für den Lebenslauf über die Registerkarte DATEI – NEU abgerufen.

Beispiel für einen Lebenslauf

Beispiel für ein Deckblatt

2.4 Datenschutz und Datensicherheit

Das IV-Projekt steht an. Lena und Luca haben sich den Themenbereich „Datenschutz und Datensicherheit" ausgesucht und sollen über diesen eine PowerPoint-Präsentation erstellen. Beide Schüler haben fleißig Materialien gesammelt und nutzen auch ihr Wissen aus den vorherigen IV- bzw. BSK-Stunden..

1. **Informiert** euch über euren Themenbereich.
2. **Überlegt** euch, welche Inhalte eure PowerPoint-Präsentation haben muss und **erstellt** eine Gliederung.
3. **Prüft** eure Gliederung auf Vollständigkeit und Richtigkeit und **tauscht** euch ggf. mit einer anderen Gruppe, einem anderen Team aus.
4. **Erstellt** eine PowerPoint-Präsentation wie folgt:
   a) 1. Folie: euer Name, eure Klassenbezeichnung
   b) 2. Folie: euer Thema
   c) 3. Folie: Gliederung (Inhaltsverzeichnis)
   d) 4. Folie und folgende Folien: Erläuterung eures Themas
   e) Schlussfolie
   f) Folie mit Quellenangaben
5. **Bereitet** euch auf die Präsentation vor!
6. **Präsentiert** eure Ergebnisse im Plenum.
7. **Prüft** die Präsentationen auf Vollständigkeit und Richtigkeit. **Nutzt** eine Checkliste für Präsentationen.
8. **Übt** konstruktives Feedback mithilfe eurer Checkliste.
9. **Überlegt**, wie ihr euch während der Präsentation gefühlt habt, und zieht daraus Schlüsse für die Zukunft.

2.4.1 Sichern der Daten/Schutz der Daten vor Verlust

Aus dem Alltag ist das Internet nicht mehr wegzudenken. Daten und Informationen werden häufig über das Netz gesucht, weitergeleitet und verbreitet. Und natürlich müssen die Daten vor Verlust geschützt und gegen den Verlust gesichert werden.

Die Aussagen „Sicherung der Daten" und „Schutz der Daten" werden häufig verwechselt oder als gleiche Maßnahme angesehen. Dies ist jedoch nicht der Fall.

	Datenschutz	Datensicherheit
Definition	– Schutz der Daten vor Missbrauch von Personen und Unternehmen	– Sichern der Daten vor Verlust, Fälschung oder Zerstörung
Gesetzliche Regelungen	– EU-Datenschutzrichtlinien – Bundesdatenschutzgesetz – Landesdatenschutzgesetz	– HGB
Datenschutz und Datensicherheit, aber wie?	– Einsatz von Passwörtern – Schlüsselkontrolle bei Räumen, in denen Schriftgut aufbewahrt wird – Ausweiskontrolle – Datenschutzgesetze einhalten	– Datenträger sicher aufbewahren (abschließbare, feuerfeste Schränke) – Regelmäßige Backups durchführen – Zutrittskontrollen für Räume einführen – Zugangskontrollen über Passwörter und Benutzernamen regeln – Regelmäßig Protokolle erstellen bzw. ausdrucken (EDV-Protokolle) – Brandschutzvorrichtungen – Notfallstrom
	Datensicherheitsbeauftragten ernennen, der für den Datenschutz und die Datensicherheit im Unternehmen sowie die Überwachung der Einhaltung von Gesetzen zuständig ist.	

2.4.2 Datenträger und Speichermedien

Um Daten richtig sichern zu können, bieten sich verschiedene Speichermedien und Datenträger an. Häufig werden die Daten auch in Clouds abgelegt.

Werden Daten auf Datenträgern bzw. Speichermedien archiviert, bieten sich verschiedene Möglichkeiten an:

Datenträger/ Speicher- medium	Information	Vorteile	Nachteile
USB-Stick	Daten, die von A nach B transportiert werden und überall genutzt werden.	– Daten überall abrufbar – günstig – einfache Bedienung – USB-Stick kann verschlüsselt, also Daten geschützt werden	– Stick geht leicht verloren – anfällig für Datenverlust (wenn Stick nicht am PC „ausgeworfen" wird) – weniger stabil
DVD/CD	Daten sind auf DVD/CD abgespeichert und können abgerufen werden. DVD/CD kann unter Umständen mehrmals beschrieben werden.	– Daten überall abrufbar – günstig – einfache Bedienung	– DVD/CD kann verloren gehen – Datenschutz schwierig zu gewährleisten – wenn Datenträger verkratzt, sind die Daten ggf. nur noch teilweise lesbar – stark begrenzter Speicherplatz
Festplatte	Daten sind an einem „festen Ort" im PC gespeichert.	– Schutz der Daten mit Passwörtern – großer Speicherplatz	– Daten sind nur am PC abrufbar – abhängig vom Strom
Externe Festplatte	Daten sind auf einer externen Festplatte gespeichert, die meist große Datenvolumen erfassen und überall über einen USB-Anschluss genutzt werden kann.	– Daten sind überall abrufbar – großes Speichervolumen möglich – stabil – kann aufgrund der Größe schlechter verloren gehen – Daten können verschlüsselt werden	– etwas teurer als andere Speichermedien

Clouds

Der Einsatz von Clouds ist für Unternehmen sehr attraktiv. Über diese können Daten ausgetauscht, verwaltet und bearbeitet, gelöscht usw. werden, selbst über das „Büro" eines Standortes hinaus. Die Kommunikation und der Datenaustausch zwischen Filialen sind überregional möglich (Standort Deutschland, Standort Schweiz, Standort Österreich). Liegen die Daten in einer Cloud, kann jeder der berechtigten Nutzer auf diese zugreifen. Auch Programme, die von den Versionen her immer aktualisiert werden, können vom Unternehmen bzw. dessen Mitarbeitern über eine Cloud genutzt werden.

Vorteile einer Cloud sind:

- Monatliche Gebühren sind recht günstig.
- Keine Wartungskosten für teure Server.
- Keine ständigen Kosten für neue Programmversionen.
- „Wartungsservice", der im Cloud-Vertrag mitinbegriffen ist (funktioniert die Cloud für einige Zeit nicht, arbeiten Techniker mit Hochdruck an diesem Problem und bei längeren Ausfallzeiten erstattet der Betreiber sogar einen bestimmten Betrag an das nutzende Unternehmen zurück).
- Einfache Handhabung.
- Kommunikation und Austausch von Daten ohne Verlust überregional möglich.
- Datenzugriff von vielen verschiedenen Standorten möglich.

Nachteile einer Cloud sind:

- Datenschutz muss gewährleistet sein (auf diesen hat das Unternehmen nicht immer Einfluss in Bezug auf den externen Cloud-Betreiber).
- Wenn Passwörter innerhalb des Unternehmens weitergegeben werden, können „Dritte" auf die hinterlegten Daten zugreifen.
- Eine Cloud ist abhängig von Strom und Internet.
- Bei „Störungen" können längere Wartezeiten entstehen.
- Bei einer unklaren Ordnerstruktur können Daten falsch gespeichert und ggf. nicht mehr wiedergefunden werden.

2.4.3 Risiken im Internet

Leider bietet das Internet nicht nur Vorteile, sondern es gibt auch einige Risiken, die anzumerken sind. Daten werden „abgefischt" durch das sogenannte „Phishing" bzw. „Pharming", Viren, Würmer und Trojaner befallen die Rechner und vernichten Daten oder „missbrauchen" diese. Auch Cookies stellen ein Risiko dar. Ebenso tummeln sich zahlreiche „Scheinfirmen"(Firmen, die es in Wirklichkeit nicht gibt) im Internet. Sie haben das Ziel, Internetnutzer bewusst zu täuschen und sich an diesen zu bereichern.

Um sich vor Datenangriffen zu schützen, bieten sich Virenschutz-Programme und Firewalls an. Aber auch andere Maßnahmen können erfolgreich vor Angriffen schützen. Wichtig ist hierbei, dass man sich immer kritisch mit den Internetseiten, auf denen man sich bewegt, auseinandersetzt. Auch Seiten von „augenscheinlich" tollen Unternehmen können ein Fake sein und dienen nur dazu, persönliche Daten abzugreifen und/oder zu betrügen.

Lenas Schwester hat sich auf einer Internetseite KOSTENLOS angemeldet. Dort musste sie viele persönliche Angaben hinterlegen. Im ersten Moment hat sie sich dabei nichts gedacht, weil die Seite einen seriösen Eindruck gemacht hat. Vier Wochen nach der Anmeldung flatterte eine Rechnung des Homepage-Betreibers „ins Haus". Auf dieser waren Anmeldegebühren und Mitgliedsgebühren, die im Vorfeld zu zahlen seien, angegeben.

2

Lernbereich 10II.2

Lenas Schwester war natürlich sehr erschrocken und legte gegen die Rechnung Widerspruch ein. Nach zwei Wochen kam die erste Mahnung an, gegen diese wurde erneut Widerspruch – diesmal von Lenas Vater – eingelegt. Drei weitere Mahnungen – auch per E-Mail – folgten, bis Lenas Vater die Angelegenheit einem Rechtsanwalt übergab.

Nach Prüfung des angeblich seriösen Unternehmens stellte sich heraus, dass es sich um eine Scheinfirma handelt, die mit Rechnungen, Mahnungen und Ankündigung von Mahnverfahren den Nutzern das „Geld aus der Tasche" ziehen wollte bzw. will.

Regeln und Maßnahmen, um Risiken zu verringern:

– verantwortungsvoller Umgang mit dem Internet und genutzten Seiten
– Achtung bei Downloads – Internetseiten auf „Vertrauenswürdigkeit" prüfen
– Anti-Viren-Programme einsetzen
– regelmäßiges Aktualisieren der genutzten Software (Programm-Updates)
– auf sicheren E-Mail-Verkehr achten (Verschlüsselung, Signatur, Spam-Mails)
– Internet-Browser auf Sicherheit prüfen (aktive Inhalte usw.)
– auf Cookies achten (möglichst immer ablehnen)
– Passwörter nicht in Browsern speichern
– sichere Passwörter verwenden und an keinen Dritten weitergeben
– auf die Sicherheit des WLAN-Netzes/Routers achten (Passwortschutz)
– Dateiendungen, die versteckt sind, anzeigen lassen

Bei der Nutzung des Internets per Smartphone können genau wie am PC Risiken entstehen, die durch richtiges Verhalten minimiert werden können.

Auch hier gilt:
– Smartphone über PINs schützen
– bei Diebstahl oder Verlust des Smartphones Löschcode aktivieren und Rufnummer sperren lassen
– regelmäßige Updates und Backups machen
– Codierungen nutzen, also persönliche Daten verschlüsselt übertragen (spezielle Apps werden dafür benötigt)
– Bluetooth-Verbindung nur aktivieren, wenn es unbedingt notwendig ist, ansonsten diese Funktion ausschalten
– Hotspots nur nutzen, wenn diese bekannt sind
– zugesandte Links, die nicht bekannt sind und von unbekannten Rufnummern oder E-Mail-Adressen kommen, nicht öffnen, sondern sofort löschen
– zuerst überlegen, dann zurückrufen! Bei unbekannten Nummern vorsichtig mit dem Rückruf sein
– Vorsicht bei der Installation von Apps – diese sollten mit „Bedacht" ausgewählt werden, um den Befall mit Viren und Co. zu vermeiden.

Begrifflichkeiten, die in Verbindung mit Risiken im Internet genannt werden:

Begriff	Erläuterung
Virenschutzprogramm	Programm, das den Rechner vor Malware schützt
Firewall	Soft- oder Hardware, die eingehende Daten überprüft und dann entweder blockiert oder zum PC „durchlässt". Außerdem verhindert sie das Versenden von Viren, Würmern und Co. an andere PCs.

Funktion Firewall

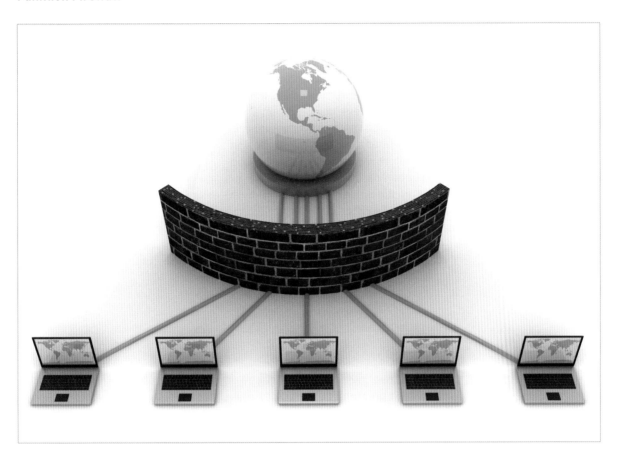

Begriff	Erläuterung
Malware	Schadsoftware, zu der Viren, Trojaner, Würmer, Spyware zählen
Viren	Computerviren verbreiten sich von PC zu PC. Daten bzw. Datenträger werden mit dem entsprechenden Programmcode des Virus „befallen". Damit Viren „aktiv" werden, benötigen sie die Hilfe des Computer-Anwenders. Es gibt verschiedene Typen von Computer-Viren. **Beispiel** Der Virus befällt eine Datei. Wird diese vom Anwender geöffnet, wird der Virus aktiv.
Trojaner	Bei Trojanern (trojanisches Pferd) handelt es sich um harmlos aussehende Programme, hinter denen sich jedoch Viren, Würmer und Co. verstecken. Diese können z. B. sensible Daten auf dem Rechner ausspähen und über das Internet übertragen (Kreditkarteninformationen, Passwörter, Online-Banking-Zugang usw.). Die immer häufiger vorkommenden Backdoor (Hintertür) – Trojaner sind Hilfe-programme, mit denen ein Hacker auf den infizierten Rechner zugreifen kann.
Würmer	Ohne dass Daten direkt befallen werden, verbreiten sich die Würmer selbstständig in Netzwerken und belegen bevorzugt Speicherplatz. Je nachdem, um welchen Wurm es sich handelt, können ganze Netzwerke „lahmgelegt" werden. Oft können Würmer auch mit den Eigenschaften von Viren und Trojanern „belegt" werden und sind dann umso schädlicher.
Spyware	Unter Spyware versteht man Programme, die persönliche Daten des PC-Nutzers ausspionieren. Über das Internet werden diese Daten dann übertragen. Der „Empfänger" nutzt diese Daten dann gezielt, z. B. für Werbung oder Sonstiges.

Exkurs: Die Geschichte des trojanischen Pferdes

Das trojanische Pferd wurde gebaut, um die Stadt Troja zu erobern, die damals als „nicht einnehmbar" galt. Hierbei handelte es sich um ein riesiges Pferd aus Holz, in dem sich griechische Soldaten versteckten. Den trojanischen Bewohnern wurde erklärt, dass es sich bei diesem Pferd um ein Weihgeschenk der Griechen an die Göttin Athene handle. Sollte das „Geschenk" nicht angenommen werden, würde dies großes Unheil über die trojanischen Bewohner bringen und alles würde zerstört werden. Die Trojaner nahmen das Geschenk an und schoben es durch ihre Stadttore ins Stadtinnere. In der Nacht öffneten die Soldaten, die sich im Inneren des Holzpferdes befanden, die Stadttore und die restlichen griechischen Soldaten, die offiziell abgezogen waren, stürmten die Stadt und eroberten diese. Mit dieser List war es den Griechen möglich, den trojanischen Krieg zu gewinnen und Troja zu erobern. Das Pferd verbarg also etwas anderes, als von den Trojanern angenommen.

Begriff	Erläuterung
Keylogger	Keylogger zeichnen Tastatureingaben eines Nutzers auf. So können schnell und einfach persönliche Daten des Anwenders direkt von dessen „Fingern" abgegriffen werden (Passwörter, Benutzername etc.).
Phishing	Es wird versucht, Daten über gefälschte E-Mails, Webseiten usw. abzufangen.
Pharming	Weiterentwicklung des Phishing. DNS-Anfragen von Webbrowsern werden von Trojanern manipuliert. Der Nutzer wird nun z. B. auf gefälschte Webseiten umgeleitet, auf denen direkt die Dateneingabe erfolgt. Die eingegebenen Daten werden dann missbraucht.
Cookies	Dateien mit Zusatzinformationen werden auf der Festplatte automatisch beim Öffnen von Internetseiten abgelegt. In diesen Cookies werden Daten abgespeichert (Kundendaten, wie Anschrift, Name, Vorname etc.; „Surfverhalten" usw.). Über Cookies können Benutzerprofile erstellt und mit Personendaten verknüpft werden.

1. **Überlegt**, wie ihr im Internet surft (PC, Smartphone usw.).
2. **Überlegt**, ob ihr euch ausreichend vor Risiken schützt.
3. **Erstellt** für euch selbst eine Checkliste, mit der ihr **prüfen** könnt, ob ihr ausreichend geschützt seid.
4. **Führt** mithilfe der Checkliste eine „Sicherheitsprüfung" durch.
5. **Installiert** evtl. notwendige Programme bzw. „bereinigt" euren PC/euer Smartphone.
6. **Nutzt** euer neu gewonnenes Wissen für die Zukunft und **wendet** es entsprechend an.

Lernbereich 10II.3: Standardsoftware nutzen, um betriebliche Aufgaben zu bewältigen

Kapitel 3

3

Lernbereich 10II.3

3 Lernbereich 10II.3: Standardsoftware nutzen, um betriebliche Aufgaben zu bewältigen

3.1 Lernbereich 10II.3.1: Dokumente mit einem Textverarbeitungsprogramm erstellen und gestalten

Kompetenzerwartungen

Die Schülerinnen und Schüler

- nutzen die Tabellenfunktion in einem Textverarbeitungsprogramm zur strukturierten Darstellung von Informationen, z. B. in einer Gegenüberstellung.
- nutzen ein Textverarbeitungsprogramm zur normgerechten, übersichtlichen und informativen Darstellung eines Sachverhaltes, z. B. für einen Bericht.
- erstellen für die betriebliche Korrespondenz normgerechte Anschreiben.
- gestalten einen einfachen Werbeträger (z. B. Handzettel) und nutzen dazu die grafischen und anderen gestalterischen Funktionen und Elemente eines Textverarbeitungsprogramms.

3.1.1 Informationen übersichtlich und strukturiert darstellen

Lena ist sehr aufgeregt. Sie hat heute einen Brief von der Firma Berger & Thaler Sportswear OHG erhalten. In den kommenden Ferien bietet ihr Frau Berger an, ein Praktikum zu absolvieren. Nun ist Lena etwas hin- und hergerissen. Sie wollte doch eigentlich mit Luca zum Zelten nach Italien fahren. Ihre Mutter gibt Lena den Rat, eine Pro-Kontra-Liste zu erstellen.

Arbeitsauftrag 1

1. **Informiert** euch über den Themenbereich „DIN-Regeln für Tabellen".
2. **Erstellt** ein ansprechendes Plakat, welches alle wichtigen Inhalte enthält. Gestaltet dieses ansprechend und **verwendet** Bilder/Grafiken/Aufzählungen usw.
3. **Hängt** eure Plakate an die Pinnwand und **präsentiert** eure Ergebnisse.
4. **Prüft** die Plakate auf Vollständigkeit und Richtigkeit und **gebt** euch gegenseitig ein Feedback.
5. **Wendet** euer neu gewonnenes Wissen in der Zukunft an.

Arbeitsauftrag 2

1. **Informiert** euch über den Themenbereich „Pro-Kontra-Liste".
2. **Notiert** stichpunktartig, welche Vor- und Nachteile für ein Praktikum bzw. für das geplante Zelten mit Luca in den Ferien sprechen.
3. **Öffnet** ein leeres Worddokument und **ergänzt** die Überschrift „Pro-Kontra-Liste von Lena".
4. **Fügt** eine sinnvolle Tabelle in Word ein und **gestaltet** diese ansprechend (Tabellenkopf, Größe und Anzahl der Spalten usw.). **Wendet** dabei euer vorhandenes Wissen in Bezug auf die DIN-Regeln für Tabellen an.
5. **Sortiert** eure gefundenen Vor- und Nachteile in der Tabelle ein.
6. **Ergänzt** ein passendes Bild (Clipart/Grafik).
7. **Präsentiert** eure Ergebnisse und **geht** dabei sowohl auf euer Vorgehen bei der Gestaltung der Tabelle als **auch** auf die DIN-Regeln, die einzuhalten sind, und die von euch gefundenen Vor- und Nachteile ein.
8. **Gebt** Lena einen Rat, was sie eurer Meinung nach in den Ferien tun sollte und **begründet** eure Meinung.
9. **Zieht** aus euren neu gewonnenen Erkenntnissen Schlüsse für euer eigenes Handeln in der Zukunft.

Tabellen – was sagt die DIN 5008?

→ Tabellen – was sagt die DIN?

Artikel	Preis in Euro
Bikewear – Body	89,90
Bikewear – Classes	49,50

- Tabellen sind innerhalb der Seitenränder eines Dokumentes zu zentrieren.

- Tabellen sollten immer eine Überschrift, welche jedoch im Tabellenkopf integriert sein kann, enthalten.

- Dieser ist zu zentrieren zwischen dem linken und rechten sowie dem oberen und unteren Zellbereich und zu schattieren sowie FETT zu formatieren.

- Tabellen werden mit mindestens einer Leerzeile zum vorherigen und nachfolgenden Text gegliedert.

Nachfolgend sind die von Ihnen angefragten Artikel aufgeführt:

Artikel	Preis in Euro
Bikewear – Body	89,90
Bikewear – Classes	49,50

Es gelten die Ihnen bekannten Zahlungsbedingungen. Diese

- Der Abstand des Textes innerhalb einer Zelle zum Zellenrand soll mindestens 0,1 cm betragen.

- Text sollte linksbündig, Zahlenformate rechtsbündig formatiert werden.

- Passt eine Tabelle nicht auf eine Seite, muss auf der zweiten Seite, auf der die Tabelle angezeigt wird, der Tabellenkopf wiederholt werden.

Pro-Kontra-Liste

Die Begriffe „Pro" und „Kontra" sind dir sicherlich schon einmal begegnet. Der Begriff „Pro" stammt aus dem Lateinischen und bedeutet „dafür" – das Wort „Kontra" heißt übersetzt „dagegen".

Bei einer Pro-Kontra-Liste geht es also darum, welche Argumente FÜR und welche Argumente GEGEN eine Entscheidung sprechen.

Tim möchte sich ein neues Handy kaufen. Er überlegt, was dafür und was dagegen spricht, und hält seine Gedanken fest:

Pro	Kontra
– Besserer Empfang als das alte Handy – Cool auf dem Pausenhof – … – …	– Teuer – Empfindlicher, wenn es runterfällt – Internetflat notwendig, damit die Updates des Handys günstig heruntergeladen werden können – …

Nachdem Tim nun die einzelnen Argumente gegenübergestellt hat, muss er entscheiden, ob er bei seinen Eltern den „Antrag auf ein neues Handy" stellt oder den Gedanken wieder fallen lässt.

Wichtig bei der Pro-Kontra-Liste ist, dass man sich wirklich Gedanken über den Themenbereich macht und sie erst dann notiert.

Am einfachsten ist es, die Pro-Kontra-Liste mithilfe der Tabellenfunktion in Word anzufertigen. Dies hat den Vorteil, dass alle Argumente übersichtlich und strukturiert dargestellt sowie schnell und einfach gegenübergestellt werden können.

3.1.2 Berichte schreiben

Lena hat sich für das Praktikum bei der Berger & Thaler Sportswear OHG entschieden und dort als Erstes an einer Betriebsbesichtigung teilgenommen. Frau Berger bittet die Schülerin, einen kurzen Bericht über die Besichtigung anzufertigen. Dieser soll in der Firmenzeitschrift der Berger & Thaler Sportswear OHG veröffentlicht werden.

Notizzettel von Lena und Luca zur Anfertigung des Berichts

Besichtigung der Produktionsstätte Berger & Thaler Sportswear OHG am 17.05.JJJJ durch Lena und Luca; Beginn 08:00 Uhr, Ende 12:00 Uhr

Begrüßung durch Frau Berger und Vorstellung des 2. Geschäftsführers, Herrn Thaler

Gang zur Produktionsstätte; Herstellung von T-Shirts und Trainingsanzügen in Hallen 1 und 2; Herstellung von Sporttaschen in der Halle 3; 200 Mitarbeiter sind in der Produktion tätig; neue Maschinen zur Beflockung der Kleidung seit acht Monaten, die sehr modern sind und viel Arbeit abnehmen; überwiegend Herstellung in Automation; Serienfertigung; es gibt viele Unfallverhütungsvorschriften, die in Produktionsstätten eingehalten werden müssen; der Mitarbeiter, Herr Zeimet, ist für die Überwachung dieser zuständig; vor drei Monaten ereignete sich ein Unfall und zwar hat sich ein Mitarbeiter aus Unachtsamkeit die Hand in einer Maschine schwer verletzt, weil er vergessen hat, den Sicherheitsriegel zu betätigen – es ist aber Gott sei Dank alles gut ausgegangen und die Hand ist wieder voll einsatzfähig; Verabschiedung durch Frau Berger und Herrn Thaler, Bericht kann per E-Mail an beide gesendet werden; es war ein interessanter Vormittag

Notizen von Lena und Luca

Firmenname	Berger & Thaler Sportswear OHG, Schweinfurt	
heutige Geschäftsführer	Renate Berger und Helmut Thaler	
Gründer des Unternehmens	Hans Berger, Großvater von Renate Berger	
Geschichte	Gründung im Jahre 1948 durch Herrn Hans Berger, 5 Mitarbeiterinnen, Herstellung von Unterwäsche	
	Übernahme des Geschäfts im Jahre 1958 durch den Sohn Fritz Berger (Vater von Renate Berger), Produktion von Unterwäsche	
	1964 Gründung der Fritz Berger Mode e. K. und Vergrößerung des Unternehmens bis Anfang der 1990er-Jahre auf 150 Mitarbeiterinnen und Mitarbeiter, Produktion von T-Shirts, Trainings- und Freizeitanzügen	
	2000 Übernahme des Unternehmens durch Renate Berger	
	2002 Aufnahme eines zusätzlichen Geschäftsführers, Helmut Thaler	
	02.05.2006 Gründung der Berger & Thaler Sportswear OHG Schweinfurt und stetige Vergrößerung des Unternehmens	
Mitarbeiterinnen und Mitarbeiter	250	
Vertriebsgebiete	– Deutschland – Italien	– Österreich – Schweiz
Produkte	– T-Shirts – Trainings- und Freizeitanzüge	– Trikots – Sporttaschen
Produktion	überwiegend Automation in drei Hallen auf dem Firmengelände in Schweinfurt, Serienfertigung	

Arbeitsauftrag

1. **Informiert** euch über den Themenbereich „Berichte schreiben" und **notiert** wichtige Informationen in einer Mindmap.
2. **Sichtet** die euch vorliegenden Unterlagen zur Betriebsbesichtigung.
3. **Erstellt** den Bericht für die Firmenzeitschrift der Berger & Thaler Sportswear OHG in einem Textverarbeitungsprogramm.
4. **Achtet** dabei auf eine übersichtliche Gestaltung und das Einhalten der entsprechenden DIN-Regeln nach der DIN 5008.
5. **Präsentiert** euren Bericht im Plenum und **erläutert** eure Vorgehensweise.
6. **Prüft** eure Berichte auf Vollständigkeit sowie Richtigkeit und **nehmt** ggf. Änderungen/Ergänzungen vor.
7. **Druckt** eure Dokumente aus und **heftet** sie ab.
8. **Berücksichtigt** euer neu gewonnenes Wissen für die Zukunft (auch beispielsweise für den Deutschunterricht).

Berichte erstellen

Häufig kommt es vor, dass man für verschiedene Situationen Berichte anfertigen muss. Diese können auf vielfältige Weise Verwendung finden, z. B. in Tageszeitungen, für Mitschülerinnen und Mitschüler bzw. Lehrerinnen und Lehrer, Unternehmen usw. und dienen als Informationsquelle.

Tipps zum Schreiben eines Berichts:

- Finde eine aussagekräftige, aber neutrale Überschrift.
- Gib objektiv und sachlich die Informationen wieder.
- Formuliere kurze und knappe Sätze.
- Verwende keine Umgangssprache und keine wörtliche Rede sowie keine Zitate.
- Drücke keine Gefühle in deinem Bericht aus (formuliere neutrale Sätze).
- Schreibe im Präteritum und achte auf korrekte Rechtschreibung und Grammatik.
- Gib Antwort auf die W-Fragen, die sich in Einleitung, Hauptteil und Schluss gliedern:

Einleitung	Hauptteil	Schluss
– **Wann** (Datum, Uhrzeit) – **Was** (Ereignis) – **Wo** (Ort) – **Wer** (Teilnehmer, Beteiligte)	– **Was** (in zeitlicher Reihenfolge werden die Einzelheiten des Geschehens sachlich wiedergegeben) – **Wie** – **Warum**	– **Welche** Folgen (Folgen des Ereignisses sowie Ergebnisse)

3.1.3   Der Geschäftsbrief

Lena hat bei der Berger & Thaler Sportswear OHG bereits ein Praktikum absolviert. Nun möchte sie erneut in dem Unternehmen als Praktikantin tätig werden. Frau Berger teilt Lena mit, dass sie im Sekretariat eingesetzt werden soll, um auch in diesem Bereich Einblicke zu bekommen. Kurz vor Beginn des Praktikums unterhält sich Lena mit ihrem Freund Luca:

Lena: Du, Luca, ich bin doch bald im Praktikum. Irgendwie hab ich da ja schon ein bisschen Bammel vor.

Luca: Echt? Warum das denn?

Lena: Na ja, ich soll mir ja das Sekretariat und die dort anfallenden Aufgaben anschauen. Aber ich weiß irgendwie gar nicht, wie man Geschäftsbriefe schreibt oder Umschläge beschriftet.

Luca: Oh je, das weiß ich in der Tat auch nicht. Aber das bekommen wir schon hin! Wir informieren uns jetzt und dann bist du top vorbereitet, okay?

Lena: Das wäre super! So machen wir es. Danke, Luca!

1. **Informiert** euch über den Themenbereich „Geschäftsbrief".
2. **Notiert** euch wichtige Informationen in einer Mindmap.
3. **Tauscht** euch mit eurem Nachbarn aus und **ergänzt** gegebenenfalls.
4. **Erstellt** ein Infoblatt zum Thema „Aufbau eines Geschäftsbriefes" und **formatiert** dieses ansprechend.
5. **Notiert** auf einer neuen Seite die DIN-Regeln, die für einen Geschäftsbrief Anwendung finden.
6. **Findet** Beispiele für Geschäftsbriefe und **notiert** diese ebenfalls auf einer neuen Seite. **Fügt** Seitenzahlen in euer Dokument ein.
7. **Präsentiert** eure Ergebnisse im Plenum und **geht** dabei auch auf das Vorgehen bei den vorgenommenen Formatierungen ein.
8. **Prüft** alles auf Vollständigkeit und Richtigkeit, **nehmt** ggf. Änderungen/Ergänzungen vor und **druckt** eure Ergebnisse aus. **Heftet** diese in eurem Ordner ab.
9. **Wendet** euer neu erworbenes Wissen in der Zukunft an.

Gestaltungsregeln zur Erstellung eines Geschäftsbriefs (Beispiel: Angebot – Offer)

Die DIN 5008:2011, „Schreib- und Gestaltungsregeln für die Textverarbeitung", ist für die Form eines Geschäftsbriefs maßgebend.

Dabei gliedert sich die Briefmaske in die folgenden verschiedenen Teile (die nachfolgenden Nummerierungen sind in der Abbildung auf Seite 80 entsprechend zugeordnet):

1. **Briefkopf** mit Namen oder Firmenlogo des Absenders.

2. **Anschrift des Absenders,** die in einer kleineren Schriftart unmittelbar über dem Anschriftfeld des Empfängers aufgeführt wird.

3. **Anschrift des Empfängers,** die in der 4. Zeile des Anschriftfelds aufgeführt wird.

4. **Kommunikationsangaben** und Datum des Schriftstücks, die im Informationsblock oder in der Bezugszeichenzeile (die Briefmaske dieser Art wird heute fast nur noch in Behörden verwendet) aufgeführt werden.

5. **Betreffangabe** (zwei Leerzeilen nach den Bezugszeichen bzw. dem Informationsblock). Bei dem Betreff ist darauf zu achten, dass dieser ohne Satzzeichen endet und fett formatiert wird. Das Leitwort „Betreff" wird nicht geschrieben.

6. **Anrede im Brief** (zwei Leerzeilen nach der Betreffangabe). Ist der Empfänger bekannt, wird der Name in der Anredezeile genannt (Sehr geehrte Frau Kroppe). Anderenfalls gilt die allgemeine Anrede für beide Geschlechter („Sehr geehrte Damen und Herren"). Die Anrede ist mit einem Komma abzuschließen.

7. **Brieftext** – folgt nach der Anrede und ist durch eine Leerzeile zu trennen.

   Absätze werden immer mit einer Leerzeile zum vorherigen und nachfolgenden Text abgegliedert, ebenso Nummerierungen und Aufzählungen. Für diese gilt zusätzlich, dass die Aufzählungszeichenposition auf 0 cm oder 2,5 cm einzustellen ist.

8. **Grußformel** – ist mit einer Leerzeile vom Brieftext abzugliedern und endet OHNE ein Satzzeichen.

9. **Unterschriftfeld,** das mit einer Leerzeile Abstand zu der Grußformel abzugliedern ist und insgesamt aus fünf Zeilen besteht:

1. Firma des Absenders
2. Leerzeile
3. handschriftlicher Namenszug des Unterzeichners (Zusätze wie „i. V.", i. A., „ppa." werden vorangestellt und sind mit einem Leerzeichen abzutrennen)
4. Leerzeile
5. gedruckte Wiederholung des Namens des Unterzeichners

10. **Anlagenvermerk,** ggf. **Verteilervermerk** – ist jeweils mit einer Leerzeile zum vorherigen Text abzutrennen. Das Wort „Anlage" (bei einer Anlage) bzw. „Anlagen" (bei mehreren Anlagen) und das Wort „Verteiler" kann fett formatiert werden und endet OHNE Satzzeichen. Anlage(n) können unter diesem Vermerk aufgeführt werden, müssen es laut DIN 5008 aber nicht.

Der **Verteilervermerk** endet ebenfalls ohne Satzzeichen und kann durch Fettschrift hervorgehoben werden. Unterhalb dieses Vermerks werden alle Personen, die eine Kopie des Schreibens erhalten, aufgeführt.

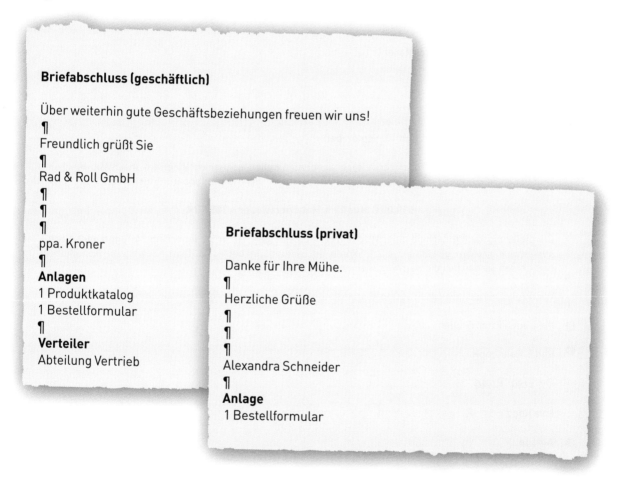

Briefabschluss (geschäftlich)

Über weiterhin gute Geschäftsbeziehungen freuen wir uns!
¶
Freundlich grüßt Sie
¶
Rad & Roll GmbH
¶
¶
¶
ppa. Kroner
¶
Anlagen
1 Produktkatalog
1 Bestellformular
¶
Verteiler
Abteilung Vertrieb

Briefabschluss (privat)

Danke für Ihre Mühe.
¶
Herzliche Grüße
¶
¶
¶
Alexandra Schneider
¶
Anlage
1 Bestellformular

11. **Brieffuß** – enthält alle Geschäftsangaben des Unternehmens, wie Telefon-, Fax-, Online-, Bankverbindung, Hausadresse. Handelt es sich bei dem Schreiben um eine Rechnung, sind weitere Pflichtangaben erforderlich (UStG §§ 14, 14b).

Außerdem sind auf Geschäftsbriefen der Geschäftsname (Firma), die Rechtsform, der Niederlassungsort, das Registergericht und die Nummer, unter der die Firma in das Handelsregister eingetragen ist, sowie die Steuernummer anzugeben (HGB §§ 37a, 125a, 177a; GmbHG § 35a; AktG § 80).

Handelt es sich um einen Betreiber von Webshops (Onlineshops, E-Commerce), muss ebenfalls die „Identität" angegeben werden sowie das öffentliche Unternehmensregister, bei dem der Rechtsträger eingetragen ist mit zugehöriger Registernummer. Die ladungsfähige Anschrift des Unternehmers bzw. eines Vertretungsberechtigten muss ersichtlich sein (EGBGB Artikel 246, 246a).

❶

Rad & Roll GmbH
Rad macht fit

❷ Rad & Roll GmbH · Schlossstraße 21 · 70176 Stuttgart

❹

Ihr Zeichen:	fk
Ihre Nachricht v.:	10.09.20..
Unser Zeichen:	lr
Unsere Nachricht v.:	
Name:	Frau Rogg
Telefon:	0711 12343-200
Telefax:	0711 12343-439
E-Mail:	LRogg@rad&roll.de
Internet:	www.rad&roll.de
Datum:	12.09.20..

❸ Sporthaus Sunsport GmbH
Herrn Knauer
Deutschhofstraße 21
74072 Heilbronn

❺ **Angebot über Mountainbikes Racer**
Kundennummer 240744

❻ Sehr geehrter Herr Knauer,

❼ vielen Dank für Ihre Anfrage vom 10. September.

Da Sie 20 Mountainbikes unserer Marke Racer abnehmen wollen, können wir Ihnen auf unser Web-Wochenangebot nochmals einen Rabatt in Höhe von 5 % einräumen. Unser unschlagbarer Stückpreis:

610,00 € plus 19 % Mehrwertsteuer = 725,90 €

Die Lieferung kann innerhalb einer Woche frei Haus erfolgen. Wenn Sie innerhalb 14 Tagen nach Rechnungszugang zahlen, gewähren wir 2 % Skonto. Ihr Zahlungsziel beträgt 30 Tage. Alle weiteren Konditionen entnehmen Sie den beigelegten Allgemeinen Geschäftsbedingungen.

Wir freuen uns auf Ihren Auftrag und können Ihnen schon heute die sorgfältige Ausführung zusichern.

❽ Mit freundlichen Grüßen

❾ Rad & Roll GmbH

i. V. *Lisa Rogg*

Lisa Rogg

❿ **Anlage**
Allgemeine Geschäftsbedingungen

⓫
Geschäftsräume:	**Geschäftsangaben:**	**Bankverbindung**
Schlossstraße 21	HRB 126533	Deutsche Bank Stuttgart
70176 Stuttgart	Amtsgericht Stuttgart	BIC: DEUTDESS600
Firma:	Geschäftsführer: Beate Kroner	IBAN: DE30 6007 0070 0011 2233 44
Rad & Roll GmbH	USt-IdNr. DE 745127687	

Unterschriftsvollmachten

Zuständigkeiten in einem Unternehmen sind im Normalfall immer klar geregelt, um Probleme und Ärger zu vermeiden. Das Gleiche gilt auch für die Unterschriftsvollmachten. So muss jeder Mitarbeiter genau wissen, wofür er unterschreiben darf und vor allem, wie er Dokumente richtig unterschreibt.

Die Vollmachten sind wie folgt aufgeteilt:

Unterschriftsvollmacht	Information
i. A. = im Auftrag (mit einem Punkt hinter i und A sowie einem Leerzeichen abzutrennen, da die Abkürzungen für jeweils ein Wort stehen!)	Einzelvollmacht, Mitarbeiter darf in diesem Fall das Schriftstück unterschreiben.
i. V. = in Vertretung/in Vollmacht (ebenfalls wie i. A. mit einem Punkt und Leerzeichen abzutrennen)	Formelle Handlungsvollmacht, es können also vom Unterzeichner rechtsverbindliche Aussagen getroffen werden.
ppa. = per Prokura (mit einem Punkt abzuschließen und OHNE Leerzeichen zwischen p, p und a zu schreiben)	Unterschriftsvollmacht eines Prokuristen (der oft Teil der Geschäftsleitung eines Unternehmen ist), Rechtsgeschäfte dürfen innerhalb eines festgesteckten Rahmens abgeschlossen werden.

3.1.4 Werbeträger gestalten und bewerten

Heute geht es im Fach Informationsverarbeitung um die Medienarten.

Lena unterhält sich mit Luca über das Seminar „Ergonomie am Arbeitsplatz – auch schon in der Schule wichtig", an welchem beide Schüler vor einiger Zeit teilgenommen haben.

Sie sagt zu Luca: „Du, welch ein Glück, dass ich den Flyer in der Zeitung entdeckt hatte!" Luca antwortet: „Ja, das stimmt, die Medien, die es heutzutage gibt, sind schon toll als Informationsquelle."

1. **Informiert** euch über die verschiedenen Medienarten mithilfe des Internets und der Übersicht über die Medienarten.
2. **Übernehmt** die nachfolgende Tabelle in ein Word-Dokument und **ergänzt** die fehlenden Inhalte in den jeweiligen Spalten. Berücksichtigt dabei die DIN-Regeln, die Anwendung finden.
3. **Präsentiert** eure Ergebnisse und **prüft,** ob ihr ggf. Begriffe ergänzen oder verschieben müsst.
4. **Diskutiert,** ob euch weitere Medienarten einfallen, und **ergänzt** diese ggf.
5. **Überlegt,** wo Medien im Alltag Anwendung finden und welchen Zweck sie haben.
6. **Notiert** eure Überlegungen unter eurer Tabelle in einer Autoform (Form) und **fügt** Grafiken/ ClipArts zur Veranschaulichung ein. **Gestaltet** euer Dokument ansprechend.
7. **Druckt** dieses aus.
8. **Präsentiert** euer Gesamtergebnis in einer szenischen Darstellung (siehe Methodenpool) und **klärt** Lena über die verschiedenen Medienarten auf!
9. **Zieht** Schlüsse für den sinnvollen Einsatz von Medien und berücksichtigt deren Wirkung im Alltag.

Wir sprechen immer von Medien. Doch was zählt alles zu diesem Oberbegriff? Einige Medien findest du in der folgenden Übersicht.

Übersicht über verschiedene Medien

Zeitung Hörbücher E-Mail Bücher Briefe Radio Fernseher Zeitschriften Fotos CD/DVD Lernprogramme Plakate

Lernbereich 10II.3

3

3

Lernbereich 10II.3

Medienart	Beispiele	Vorteile	Nachteile	Wirkung
Medien, die mit dem PC erstellt werden/auch im Internet veröffentlicht werden				
Audio-visuelle Medien (also „Hören und Sehen")				
Print-Medien (Medien, die man „nur sehen", also lesen kann)				

Wozu werden Medien genutzt?

Diese Frage lässt sich nicht immer eindeutig beantworten. Einige Menschen nutzen die Medien als Informationsquelle, andere zur Kommunikation oder Unterhaltung und Unternehmen dienen Medien z. B. als Werbeplattform (Werbeträger) und/oder Präsentationsmittel.

Wirkung von Medien (Werbeträgern)

Medien wirken auf Menschen unterschiedlich.

Je nachdem, um welchen „Wahrnehmungstyp" es sich bei dem Menschen handelt, werden „Botschaften" aus den verschiedenen Medien unterschiedlich gut aufgenommen. Man unterscheidet hier zwischen visuellen (SEHEN) und audio-visuellen (SEHEN und HÖREN) Typen.

Werden Medien als Werbeträger genutzt, bieten sich verschiedene „Darstellungsformen" an.

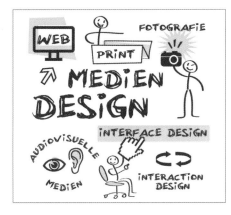

Flyer, Handzettel, Plakat, usw.

Sie haben oft das Ziel, Menschen für neue Produkte zu begeistern, diese über technische Innovationen zu informieren und natürlich das Unternehmen, welches die Werbemaßnahme durchführt, bekannter zu machen.

3.1.5 Grundlagen der Werbepsychologie

Frau Riewer beendet die Informationsverarbeitungsstunde und gibt den Schülern folgende Hausaufgabe auf:

„Bitte bringt zur nächsten Unterrichtsstunde verschiedene Werbeträger mit. Diese möchten wir dann im Unterricht analysieren und selbst Werbeträger am PC erstellen".

Lena und Luca sind begeistert. Beide haben von verschiedenen Veranstaltungen noch ein paar Flyer und packen diese gleich in ihren Schulranzen. Außerdem hat Lena den Flyer des Seminars „Ergonomie am Arbeitsplatz – auch schon in der Schule wichtig" aufgehoben und steckt diesen ebenfalls in die Schultasche. Sie ist schon sehr gespannt, wie das Erstellen von Werbeträgern am PC sowie die Analyse dieser funktioniert.

1. **Informiert** euch über die Grundlagen der Werbepsychologie und greift auch auf vorhandenes Wissen zum Thema „Medienarten und die jeweilige Wirkung" zurück.
2. **Analysiert** den von Lena und Luca mitgebrachten Flyer und **notiert** euch wichtige Inhalte, die ein Flyer enthalten muss.
3. **Erstellt** mit euren Notizen ein übersichtliches Plakat zu eurem Themenbereich.
4. **Gestaltet** euer Plakat ansprechend, ggf. mit ausgedruckten Grafiken/Bildern aus dem Internet oder ClipArts/Formen des Programms Word.
5. **Bereitet** euch auf die Präsentation vor.
6. **Präsentiert** eure Ergebnisse im Plenum und **erläutert,** wie Werbeträger auf den Betrachter wirken.
7. **Prüft** die Plakate auf Vollständigkeit und Richtigkeit und **nehmt** ggf. Änderungen/Ergänzungen vor.
8. **Zieht** aus euren Erkenntnissen Schlüsse für euer zukünftiges Handeln und euren Umgang mit Werbeträgern.

Flyer von Lena und Luca

Ergonomie am Arbeitsplatz – auch schon in der Schule wichtig!

Du hast jetzt bereits beim Arbeiten am PC Rückenschmerzen? Deine Hände und Schultern tun dir weh und die Arbeit macht dir nach wenigen Minuten keinen Spaß mehr?

Um deinem Problem Abhilfe zu schaffen, bieten wir für Schülerinnen und Schüler ab der Jahrgangsstufe 10 ein eintägiges Seminar zum Thema „Ergonomie" an!

Datum:	10.05.JJJJ
Ort:	Wirtschaftsschule Schweinfurt (Eingangshalle)
Uhrzeit:	09:00–15:00 Uhr
Kosten pro Schülerin/Schüler:	10,00 €
mitzubringen:	gute Laune
Anmeldung bis:	01.05.JJJJ mit beiliegendem Formular!

Rückfragen könnt ihr gerne per E-Mail an info@ergonomie.de stellen!

Im Preis ist ein kleiner Snack am Morgen sowie am Nachmittag und das Mittagessen inbegriffen!

Wir freuen uns auf euch!

Eure IHK Schweinfurt

Warum findet eigentlich Werbung statt und was bedeutet Werbung? Eine Werbemaßnahme, also Werbung, hat das Ziel, z. B. ein Produkt, ein Unternehmen, eine Veranstaltung usw. bekannt(er) zu machen und beim Verbraucher „Bedürfnisse" zu wecken.

3

Lernbereich 10II.3

Lena geht mit ihrer Schwester Lisa durch Schweinfurt. Auf einem großen Werbeplakat wird ein Kleid präsentiert. Lisa bleibt vor dem Plakat stehen und betrachtet das Kleid eine Weile.

Lisa: Du, Lena, dieses Kleid muss ich unbedingt haben, es sieht so toll aus! Bitte geh mit mir in den Laden, in dem ich das Kleid kaufen kann.

Lena: Hast du nicht schon ein solches Kleid?

Lisa: Nein, so ein tolles Kleid habe ich noch nicht – och bitte, bitte, lass uns das Kleid kaufen!

Lena: Na gut, dann komm!

Lisa: Danke! Ich freu mich so!

Das Plakat hat bei Lisa das „Bedürfnis" geweckt, unbedingt ein neues Kleid kaufen zu wollen. Hätte Lisa das Plakat nicht gesehen, wäre sie vermutlich nicht in das Geschäft gegangen, in welchem das Kleid gekauft werden kann und hätte wohl auch kein neues Kleid erworben.

Was beeinflusst unser Kaufverhalten?

1. „Was ich kenne, das kaufe ich auch!"
Werden Produkte in einer Werbung gesehen, kommen sie einem bekannt vor, wenn man sie später wieder in einem Geschäft sieht. Also neigt man dazu, dieses Produkt zu kaufen. Je öfter das Produkt in der Werbung gesehen wird, umso größer ist der „Kaufwunsch".

2. „Das sieht gut aus" – das kaufe ich!
Oft lassen wir uns von „Äußerlichkeiten", wie Verpackungen, Farben oder tollen Bildern, beeinflussen, ohne dass wir das Produkt in der „Verpackung" wirklich kennen.

3. „Die Marke mag ich – das Produkt kaufe ich".
Unbewusst neigen viele Menschen dazu, Markenprodukte zu kaufen und von dem Markennamen Rückschlüsse auf die Qualität des Produktes zu ziehen. Unter Umständen könnte diese aber schlechter sein, als die Qualität eines vergleichbaren „No-Name-Produkts".

4. „Kleine Geschenke erzeugen den Zwang zum Kauf"
Gratisproben in Drogerien oder kostenlose Verkostungen in Lebensmittelläden? Das kennt jedes Kind und die Angebote werden gerne von jedermann genutzt.
Häufig überzeugen die Proben und das Produkt wird gekauft. Je nach der Einstellung des Kunden fühlt sich dieser jedoch auch verpflichtet, als „Gegenleistung" für das erhaltene „Geschenk" das Produkt gleich zu erwerben.

5. „Diesem Promi vertraue ich, das Produkt ist gut"
Bewusst oder unbewusst vertrauen wir Menschen, die wir kennen oder von denen wir glauben, sie zu kennen. Macht ein Promi, den ich mag, Werbung für ein bestimmtes Produkt, vertraue ich diesem und bin eher bereit, das Produkt zu kaufen.

Es gibt natürlich eine Vielzahl von Werbestrategien, die von den Unternehmen und Werbeagenturen immer weiterentwickelt und verbessert werden. Dabei spielt das Medium, mit welchem die Werbung durchgeführt wird, aber auch die Strategie selbst eine wichtige Rolle.

Tipps für eine erfolgreiche Werbung:

- Sei kreativ, plane aber dein Vorgehen.
- Erstelle ansprechende Werbemittel (Flyer, Plakate, Handzettel usw.).
- Beachte die Dinge, die das Kaufverhalten beeinflussen.
- Nutze verschiedene Medien.
- Gehe bei der Werbemaßnahme immer auf deine Zielgruppe ein (für wen ist das Produkt bestimmt und wie kann ich diese Zielgruppe erreichen).
- Stelle alle notwendigen Informationen für den angehenden Käufer bereit (bei Werbung für Produkte z. B. Produktname, Produktpreis, Verkaufsstellen usw.).

3.1.6 Werbeträger erstellen

Nachdem sich die Klasse von Lena intensiv mit der Wirkung von Werbeträgern bzw. den Grundlagen der Werbepsychologie auseinandergesetzt hat, sollen die Schüler nun selbst Werbeträger wie z. B. Flyer erstellen. Für den ersten Arbeitsauftrag liegen ihnen folgende Angaben vor:

- Schulfest der Wirtschaftsschule am 10.06. d. J.
- Beginn 09:00 Uhr, Ende 17:00 Uhr
- Eröffnungsrede durch Herrn Schulleiter Gärtner in der großen Aula
- wir bieten: große Tombola, riesiges Kuchenbuffet und eine große Auswahl an Grillspezialitäten, Getränkestand mit frisch gepressten Säften und sonstigen Köstlichkeiten, Vorträge der 7. Klassen zum Thema „Umgang mit Geld" um 11:00 Uhr und um 16:00 Uhr
- um 14:00 Uhr Auftritt der Schulband unter Leitung des Musiklehrers Wolle Anlauff
- Anmeldung ist nicht erforderlich – jeder ist herzlich willkommen!

1. **Informiert** euch über das Erstellen von Werbeträgern – auch mithilfe des Programmhandbuches für Word.
2. **Überlegt,** wie ihr die euch vorliegenden Informationen darstellen möchtet und **notiert** eure Gedanken.
3. **Erstellt** einen Flyer und **fügt** in euer Dokument Formen und Grafiken zur Veranschaulichung ein.
4. **Berücksichtigt** die Grundlagen der Werbepsychologie.
5. **Prüft** eure Ergebnisse auf Vollständigkeit und Richtigkeit und **druckt** diese aus.
6. **Hängt** eure Ergebnisse an eine Pinnwand und bewertet diese im Plenum. **Erläutert,** warum ihr euch für das Erstellen eines Flyers entschieden habt und geht auf die Wirkung der einzelnen Flyer ein.
7. **Nehmt** ggf. Änderungen/Ergänzungen vor und **druckt** ggf. nochmals aus.
8. **Heftet** eure Ergebnisse in eurem Ordner ab.
9. **Berücksichtigt** eure neuen Erkenntnisse für euer Handeln in der Zukunft.

Das „Aussehen" von Werbeträgern beeinflusst stark unser Kaufverhalten. Daher ist es wichtig, dass z. B. Flyer (Handzettel) ansprechend, aber auch übersichtlich und aussagekräftig gestaltet werden.

Flyer (Handzettel)
Bei Flyern handelt es sich meist um doppelseitig und bunt bedruckte Werbeblätter, die in verschiedenen Formaten gestaltet werden können, wie Hochformat, Querformat, mit Spalten und in unterschiedlichen Papiergrößen.

Sollen weniger wichtige Informationen präsentiert werden, können Flyer auch schlicht und einfarbig gestaltet und in einem kleineren Format erstellt werden.

Beispiele für die Darstellung von Flyern:

Flyer im Hochformat DIN A4
einseitig

Flyer im Hochformat DIN A4
doppelseitig

Flyer im Format DIN A5

3

vierseitiger Flyer (Querformat)

| Seite 4 | Seite 1 | Seite 2 | Seite 3 |

sechsspaltiger Flyer (Querformat)

| Seite 5 | Seite 6 | Seite 1 | Seite 2 | Seite 3 | Seite 4 |

Übersicht über verschiedene Flyerformate und Beispiele für Gestaltungsmöglichkeiten

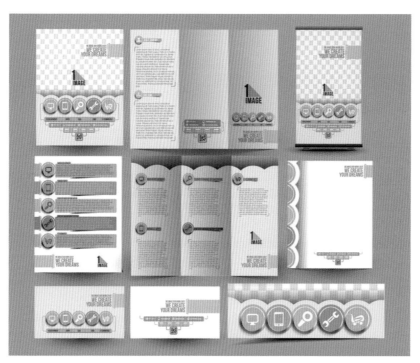

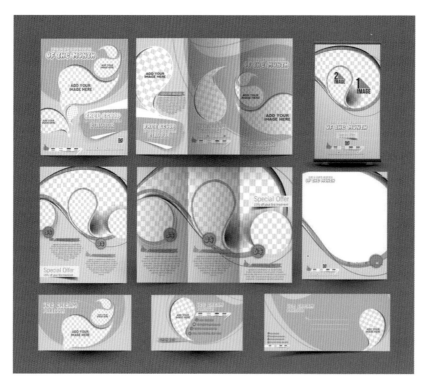

Wichtig bei dem Erstellen von Flyern ist, dass man sich im Vorfeld für ein Format entscheidet. Da Flyer meist gefaltet werden, muss der Text je nach dem gewählten Format richtig platziert werden (siehe Beispiele).

Auch muss unter Umständen beim Ausdrucken darauf geachtet werden, dass das Blatt richtig in den Drucker eingelegt wird, damit der Text an der gewünschten Stelle steht.

Einzuhalten sind außerdem die Typografischen Regeln (Gestaltungsregeln), die im DIN-Regelheft erläutert sind.

Tipps für das Erstellen von Flyern:

- Finde eine passende, kurze Überschrift, die neugierig macht.
- Verwende ansprechende Farben und Schriften, die gut lesbar sind, aber auch zum Inhalt deines Werbeträgers passen.
- Hebe wichtige Inhalte farblich hervor – gestalte unwichtigere Inhalte eher in Schwarz-Weiß.
- Verwende eine passende Schriftgröße (nicht zu groß und nicht zu klein) und formuliere kurze Sätze oder sogar nur aussagekräftige Stichpunkte.
- Arbeite mit aussagekräftigen Bildern (dafür weniger Text) und positioniere wichtige Bilder und Grafiken möglichst mittig auf deinem Werbeträger.
- Achte auf einen Wiedererkennungswert (wenn du z. B. für Produkte Werbung machst, achte darauf, dass auf den verschiedenen Werbeträgern ein wiederkehrendes Bild vorhanden ist).

Fast jeder kennt „das goldene M", das auf den Werbeplakaten oder auf Verpackungen bzw. an den Verkaufsstätten abgebildet ist, und jeder weiß, um welche Produkte bzw. welches Unternehmen es sich handelt.

Lenas Lieblingseisdiele feiert bald 25-jähriges Jubiläum. Antonio, der Sohn des Inhabers, geht mit Lena in die gleiche Klasse. In der großen Pause treffen sich beide auf dem Schulhof.

Lena:	Hey Antonio, du siehst aber nicht sehr gut gelaunt aus.
Antonio:	Ach, Lena, geht so.
Lena:	Was ist denn los?
Antonio:	Du weißt doch, dass wir im Fach Informationsverarbeitung vor Kurzem einen Flyer am PC erstellen mussten.
Lena:	Ja, weiß ich, und?
Antonio:	Mmm, also das Muster aus der Schule hat mein Papa gesehen und jetzt denkt er, dass ich dieses gemacht habe. Er war so begeistert, dass er mich gleich beauftragt hat, den Werbeflyer für das Jubiläum von unserer Eisdiele zu erstellen.
Lena:	Antonio! Das ist doch super!
Antonio:	Nun ja, an dem Tag, als ihr die Flyer in der Schule erstellt habt, war ich krank. Mein Muster war von einem anderen Schüler. Frau Riewer hatte mir das für meine Mappe mitgegeben und ich sollte zu Hause das Thema eigentlich nacharbeiten.
Lena:	Aha. Und das hast du natürlich nicht gemacht.
Antonio:	Nein, leider nicht. Und weil mein Papa so schnell wieder aus meinem Zimmer verschwunden war, konnte ich ihm auch noch nicht sagen, dass ich eigentlich gar nicht richtig weiß, wie man solch einen Flyer erstellt.
Lena:	Du Antonio, weißt du was? Luca und ich kommen heute Nachmittag zu dir und wir erstellen den Flyer gemeinsam. Dann können wir dir helfen, wenn du Fragen hast, und dir zeigen, wie die verschiedenen Formatierungen eingefügt werden. Luca wollte heute eh zu mir rüberkommen!

3

Lernbereich 10II.3

Antonio:	Ehrlich? Das wäre ja super!
Lena:	Ja, ehrlich! Um 14:30 Uhr sind wir da! Geht das?
Antonio:	Ja, klar! Das geht! Danke!

Lieber Antonio, folgende Inhalte muss unser Flyer haben! Danke dir!

Papa

Unsere Eisdiele Venezia feiert am 25.06.JJJJ 25-jähriges Jubiläum!
In der Zeit von 11:00 Uhr bis 22:00 Uhr haben wir für Sie geöffnet!

Wir bieten Ihnen:

Eis zum Jubiläumspreis: alle Sorten pro Kugel 0,50 €
verschiedene Eisbecher: jeder Becher 4,00 €

1. Jubelbecher (4 Kugeln Eis, Sahne, Soße und frische Früchte)
2. Eisbecher Giglione (nach dem Geheimrezept von Oma Giglione)
3. Kokosbecher (4 Kugeln Eis, Sahne, Kokossoße, Kokosstücke und -flocken)
4. Coppa Italiano (Eis, frischer Joghurt, frische Früchte und Soße)

Jeder 100. Besteller erhält sein Eis gratis!

Wir freuen uns auf Sie!
Eisdiele Venezia, Inhaber Franco Giglione, Gunnar-Wester-Straße 21, Stadt-
galerie Schweinfurt, 97421 Schweinfurt, Tel. 09721 12440

1. **Informiert** euch über den Inhalt, den der Flyer für Antonios Vater haben soll.
2. **Überlegt,** welches Format ihr für den Flyer wählt, und **erstellt** diesen unter Berücksichtigung der Typografischen Regeln (siehe DIN-Regelheft). **Gestaltet** ansprechend.
3. **Druckt** euren Flyer aus und **heftet** ihn an eine Pinnwand.
4. **Vergleicht** eure Ergebnisse und **prüft,** ob die Flyer anschaulich und unter Berücksichtigung der Typografischen Regeln gestaltet sind.
5. **Nehmt** ggf. Änderungen/Ergänzungen vor und **druckt** bei Bedarf nochmals aus.
6. **Heftet** eure Ergebnisse in eurem Ordner ab.

Bald sind Ferien! Am liebsten fahren Lena und Luca in dieser Zeit in Freizeitparks. Während einer Internetrecherche stößt Luca auf eine interessante Anzeige. Er radelt sofort zu Lena, um ihr diese zu zeigen. An dem Wettbewerb möchte er unbedingt teilnehmen – und Lena natürlich auch!

Würzburg-Fun-Park
Der Freizeitpark für Jung und Alt

Schülerwettbewerb

Wir suchen einen kreativen Kopf bzw. kreative Köpfe, die an unserem Schülerwettbewerb teilnehmen! Gefragt sind außerdem Geschick im Umgang mit dem PC und Freude am Besuch von unserem Freizeitpark.

Entwerft für uns ein Werbeplakat im DIN-A4-Format, welches die unten stehenden Inhalte haben muss. Sendet euer fertiges Plakat unter Angabe eures Namens, eurer besuchten Schule und Klasse und eurer vollständigen Adresse an:

wettbewerb@wuerzburg-fun-park.de

Die besten drei Plakate werden für Werbezwecke, natürlich mit Angabe eures Namens, verwendet. Dafür erhalten die Gewinner jeweils eine Jahreseintrittskarte für unseren Park und 500,00 € für die Klassenkasse! Unter den übrigen Einsendern werden weitere 50 Jahreskarten verlost. Also: Mitmachen lohnt sich!

Wir freuen uns auf eure Ideen! Euer Würzburg-Fun-Park

Inhalte des Plakats:

- Würzburg-Fun-Park – die Freizeitsaison ist eröffnet!
- tolle neue Fahrgeschäfte wie „Die fliegende Kugel", extra lange „Racing-Achterbahn" und vieles mehr
- In den Ferien erhalten Schüler durch Vorlage des Schülerausweises 25 % Rabatt.
- Neu: unsere Familienkarte (Eintritt für zwei Erwachsene und zwei Kinder für 45,00 €)
- Ab 01.07.JJJJ präsentieren wir Ihnen neue Show-Acts und einen sagenhaften Biergarten für Jung und Alt, der nur mit dem Tretboot über den Zaubersee zu erreichen ist.

Es lohnt sich! Kommen Sie vorbei! Wir freuen uns auf Sie! Ihr Würzburg-Fun-Park

Stauffenbergstr. 101, 97084 Würzburg, Tel. 0931 100100,
E-Mail: info@wuerzburg-fun-park.de, Homepage: www.wuerzburg-fun-park.de

1. **Informiert** euch über den Inhalt, den das DIN-A4-Plakat haben soll.
2. **Erstellt** das Plakat und **gestaltet** dieses ansprechend. **Fügt** auch Bilder und Grafiken ein und arbeitet ggf. mit der Funktion Nummerierungen/Aufzählungen. Verwendet auch Formen in eurem Dokument.
3. **Präsentiert** euer Plakat über den Beamer im Plenum und **geht** dabei auf die Vorgehensweise beim Erstellen ein.
4. **Erläutert,** welche Unterschiede ein Flyer im A4-Format zu anderen Formaten mit sich bringt.
5. **Nehmt** ggf. Änderungen/Ergänzungen vor und druckt euer Plakat aus.
6. **Heftet** dieses in eurem Ordner ab.
7. **Berücksichtigt** eure Erkenntnisse in Bezug auf die Wirkung und Unterschiede der verschiedenen Formate (DIN A4, DIN A5, Hochformat, Querformat usw.) für künftige Projekte.

3

Lernbereich 10II.3

3.2 Lernbereich 10II.3.2: Daten mit einem Tabellenkalkulationsprogramm erfassen, berechnen und darstellen

Kompetenzerwartungen
Die Schülerinnen und Schüler

- nutzen ein Tabellenkalkulationsprogramm, um Informationen strukturiert darzustellen.
- stellen z. B. für eine Einnahmen- und Ausgabenrechnung Zahlenwerte in einer sinnvoll aufgebauten Tabelle dar, bei der die Kalkulationssoftware einfache Rechenschritte (z. B. Summenbildung) automatisch durchführt.
- erstellen für wiederkehrende Kalkulationen ein Berechnungsschema, z. B. Ermittlung der optimalen Bestellmenge.

3.2.1 Daten übersichtlich darstellen

Während Lenas Praktika hat sie viele Informationen und Einblicke von der Berger & Thaler Sportswear OHG erhalten. Auch ihre IV-Lehrerin, Frau Riewer, interessiert sich für diese und möchte, dass Lena die Daten übersichtlich darstellt und auswertet. Sie soll dann das Ergebnis ihren Mitschülern im Unterricht präsentieren.

1. **Informiert** euch mithilfe des Programmhandbuches zu Excel über die verschiedenen Funktionen und Formeln und **erledigt** nacheinander die verschiedenen Aufgaben, indem ihr die euch vorliegenden Daten in Excel erfasst, bearbeitet bzw. vervollständigt und auswertet.
2. **Erledigt** alles „Schritt für Schritt".
3. **Präsentiert** eure Teilergebnisse immer im Plenum (am besten über den Beamer) und geht dabei auch auf eure Vorgehensweise beim Erstellen der Tabellen sowie auf die gewählten Formeln ein.
4. **Überlegt**, warum ihr das Programm Excel für die Auswertungen und Darstellungen nutzt, und **notiert** eure Erkenntnisse.
5. **Zieht** aus diesen Schlüsse für die Zukunft und nutzt das Programm Excel, wenn es sinnvoll ist.

Aufgabe 1

Artikel-Nr.	Bezeichnung	Stückpreis	Anzahl	Gesamtsumme
2280 CSM 1401	Fußballtrikot „FC Bayern München", Größe M	49,90 Euro	5	???????
2280 CSM 1601	Fußballtrikot „FC Augsburg", Größe XL	47,90 Euro	7	???????
2280 CSM 2041	Trainingsanzug „Bavaria" Farbe Grün, Größe S	79,90 Euro	9	???????
2280 CSM 2106	Trainingsanzug „Isar" Farbe Rot-Blau, Größe XXL	85,90 Euro	13	???????
2280 CSM 2202	Trainingsanzug „Olymp" Farbe Schwarz-Weiß, Größe L	119,90 Euro	2	???????
2280 CSM 3201	Kapuzenpulli „Olymp" Farbe Grün-Weiß, Größe S	39,90 Euro	22	???????
2280 CSM 4921	Teamtasche „Olympia" Farbe Marine-Schwarz	34,95 Euro	11	???????
Tagesumsatz				???????

Daten in ein Tabellenkalkulationsprogramm übernehmen und die fehlenden Angaben ermitteln – ordentlich formatieren!

Aufgabe 2

Artikel-Nr.	Bezeichnung	Stückpreis	Anzahl	Gesamt-summe	Prozentualer Anteil an der Gesamtsumme
2280 CSM 1501	Fußballtrikot „1. FC Nürnberg", Größe S	37,90 Euro	7		
2280 CSM 1701	Fußballtrikot „TSV 1860 München", Größe L	42,50 Euro	5		
2280 CSM 2062	Trainingsanzug „Europa CSM" Farbe Schwarz, Größe XXL	84,00 Euro	14		
2280 CSM 2092	Trainingsanzug „Athletik" Farbe Schwarz-Weiß, Größe XL	69,20 Euro	8		
2280 CSM 2105	Trainingsanzug „Isar" Farbe Schwarz-Weiß, Größe S	74,50 Euro	1		
2280 CSM 3202	Kapuzenpulli „Olymp" Farbe Schwarz-Weiß, Größe M	29,99 Euro	19		
Gesamt					

Daten in ein Tabellenkalkulationsprogramm übernehmen und die fehlenden Angaben ermitteln – ordentlich formatieren, prozentualen Anteil ermitteln und die Zeile Gesamt, wo dies sinnvoll ist, ergänzen!

Aufgabe 3

Artikel-Nr.	Bezeichnung	Stückpreis	Anzahl	Gesamt-summe	Prozentualer Anteil an der Gesamtsumme
2280 CSM 1801	Fußballtrikot „FC Ingolstadt", Größe M	49,90 Euro	3		
2280 CSM 2042	Trainingsanzug „Bavaria" Farbe Schwarz-Weiß, Größe L	75,50 Euro	8		
2280 CSM 2091	Trainingsanzug „Athletik" Farbe Grün, Größe M	88,00 Euro	26		
2280 CSM 2201	Trainingsanzug „Olymp" Farbe Grün-Weiß, Größe XL	89,50 Euro	12		
2280 CSM 2316	Trainingsanzug „Master" Farbe Rot-Weiß, Größe XXL	79,50 Euro	15		
2280 CSM 4715	Teamtasche „Standard" Farbe Rot-Weiß	34,95 Euro	30		
Gesamt					

Daten in ein Tabellenkalkulationsprogramm übernehmen und die fehlenden Angaben ermitteln – ordentlich formatieren, prozentualen Anteil ermitteln, die Zeile Gesamt, wo dies sinnvoll ist, ergänzen und den kleinsten, größten sowie durchschnittlichen Wert ermitteln!

3

Lernbereich 10II.3

Aufgabe 4

Artikel-Nr.	Bezeichnung	Stückpreis in €	Anzahl am Lager vor Verkauf	Anzahl verkaufte Artikel	Anzahl am Lager nach Verkauf	neuer Lagerwert	prozentualer Anteil am Lagerwert
2280 CSM 2043	Trainingsanzug „Bavaria" Farbe Rot-Weiß, Größe S	74,90	104	13			
2280 CSM 2093	Trainingsanzug „Athletik" Farbe Rot-Weiß, Größe L	65,50	302	22			
2280 CSM 2317	Trainingsanzug „Master" Farbe Orange-Weiß, Größe S – XXL	88,00	29	31			
2280 CSM 3203	Kapuzenpulli „Olymp" Farbe Rot-Blau, Größe S – XXL	22,50	48	8			
2280 CSM 4713	Teamtasche „Standard" Farbe Blau-Weiß-Schwarz	39,90	122	1			
2280 CSM 4813	Teamtasche „Modern" Farbe Blau-Weiß-Schwarz	27,90	200	4			
Gesamt							
durchschn. Anzahl							

Daten in ein Tabellenkalkulationsprogramm übernehmen und die fehlenden Angaben ermitteln – ordentlich formatieren, prozentualen Anteil am Lagerwert ermitteln, nach Stückpreis aufsteigend sortieren, Zeile Gesamt, wo sinnvoll, ergänzen und die durchschnittliche Anzahl der Artikel, die am Lager sind, ermitteln.

Aufgabe 5

Kundenbestellung – Gewährung von 3 % Skonto auf den Stückpreis						
Artikel-Nr.	Bezeichnung	Stückpreis	Anzahl	Gesamt-summe	Skonto-betrag	Gesamtsumme abzgl. Skonto
2280 CSM 2104	Trainingsanzug „Isar" Farbe Grün-Weiß, Größe S – XXL	82,00 Euro	16			
2280 CSM 2203	Trainingsanzug „Olymp" Farbe Rot-Blau, Größe S – XXL	79,80 Euro	10			
2280 CSM 2315	Trainingsanzug „Master" Farbe Grün-Schwarz, Größe S – XXL	85,00 Euro	20			
2280 CSM 4714	Teamtasche „Standard" Farbe Grün-Schwarz	35,00 Euro	14			
Rechnungsbetrag						

Daten in ein Tabellenkalkulationsprogramm übernehmen und die fehlenden Angaben ermitteln – ordentlich formatieren, Skontobetrag berechnen, nach Bezeichnung alphabetisch sortieren, Rechnungsbetrag ermitteln.

Aufgabe 6

Umsätze im 1. Quartal der Berger & Thaler Sportswear OHG:

Trikots	122.500,00 Euro
Trainingsanzüge	177.000,00 Euro
Teamtaschen	35.000,00 Euro

Daten in ein Tabellenkalkulationsprogramm übernehmen, den Gesamtumsatz berechnen und alles in einem aussagekräftigen Diagramm darstellen.

Aufgabe 7

Umsätze im 1. Quartal der Berger & Thaler Sportswear OHG:

Artikel	tatsächlicher Umsatz	angenommener Umsatz	Abweichung in Euro
Trikots	122.500,00 Euro	120.000,00 Euro	
Trainingsanzüge	177.000,00 Euro	200.000,00 Euro	
Teamtaschen	35.000,00 Euro	25.000 Euro	
Gesamt			

Daten in ein Tabellenkalkulationsprogramm übernehmen, die Abweichung in Euro ermitteln sowie die Zeile Gesamt vervollständigen und den durchschnittlichen tatsächlichen Umsatz ausweisen, den tatsächlichen Umsatz im Vergleich mit dem angenommenen Umsatz in einem geeigneten Diagramm darstellen.

Aufgabe 8

Umsätze im 1. Quartal der Berger & Thaler Sportswear OHG:

Artikel	tatsächlicher Umsatz	Herstellungskosten	Gewinn
Trikots	122.500,00 Euro	47.500,00 Euro	
Trainingsanzüge	177.000,00 Euro	102.000,00 Euro	
Teamtaschen	35.000,00 Euro	11.200,00 Euro	
Gesamt			

Daten in ein Tabellenkalkulationsprogramm übernehmen, den Gewinn ermitteln sowie die Zeile Gesamt vervollständigen, den Gesamtgewinn gemessen an den einzelnen Artikeln in einem geeigneten Diagramm (Kreis) darstellen.

3

Lernbereich 10II.3

3.2.2 Einnahmen- und Ausgabenrechnung

Im BSK-Unterricht beschäftigt sich Lenas Klasse zurzeit mit der Einnahmen- und Ausgabenrechnung. Da viele Hausaufgaben anstehen und Lena diese gerne am Nachmittag erledigen möchte, lädt sie ihren Klassenkamerad Luca zu sich ein und bittet ihn um Hilfe. Mit Excel hat sie im Moment aber noch einige Probleme.

1. **Überlegt,** wie ihr eine Einnahmen- und Ausgabenrechnung bzw. einen Sparplan mithilfe des Programmes Excel erstellen könnt und wie eure Tabellen aussehen müssen. Notiert wichtige Informationen.
2. **Greift** dabei auf Wissen aus dem Fach BSK zurück und **nutzt** außerdem das Programmhandbuch für Excel.
3. **Erledigt** unter Berücksichtigung der euch vorliegenden Informationen für Lena und Luca die Hausaufgaben.
4. **Achtet** auf eine sinnvolle und ansprechende Gestaltung eures Dokuments und **nutzt** passende Formeln.
5. **Speichert** ab und **präsentiert** eure Ergebnisse im Plenum. **Geht** dabei auch auf das Erstellen der Tabellen sowie das Einfügen der Formeln ein.
6. **Nehmt** ggf. Änderungen vor und **druckt** eure Dokumente aus (jeweils einmal mit und einmal ohne Formeln).
7. **Heftet** alle Dokumente in eurem Ordner ab.

Wie ihr wisst, bietet sich das Programm Excel an, um Daten übersichtlich darzustellen. Sind wiederkehrende Angaben zu berechnen, ist es sinnvoll, sich eine „Maske", also eine vorgefertigte Tabelle, in Excel anzulegen, die dann von den Zahlenwerten her immer auf die aktuelle Situation angepasst wird.

Auf die in der Tabelle hinterlegten Formeln hat das Abändern von Zahlen keinen Einfluss, lediglich das Ergebnis, welches durch die Formeln ermittelt wird, verändert sich.

Einnahmen- und Ausgabenrechnung

Um eine Übersicht über seine Einnahmen und Ausgaben zu erhalten, ist es sinnvoll, eine Einnahmen- und Ausgabentabelle anzulegen. Nähere Informationen zu dieser habt ihr bereits im BSK-Unterricht erhalten und wichtige Details besprochen.

Vorgehensweise beim Erstellen einer Tabelle für die Einnahmen- und Ausgabenrechnung:

- **Überlegt,** wie ihr eure Tabelle gestalten wollt, und **notiert** eure Gedanken.
- **Erstellt** in Excel eine übersichtliche Tabelle und übernehmt die Zahlenwerte in diese.
- **Fügt** sinnvolle Formeln zur Berechnung ein. **Achtet** darauf, dass diese kopierfähig sind.
- **Speichert** euer Dokument ab.
- **Arbeitet** immer mit zwei Tabellenblättern, wenn ihr mit euren Berechnungen und dem Gestalten eurer Tabelle fertig seid:
    - **Tabellenblatt 1** enthält die Tabelle mit allen Berechnungen.
    - **Tabellenblatt 2** enthält die Tabelle, in welcher die Formeln eingeblendet werden. So könnt ihr immer nachvollziehen, wie ihr auf euer Ergebnis gekommen seid.
- **Kontrolliert** in der Seitenansicht oder Druckansicht, ob euer Blatt auf eine Seite passt (wäre dies nicht der Fall, könnt ihr entweder Spalten bzw. Zeilen von der Größe her anpassen oder später bei den Druckoptionen angeben, dass das Dokument auf einer Seite dargestellt werden soll).
- **Druckt** eure Dokumente immer mit und ohne Formeln aus und **heftet** diese hinter den Arbeitsauftrag in eurem Ordner ab.

Sparplan

Möchte man sich einen „größeren Wunsch" erfüllen, reicht das Ersparte meist nicht aus und es bietet sich das Aufstellen eines Sparplans an. Diesen kann man entweder handschriftlich oder am PC mit einem Tabellenkalkulationsprogramm erstellen. Ein Mustersparplan müsste im BSK-Unterricht bereits besprochen worden sein.

Die Vorgehensweise für das Erstellen eines Sparplans ist identisch mit der Einnahmen- und Ausgabenrechnung, nur dass die Tabelle eben anders gestaltet und ggf. mit anderen Formeln versehen wird.

3

Hausaufgaben für das Fach BSK

Übungsaufgabe 1

- **Übernimm** die u. a. Tabelle wie abgebildet mit allen Formatierungen.
- **Ergänze:**
  27.03. – Ausgaben Wassergebühren – 100,00 €,
  28.03. – Geburtstagsgeschenk von Oma – 125,00 €,
  29.03. – Ausgaben Müllgebühren – 33,00 €.
- **Ermittle** die Summe der Einnahmen.
- **Ermittle** die Summe der Ausgaben.
- **Ermittle** die Differenz zwischen den Einnahmen und Ausgaben.
- **Ermittle** den größten Ausgabenbetrag im Monat März.

- **Ermittle** den kleinsten Ausgabenbetrag im Monat März.
- **Kopiere** deine Inhalte von Tabelle 1 in Tabelle 2 und **blende** dort die Formeln ein.
- **Speichere** unter „Übungsaufgabe 1" ab (ggf. auch auf einem Stick).
- **Präsentiere** im Unterricht dein Ergebnis und **gehe** dabei auch auf deine Vorgehensweise beim Erstellen der Tabelle sowie beim Einfügen der Formeln ein.
- **Nimm** ggf. Änderungen vor.
- **Drucke** dein Ergebnis aus und **hefte** es in deinem Ordner ab.

Haushaltstabelle Monat März			
			Familie Zagerl
Datum	Beschreibung	Einnahmen	Ausgaben
01.03.15	Gehalt	4.200,00 €	
02.03.15	Miete		1.000,00 €
03.03.15	Überweisung Kfz-Steuer		
03.03.15	Zinsgutschrift	12,55 €	
04.03.15	Rate Pkw		389,00 €
05.03.15	Einkauf Weingroßhandel Zeimet GmbH		181,00 €
05.03.15	Rückerstattung Einkommensteuer	2.125,00 €	
07.03.15	Taschengeld Kinder		200,00 €
10.03.15	Abbuchung Versicherung		79,00 €
10.03.15	Abbuchung Versicherung		31,60 €
10.03.15	Einkauf Lebensmittel		281,92 €
13.03.15	Barabhebung		500,00 €
13.03.15	Abbuchung Strom		127,00 €
19.03.15	Gutschrift Lottogewinn	31,60 €	
19.03.15	Gutschrift Lottogewinn	222,00 €	
22.03.15	Einkauf Lebensmittel		104,22 €
24.03.15	Überweisung Rechnung Fachliteratur		28,40 €
28.03.15	Verkauf bei Ebay	12,90 €	
30.03.15	Abbuchung Heizölrechnung		580,00 €

Übungsaufgabe 2

Dir liegen verschiedene Angaben zu Einnahmen und Ausgaben von Max für den Monat Juni vor.

- **Erstelle** eine Einnahmen- und Ausgabentabelle für Max und **formatiere** ansprechend.
- **Ermittle** die Summe der Einnahmen.
- **Ermittle** die Summe der Ausgaben.
- **Ermittle,** ob Max sich noch eine DVD für 12,90 € am Monatsende kaufen kann.
- **Ermittle** den größten sowie den kleinsten Ausgabenbetrag im Monat Juni.
- **Kopiere** deine Inhalte von Tabelle 1 in Tabelle 2 und **blende** dort die Formeln ein.
- **Speichere** unter „Übungsaufgabe 2" ab (ggf. auch auf einem Stick).
- **Präsentiere** im Unterricht dein Ergebnis und **gehe** dabei auch auf deine Vorgehensweise beim Erstellen der Tabelle sowie beim Einfügen der Formeln ein.
- **Nimm** ggf. Änderungen vor.
- **Drucke** dein Ergebnis aus und **hefte** es in deinem Ordner ab.

- Kauf einer Brille für 25,90 €
- Kauf einer DVD für 22,50 €
- Taschengeld (Einnahme) in Höhe von 120,00 €
- Geburtstagsgeld von Opa in Höhe von 50,00 €
- Geburtstagsgeld von Tante Gertrud in Höhe von 20,00 €
- Kauf eines gebrauchten Tablets bei eBay 83,20 €
- Kauf eines Angelsets für 39,90 €
- Kauf eines Radiergummis, Bleistiftes, Heftes für insgesamt 8,50 €

Übungsaufgabe 3

- **Übernimm** die Tabelle wie abgebildet (mit allen Formatierungen).
- **Ermittle** die benötigte Sparsumme.
- **Ermittle** die Anzahl der Sparmonate.
- **Kopiere** deine Inhalte von Tabelle 1 in Tabelle 2 und **blende** dort die Formeln ein.
- **Speichere** unter „Übungsaufgabe 3" ab (ggf. auch auf einem Stick).
- **Präsentiere** im Unterricht dein Ergebnis und **gehe** dabei auch auf deine Vorgehensweise beim Erstellen der Tabelle sowie beim Einfügen der Formeln ein.
- **Nimm** ggf. Änderungen vor.
- **Drucke** dein Ergebnis aus und **hefte** es in deinem Ordner ab.

Sparplan	
Kaufpreis	255,00 €
vorhandenes Sparguthaben	35,00 €
benötigte Sparsumme	
monatlicher Sparbetrag	15,00 €
Anzahl Sparmonate	

Übungsaufgabe 4

Matti und Rebecca möchten in einen Freizeitpark fahren. Der Eintritt kostet pro Schüler 28,00 €, die Kosten für die Zugfahrt betragen 12,00 € pro Schüler. Als Taschengeld im Freizeitpark möchten Matti und Rebecca jeweils 25,00 € mitnehmen.

– **Übernimm** die Tabelle wie abgebildet (mit allen Formatierungen).
– **Ermittle** jeweils die Summe der Ausgaben von Matti und Rebecca.
– **Ermittle** die Summe der Ausgaben pro Monat (von Januar bis April) sowie die Gesamtsumme der Ausgaben.
– **Berechne** den Sparbetrag, den beide Schüler am 30.04. noch auf ihrem Sparkonto haben.
– **Ermittle** die Gesamtkosten, die für den Aufenthalt im Freizeitpark anfallen.
– **Berechne** das restliche Sparguthaben.
– **Kopiere** deine Inhalte von Tabelle 1 in Tabelle 2 und **blende** dort die Formeln ein.
– **Speichere** unter „Übungsaufgabe 4" ab (ggf. auch auf einem Stick).
– **Präsentiere** im Unterricht dein Ergebnis und **gehe** dabei auch auf deine Vorgehensweise beim Erstellen der Tabelle sowie beim Einfügen der Formeln ein.
– **Nimm** ggf. Änderungen vor.
– **Drucke** dein Ergebnis aus und **hefte** es in deinem Ordner ab.

Übersicht über die Ausgaben und das vorhandene Guthaben					
	Ausgaben				
	Januar	Februar	März	April	Summe
Matti	122,00 €	89,20 €	41,00 €	67,50 €	319,70 €
Rebecca	81,00 €	54,10 €	22,00 €	54,60 €	211,70 €
Summe	203,00 €	143,30 €	63,00 €	122,10 €	531,40 €
	Sparbetrag am 01.01.	Sparbetrag am 30.04.	Gesamtkosten pro Schüler Freizeitpark	restliches Sparguthaben	
Matti	422,00 €	102,30 €	65,00 €	37,30 €	
Rebecca	446,50 €	234,80 €	65,00 €	169,80 €	

3.2.3 Wiederkehrende Kalkulationen erstellen

Nachdem sich Lena und Luca intensiv mit dem Programm Excel und dessen Funktionen im Unterricht beschäftigt haben, steht eine neue Hausaufgabe an. Die beiden sollen die optimale Bestellmenge für ein Produkt ermitteln.

Lena fragt Luca: „Weißt du, wie das geht? Was ist überhaupt eine optimale Bestellmenge?" Luca zuckt mit den Schultern. „Also, das weiß ich jetzt auch nicht genau."

Arbeitsauftrag 1

1. **Informiert** euch über den Themenbereich „Optimale Bestellmenge".
2. **Erstellt** ein ansprechendes Plakat, welches alle wichtigen Inhalte enthält. **Gestaltet** dieses ansprechend und **verwendet** Bilder/Grafiken/Aufzählungen usw.
3. **Hängt** eure Plakate an die Pinnwand und **präsentiert** eure Ergebnisse.
4. **Prüft** die Plakate auf Vollständigkeit sowie Richtigkeit und **gebt** euch gegenseitig ein Feedback.
5. **Wendet** euer neu gewonnenes Wissen in der Zukunft an.

Arbeitsauftrag 2

1. **Lest** den Infobrief von Frau Berger.
2. **Übernehmt** die Mustertabelle wie abgebildet.
3. **Ergänzt** die fehlenden Werte mit geeigneten Formeln.
4. **Präsentiert** eure Ergebnisse und **geht** dabei sowohl auf euer Vorgehen bei der Formeleingabe als auch auf euer Vorgehen bei den Formatierungen ein.
5. **Prüft** eure Ergebnisse auf Vollständigkeit und Richtigkeit und **nehmt** ggf. Änderungen vor.
6. **Druckt** diese einmal mit und einmal ohne Formeln aus und **heftet** die Dokumente in eurem Ordner ab.

Berger & Thaler Sportswear OHG

Sport macht fit

Datum: 01.12…

Mengenplanung Sporttasche „Innovation"

Für die Sporttasche „Innovation" gehen wir im kommenden Jahr von einem Jahresbedarf von 2 400 Stück aus. Die Lieferzeit schätzen wir auf 30 Tage, der Sicherheitsbestand soll für 6 Kalendertage reichen.

Der durchschnittliche Einstandspreis beträgt 15,00 €. Es soll vom üblichen Lagerhaltungskostensatz von 10 % ausgegangen werden. Die Bestellkosten betragen 50,00 € pro Bestellung.

Bitte ermitteln Sie die optimale Bestellmenge mithilfe eines Tabellenkalkulationsprogramms und präsentieren Sie Ihre Ergebnisse an der kommenden Montagsbesprechung. Prüfen Sie kritisch die Annahmen bei der Berechnung der optimalen Bestellmenge.

Berechnen Sie den Meldebestand und stellen Sie die Lagerbewegung grafisch dar.

Berger

Interne Excel-Vorlage für die Ermittlung der optimalen Bestellmenge:

Jahresbedarf (Menge)	
Einstandspreis pro Stück	
Lagerhaltungskostensatz	
Lagerhaltungskosten pro Stück	
Bestellkosten pro Bestellung	

Mögliche Bestellmengen	Anzahl von Bestellungen	durchschn. Lagerbestand	Lagerhaltungskosten	Bestellkosten	Gesamtkosten

Mengenplanung – optimale Bestellmenge

Ergebnis der Bedarfsplanung ist die Jahresbedarfsmenge für jedes Beschaffungsgut. Aufgabe der Mengenplanung ist es, die Jahresbedarfsmenge in mehrere, möglichst gleich hohe Bestellmengen aufzuteilen, die dann im Verlauf des Jahres beschafft werden.

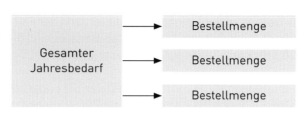

Es wäre unwirtschaftlich, wenn der Einkauf den gesamten Jahresbedarf für jedes Beschaffungsgut auf einmal bestellen würde. Die dazu notwendige Lagerfläche und die Lagerhaltungskosten wären unnötig hoch. Genauso unwirtschaftlich wäre es, wenn der Einkauf jedes Beschaffungsgut zum benötigten Zeitpunkt einzeln beschaffen würde. Es würden zwar Lagerhaltungskosten eingespart, aufgrund der vielen Bestellvorgänge würden sich die Bestellkosten aber vervielfachen. Mit abnehmender Bestellmenge vermindern sich die Lagerhaltungskosten, während sich die Bestellkosten erhöhen. Da sich Bestell- und Lagerhaltungskosten bei Veränderung der Bestellmenge gegensätzlich verhalten, spricht man vom Zielkonflikt der Beschaffung.

Die Bestellkosten fallen für jede Bestellung in gleicher Höhe an, die Lagerhaltungskosten verändern sich mit der bestellten Menge. Die Bestellkosten werden daher in Euro pro Bestellung (z. B. 30,00 € pro Bestellung), die Lagerhaltungskosten als Prozentsatz des durchschnittlichen Lagerbestands (z. B. 10 % des Lagerbestands) angegeben. Der Lagerwert einer Mengeneinheit des gelagerten Guts entspricht dem Einstandspreis für dieses Gut. Die Lagerhaltungskosten können daher auch in EUR pro Mengeneinheit ausgedrückt werden (z. B. betragen bei einem Einstandspreis von 300,00 EUR die Lagerhaltungskosten pro Mengeneinheit 300,00 EUR × 10 % (300 / 100 × 10) = 30,00 EUR).

$$\text{Lagerhaltungskostensatz} = \frac{\text{Lagerhaltungskosten} \times 100}{\text{durchschnittlicher Lagerbestand}}$$

$$\text{Lagerhaltungskosten pro Stück} = \text{Lagerhaltungskostensatz} \times \text{Einstandspreis}$$

Bei der Berechnung des durchschnittlichen Lagerbestands ist zu beachten, dass im Durchschnitt immer die halbe Bestellmenge auf Lager liegt. Diese Annahme setzt einen gleichmäßigen Verkauf während des Jahres voraus.

Tabellarische Ermittlung der optimalen Bestellmenge für das Skateboard „Racer"

Ermittlung der optimalen Bestellmenge

	C
Jahresbedarf	200 Stück
Einstandspreis pro Stück	300,00 €
Lagerhaltungskostensatz	10%
Lagerhaltungskosten pro Stück	30,00 €
Bestellkosten pro Bestellung	30,00 €

Mögliche Bestellmengen	Anzahl von Bestellungen	Ø Lagerbestand	Lagerhaltungs-kosten	Bestellkosten	Gesamtkosten
10 Stück	20,0	5 Stück	150,00 €	600,00 €	750,00 €
15 Stück	13,3	8 Stück	225,00 €	399,00 €	624,00 €
20 Stück	10,0	10 Stück	300,00 €	300,00 €	600,00 €
25 Stück	8,0	13 Stück	375,00 €	240,00 €	615,00 €
30 Stück	6,7	15 Stück	450,00 €	201,00 €	651,00 €
35 Stück	5,7	18 Stück	525,00 €	171,00 €	696,00 €
40 Stück	5,0	20 Stück	600,00 €	150,00 €	750,00 €

Optimale Bestellmenge (Bestellmengenformel):	20 Stück

Tabelle und Grafik / Formeldarstellung / Tabelle3 / Tabelle4

Erläuterungen für die erste Zeile der Tabelle:

Spalte Mögliche Bestellmengen = Alternative Bestellmengen bei einem Jahresbedarf von 200 Stück

Spalte Anzahl von Bestellungen = Jahresbedarf : Bestellmenge = 200 : 10 = 20-mal

Spalte Ø Lagerbestand = ½ Bestellmenge = 10 : 2 = 5 Stück

Spalte Lagerhaltungskosten = Ø Lagerbestand × Lagerhaltungskosten/Stück = 5 × 30 = 150,00 €

Spalte Bestellkosten = Bestellhäufigkeit x Bestellkosten = 20 × 30 = 600,00 €

Spalte Gesamtkosten = Lagerhaltungskosten + Bestellkosten = 150 + 600 = 750,00 €

3

Lernbereich 10II.3

Die **optimale Bestellmenge** ist dann erreicht, wenn die Summe aus Lagerhaltungs- und Bestellkosten (= Gesamtkosten) minimal ist. Das ist dann der Fall, wenn die Lagerhaltungskosten und die Bestellkosten gleich hoch sind. Im dargestellten Beispiel sind diese beiden Bedingungen bei einer Bestellmenge von **20 Stück** erfüllt. Die optimale Bestellmenge beträgt also 20 Stück.

Falls aufgrund der vorliegenden Daten die Lagerhaltungskosten und die Bestellkosten nicht genau gleich sind, lässt sich die exakte optimale Bestellmenge mithilfe der **Bestellmengenformel** berechnen:

$$\text{Optimale Bestellmenge} = \sqrt{\frac{200 \times \text{Jahresbedarf} \times \text{Bestellkosten}}{\text{Einstandspreis} \times \text{Lagerhaltungskostensatz}}} = \sqrt{\frac{200 \times 200 \times 30}{300 \times 10}} = 20$$

Ermittlung der optimalen Bestellmenge mit Excel in der Formeldarstellung

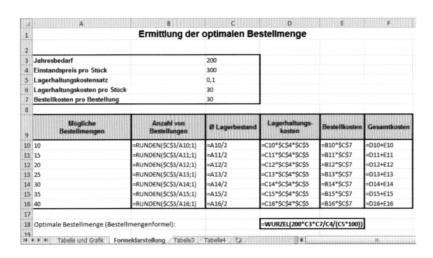

Die optimale Bestellmenge lässt sich innerhalb der Tabelle berechnen, wenn hinter der Spalte „Gesamtkosten" eine weitere Spalte „Optimale Bestellmenge" angefügt wird. Die Formel im Feld G10 müsste dann wie folgt lauten: =WENN(F10=MIN($F$10:$F$16);A10;"") und nach unten bis ins Feld G16 kopiert werden.

Grafische Ermittlung der optimalen Bestellmenge für das Skateboard „Racer"

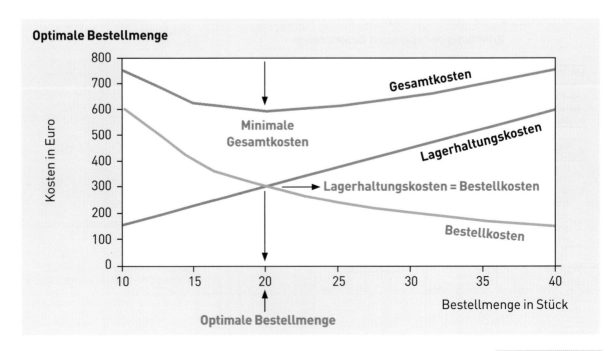

Die optimale Bestellmenge ist nur als **Orientierungsgröße** zu verstehen. Sie muss nicht um jeden Preis erreicht werden. In der Praxis

- können bei drohenden Preissteigerungen auf den Beschaffungsmärkten und bei Lieferengpässen größere Bestellmengen aufgrund von Vorratskäufen notwendig werden;
- verlangen manche Lieferanten Mindestabnahmemengen und Mindermengenzuschläge;
- werden manche Güter nur in bestimmten verpackungs- und transportgerechten Mindestmengen angeboten (Ballen, Palette, Wagenladung);
- können bei zu kleinen Bestellmengen Mengenrabatte verloren gehen;
- sind begrenzte Lager- und Transportmöglichkeiten alltäglich usw.

3.3 Lernbereich 10II.3.3: Ergebnisse mithilfe eines Präsentationsprogramms darstellen

Kompetenzerwartungen
Die Schülerinnen und Schüler

- erstellen mithilfe einer geeigneten Software eine Präsentation, um Arbeitsergebnisse darzustellen. Dabei setzen sie grundlegende Planungsschritte, Gestaltungs- und Strukturierungsmöglichkeiten sachgerecht um.
- arbeiten sowohl selbstständig als auch zielgerichtet im Team. Dabei bewerten sie in der Gruppe Prozess und Ergebnis ihrer Arbeit, um gemeinsam Strategien zur Optimierung zu entwickeln.
- berücksichtigen beim Vortrag die Präsentationsregeln und gehen konstruktiv mit dem Feedback ihrer Mitschülerinnen und Mitschüler um.

Präsentationen erstellen und im Team arbeiten

Firmenname	Berger & Thaler Sportswear OHG, Schweinfurt	
heutige Geschäftsführer	Renate Berger und Helmut Thaler	
Gründer des Unternehmens	Hans Berger, Großvater von Renate Berger	
Geschichte	Gründung im Jahre 1948 durch Herrn Hans Berger, 5 Mitarbeiterinnen, Herstellung von Unterwäsche	
	Übernahme des Geschäfts im Jahre 1958 durch den Sohn Fritz Berger (Vater von Renate Berger), Produktion von Unterwäsche	
	1964 Gründung der Fritz Berger Mode e. K. und Vergrößerung des Unternehmens bis Anfang der 1990er-Jahre auf 150 Mitarbeiterinnen und Mitarbeiter, Produktion von T-Shirts, Trainings- und Freizeitanzügen	
	2000 Übernahme des Unternehmens durch Renate Berger	
	2002 Aufnahme eines zusätzlichen Geschäftsführers, Helmut Thaler	
	02.05.2006 Gründung der Berger & Thaler Sportswear OHG Schweinfurt und stetige Vergrößerung des Unternehmens	
Mitarbeiterinnen und Mitarbeiter	250	
Vertriebsgebiete	– Deutschland – Italien	– Österreich – Schweiz
Produkte	– T-Shirts – Trainings- und Freizeitanzüge	– Trikots – Sporttaschen
Produktion	überwiegend Automation in drei Hallen auf dem Firmengelände in Schweinfurt, Serienfertigung	

In den letzten Wochen haben sich Lena und ihre Mitschüler viel mit dem Unternehmen Berger & Thaler Sportswear OHG auseinandergesetzt. Für den Tag der offenen Tür ihrer Wirtschaftsschule soll die Klasse eine PowerPoint-Präsentation über das Unternehmen erstellen und mithilfe dieser einen Vortrag für die Besucher halten.

1. **Informiert** euch über den Themenbereich „Präsentationen erstellen" mithilfe des Methoden-pools, der Informationstexte und des Programmhandbuches für PowerPoint.
2. **Bildet** Gruppen und **überlegt,** wie ihr eure PowerPoint-Präsentation aufbauen wollt (ggf. Brainstorming – siehe Methodenpool). **Macht** euch Notizen und nutzt diese später als Hilfe. Eckdaten zur Berger & Thaler Sportswear OHG könnt ihr den Notizen von Lena und Luca entnehmen.
3. **Erstellt** eure Präsentation und **berücksichtigt** dabei die Regeln für das Erstellen von Power-Point-Präsentationen.
4. **Entwickelt** eine Checkliste, mit der ihr später die anderen Präsentationen bewerten könnt. Informationen hierzu findet ihr ebenfalls im Methodenpool.
5. **Bereitet** euch auf die Präsentation vor.
6. **Präsentiert** die Ergebnisse und berücksichtigt die entsprechenden Präsentationsregeln in Bezug auf euer Auftreten.
7. **Bewertet** die Präsentationen mithilfe eurer Checklisten und **gebt** im Plenum konstruktives Feedback.
8. **Nehmt** ggf. Änderungen/Ergänzungen an eurer Präsentation vor und **druckt** diese als Hand-zettel aus.
9. **Überlegt,** wie ihr euch während der Präsentation und der Gruppenarbeit gefühlt habt, und **zieht** daraus Schlüsse für euer künftiges Handeln.

3.3.1 Regeln für das Erstellen von PowerPoint-Präsentationen

Beachte:

– Der Titel der Folie muss zum Inhalt passen und möglichst einzeilig sein
– möglichst gleichen Sprachstil beim Folientitel verwenden (immer Fragen oder immer Aussagen)
– möglichst Stichpunkte verwenden und keinen Fließtext schreiben
– klare Aussagen treffen
– einheitliches Design, welches zum Thema passt, verwenden (am besten über die Funktion Folien-Master in PowerPoint)
– angemessene Schriftgröße verwenden (mindestens 20 pt)
– angemessenen Zeilenabstand verwenden (1,5zeilig)
– maximal drei verschiedene Schriftgrößen und Schriftarten verwenden
– auf die Schriftfarbe achten (heller Hintergrund = dunkle Schrift, dunkler Hintergrund = helle Schrift)
– vorsichtig mit Farben sein (möglichst nur zwei bis drei ver-schiedene Farben in der gesamten Präsentation verwen-den, da diese für „Unruhe" sorgen können)
– Folien nicht bis zum Rand beschriften
– möglichst nicht mehr als sechs bis sieben Infopunkte pro Folie aufführen
– Bilder und Grafiken (Diagramme) zur Veranschaulichung verwenden – manchmal sogar anstelle von Text

– Bilder und Grafiken (Diagramme) müssen zum Inhalt der Präsentation passen.
– Sind Tabellen einzubetten, müssen diese lesbar sein und komplett dargestellt werden. Umfangreiche-re Tabellen sollten daher eher nicht in eine Präsentation eingefügt werden.
– sparsam mit Animationen und Effekten umgehen und den Grundsatz „weniger ist mehr" beherzigen
– auf passende Zeitfestlegung bei Animationen/Effekten achten (Diese dürfen nicht zu schnell, aber auch nicht zu langsam ein- bzw. ausgeblendet werden. Es muss zum einen alles in Ruhe gelesen wer-

3

Lernbereich 10II.3

den können, zum anderen darf jedoch keine Langeweile oder gar Unruhe durch zu lange Verzögerungen entstehen.)

Tipp:

Prüfe vor dem Präsentieren deine erstellte PowerPoint-Präsentation über den Beamer! Häufig kommt es vor, dass die am PC angezeigten Farben über den Beamer verändert „ausgestrahlt" werden und ggf. Teile deiner PowerPoint-Präsentation nur schlecht oder sogar gar nicht lesbar sind. Jetzt können noch schnell und einfach Änderungen vorgenommen werden – während der „richtigen" Präsentation ist dies nicht mehr möglich.

3.3.2 Präsentieren und vortragen – aber wie?

Nervöses Verhalten vor Präsentationen oder einem Vortrag? Dieses Gefühl haben viele Menschen. Doch mit einigen Tipps und Tricks wird die Präsentation bzw. der Vortrag trotz Nervosität ein voller Erfolg!

Beachte:

- Wähle Kleidung, in der du dich wohlfühlst, die aber auch zu deiner Präsentation/deinem Vortrag passt.
- Bereite dich gut auf deine Präsentation vor (kenne dein Thema und sei sicher in diesem).
- Erstelle dir einen „Spickzettel", den du als Sicherheit während der Präsentation/des Vortrages in deiner Hand hältst.
- Versuche, möglichst frei zu sprechen und nutze deinen Spickzettel nur, wenn du wirklich unsicher bist oder nicht weiterkommst.
- Finde eine passende Sprachgeschwindigkeit (nicht zu langsam, aber auch nicht zu schnell).
- Spreche laut und deutlich und verwende keine Umgangssprache.
- Spreche Hochdeutsch, damit dich auch jeder versteht.
- Wenn ihr euch in der Gruppe ein Thema geteilt habt, achte auf deinen Einsatz (vereinbare mit deinem „Vorredner" bzw. „Nachredner" ein Zeichen, z. B. ein Nicken, damit jeder weiß, wann er an der Reihe ist).
- Schaue deine „Zuschauer" an – aber nicht immer nur einen, sondern lasse den Blick im Raum „schweifen".
- Denke daran, dass deine Hände nicht in den Hosentaschen sein sollen, sondern locker an deinem Oberkörper herunterhängen.

- „Zapple" nicht, sondern bleibe möglichst ruhig stehen.
- Lasse dich nicht verunsichern (falls deine Mitschüler dich provozieren wollen, schaue einfach weg und diese nicht mehr an – suche dir einfach ein paar Punkte im Raum, auf welche du deine Blicke richtest).
- Verweise bei Zwischenfragen auf das Ende der Präsentation, wenn dich diese aus dem „Konzept" bringen.
- Beende deine Präsentation/deinen Vortrag positiv (z. B. „Danke für die Aufmerksamkeit, gibt es Fragen?").

Übe die Präsentation zu Hause vor dem Spiegel oder vor einem Freund, einer Freundin, deinen Eltern usw.

Übung macht den Meister! Je öfters du präsentiert hast, umso ruhiger wirst du vor Präsentationen.

Lernbereich 11II.1: Standardsoftware einsetzen, um in einem Unternehmen erfolgreich zu agieren

Kapitel 4

4 Lernbereich 11II.1: Standardsoftware einsetzen, um in einem Unternehmen erfolgreich zu agieren

4.1 Lernbereich 11II.1.1: Waren und Materialien mithilfe normgerechter Korrespondenz beschaffen

Kompetenzerwartungen
Die Schülerinnen und Schüler

- führen Bestellungen mithilfe eines Geschäftsbriefs, einer E-Mail und eines Online-Formulars unter Einsatz geeigneter Software normgerecht durch.
- beschriften selbstständig Briefumschläge und Etiketten mithilfe eines Textverarbeitungs-programms rationell und normgerecht in den verschiedenen Formaten.
- gestalten eine unternehmensinterne Kurzbriefvorlage mit vorgegebenen Inhalten für die Wareneingangskontrolle in einem geeigneten Softwareprogramm.

Nächste Woche wird Lena nochmals ein Praktikum bei der Berger & Thaler Sportswear OHG machen. Diesmal wird sie in einer anderen Abteilung eingesetzt. Nach dem Praktikum entscheidet sich, ob Lena nach dem erfolgreichen Abschluss der 2-stufigen Wirtschaftsschule die Ausbildung als Kauffrau für Büromanagement absolvieren darf.

Als Wiederholung möchte sich Lena mit dem Thema Geschäftsbrief auseinandersetzen und sich noch einmal die Regeln ins Gedächtnis rufen. Vor allem das Thema Angebot muss sie sich anschauen.

1. **Informiert** euch über euren Themenbereich.
2. **Erstellt** eine übersichtliche Mindmap mit allen Inhalten, die ein Angebotsschreiben enthalten soll (von Hand oder am PC). **Gestaltet** ansprechend.
3. **Präsentiert** eure Ergebnisse und **geht** dabei auf den Inhalt von Angeboten ein.
4. **Prüft** alles auf Vollständigkeit sowie Richtigkeit und **nehmt** ggf. Änderungen/Ergänzungen vor.
5. **Berücksichtigt** euer neu gewonnenes Wissen für die Zukunft (auch für andere Unterrichts-fächer).

4.1.1 Empfehlungen zur Formulierung eines Geschäftsbriefs

Müssen Angebote formuliert werden, sollten diese möglichst genau auf die Anfrage des Kunden einge-hen. Außerdem müssen alle wichtigen Inhalte, die den Kunden interessieren, berücksichtigt werden. Ein guter Satzbau, eine abwechslungsreiche, aber sachliche Sprache und eine fehlerfreie Rechtschreibung sowie Grammatik sind ferner zu beachten.

Bestandteile eines Angebots

- Dank für die vorausgegangene Anfrage bzw.
- Bezug auf die Anfrage des Kunden
- übersichtliche Auflistung aller benötigten Angaben zum angefragten Produkt, zur angefragten Dienst-leistung
- zusätzliche Angabe aller wichtigen Liefer- und Zahlungsbedingungen, sodass der Kunde nur noch mit „Ja, ich nehme das Angebot an" antworten muss
- Ausdruck der Freude über die Zusammenarbeit
- freundliche Grußformel

Formulierungsregeln für einen gelungenen Geschäftsbrief

- **angemessene Satzlänge** (nicht zu kurze, nicht zu lange Sätze)
- **breite Wortwahl** (Füllwörter, Wiederholungen vermeiden)
- **indikativ verwenden,** nicht den Konjunktiv ("Sie erhalten die Ware am ..." nicht: "Ich möchte Ihnen die Ware bis ... zusenden")
- **"Sie"-Standpunkt verwenden** ("Sie erhalten die Ware ...", nicht: "Wir liefern Ihnen ..."
- **lebendiger Sprachstil,** z.B. Aktivform, Vollverben verwenden, nicht: Passivform, Hilfsverben und Substantivierung von Verben ("berechnen" statt "in Rechnung stellen")

Jedes Unternehmen hat einen eigenen Geschäftsbriefvordruck, in dem bereits alle Angaben des Unternehmens hinterlegt sind. Lediglich die Empfängeranschrift, der Infoblock und der Brieftext müssen in diesem Vordruck "ergänzt" werden.

1. **Schaut** euch den vorliegenden Geschäftsbrief an.
2. **Notiert** auf den vorgegebenen Linien die genauen Bezeichnungen der durch Zahlen kenntlich gemachten Bereiche.
3. **Vergleicht** eure Ergebnisse und **nehmt** ggf. Änderungen/Verbesserungen vor.
4. **Wendet** euer Wissen in der Zukunft an.

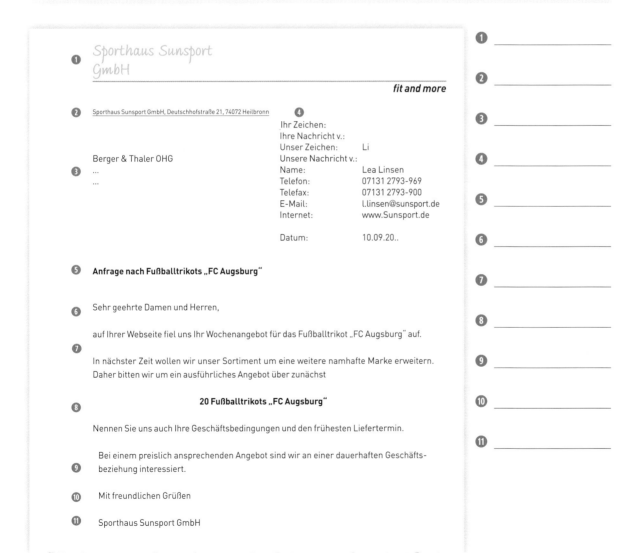

4.1.2 Anschriftenfeld und Postvollmacht

Lenas letztes Praktikum hat begonnen! Dank ihrer guten Vorbereitung kann sie einige Sekretariatsaufgaben selbstständig erledigen. Nach der Mittagspause kommt Frau Thaler sehr aufgeregt ins Sekretariat:

Frau Thaler: Wer hat denn die Post auf meinen Schreibtisch gelegt?

Lena: Hallo, Frau Thaler, das war ich. Stimmt etwas mit der Post nicht?

Frau Thaler: Also, Lena, das kann man wohl sagen. Du kannst doch nicht einfach alle Briefe öffnen!

Lena: Oh, kann ich das nicht? Ich dachte, ich tue Ihnen einen Gefallen, wenn ich alle Umschläge für Sie öffne.

Frau Thaler: Nein, Lena. Das macht man nicht. Es gibt Regeln bei der Postbearbeitung, an die man sich halten muss. Bitte informiere dich und erstelle ein Handout, das du mir dann vorlegst.

Lena: Ist in Ordnung, Frau Thaler. Tut mir leid.

1. **Informiert** euch über euren Themenbereich.
2. **Erstellt** ein Handout, das alle wichtigen Informationen rund um den Themenbereich Post und Anschriftenfeld enthält.
3. **Arbeitet** mit der Tabellenfunktion in Word und **berücksichtigt** die entsprechenden DIN-Regeln.
4. **Fügt** passende Grafiken ein und **gestaltet** euer Dokument ansprechend.
5. **Druckt** eure Ergebnisse aus und **hängt** diese an die Pinnwand. **Vergleicht** die Dokumente und **gebt** euch gegenseitig ein Feedback.
6. **Nehmt** ggf. Änderungen/Ergänzungen vor.
7. **Präsentiert** in einer szenischen Darstellung (Lena und Frau Thaler) euer Handout und **erläutert**, warum das Einhalten von Regeln bei der Postbearbeitung/Anschriftenfeld notwendig ist.
8. **Nutzt** euer neu gewonnenes Wissen in der Zukunft.

Vollmachten bei der Post

Viele Unternehmen gewähren einem kleinen Mitarbeiterkreis eine Postvollmacht. Die entsprechenden Personen sind also berechtigt, die Geschäftspost in einem Unternehmen zu öffnen. Meist wird eine Postvollmacht schriftlich erteilt, der Berechtigte muss sich im Gegenzug verpflichten, die Informationen, die er im Zuge der Postschritte erlangt, nicht preiszugeben, da diese dem Datenschutz unterliegen.

Verstößt ein Mitarbeiter gegen diesen Grundsatz, kann dies rechtliche Konsequenzen nach sich ziehen.

Das Anschriftfeld (DIN-Regeln)

Da Sendungen auch bei dem Empfänger ankommen sollen, gibt es verschiedene Regeln, die für das Anschriftfeld in Briefen Anwendung finden. Aufgrund von vielen verschiedenen Umschlagformaten, die auch über ein Sichtfenster verfügen können, muss die Empfängeranschrift immer im oberen linken Bereich eines Briefs vermerkt werden.

Das Anschriftfeld, das 40 mm hoch und 85 mm breit ist, besteht insgesamt aus neun Zeilen, wobei die ersten drei Zeilen als Zusatz- und Vermerkzone bezeichnet werden. Da die Post seit längerer Zeit auch den elektronischen Freimachvermerk anbietet, haben sich die Briefmasken vieler Unternehmen verändert.

Beispiele für die Gestaltung des Anschriftfelds nach DIN 5008

Zeile	Anschrift (Beispiel)	Information
1 2 3	**Zusatz- und Vermerkzone**	**Die Zusatz- und Vermerkzone enthält Hinweise zur Sendungsart (Warensendung ...) oder zu Zusatzleistungen (Einschreiben ...).**
1 2 3 4 5 6	Anrede Berufsbezeichnung Titel Vorname Nachname Straße Hausnummer (oder Postfach) PLZ Ort LAND (bei Auslandsschreiben)	In der 4. Zeile beginnt die eigentliche Anschrift, vom „Zählen" her darf mit 1 begonnen werden. Hervorhebungen in der Zusatz- und Vermerkzone durch Fettschrift sind möglich. Die Anschrift selbst (ab der vierten Zeile) wird nicht hervorgehoben.
1 2 3 1 2 3 4 5 6	**EINSCHREIBEN** Herrn Stephan Breitner Birkenweg 11 54344 Kenn	Der postalische Vermerk steht in der 3. Zeile. In der Anrede wird das Wort HERRN und nicht Herr geschrieben.
1 2 3 1 2 3 4 5	**Einschreiben mit Rückschein** Herrn Rechtsanwalt Dr. Stephan Breitner Birkenweg 11 54344 Kenn	Mehrere postalische Vermerke sind untereinander aufzuführen. Titel stehen mit Leerzeichen vor dem Vornamen
1 2 3 1 2 3 4 5 6	Herrn Rechtsanwalt Stephan Breitner Postfach 3 10 20 54345 Kenn	Berufsbezeichnungen (Amtsbezeichnungen) stehen hinter der Anrede. Postfächer sind in zwei Stellen von hinten nach vorne zu gliedern. Ist ein Postfach und eine Straße als Empfängeranschrift angegeben, sollte das Postfach ausgewählt werden, da der Empfänger auf dieses ggf. mehrmals am Tag Zugriff hat (also die Post öfter abholen kann).
1 2 3 1 2 3 4 5 6	Herrn Prof. Max Frei bei Stephan Breitner Birkenweg 11 54344 Kenn	Wohnen Personen zur Untermiete in einem Haus oder einer Wohnung, ist die Person, die ange-schrieben werden soll, in der Zeile 2 des Anschrift-felds aufzuführen, anschließend folgt der Name des „Hausinhabers/Wohnungsmieters".

→

4

Lernbereich 11II.1

Zeile	Anschrift (Beispiel)	Information
1 2 3 1 2 3 4 5 6	 Herrn Stephan Breitner Birkenweg 11 // 3. Stock 54344 Kenn	Wohnt der Empfänger in einem bestimmten Stockwerk, ist diese Information hinter der Hausnummer aufzuführen und durch ein Leerzeichen, zwei Schrägstriche und wieder ein Leerzeichen getrennt anzufügen.
1 2 3 1 2 3 4 5 6	 Herrn Stephan Breitner Birkenweg 11 // W 4 54344 Kenn	Ist eine Wohnungsnummer anzugeben, steht diese hinter der Hausnummer und ist wie das Stockwerk durch ein Leerzeichen, zwei Schrägstriche und wieder ein Leerzeichen getrennt anzufügen.
1 2 3 1 2 3 4 5 6	 Herrn Stephan Breitner Kenner Lay Birkenweg 11 54344 Kenn	Ortsteile sind über der Straße und Hausnummer aufzuführen.
1 2 3 1 2 3 4 5 6	 Herrn Stephan Breitner B. A. Birkenweg 11 54344 Kenn	Bachelor-/Mastergrade stehen hinter dem Namen.
1 2 3 1 2 3 4 5 6	 Herrn Rechtsanwalt Stephan Breitner Weidert KG Maienweg 11 89081 Ulm	Steht bei einer Firmenanschrift der Name des Empfängers über dem Firmennamen, darf der Brief NICHT geöffnet werden (Es handelt sich um einen „persönlichen Brief".)
1 2 3 1 2 3 4 5 6	 Stahlbau Weidert KG Herrn Stephan Breitner Maienweg 11 89081 Ulm	Steht die Firmenbezeichnung über dem Empfängernamen, darf der Brief z. B. von der Poststelle geöffnet werden. Der Vermerk „z. Hd. (zu Händen)"wird NICHT mehr geschrieben. Die Anrede steht vor dem Vor- und Nachnamen.

Zeile	Anschrift (Beispiel)	Information
1		
2		
3		
1	Stahlbau	Branchenbezeichnung und Firmennamen können
2	Weidert KG	auch untereinander aufgeführt werden, wenn diese
3	Herrn Stephan Breitner	nicht in eine Zeile passen oder zu lang „wirken".
4	Maienweg 11	
5	89081 Ulm	
6		
1		
2		
3		
1	Stahlbau	Bestimmungsort und Bestimmungsland sind bei
2	Weidert KG	ausländischen Schreiben in Großbuchstaben
3	Herrn Stephan Breitner	aufzuführen. Das Bestimmungsland darf auch
4	11, Rue St. Antoine	durch Fettschrift hervorgehoben werden.
5	57600 OETING	
6	FRANKREICH	
1	**P** 010250 Deutsche Post *INFOPOST*	
2	1105 8	
3		
1	Stahlbau Weidert KG	Elektronische Freimachvermerke stehen in der
2	Herrn Stephan Breitner	Zusatz- und Vermerkzone. Neue Briefmasken
3	Maienweg 11	ermöglichen eine problemlose Positionierung
4	89081 Ulm	dieser Vermerke.
5		
6		

Aufgabe 1

Lena bekommt von Frau Thaler den Auftrag, die nachfolgende Adressliste zu prüfen und ggf. Änderungen vorzunehmen.

Adressliste der Kundinnen und Kunden	
x	x
EINSCHREIBEN Einwurf	x
	x
Herr	Frau Steuerberaterin
Klaus Löffler	Marie Custo
Grünstr. 12	Grüne Alle 123
54290 Trier	89073 Ulm
x	x
x	x
x	x
x	x
Herrn Max Müller	EINSCHREIBEN
Alte Fabrik 1	Bürohaus Werner GbmH
1. Stock	Frau Barbara Olejnizak
89075 Ulm-Söflingen	Hunsrückstr. 15
x	
x	97421 Schweinfurt
x	x

→

4

Lernbereich 11|I.1

x **EINWURF-EINSCHREIBEN** Getränkemarkt Schnell OHG Gartenstr. 11 Herrn Mayer 97421 Schweinfurt x x	x x x Köppl GmbH Herrn Ferdinand Köppl Industriestr. 23/1 89073 Ulm x x
x x Büchersendung Herr Carl Schuster (Dr.) Eichelweg 1 200 95 Hamburg x x	x x Klaus Fuchs (Direktor) Pax-Bank eG Filiale Köln Am Dom 1 50667 Köln x x

1. **Schaut** euch die vorliegenden Anschriften an.
2. **Öffnet** ein leeres Dokument und **fügt** eine Tabelle mit zwei Spalten ein.
3. **Übernehmt** die Adressen und korrigiert die Fehler.
4. **Speichert** unter „Adressliste_thaler_1" ab.
5. **Präsentiert** eure Ergebnisse im Plenum und **prüft**, ob alle DIN-Regeln eingehalten und alle Fehler verbessert wurden.
6. **Nehmt** ggf. Änderungen/Ergänzungen vor.
7. **Druckt** euer Dokument aus und **heftet** dieses in eurem Ordner ab.

Aufgabe 2

Die nachfolgenden Adressen sollen erfasst werden.

- Frau Studienrätin Katharina Grau, Hinter den Tannen 11, 54550 Daun
- Frau Dr. Clara Löffner, Steuerberaterin, Kreuzstr. 55, 54413 Beuren/Hochwald
- Herrn Axel Köppel, Oberstudienrat, Kaufmännische Berufsschule, Windstr. 1, 70173 Stuttgart
- Herrn Dipl. Ing. Matti Schneider, Wohnung 3, Himbeerweg 11, 56077 Koblenz
- persönlich, Prof. Andreas Ehli, Betonwerke OHG, 70175 Stuttgart (Vaihingen), Industriepark 11
- Bürohaus Lehr GmbH, Peter Gräulich, Postfach 21 30, 76129 Karlsruhe, Einschreiben
- Frau Maria Dreher, Holunderweg 1, MA, 89075 Ulm
- Frau Mara Berger, Dr., bei Köppl, Pfaffenhofener Landstr. 11, 86150 Augsburg

1. **Schaut** euch die vorliegenden Anschriften an.
2. **Öffnet** ein leeres Dokument und **fügt** eine Tabelle mit zwei Spalten ein.
3. **Übernehmt** die Adressen unter Berücksichtigung der entsprechenden DIN-Regeln in euer Dokument.
4. **Speichert** unter „Adressliste_thaler_2" ab.
5. **Präsentiert** eure Ergebnisse im Plenum und **prüft**, ob alle DIN-Regeln eingehalten wurden.
6. **Nehmt** ggf. Änderungen/Ergänzungen vor.
7. **Druckt** euer Dokument aus und **heftet** dieses in eurem Ordner ab.

4.1.3 Korrespondenz normgerecht führen

Nachdem sich Lena intensiv mit der Postbearbeitung beschäftigt hat, bekommt sie heute gezeigt, wie das Schriftgut sortiert wird. Dabei fallen Lena zwei Angebote in die Hand.

Lena: Frau Thaler, in diesem Stapel hier liegen noch zwei Angebote. Was ist eigentlich mit denen?
Frau Thaler: Gut aufgepasst, Lena. Bitte zeig mir die Angebote mal.
Lena: Hier sind sie.
Frau Thaler: Ach herrje, die müssen wir ja unbedingt annehmen. Lena, hast du schon einmal eine Bestellung geschrieben?
Lena: Nun ja, eigentlich nicht. Aber im BSK-Unterricht haben wir uns mit den Bestandteilen einer Bestellung beschäftigt.
Frau Thaler: Das ist doch schon etwas. Bitte bereite die Bestellungen vor – ich schaue sie mir dann noch einmal an, bevor sie versendet werden. Kannst du auch noch mal den Posteingang auf der „Info-Mail-Adresse" checken? Nicht, dass uns auf dieser auch noch etwas „durchgeht".
Lena: Ja, mache ich. Ich fange direkt an.

Angebot

Sehr geehrte Frau Hillenbrandt,

vielen Dank für Ihre Anfrage vom 22.07.20XX.

Aus unserem aktuellen Sortiment können wir Ihnen anbieten:

Snowboard „Drive"	319,95 € pro Stück

Bei der von Ihnen geplanten Bestellmenge von 20 Stück und der in Aussicht gestellten Gesamtabnahmemenge von 300 Stück können wir Ihnen einen Rabatt von 10 % einräumen.

Die Kosten für Fracht und Verpackung berechnen wir mit 25,00 € pro Stück.

Die von Ihnen gewünschte Lieferzeit von 10 Tagen können wir garantieren.

Wir können Ihnen ein Zahlungsziel von 40 Tagen anbieten; sollten Sie allerdings innerhalb von 14 Tagen nach Rechnungseingang bezahlen, gewähren wir 3 % Skonto.

Sollten Sie noch Fragen haben, stehen wir Ihnen selbstverständlich zur Verfügung. Wir sind uns sicher, Ihnen ein attraktives Angebot unterbreitet zu haben, und freuen uns schon jetzt auf Ihre Bestellungen.

Mit freundlichen Grüßen

Snow World AG

i. V. *Heidi Bergner*

Heidi Bergner
Leitung Verkauf

Angebot

Sehr geehrter Herr Moser,

wir bedanken uns für Ihre Anfrage vom 5. Mai 20XX und bieten Ihnen wie folgt an:

Listenpreis: 45,00 € netto bei einer Mindestabnahmemenge von 500 Stück pro Jahr.

Für die Fracht belasten wir Sie mit 3,00 € pro Hocker.

Alle weiteren Details zu unserem Produkt entnehmen Sie bitte dem beiliegenden Prospekt.

Unsere Lieferzeit beträgt drei Wochen. Bei Zahlung innerhalb von 14 Tagen erhalten Sie 2 % Skonto, innerhalb von 30 Tagen ohne Abzug.

Mit freundlichen Grüßen

Kunststoffmöbel Berger GmbH

i. V. *Petra Thomas*

Petra Thomas
Leitung Verkauf

Infos zum Lieferanten:
- 24-Stunden-Hotline
- Produktion in Deutschland
- Wird von Kunden als absolut zuverlässiger Lieferant beschrieben
- Umweltzertifikat ISO 14001
- Qualitätszertifikat ISO 9001

Lernbereich 11II.1

Lernbereich 1 II.1

4

Folgender E-Mail-Text liegt Lena vor:

Von: Max Breitner (max.breitner@t-online.de
An: info@berger-thaler.de
Betreff: Angebot

Sehr geehrte Damen und Herren,

aufgrund Ihrer Anfrage bieten wir Ihnen 200 Trikots „Seefeld" wie folgt an:

Einzelpreis netto 29,90 €,
Rabatt in Höhe von 10 % auf den Rechnungsbetrag.

Außerdem gewähren wir Ihnen 2 % Skonto, wenn Sie innerhalb von 7 Tagen die Rechnung begleichen.

Für Rückfragen stehen wir Ihnen gerne telefonisch zur Verfügung.

Freundliche Grüße

Breitner OHG

Max Breitner

Arbeitsauftrag 1

1. **Informiert** euch über den Themenbereich „Digitale Post".
2. **Erstellt** eine Mindmap mit allen wichtigen Inhalten zu diesem Themenbereich (von Hand oder am PC).
3. **Druckt** am PC erstellte Mindmaps aus und **hängt** alle Mindmaps an eine Pinnwand.
4. **Präsentiert** eure Mindmaps im Plenum.
5. **Nehmt** ggf. Änderungen/Ergänzungen vor.
6. **Druckt** ggf. am PC erstellte Mindmaps neu aus und **heftet** die Gedächtniskarten in eurem Ordner ab.

Arbeitsauftrag 2

1. **Informiert** euch über den Themenbereich „Bestellungen".
2. **Öffnet** ein leeres Worddokument und **speichert** dieses unter dem Dateinamen „Info_bestellung" ab.
3. **Notiert** wichtige Informationen zu eurem Themenbereich in eurem Dokument und **fügt** die Überschrift „Bestellungen" als WordArt ein.
4. **Sprecht** nun die Inhalte im Team durch, **nehmt** eventuelle Ergänzungen vor und **erläutert** euch gegenseitig die Fachbegriffe.
5. **Formatiert** das Dokument so, dass dieses einen „Plakatcharakter" hat.
6. **Arbeitet** mit Autoformen, Rahmen/Schattierungen, Grafiken/Bildern usw.
7. **Präsentiert** eure Ergebnisse. **Geht** dabei sowohl auf den Inhalt als auch auf die gewählten Formatierungen und die entsprechende Vorgehensweise ein.
8. **Nehmt** ggf. Änderungen/Ergänzungen vor und **druckt** eure Ergebnisse aus.
9. **Heftet** diese in eurem Ordner ab.

Arbeitsauftrag 3

1. **Schaut** euch die Angebote genau an.
2. **Nehmt** die drei Angebote an (**führt** also aufgrund der Angebote jeweils eine korrekte Bestellung durch – einmal per E-Mail).
3. **Nutzt** dazu auch euer Wissen aus vorherigen Informationsverarbeitungs- sowie den BSK-Stunden. Die Briefmaske bekommt ihr von eurer IV-Lehrerin/eurem IV-Lehrer.
4. **Prüft** immer eure Teilergebnisse und **vergleicht** diese mit einem Nachbarteam (Partner).
5. **Nehmt** ggf. Änderungen/Ergänzungen vor.
6. **Druckt** eure Ergebnisse aus und **besprecht** diese im Plenum. **Achtet** dabei auf die gewählten Formulierungen, **ob** der Inhalt der Antwort vollständig ist und **ob** die DIN-Regeln eingehalten wurden.
7. **Nehmt** ggf. Änderungen/Ergänzungen vor, **druckt** neu aus und **heftet** eure Ergebnisse in eurem Ordner ab.
8. **Nutzt** euer neu gewonnenes Wissen in der Zukunft.

4.1.3.1 Digitale Post

Das digitale Postaufkommen (E-Mails) steigt sowohl im privaten als auch im geschäftlichen Bereich erheblich an. Im Schnitt werden pro Jahr weit mehr als 100 Billionen E-Mails (auch Spam-Mails) versendet und die Menge wird stetig größer.

Viele Kunden nutzen für Anfragen meist eine zentrale „E-Mail-Adresse", z. B. info@rad_roll.de. Bei deren Einsatz muss jedoch vom zugehörigen Unternehmen gewährleistet sein, dass die E-Mails schnellstmöglich bearbeitet bzw. an den entsprechenden Sachbearbeiter weitergeleitet werden. Außerdem muss das Postfach einen ausreichenden Speicherplatz haben, damit immer alle eingehenden E-Mails empfangen und ausgehende E-Mails gesendet werden können. Um die „E-Mail-Flut" in Unternehmen zu bewältigen, rückt immer mehr das Wort „E-Mail-Management" in den Fokus der Öffentlichkeit. Unter E-Mail-Management versteht man den effizienten Umgang mit der elektronischen Post, so z. B.

- wie mit der elektronischen Post umgegangen wird,
- wie Spam-Mails behandelt werden,
- wie die Daten „abgelegt" und gespeichert werden,
- wie Daten verschlüsselt werden usw.

Digitale Post sollte in vielen Fällen auch aufbewahrt bzw. archiviert werden (gesetzliche Vorschriften sind unbedingt einzuhalten). Dies ist über verschiedene Programme (Outlook u. a.) und eine klare Ordnerstruktur möglich.

Beim Versenden von E-Mails sollte darauf geachtet werden, dass Anlagen, die mitversendet werden, auch tatsächlich als Anhang vorhanden sind (wirkt unprofessionell, wenn dies vergessen wird).

4.1.3.2 Bestellungen

Eine Bestellung ist eine verbindliche Willenserklärung des Käufers, mit der er sich verpflichtet, eine bestimmte Ware zu den angegebenen Bedingungen zu kaufen. Die Bestellung ist empfangsbedürftig, d. h., sie wird erst rechtswirksam, wenn sie dem Verkäufer zugegangen ist. Ein Widerruf seitens des Käufers muss spätestens gleichzeitig mit der Bestellung beim Verkäufer eingehen. Die Bestellung kann in beliebiger Form (schriftlich, per Fax, per E-Mail oder telefonisch) erfolgen. Mit der Bestellung kommt ein Kaufvertrag zustande, wenn ihr ein verbindliches Angebot vorausging und dieses Angebot rechtzeitig und inhaltlich gleich angenommen wurde.

Fehlt eine dieser drei Voraussetzungen, dann kommt mit der Bestellung ein Kaufvertrag erst zustande, wenn der Empfänger die Bestellung rechtzeitig beantwortet und sie unverändert annimmt (Auftragsbestätigung). Für die Annahmefristen gelten analog dieselben Bestimmungen wie für das Angebot (§ 147 BGB).

Bei der schriftlichen Bestellung, auch per E-Mail, sind die entsprechenden Schreib- und Gestaltungsregeln nach der DIN 5008 einzuhalten.

4.1.4 Umschläge normgerecht beschriften

Frau Thaler ist zufrieden. Die Bestellungen, die Lena geschrieben hat, waren beide in Ordnung – ebenso die E-Mail, die Frau Thaler im Entwurf von Lena erhalten und dann nach Prüfung an den Lieferer weitergeleitet hat. Sie ruft die Schülerin zu sich ins Büro.

Frau Thaler:	Hallo, Lena.
Lena:	Guten Morgen, Frau Thaler.
Frau Thaler:	Die Bestellungen waren alle in Ordnung. Das hast du gut gemacht.
Lena:	Danke schön.
Frau Thaler:	Wir haben Anfang der Woche neue Flyer geliefert bekommen und wollen diese an unsere Kunden versenden. Kannst du diese Aufgabe übernehmen?
Lena:	Ja, gerne. Das mache ich.
Frau Thaler:	Die Adressen findest du im Ordner „Kundenanschriften", die Flyer liegen in den Kartons neben deinem Schreibtisch. Mit den Papierformaten kennst du dich ja sicherlich aus.
Lena:	Ähm ja, ich schaue mal. Bestimmt.

Auszug aus der Kundenkartei

Kundennummer	Kunde
240001	Sportgeschäft Heinrich e. K., Hauptstraße 56, 83646 Bad Tölz
240015	Sport Herold e. K., Münchener Straße 18, 83646 Bad Tölz
240037	Sportgeschäft Alois Reindl e. K., Wolfratshäuser Straße 6, 83646 Bad Tölz
240051	Sport Glück e. K., Brunnthaler Straße 44, 82041 Oberhaching
240098	Fit & Fun OHG, Innere Ringstraße 58, 83024 Rosenheim
240112	Sport Lachner OHG, Burgstraße 17, 83512 Wasserburg
240144	Sportgeschäft Horstmann OHG, Freimanner Allee 76, 80796 München
240160	Sport Huber e. K., Rathausstraße 4, 83024 Rosenheim
240177	Schiller GmbH, Pestalozzistraße 8, 80469 München
240218	Sport Eichelmann, Am Seeufer 11, 83209 Prien am Chiemsee
240236	Kruse Moden, Taufkirchener Straße 2, 84453 Mühldorf am Inn
240299	Liebermann AG, Industriepark 86, 90451 Nürnberg

Arbeitsauftrag 1

1. **Informiert** euch über den Themenbereich „Papierformate, Falzarten, Versandarten" sowie „Zusatzleistungen für die digitale Post".
2. **Notiert** wichtige Informationen in einem Worddokument.
3. **Erstellt** ein Handout zu eurem Themenbereich, das alle wichtigen Informationen enthält, unter Berücksichtigung eurer bereits erfassten Notizen.
4. **Gestaltet** euer Dokument ansprechend.
5. **Druckt** eure Ergebnisse aus und **hängt** diese an eine Pinnwand.
6. **Besprecht** die Dokumente im Plenum und **geht** dabei auf die Gestaltung, Vollständigkeit und Richtigkeit ein.
7. **Nehmt** ggf. Änderungen/Ergänzungen vor und **druckt** neu aus. **Heftet** die Ausdrucke in eurem Ordner ab.
8. **Diskutiert,** warum die richtige Falzart mit den Portokosten in Zusammenhang steht und **wieso** die verschiedenen Versandarten für Privatpersonen sowie Unternehmen so wichtig sind.
9. **Nutzt** euer neu erworbenes Wissen für die Zukunft.

Arbeitsauftrag 2

1. **Informiert** euch mithilfe des Wordhandbuchs, wie man Umschläge mit der Funktion „Seriendruck" beschriftet.
2. **Notiert** euch wichtige Informationen in einer Mindmap und **tauscht** euch mit eurem Nachbarn aus.
3. **Erfasst** die euch vorliegenden Adressen (Auszug Kundenkartei) und **erstellt** die Maske für den Umschlagdruck.
4. **Berücksichtigt** die DIN-Regeln für die Anschriften. **Nutzt** dabei vorhandenes Wissen aus vorherigen Stunden.
5. **Prüft** eure Anschriften auf Vollständigkeit und Richtigkeit.
6. **Präsentiert** eure Ergebnisse im Plenum und **erläutert** eure Vorgehensweise.
7. **Druckt** eure Ergebnisse aus und **heftet** diese in eurem Ordner ab.
8. **Nutzt** euer neu gewonnenes Wissen in der Zukunft.

4.1.4.1 Papierformate, Falzarten, Versandarten sowie Zusatzleistungen für die digitale Post

Hilfsmittel für die Ausgangspost sind:

Portowaage	Einsatz von speziellen Waagen, die das Schriftgut wiegen und den entsprechenden Portobetrag ermitteln.
Falz- und Kuvertiermaschine	Falzen (falten) die Schriftstücke, „tüten" diese in Briefumschläge ein und verschließen die Briefhülle.
Frankiermaschine	Sendungen werden vom Nutzer in die Maschine eingelegt und maschinell frankiert. Es gibt auch Kombinationen aus Waage und Frankierservice.
Poststraße	Die einzelnen Schritte des Postausgangs werden von einer Poststraße erledigt, also Falzen der Schriftstücke, Kuvertieren, Schließen, Ermitteln des jeweiligen Portos und entsprechende Trennung, Frankieren der Schriftstücke und Ausgabe in die vorgesehenen Behälter.

Je nachdem, wie hoch das Postaufkommen in einem Unternehmen ist, sind die entsprechenden Hilfsmittel auf jeden Fall im Zuge der Wirtschaftlichkeit anzuschaffen und einzusetzen.

Papierformate

Die Größe des Papiers ist, wie viele Dinge in der Bürowelt, genormt und beginnt mit dem Ausgangsformat A0. Von diesem Format aus können die kleineren DIN-Größen ermittelt werden, wie im nachfolgenden Bild dargestellt:

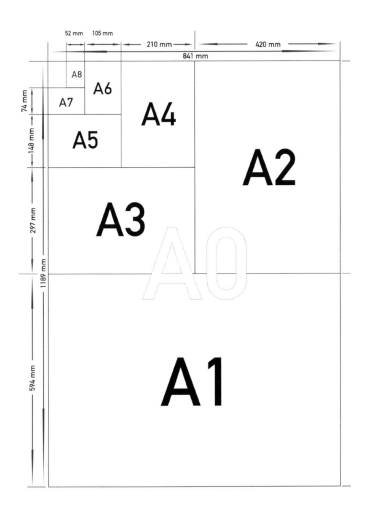

Falzarten

Soll ein Brief in einem Umschlag versendet werden, können vielfältige Möglichkeiten in Betracht kommen. Grundlage beim Postversand ist immer die Wirtschaftlichkeit, also:

Finde ein geeignetes Versandformat, das am kostengünstigsten ist.

In Zusammenhang mit der Sendungsart stehen die Falzarten und die verschiedenen Briefumschläge. Bei den Kuverts wird zwischen C-Formaten (für normale Schriftstücke im A4- oder einem kleineren Format) und B-Formaten (B = breit, also Schriftstücke, die z. B. zusätzlich in einer Bewerbungsmappe eingeheftet sind) unterschieden.

Das Format DIN-lang bezeichnet Schriftstücke, die auf ein Drittel ihrer Größe durch Falten verkleinert wurden.

Briefumschläge gibt es grundsätzlich mit und ohne Fenster.

Ausgangsformat	Falzmöglichkeit	Hülle
A4	Einfachfalz gefaltet auf Format A5	Umschlagformat C5 Sichtfenster
A4 gefaltet auf A5	Einfachfalz gefaltet auf Format A6	Umschlagformat C6 Sichtfenster
A4	Kreuzfalz gefaltet auf Format A6	Umschlagformat C6
A4	Zickzack- oder Wickelfalz gefaltet auf $\frac{1}{3}$ des Formats A4	Umschlagformat DIN-lang Sichtfenster

Ausgangsformat	Falzmöglichkeit	Hülle
A4	Zickzack- oder Wickelfalz mit zusätzlichem Kreuzfalz	Umschlagformat C6

Versandarten

Grob gesagt, unterscheidet man bei der Post zwischen Tages- und Massenpost.

Tagespost	Alle anfallenden Briefsendungen, die täglich in einem Unternehmen eingehen oder von dort versendet werden. Vom Inhalt sind diese immer unterschiedlich und können mit verschiedenen „Zusatzleistungen" (Einschreiben ...) versendet werden/worden sein.
Massenpost	Briefsendungen mit gleichem Inhalt, die an viele verschiedene Haushalte gesendet werden (Infoschreiben über neue Produkte, Kataloge usw.).

Je nach dem Inhalt, den die Schreiben oder Päckchen/Pakete haben, und je nach der Stückzahl setzt sich der Portobetrag (also der Betrag, den der Kunde zahlt, damit die Schreiben/Päckchen/Pakete an den Empfänger zugestellt werden) zusammen. Größe, Gewicht und Dicke müssen hierbei berücksichtigt werden. Es ist anzuraten, die Sendungen innerhalb eines Unternehmens, aber natürlich auch im privaten Bereich **„richtig"** zu frankieren. Hilfsmittel in Form von Briefwaagen, Schablonen zum Ermitteln der Dicke von Briefen usw. werden beispielsweise von der Deutschen Post auf Nachfrage zur Verfügung gestellt. Wird eine Sendung vom Absender fehlerhaft frankiert, kann dies zu einem Problem führen.

Heute Morgen erhält Lena vom Postboten einen Brief und muss einen bestimmten Betrag nachzahlen, weil der Brief falsch frankiert war. Lena ist etwas irritiert und fragt beim Postboten nach: „Was passiert, wenn ich das Strafporto nicht zahle?!" Der Briefträger antwortet: *„Dann nehme ich den Brief wieder mit und dieser wird an den Absender zurückgeliefert."*

Da sich die Portokosten im Laufe der Zeit immer mal wieder ändern, sollte über die Homepage der Brief- und Paketdienstleister der aktuelle Stand abgefragt werden. Die Deutsche Post bietet sogar einen Portokalkulator auf ihrer Homepage an.

In manchen Fällen bietet es sich an, Zusatzleistungen, die gegen Aufpreis in Anspruch genommen werden können, zu nutzen. Beispiele hierfür sind:

Einschreiben – Einwurf	Der Absender muss einen bestimmten Entgeltbetrag zusätzlich zu den Portokosten zahlen und erhält dafür einen Beleg mit einer Sendungsnummer. Anhand dieser kann nachverfolgt werden, wo der Brief sich befindet bzw. wann dieser zugestellt wird.
Einschreiben mit Rückschein	Der Absender muss einen bestimmten Entgeltbetrag zusätzlich zu den Portokosten zahlen. Der Empfänger muss den Erhalt der Sendung quittieren (also unterschreiben, dass er die Sendung erhalten hat) und der Empfänger erhält den unterschriebenen Rückschein.

→

4

Lernbereich 11II.1

Nachnahme	Der Absender muss einen bestimmten Entgeltbetrag zusätzlich zu den Portokosten zahlen. Der Empfänger muss, um die Sendung ausgehändigt zu bekommen, einen vorab feststehenden Betrag an den Überbringer (Postboten) zahlen, der dann von der Deutschen Post an den Absender weitergeleitet wird.

Zusatzleistungen für die digitale Post

Um Daten sicher und bequem zu übertragen, bietet sich der E-Postbrief an. Dieser ist eine Kombination aus dem „normalen" Brief und einer E-Mail. Der E-Postbrief-Nutzer erhält von der Deutschen Post eine E-Mail-Adresse, die diesen eindeutig „identifiziert". Der Empfänger weiß also genau, dass er auch tatsächlich mit der Person, die zu der E-Postbrief-Adresse gehören sollte, kommuniziert. Das Zustellen des E-Postbriefs erfolgt, wie eine E-Mail, schnell und einfach auf elektronischem Weg.

Die verschiedenen Schritte, die notwendig sind, damit die E-Postbrief-Adresse von der Deutschen Post eingerichtet werden kann, sind auf der Homepage www.epost.de zu erfahren. Auch das für den E-Postbrief anfallende Entgelt ist auf dieser Website nachzulesen.

Zusatzleistungen, die bei einem „normalen Brief" ausführbar sind, können auch für den E-Postbrief angewendet werden (Einschreiben, Einschreiben mit Rückschein usw.).

Private Brief- und Paketdienstleister

Neben der Deutschen Post und DHL gibt es mittlerweile viele verschiedene Paket- und Briefdienstleister, die vergleichbare Serviceleistungen anbieten. Oft handelt es sich hierbei um Unternehmen aus dem Verlagswesen, die ursprünglich für den Vertrieb und das Zustellen von Zeitschriften zuständig waren. Durch die vorhandenen Ressourcen war die Erweiterung des Services auf Briefdienst- und Paketdienst schnell und problemlos möglich.

Vergleiche Preise, Serviceleistungen und Zustellmöglichkeiten der Deutschen Post, DHL sowie privater Brief- und Paketdienstleister und entscheide nach von dir festgelegten Kriterien, welchen Anbieter du wählst.

4.1.4.2 Umschläge normgerecht beschriften

Sollen Unterlagen an mehrere Empfänger versendet werden, bietet Word unter der Registerkarte „Sendungen" die Funktion „Umschläge" an. Das nun erscheinende Fenster ist in zwei Registerkarten geteilt („Umschläge" und „Etiketten").

In der erscheinenden Registerkarte „Umschläge" können unter anderem das Umschlagsformat, die Schriftart und die Schriftgröße festgelegt werden.

Bei der Gestaltung der Empfängeranschrift sind natürlich die entsprechenden DIN-Regeln zu berücksichtigen, die ihr bereits kennengelernt habt.

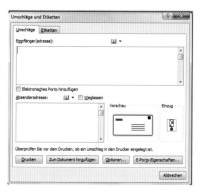

Vorteile der Funktion „Umschläge" sind:

- schnelles und sauberes Beschriften der Umschläge möglich
- Änderungen sind nachträglich möglich
- ordentliches Aussehen der Umschläge
- Zeitersparnis
- Datei kann immer wieder verwendet werden

1. **Nehmt** ein leeres Blatt Papier und **faltet** die entsprechenden Papierformate mit diesem.
2. **Notiert** die jeweiligen Formate mit den zugehörigen Umschlägen in den durch das Falten entstehenden Feldern.
3. **Vergleicht** eure Ergebnisse mit eurem Nachbarn.
4. **Gebt** euch gegenseitig ein Feedback und **nehmt** ggf. Änderungen/Ergänzungen vor.
5. **Heftet** euer Blatt in eurem Ordner ab.

4.1.5 Etiketten normgerecht erstellen

Nachdem Lena die Umschläge beschriftet, die Flyer eingetütet und die Briefe zur Ausgangspost gelegt hat, kommt ihr eine Idee. Sie klopft bei Frau Thaler.

Lena:	Hallo, Frau Thaler, darf ich Sie kurz stören?
Frau Thaler:	Hallo, Lena. Ja, natürlich. Was möchtest du denn?
Lena:	Also, ich hatte da eben eine Idee. Versenden wir öfters Flyer oder Dokumente an unsere Kunden bzw. Lieferanten?
Frau Thaler:	Ja, natürlich. Das machen wir immer mal wieder. Warum fragst du?
Lena:	Nun ja. Ich habe gesehen, dass man mit Word nicht nur Umschläge, sondern auch Etiketten bedrucken kann. Und Visitenkarten können auch erstellt werden.
	Jetzt dachte ich, dass es vielleicht sinnvoll wäre, von Kunden, die häufig Post bekommen, Adressetiketten zu erstellen. Diese druckt man dann mehrfach aus und heftet sie in Klarsichthüllen in einem Ordner ab.
	Und wenn man dann z. B. Flyer oder sonstige Schriftstücke, die kein Geschäftsbrief sind, versendet, könnte man die fertigen bzw. vorbereiteten Adressetiketten direkt verwenden.
	Im Internet habe ich gesehen, dass man die Etiketten unter Umständen sogar direkt auf dem Flyer anbringen und sich so auf jeden Fall den Briefumschlag und ggf. Portokosten sparen könnte.
Frau Thaler:	Also Lena! Die Idee ist ja prima. Könntest du das mal vorbereiten?
Lena:	Ja, natürlich. Gerne!

Auszug aus der Lieferantenkartei:

Lieferantennummer	Lieferant
440001	Berger & Thaler Sportswear OHG, Schweinfurt
440002	Spedition Wiesel & Flink GmbH, Industriepark 86, 83024 Rosenheim
440004	HaLoTri Hannelore Lorz Trikots e. Kfr., Industriestraße 55, 22442 Hamburg
440056	Wolf Import GmbH, Hafenbecken 17, 28334 Bremen
440129	Sport Busch GmbH, Garbsener Landstraße 66, 30541 Hannover
440266	Lahm OHG Internationale Spedition, Industriestraße 60, 83064 Raubling
440318	Niedermayer Büromöbel GmbH, Nutzweg 62, 83043 Bad Aibling

Arbeitsauftrag

1. **Informiert** euch über die Funktion Etikettendruck mithilfe des Wordhandbuches.
2. **Notiert** euch wichtige Informationen in einer Mindmap und **tauscht** euch mit eurem Nachbarn aus.
3. **Erfasst** die euch vorliegenden Adressen und **erstellt** die Maske für den Etikettendruck.
4. **Berücksichtigt** die DIN-Regeln für die Anschriften.
5. **Prüft** eure Anschriften auf Vollständigkeit und Richtigkeit.
6. **Präsentiert** eure Ergebnisse im Plenum und **erläutert** eure Vorgehensweise.
7. **Druckt** eure Ergebnisse aus und **heftet** diese in eurem Ordner ab.
8. **Nutzt** euer neu gewonnenes Wissen in der Zukunft.

Häufig kommt es vor, dass viele Unterlagen an immer wiederkehrende Adressen gesendet werden. Damit man nicht jedes Mal die Adresse von Hand auf einen Briefumschlag schreiben muss, ist es sinnvoll, Adressetiketten vorzubereiten und diese bei Bedarf zu nutzen.

Für den Geschäftsbrief werden keine Adressetiketten benötigt, da die Empfängeranschrift bereits im Anschriftenfeld vermerkt ist. Von den Briefumschlägen wählt man dann einen Fensterumschlag.

Die Etikettenhersteller bieten Etiketten in diversen Größen an. Beim Kauf der Etiketten muss darauf geachtet werden, dass diese entweder für einen Farb- oder Laserdrucker geeignet sind. Passen die Etiketten nicht zum eigenen Drucker, könnte es sein, dass die gedruckten Anschriften auf den Etiketten nicht halten und verwischen. Aufgrund dessen ist es sehr gut möglich, dass die Briefe ggf. nicht beim Empfänger ankommen.

Über die Registerkarte „Sendungen" – „Etiketten" wird der Etikettendruck gestartet. Das nun erscheinende Fenster müsste euch bekannt vorkommen, denn ihr habt mit diesem (Registerkarte „Umschläge") bereits gearbeitet.

Die genaue Vorgehensweise für den Etikettendruck ist im Wordhandbuch beschrieben.

Doch nicht nur Etiketten können mit dieser Funktion erstellt werden! Es ist auch möglich

– Visitenkarten,
– Platzkarten,
– Ordnerrückenschilder usw.

anzufertigen. Hier muss eben nur auf das richtige Etikettenmaß geachtet werden (einzustellen im Feld „Etikettenhersteller/Etikettennummer").

1. **Informiert** euch im Internet, welches Etikettenformat ihr für das Erstellen von Visitenkarten benötigt.
2. **Erstellt** für euch selbst Visitenkarten und **gestaltet** diese ansprechend.
3. **Achtet** auf evtl. anzuwendende DIN-Regeln.
4. **Tauscht** mit eurem Nachbarn den Platz. **Prüft**, ob die DIN-Regeln eingehalten wurden, und **gebt** euch gegenseitig ein Feedback (auch zur Gestaltung der Visitenkarten).
5. **Nehmt** ggf. Änderungen/Ergänzungen vor.
6. **Druckt** eure Visitenkarten aus und **heftet** diese in eurem Ordner ab.
7. **Wendet** euer Wissen in der Zukunft an.

4.1.6 Kurzbriefe als Onlineformular für den innerbetrieblichen Schriftverkehr

Lena ist die nächsten zwei Tage in der Wareneingangskontrolle eingesetzt. Viele Waren kommen an und Lena hilft bei der Prüfung mit. In der Frühstückspause unterhält sie sich mit einem Kollegen:

Lena: Herr Werner, darf ich Sie mal etwas fragen?

Herr Werner: Ja, natürlich. Was ist denn?

Lena: Wir kontrollieren doch die Waren. Und dann geben wir der Einkaufsabteilung per Mail Bescheid, dass die Ware da ist.

Herr Werner: Ja, genau.

Lena: Wir müssen dafür jedes Mal eine neue E-Mail schreiben und alle Informationen eingeben.

Herr Werner: Richtig.

Lena: Das ist doch total viel Arbeit und es können Informationen vergessen werden. Vielleicht wäre es sinnvoll, wenn wir hierfür ein Formular in Form eines Kurzbriefes erstellen, das direkt am PC ausgefüllt werden kann.

Herr Werner: Die Idee ist nicht schlecht. Aber ich weiß nicht, wie so was geht.

Lena: Ich auch nicht so genau. Aber ich informiere mich und kann versuchen, einen entsprechenden Vordruck zu erstellen.

Herr Werner: Gut, Lena. So machen wir das und du zeigst mir dann dein fertiges Kurzbrief-Formular.

Arbeitsauftrag 1

1. **Informiert** euch über den Themenbereich „Wareneingangskontrolle".
2. **Erstellt** ein Plakat mit allen wichtigen Informationen zur „Wareneingangskontrolle".
3. **Gestaltet** eure Plakate ansprechend (Grafiken, Bilder etc.).
4. **Erstellt** am PC einen Bewertungsbogen für euer Plakat, der z.B. folgende Angaben enthält: Vollständigkeit, Richtigkeit, Layout, Rechtschreibung und Grammatik, passende Bilder/ Grafiken usw.
5. **Berücksichtigt** Platz für Klebepunkte, die als Bewertung dienen sollen.
6. **Hängt** eure Plakate sowie die Bewertungsbögen an Pinnwände und **führt** einen Galerierundgang durch.
7. **Bewertet** eure Plakate mit Klebepunkten.
8. **Besprecht** die Bewertungen im Plenum und **gebt** konstruktives Feedback.
9. **Nutzt** euer neu gewonnenes Wissen für die Zukunft.

Arbeitsauftrag 2

1. **Informiert** euch über den Themenbereich „Kurzbrief-Formulare/Onlineformular".
2. **Überlegt**, welche Informationen euer Kurzbrief für die Wareneingangskontrolle haben muss, und **notiert** diese stichpunktartig.
3. **Vergleicht** eure Ergebnisse mit eurem Nachbarteam.
4. **Informiert** euch, wie man ein Onlineformular erstellt, und **erläutert** euch gegenseitig die Vorgehensweise.
5. **Erstellt** eine Kurzbriefvorlage unter Berücksichtigung eurer gefundenen Stichpunkte.
6. **Achtet** auf ggf. anzuwendende DIN-Regeln.
7. **Bereitet** euch auf die Präsentation vor.
8. **Erläutert** in einer szenischen Darstellung, wie ein Onlineformular erstellt wird und **worauf** zu achten ist.
9. **Geht** auch auf die Gestaltung eurer Kurzbriefe sowie den gewählten Inhalt ein.
10. **Tauscht** mit eurem Nachbarteam den Arbeitsplatz.
11. **Prüft** die Formulare auf Richtigkeit und „Nutzerfreundlichkeit" und **gebt** euch gegenseitig ein Feedback.
12. **Nehmt** ggf. Änderungen/Ergänzungen vor.
13. **Druckt** eure Formulare aus und heftet diese in eurem Ordner ab.
14. **Nutzt** euer neu gewonnenes Wissen für die Zukunft.

Lernbereich 11I.1

4

4.1.6.1 Wareneingangskontrolle

Kontrollen sind notwendig, um gesetzliche Untersuchungs- und Rügepflichten (HGB §§ 377 ff.) zu erfüllen, Rechte aufgrund verletzter Vertragspflichten zu wahren, Reklamationen interner Kunden (z. B. Fertigung) und externer Kunden zu vermeiden und aus der Verantwortung (Haftung) des Betriebs gegenüber der Öffentlichkeit. Die Wareneingangskontrolle erstreckt sich auf den terminlich und sachlich richtigen Eingang der bestellten Güter.

Terminliche Kontrolle des Wareneingangs

Bei Verwendung einer integrierten Unternehmenssoftware steht dem Einkauf jederzeit eine nach Artikeln oder Lieferanten geordnete **Liste aller offenen Bestellungen** zur Verfügung.

Ebenso kann eine **Bestellrückstandsliste** aufgerufen werden, die alle Bestellungen nach Lieferanten auflistet, die bis zum aktuellen Kalendertag eintreffen müssten, aber noch nicht eingegangen sind. Der Einkauf kann sofort veranlassen, dass an die säumigen Lieferanten **Rückstandsmeldungen** als Liefererinnerungen ausgedruckt und versandt werden.

Sachliche Kontrolle des Wareneingangs

Die sachliche Kontrolle erfolgt in zwei Stufen. Zuerst wird der Zustand der angelieferten Sendung und danach die angenommene Sendung untersucht.

Prüfung der angelieferten Sendung 	Die angelieferte Sendung sollte noch in Anwesenheit des Überbringers (Transporteur oder ein Angestellter des Lieferers) geprüft werden. In der Warenannahme werden die Begleitpapiere (z. B. Lieferschein, Frachtbrief) mit der eigenen Bestellung verglichen. Prüfpunkte sind die Absender- und Empfängeradressen sowie die Zahl der Frachtstücke. Abweichungen sollte der Überbringer durch seine **Unterschrift auf dem Begleitpapier** bestätigen. Bei falscher Empfängeradresse wird die Annahme der Sendung verweigert. Bei verpackter Ware wird alsdann der Zustand der Versandverpackung geprüft, bei unverpackter Ware der äußere Zustand der Ware selbst. In beiden Fällen genügt eine Sichtkontrolle. Mängel sollte der Überbringer aus Beweissicherungsgründen durch seine **Unterschrift auf einer Tatbestandsmeldung** bestätigen. Beanstandete Waren sollten gesondert gelagert werden.
Prüfung der angenommenen Sendung	Gewerbetreibende müssen angenommene Waren **unverzüglich auf Mängel untersuchen** (HGB § 377). Die Sendung wird ausgepackt und die Beschaffungsgüter werden nach Warenart, Menge (Stückzahl, Gewicht usw.) und Qualität anhand der Bestellung und branchenüblicher Prüfvorschriften[1] untersucht. Bei der Warenprüfung werden die Beschaffungsgüter in Bezug auf ihre Funktion, ihre zugesicherten chemischen und physikalischen Eigenschaften (z. B. Koch-, Zugfestigkeit, Gesundheits-, Umweltverträglichkeit) genau untersucht. Beschaffungsgüter mit einem hohen Einkaufswert (A-Güter) werden einer **Einzelprüfung** unterzogen. Bei den anderen Beschaffungsgütern werden **Stichprobenprüfungen** durchgeführt. Dazu werden aus der Gesamtmenge Eingangsprüflose ausgesondert. Entdeckte Mängel werden dem Einkauf gemeldet und ausgesondert. Der Einkauf muss den Lieferer **unverzüglich rügen** (HGB § 377) und die beanstandete Ware einstweilen aufbewahren (HGB § 379).

---

1 Bei Stichprobenprüfungen werden branchenbezogene AQL-Werte festgelegt (AQL = Allgemeine Qualitäts-Lage). So dürfen z. B. bei einem AQL-Wert von 2 nicht mehr als 5 % der gelieferten Ware fehlerhaft sein. Wird der AQL-Wert überschritten, wird die Lieferung komplett zurückgegeben.

Werden keine Mängel festgestellt, dann wird eine Wareneingangsmeldung erstellt und an die Einkaufsabteilung übermittelt. Dazu genügt eine bestätigende Unterschrift mit Datum bzw. Wareneingangsstempel auf dem Lieferschein. Solange für eine gelieferte Ware keine Wareneingangsmeldung vorliegt, kann die dazugehörige Eingangsrechnung nicht bearbeitet werden (Zahlungssperre).

Wurden Dienstleistungen erbracht (z. B. Bauleistungen), dann werden das fertige Werk übergeben und im Beisein des Kunden ein Abnahmeprotokoll erstellt, das von den Vertragspartnern unterschrieben wird. Im Abnahmeprotokoll wird festgehalten, welche Mängel es gibt und welche Arbeiten noch zu erledigen sind.

4.1.6.2 Kurzbrief-Formular/Onlineformulare

Unter einem Kurzbrief versteht man einen Vordruck (auch Formular genannt), den man in bestimmten Situationen einsetzen kann. Es gibt Kurzbriefe für den innerbetrieblichen, aber auch für den außerbetrieblichen Schriftverkehr.

Innerbetrieblich	Vordruck wird intern, also für Mitteilungen im Betrieb selbst, verwendet.
Außerbetrieblich	Vordruck wird extern, also für Mitteilungen außerhalb des Betriebes, verwendet.

Vorteile von Vordrucken (Formularen) sind:

- wichtige Angaben werden nicht vergessen
- schnelles und zeitsparendes Ausfüllen möglich
- Übersichtlichkeit ist gewährleistet
- „Ausfüller" weiß, was er alles für Angaben machen muss
- schnelle Bearbeitung durch den „Ausfüller" aufgrund einer klaren Struktur möglich

Soll ein Vordruck erstellt werden, sind keine besonderen Vorschriften für das Formular nach der DIN 5008 einzuhalten, es sei denn, es werden z. B. Tabellen in einem Formular verwendet. Diese müssen natürlich nach den geltenden DIN-Regeln formatiert werden. Gleiches gilt für Absätze, Einrückungen ...

Unter den Begriff Formulare fallen z. B. Checklisten, Beobachtungsbögen, Fragebögen, Telefonnotizen, Kurzbriefe usw.

Müssen immer wiederkehrende Angaben an Dritte auf elektronischem Wege weitergegeben werden, bietet sich der Einsatz von Onlineformularen an. Mit entsprechenden Tools ist es z. B. in Word möglich, ein Onlineformular zu erstellen. Dieses kann dann vom Nutzer am PC ausgefüllt und versendet werden.

Das entsprechende Formular wird einmal erstellt, mit den Online-Tools versehen und dann geschützt. Durch den Schutz ist nun möglich, das Formular an den gewünschten „Tool"-Stellen auszufüllen (an denen die Tools eingefügt wurden). Andere Änderungen können vom Nutzer NICHT vorgenommen werden.

Die genaue Vorgehensweise für das Erstellen von Onlineformularen ist im Wordhandbuch beschrieben.

Lernbereich 11II.1

Muster für einen Kurzbrief

Absender

Datum _____

Mit der Bitte um:

❏ *Kenntnisnahme* ❏ *Weiterleitung*

❏ *Erledigung* ❏ *Stellungnahme*

❏ *Rückruf* ❏ *zum Verbleib*

Ihre Zeichen/Nachricht _____

Anlage _____

Kurzbrief

Herr Werner ist begeistert! Er möchte, dass Lena ein weiteres Onlineformular erstellt. Dieses soll ein Vordruck für eine Telefonnotiz werden.

1. **Überlegt**, welche Inhalte ein Vordruck für eine Telefonnotiz haben muss, und **notiert** diese stichpunktartig.
2. **Öffnet** ein leeres Worddokument und **erstellt** den Vordruck unter Berücksichtigung der entsprechenden Steuerelemente (Tools für Onlineformulare).
3. **Präsentiert** eure Ergebnisse im Plenum. **Übt** konstruktives Feedback (testet ggf. die Vordrucke eures Nachbarteams).
4. **Nehmt** ggf. Änderungen/Ergänzungen vor.
5. **Druckt** eure Ergebnisse aus und **heftet** diese in eurem Ordner ab.

Lernbereich 1III.1

4

4.2 Lernbereich 11II.1.2: Werbung gestalten und versenden

Kompetenzerwartungen
Die Schülerinnen und Schüler

- setzen Werbemaßnahmen (z. B. mehrseitige Flyer) eigenständig mithilfe eines geeigneten Softwareprogramms um und berücksichtigen dabei allgemeine Gestaltungsstandards in Hinblick auf Layout, Farbe, Formen, Typografie und Bildsprache.
- beurteilen Werbemaßnahmen hinsichtlich ihrer Aussagekraft und berücksichtigen dabei konstruktive Verbesserungsvorschläge Dritter.
- erstellen in einem Textverarbeitungsprogramm Serienbriefe mit einfachen Bedingungen, z. B. zur Versendung von Werbemaßnahmen.

Die Auszubildenden der Berger & Thaler Sportswear OHG haben am Innovationspreis **„Clevere IT-Lösungen"** teilgenommen und diesen für das Bundesland Bayern gewonnen. Als Sieger erhalten sie einen Pokal sowie eine Urkunde. Der Ausbildungsbetrieb, also die Berger & Thaler Sportswear OHG, erhält ein Signet (abgeleitet vom lateinischen Wort „signum" = Zeichen), also ein visuelles Zeichen, mit dem sie die Innovationskraft ihrer Auszubildenden werbewirksam präsentieren kann.

Lena:	Hallo, Frau Thaler, haben Sie schon die Tageszeitung gelesen?
Frau Thaler:	Guten Morgen, Lena. Nein, das habe ich noch nicht.
Lena:	Na schauen Sie mal hier. Unsere Auszubildenden Matti, Christian, Nora und Dana haben den Innovationspreis „Clevere IT-Lösungen" für das Bundesland Bayern gewonnen und in der Zeitung ist heute Morgen ein riesiger Bericht abgedruckt!
Frau Thaler:	Ach ja! Stimmt! Das hatte ich vergessen. Wir sind darüber schon vor einer Woche informiert worden!
Lena:	Ist ja cool! Da haben sich die Jungs und Mädels ja echt was einfallen lassen.
Frau Thaler:	Du hast recht und dafür sollen sie auch belohnt werden. Es ist geplant, eine Sporttasche mit dem Signet und einem Foto der vier Azubis bedrucken zu lassen und diese dann zum „Siegerpreis" von 19,80 € anzubieten.
Lena:	Oh, welch eine schöne Idee!
Frau Thaler:	Ich hätte dich eh noch angesprochen. Wir müssen Werbeflyer erstellen und diese mit einem passenden Anschreiben an alle Kunden versenden. Kannst du diese Aufgabe übernehmen? Du musst natürlich die Werbegrundsätze berücksichtigen. Auch habe ich ein paar Notizen gemacht. Nimm diese bitte als Hilfe. Den Brieftext habe ich ebenfalls formuliert. Diesen müsstest du dann in unsere Briefmaske übernehmen und nach den DIN-Regeln formatieren. Die Adressliste gebe ich dir gleich mit.
Lena:	In Ordnung. Ich fange sofort an.

Notizen von Frau Thaler

Flyererstellung

- Flyer, doppelseitig bedruckt, Grundfarbe vielleicht ein helles Gelb?!
- jeweils drei Spalten pro Seite
- passende Bilder und Grafiken einfügen
- Werbegrundsätze beachten
- Formen und Textfelder als Gestaltungselemente verwenden
- Hinweis auf den Innovationspreis „Clevere IT-Lösungen" und die Sporttasche zum „Siegerpreis" von 19,80 €, auf der das Foto der Azubis zu sehen ist
- Vorstellung der vier Azubis, die den Preis für Bayern gewonnen haben – natürlich mit Foto von diesen (Matti – 17 Jahre, Christian – 19 Jahre, Nora und Dana jeweils 18 Jahre, alle vier sind Auszubildende als Kaufmann/Kauffrau für Büromanagement)

Brief an die Kunden

Innovationspreis „Clevere IT-Lösungen" – unsere Azubis haben gewonnen!

Sehr geehrte ...

wir freuen uns, Ihnen mitteilen zu können, dass unsere vier Auszubildenden, Matti Schneider, Christian Gehendges, Nora und Dana Stejskal, den Innovationspreis „Clevere IT-Lösungen" für das Bundesland Bayern gewonnen haben. Wir sind sehr stolz, unsere jungen Mitarbeiter unterstützen zu können.

Aus diesem Anlass bieten wir Ihnen die limitierte Sporttasche „Innovation" zum Jubelpreis von 19,80 € an. Auf dieser Sporttasche ist ein Foto der Auszubildenden sowie das verliehene Signet abgedruckt.

Die ersten 200 Besteller erhalten eine kleine Überraschung aus unserem Hause.

Für Rückfragen stehen wir Ihnen jederzeit gerne zur Verfügung.

Freundliche Grüße

Berger & Thaler Sportswear OHG

Anna Thaler

Kundenadressliste für den Serienbrief

- Frau Anna Neu-Schuh, Talweg 1, 89073 Ulm
- Herrn Maximilian Müller, Alte Fabrik 1, 89075 Ulm
- Herrn Klaus Löffler, Grünstr. 12, 54290 Trier
- Frau Marie Custo, Grüne Allee 123, 97421 Schweinfurt
- Frau Barbara Olejnizak, Hunsrückstr. 15, 97421 Schweinfurt
- Herrn Klaus Fuchs, Am Dom 1, 50667 Köln
- Herrn Carl Schuster, Eichelweg 1, 20095 Hamburg

Arbeitsauftrag 1

1. **Informiert** euch über den Themenbereich „Werbemaßnahmen umsetzen".
2. **Tauscht** euch mit der Kugellagermethode (Methodenpool) aus und **notiert** wichtige Informationen.
3. **Öffnet** ein leeres Worddokument und **speichert** unter dem Dateinamen „Werbung" ab.
4. **Erstellt** ein Informationsblatt über euren Themenbereich und **greift** auch auf vorhandenes Wissen aus den BSK-Stunden zurück.
5. **Gestaltet** euer Dokument ansprechend. **Verwendet** z. B. Formen und Textfelder und positioniert bzw. nutzt diese sinnvoll.

6. **Präsentiert** in einer szenischen Darstellung (Frau Thaler und Lena) eure Informationsblätter und **erläutert** die Werbegrundsätze.
7. **Prüft** diese auf Vollständigkeit und Richtigkeit und **übt** konstruktives Feedback.
8. **Erläutert** bei Bedarf euer Vorgehen bei dem Einfügen der verschiedenen Elemente (Formen und Textfelder).
9. **Nehmt** ggf. Änderungen/Ergänzungen vor und **druckt** eure Ergebnisse aus.
10. **Nutzt** euer neu gewonnenes Wissen für die Zukunft.

Arbeitsauftrag 2

1. **Informiert** euch über den Themenbereich „Flyer erstellen" und **wendet** dabei bereits vorhandenes Wissen aus dem vergangenen Schuljahr an.
2. **Überlegt**, welche Inhalte euer Flyer haben soll und **nutzt** die Notizen von Frau Thaler als Hilfe.
3. **Öffnet** ein leeres Worddokument und **speichert** unter dem Dateinamen „Flyer_innovation" ab.
4. **Erstellt** den Flyer und **fügt** passende Bilder und Grafiken in euer Dokument ein. **Arbeitet** mit Textfeldern und Formen und gestaltet den Flyer ansprechend.
5. **Druckt** eure Flyer aus und **hängt** diese an eine Pinnwand.
6. **Vergleicht** die Flyer sowohl vom Layout als auch vom Inhalt und **gebt** euch ein Feedback.
7. **Nehmt** ggf. Änderungen/Ergänzungen an eurem Dokument vor und **druckt** bei Bedarf neu aus.
8. **Nutzt** euer neu gewonnenes Wissen für die Zukunft.

Arbeitsauftrag 3

1. **Informiert** euch über die Seriendruckfunktion in Word (Wordhandbuch) und **besprecht** diese im Plenum.
2. **Öffnet** die Briefmaske der Berger & Thaler OHG.
3. **Ergänzt** die fehlenden Angaben im Infoblock.
4. **Erstellt** und **gestaltet** den Brief an die Kunden unter Berücksichtigung der Notizen (Brief an die Kunden) von Frau Thaler. Als Anlage wird der von euch erstellte Flyer mitversendet.
5. **Berücksichtigt** die Regeln der DIN 5008.
6. **Speichert** euren Brief (HAUPTDOKUMENT) unter dem Dateinamen „HD_innovation" ab.
7. **Öffnet** ein leeres Worddokument.
8. **Fügt** in dieses (ohne vorher zu schalten) eine Tabelle nach folgendem Muster ein:

Anrede	Vorname	Name	Straße	PLZ	Ort

9. **Erfasst** nun die Anschriften in eurer Tabelle. **Legt** dabei für jede Anschrift eine eigene Zeile an.
10. **Speichert** die Datenquelle unter dem Dateinamen „DQ_innovation" ab und **schließt** diese.
11. **Öffnet** euer Hauptdokument (Datei „HD_innovation") und **verknüpft** das Hauptdokument mit eurer Datenquelle (Dateiname „DQ_innovation").
12. **Fügt** die Seriendruckfelder für das Anschriftenfeld ein.
13. **Fügt** für die Anrede (unterhalb des Betreffs) das entsprechende Bedingungsfeld ein.
14. **Prüft** euren Serienbrief auf Vollständigkeit und Richtigkeit und **gebt** eure Serienbriefe in ein neues Dokument aus.
15. **Speichert** dieses (die Serienbriefe „hängen" nun alle hintereinander) unter dem Dateinamen „SB_innovation" ab.
16. **Präsentiert** eure Ergebnisse (HAUPTDOKUMENT) und **geht** genau auf eure Vorgehensweise ein.
17. **Nehmt** ggf. Änderungen/Ergänzungen vor und **druckt** euer HAUPTDOKUMENT mit Feldfunktionen aus.
18. **Druckt** die ausgegebenen Serienbriefe „papiersparend" aus (mindestens zwei Seiten pro Blatt).
19. **Druckt** eure Datenquelle aus.
20. **Heftet** alle Ausdrucke in eurem Ordner ab.

4

Lernbereich 11II.1

4.2.1 Werbemaßnahmen umsetzen

Sollen Werbemaßnahmen wirksam umgesetzt werden, ist es wichtig, sein Ziel vor Augen zu haben, also:

„Was will ich mit meiner Werbemaßnahme erreichen?"

Bei dieser Überlegung müssen verschiedene Kriterien betrachtet werden, die unter anderem in der nebenstehenden Grafik erkennbar sind.

4.2.2 Wirkung von Medien (Werbeträgern)

Ihr habt euch bereits mit der Wirkung von Medien sowie den Grundlagen der Werbepsychologie beschäftigt.

Ihr wisst:
Medien wirken auf Menschen unterschiedlich. Bei der Auswahl des passenden Mediums sind die Wahrnehmungstypen zu berücksichtigen (visuell und audio-visuell).

Bei der Verwendung von Medien als Werbeträger ist die richtige Darstellungsform einzusetzen.

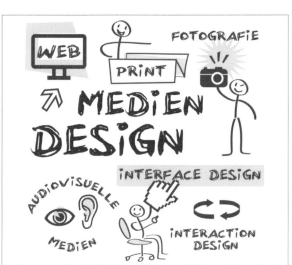

Zusammenhang zwischen Werbemittel und Werbeträger

Werbemittel (stellen die Werbebotschaft dar)	Werbeträger (transportieren die Werbebotschaft zur Zielgruppe)
Werbeanzeigen (Inserate)	Zeitungen, Zeitschriften, Internet-Werbebanner usw.
Werbefilme	Fernsehsender, Kinospots, Internet-Werbebanner usw.
Werbe-Hörfunk-Spots	Radiosender, animierte Internet-Werbebanner mit Ton usw.
Werbeplakate	Plakatanschlagstellen, Litfaßsäulen, Schaufenster usw.
Werbeaufschrift	Berufsbekleidung (Hosen, Jacken, T-Shirts), Verkehrsmittel, Werbebanner in Stadien usw.
Lichtreklamen (Leuchtschriften)	Hausdächer, Hausfassaden
Werbetext	Werbebriefe (auch per Fax, E-Mail, Newsletter, SMS, WhatsApp-Nachrichten usw.)
Werbebanner (als Pop-up, Pop-under, Sticky Ad, Button, Rectangle	Internetseiten, die mit Werbebannern verknüpft sind

Kurze Erläuterung der Fachbegriffe zu den Werbebannern

- Pop-ups springen bei dem Öffnen einer Internetseite in den Vordergrund.
- Pop-unders öffnen sich im Hintergrund und sind erst beim Schließen der Website sichtbar.
- Sticky Ads bleiben beim Scrollen auf derselben Seite stehen.
- Buttons sind kleine animierte Logos in Kreisform.
- Rectangles sind kleine Rechtecke, die direkt beim Text eingebaut sind.

4.2.3 Flyer für Werbemaßnahmen erstellen

Des Weiteren habt ihr gelernt, wie Flyer unter Berücksichtigung von allgemeinen Gestaltungsstandards im Hinblick auf Layout, Farbe, Formen, Typografie und Bildsprache angefertigt werden.

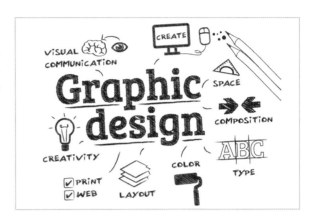

**„Übersichtlich, verständlich, ansprechend und klar,
mit Bedacht arbeiten, so wird der Flyertraum wahr!"**

Das „Aussehen" von Werbeträgern beeinflusst stark unser Kaufverhalten. Daher ist es wichtig, dass z. B. Flyer (Handzettel) ansprechend, aber auch übersichtlich und aussagekräftig gestaltet werden.

Zur Wiederholung: Flyer (Handzettel)
Bei Flyern handelt es sich meist um doppelseitig und bunt bedruckte Werbeblätter, die in verschiedenen Formaten gestaltet werden können, wie Hochformat, Querformat, mit Spalten und in unterschiedlichen Papiergrößen.

Sollen weniger wichtige Informationen präsentiert werden, können Flyer auch schlicht und einfarbig gestaltet und in einem kleineren Format erstellt werden.

Wichtig bei dem Erstellen von Flyern ist, dass man sich im Vorfeld für ein Format entscheidet. Da Flyer meist gefaltet werden, muss der Text je nach dem gewählten Format richtig platziert werden (siehe Beispiele).

Auch muss unter Umständen beim Ausdrucken darauf geachtet werden, dass das Blatt richtig in den Drucker eingelegt wird, damit der Text an der gewünschten Stelle steht.

Einzuhalten sind außerdem die Typografischen Regeln (Gestaltungsregeln), die im DIN-Regelheft erläutert sind.

4.2.4 Werbegrundsätze

Sollen Werbemaßnahmen durchgeführt und entsprechende Medien erstellt werden, sind auf jeden Fall die Werbegrundsätze einzuhalten.

Grundsatz: WERBUNG MUSS ...	Erläuterung
... wahr sein	Es dürfen also nur Angaben gemacht werden, die auch tatsächlich stimmen.
... klar sein	Sie muss so aufgebaut werden, dass jeder ihre „Botschaft" versteht, ohne groß überlegen zu müssen.
... wirksam sein	Die Zielgruppe muss konkret und immer wiederkehrend angesprochen werden, damit die beworbenen Produkte/Dienstleistungen usw. immer im Gedächtnis der Kunden bleiben und zum Kauf animieren.
... wirtschaftlich sein	Die Kosten für eine Werbemaßnahme müssen im Einklang mit dem erzielten Ertrag stehen (Kosten-Nutzen-Faktor ebenfalls berücksichtigen).

4.2.5 Werbemaßnahmen versenden

Sollen Briefe, Flyer oder sonstige Werbeunterlagen mit gleichem Text an mehrere Empfänger versendet werden, bietet sich die Seriendruckfunktion in Word an.

Wie ihr Umschläge und Etiketten mit Adressen verseht, habt ihr bereits im Kapitel 4.1 gelernt.

Die Seriendruckfunktion für Briefe findet ihr ebenfalls unter der Registerkarte „Sendungen". Wie ihr einen Serienbrief erstellt, könnt ihr im Wordhandbuch genau nachlesen.

Wichtig ist, dass ihr eine immer gleiche Vorgehensweise habt:

- **Erstellt** den Geschäftsbrief ohne Anschriftenfeld, ohne die Anrede und fehlerfrei! **Speichert** diesen immer unter dem Dateinamen „HD_..." ab.
- **Erfasst** dann die Datenquelle (in Word oder Excel) in einer Tabelle. Speichert diese immer unter dem Dateinamen „DQ_..." ab.
- **Verknüpft** euer Hauptdokument mit der Datenquelle.
- **Fügt** die Seriendruckfelder für das Anschriftenfeld ein.
- **Fügt** die Seriendruckfelder für die Anrede ein.
- **Speichert** euer Hauptdokument erneut ab.
- **Prüft** dieses auf Vollständigkeit und Richtigkeit und **nehmt** im HAUPTDOKUMENT Änderungen/Ergänzungen vor.
- **Gebt** eure Serienbriefe in ein neues Dokument aus.
- **Speichert** dieses immer unter dem Dateinamen „SB_..." ab.
- **Druckt** das Hauptdokument mit Feldfunktionen aus.
- **Druckt** die Serienbriefe papiersparend aus.
- **Druckt** die Datenquelle aus.

Exkurs: Innovation

Das Wort Innovation ist vom Lateinischen abgeleitet („innovare" = erneuern) und wird heute als Bezeichnung für das Entwickeln von neuen Ideen, neuen Entwicklungen und für die wirtschaftliche Umsetzung dieser verwendet.

4.3 Lernbereich 11II.1.3: Waren und Dienstleistungen mithilfe normgerechter Korrespondenz verkaufen

Kompetenzerwartungen
Die Schülerinnen und Schüler

- erstellen Dokumentvorlagen für Geschäftsbriefe zur Rationalisierung ihres Schriftverkehrs.
- erstellen situationsbezogen und normgerecht Auftragsbestätigungen, Lieferscheine und Rechnungen.

Frau Thaler ist mit der Schülerin Lena sehr zufrieden. Während ihres Schulpraktikums hat diese bereits auf vorliegende Angebote geantwortet und Bestellungen verfasst sowie einige andere Aufgaben korrekt und ordentlich erledigt.

Da in der Verkaufsabteilung ein Kollege erkrankt ist, entschließt sich Frau Thaler, Lena in dieser einzusetzen. Sie soll einige Arbeiten von Herrn Köppel übernehmen, die dringend abgearbeitet werden müssen. Unter anderem sind Auftragsbestätigungen, Rechnungen und Lieferscheine zu erstellen.

Frau Thaler:	Guten Morgen, Lena. In der Verkaufsabteilung ist der Kollege Köppel erkrankt. Ich möchte, dass du die Mitarbeiter in dieser Abteilung unterstützt. Bestellungen hast du ja bereits geschrieben. Nun lernst du mal die „andere Seite kennen".
Lena:	Die andere Seite?
Frau Thaler:	Ja, in der Verkaufsabteilung gehen die Bestellungen ein, dort werden diese angenommen, Lieferscheine erstellt usw.
Lena:	Oh, das ist ja sehr interessant. Da bin ich mal auf meine neuen Aufgaben gespannt.
Frau Thaler:	Die Kollegin, Frau Rogg, ist für dich zuständig. Wenn du Fragen hast, wende dich bitte an diese. Ist das in Ordnung?
Lena:	Ja, natürlich, Frau Thaler. Im BSK-Unterricht habe ich mich bereits mit den Grundlagen zum Thema Kundenbestellung, Lieferschein und Rechnung beschäftigt. Muss mich aber noch mal einarbeiten.
Frau Thaler:	Ja, perfekt! Mache das. Ich wünsche dir viel Spaß in der neuen Abteilung!
Lena:	Danke schön.

Like Sports GmbH   Wir leben Sport

Like SportsGmbH · Am Zwergacker 4 · 86156 Augsburg

Berger & Thaler Sportswear OHG
Lisa Rogg
Roßbrunnstr. 212
97421 Schweinfurt

Ihr Zeichen:	lr
Ihre Nachricht v.:	16.11.20..
Unser Zeichen:	mr
Unsere Nachricht v.:	15.11.20..
Name:	Mia Reuter
Telefon:	0821 62343-200
Telefax:	0821 62343-539
E-Mail:	Mia.Reuter@LikeSports.de
Internet:	www.LikeSportsGmbH.de
Datum:	20.11.20..

Bestellung Nr. 12367

Sehr geehrte Frau Rogg,

vielen Dank für Ihr ausführliches Angebot vom 16.11.

Hiermit bestellen wir zu den im Angebot genannten Bedingungen zunächst

Lfd. Nr.	Position	Stück	Einzelpreis netto
1	Traininganzug „Isar" Farbe Grün-Weiß, Größe S	20	82,00 €

Bitte achten Sie auf die Einhaltung des versprochenen Liefertermins 30.11.

Mit freundlichen Grüßen

Like Sports GmbH

i. V. *Mia Reuter*

Mia Reuter

> Memo
> – Verfasse die formgerechte Auftragsbestätigung.
> – Erstelle den Lieferschein.
> – Erstelle die formgerechte Ausgangsrechnung.

Arbeitsauftrag 1

1. **Informiert** euch über den Themenbereich „Dokumentvorlagen zur Rationalisierung des Schriftverkehrs" sowie „Auftragsannahme und Auftragsausführung".
2. **Notiert** wichtige Informationen auf einem Spickzettel und **erläutert** euch gegenseitig die Fachbegriffe.
3. **Erstellt** eine PowerPoint-Präsentation zu eurem Themenbereich unter Berücksichtigung des Folienmasters.
4. **Haltet** folgenden Aufbau ein (ACHTUNG: Die Foliennummern können sich ändern, wenn ihr mehr als eine Folie pro Themenbereich benötigt!):
Folie 1: euer Thema, euer Name und eure Klasse

Folie 2: Inhaltsverzeichnis
Folie 3: Sinn von Dokumentvorlagen
Folie 4: Was ist eine Bestellung?
Folie 5: Was ist eine Auftragsbestätigung?
Folie 6: Was ist ein Lieferschein?
Folie 7: Was ist eine Rechnung?
Folie 8: Sonstiges
Folie 9: Quellenangaben
Folie 10: Schlussfolie

5. **Arbeitet** mit sinnvollen Grafiken und Animationen und **gestaltet** euer Dokument ansprechend.
6. **Bereitet** euch auf die Präsentation vor.
7. **Präsentiert** eure Ergebnisse in einer szenischen Darstellung (Lena und Frau Thaler).
8. **Gebt** euch gegenseitig ein Feedback.
9. **Überlegt**, wie ihr euch während der Präsentation gefühlt habt, und **berücksichtigt** eure Feststellungen in der Zukunft.
10. **Wendet** euer neu erworbenes Wissen ebenfalls in Zukunft an.

Arbeitsauftrag 2

1. **Überlegt**, welche Dokumentvorlagen ihr für die zu erstellenden Dokumente benötigt (siehe „MEMO" auf der Bestellung).
2. **Notiert** eure Gedanken.
3. **Haltet** stichpunktartig die Inhalte für jede Dokumentvorlage (Auftragsbestätigung, Lieferschein, Rechnung) fest.
4. **Vergleicht** eure Ergebnisse mit der Kugellagermethode und **tauscht** eure Ideen aus.
5. **Nehmt** ggf. Änderungen/Verbesserungen vor.
6. **Erstellt** die verschiedenen Dokumentvorlagen und **vergebt** sinnvolle Dateinamen. **Gestaltet** ansprechend und sinnvoll.
7. **Berücksichtigt** die Regeln der DIN 5008.
8. **Präsentiert** jeweils eure Zwischenergebnisse (Dokumentvorlage Auftragsbestätigung, Dokumentvorlage Lieferschein, Dokumentvorlage Rechnung) im Plenum und **geht** dabei auf euer Vorgehen, die gewählten Formatierungen und die Inhalte eurer Vorlagen ein.
9. **Prüft** die Ergebnisse auf Vollständigkeit und Richtigkeit und nehmt ggf. Änderungen/Verbesserungen vor.
10. **Speichert** ab und **druckt** eure Ergebnisse aus.
11. **Heftet** diese in eurem Ordner ab und **nutzt** euer neu gewonnenes Wissen für die Zukunft.

Arbeitsauftrag 3

1. **Schaut** euch die vorliegende Bestellung erneut an.
2. **Öffnet** jeweils die passende Dokumentvorlage und **erstellt** den notwendigen Beleg (Auftragsbestätigung usw.).
3. **Wendet** dabei euer Wissen aus vorherigen IV-Stunden bzw. BSK-Stunden an.
4. **Achtet** auf Rechtschreibung und Grammatik.
5. **Speichert** sinnvoll ab.
6. **Präsentiert** jeweils eure Zwischenergebnisse (Auftragsbestätigung, Lieferschein, Rechnung) im Plenum und **geht** auf den Inhalt ein. **Gebt** euch gegenseitig ein Feedback.
7. **Prüft** die Ergebnisse auf Vollständigkeit und Richtigkeit und **nehmt** ggf. Änderungen/Verbesserungen vor.
8. **Speichert** ab und **druckt** eure Ergebnisse aus.
9. **Heftet** diese in eurem Ordner ab und **nutzt** euer neu gewonnenes Wissen für die Zukunft.

4

Lernbereich 11II.1

4.3.1 Dokumentvorlagen zur Rationalisierung des Schriftverkehrs

Wie ihr Dokumentvorlagen erstellt, habt ihr bereits im Kapitel 4.2 kennengelernt.

Da es in der Arbeitswelt und im Privatbereich eine Vielzahl von Briefen zu schreiben gibt, bietet sich das Erstellen von verschiedenen Briefvorlagen an. So können zum Beispiel eine Briefmaske, das Grundgerüst für Lieferscheine oder Rechnungen angefertigt werden.

Das Vorgehen ist immer gleich. Alle notwendigen Inhalte müssen in einem leeren Dokument erfasst und können dann als Vorlage mit der Dateiendung .dotx angelegt werden.

4.3.2 Auftragsannahme und Auftragsausführung

Gehen Bestellungen in einem Unternehmen ein, müssen diese bearbeitet werden. Auftragsbestätigungen sind zu formulieren, Lieferscheine zu erstellen und Rechnungen zu verfassen.

Angebotsanfrage

Sporthaus Sunsport GmbH

fit and more

Sporthaus Sunsport GmbH, Deutschhofstraße 21, 74072 Heilbronn

	Ihr Zeichen:
	Ihre Nachricht v.:
Berger & Thaler OHG	Unser Zeichen: ak
Frau Rogg	Unsere Nachricht v.:
...	Name: Alexander Knauer
...	Telefon: 07131 2793-969
	Telefax: 07131 2793-900
	E-Mail: AKnauer@sunsport.de
	Internet: www.Sunsport.de
	Datum: 10.09.20..

Anfrage nach Fußballtrikots „FC Ingolstadt"

Sehr geehrte Frau Rogg,

auf Ihrer Webseite fiel uns Ihr Wochenangebot für das Fußballtrikot „FC Ingolstadt" auf.

In nächster Zeit wollen wir unser Sortiment um eine weitere namhafte Marke erweitern. Daher bitten wir um ein ausführliches Angebot über zunächst

20 Fußballtrikots „FC Ingolstadt"

Nennen Sie uns auch Ihre Geschäftsbedingungen und den frühesten Liefertermin.

Bei einem preislich ansprechenden Angebot sind wir an einer dauerhaften Geschäftsbeziehung interessiert.

Mit freundlichen Grüßen

Sporthaus Sunsport GmbH

Auftragsbestätigung

Berger & Thaler
Sportswear OHG

Sport macht fit

Berger & Thaler OHG, Roßbrunnstr. 212, 97421 Schweinfurt

Sporthaus Sunsport GmbH
Herr Knauer
Deutschhofstraße 21
74072 Heilbronn

Ihr Zeichen:	ak
Ihre Nachricht v.:	14.09.20..
Unser Zeichen:	lr
Unsere Nachricht v.:	
Name:	Frau Rogg
Telefon:	09721 12343-200
Telefax:	09721 12343-439
E-Mail:	Rogg@berger&thaler.de
Internet:	www.beger_thaler.de
Datum:	14.09.20..

Auftragsbestätigung über Fußballtrikots „FC Ingolstadt"
Kundennummer 2400744

Sehr geehrter Herr Knauer,

vielen Dank für Ihre Bestellung vom 14. September.

Hiermit bestätigen wir die wesentlichen Auftragsdaten für Auftragsnummer 2345:

Warenbezeichnung:	Fußballtrikot „FC Ingolstadt"
Bestellmenge:	20 Stück
Stückpreis:	49,90 € netto
Zahlung:	2 % Skonto innerhalb 14 Tagen oder 30 Tage Ziel
Liefertermin:	23.09.20JJ frei Haus per Lkw

Es gelten unsere im Angebot vom 12.09. beigelegten allgemeinen Geschäftsbedingungen.

Wir bedanken uns für Ihr Vertrauen und freuen uns auf eine gute Zusammenarbeit.

Mit freundlichen Grüßen

Berger & Thaler OHG

i. V. *Lisa Rogg*

Lisa Rogg

Was Bestellungen sind und wie man diese schreibt, habt ihr bereits im Kapitel 4.2 kennengelernt. Auch im BSK-Unterricht wurde dieses Thema erläutert und durchgesprochen.

Geht eine Bestellung im Unternehmen ein, wird an den Besteller eine Auftragsbestätigung geschrieben. Es handelt sich also bei dieser um eine Annahme der Bestellung, also eine Bestellannahme. Dabei geht man folgendermaßen vor:

Schritt 1	Erfassen der Kundendaten bei Neukunden bzw. Prüfen der vorliegenden Kunden-daten auf Aktualität (Kundenadresse, Kommunikationsangaben, Kundennummer)
Schritt 2	Erfassen der Auftragsdaten (Bestelldatum, Liefertermin, Kundennummer, Artikel, Auftragsmenge, Auftragswert)
Schritt 3	Anfertigen der Auftragsbestätigung

Bestandteile einer Auftragsbestätigung sind:

- Dank für die Bestellung und das entgegengebrachte Vertrauen
- Bezug zur Bestellung des Kunden (= Auftrag)
- Wiederholung der wesentlichen Auftragsdaten
- Zusicherung einer pünktlichen Lieferung
- Ausdruck der Freude über die Zusammenarbeit

4.3.3 Lieferscheine erstellen

Die Bestellung wurde angenommen und wird nun versandfertig gemacht, ausgeliefert oder für die Abholung vorbereitet. Hierzu ist das Anfertigen eines Lieferscheins notwendig.

Bestandteile eines Lieferscheins sind:

- Bezug zur Bestellung des Kunden (= Kundenauftrag)
- Lieferscheinnummer
- Lieferdatum
- Bezeichnung der gelieferten Artikel
- Versandart
- Liefermenge
- gegebenenfalls Verweis auf die vereinbarten Angebotsbedingungen

Auch für den Kommissioniervorgang kann der Lieferschein bei vorrätiger Ware verwendet werden. Dabei sollten die Artikel auf dem Lieferschein in der Reihenfolge des Kommissioniervorgangs aufgeführt werden (Pickliste).

Liegt der Lieferschein vor, geht ein Versandauftrag an die Versandabteilung/Logistikabteilung. Dort werden dann die entsprechenden Versandpapiere erstellt und der bestellte Artikel wird ausgeliefert.

Lieferschein

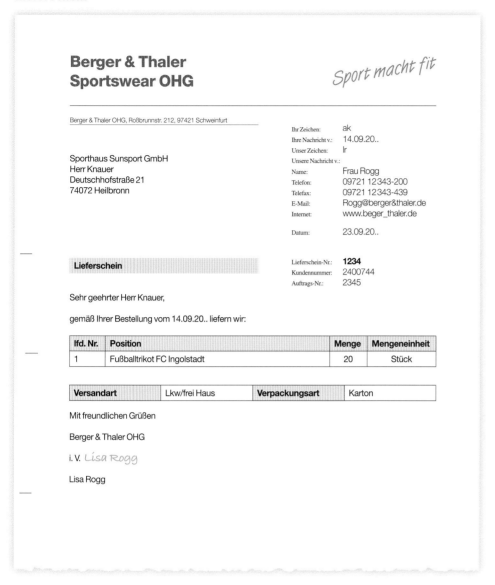

Berger & Thaler Sportswear OHG

Sport macht fit

Berger & Thaler OHG, Roßbrunnstr. 212, 97421 Schweinfurt

Sporthaus Sunsport GmbH
Herr Knauer
Deutschhofstraße 21
74072 Heilbronn

Ihr Zeichen:	ak
Ihre Nachricht v.:	14.09.20..
Unser Zeichen:	lr
Unsere Nachricht v.:	
Name:	Frau Rogg
Telefon:	09721 12343-200
Telefax:	09721 12343-439
E-Mail:	Rogg@berger&thaler.de
Internet:	www.beger_thaler.de
Datum:	23.09.20..

Lieferschein

Lieferschein-Nr.:	**1234**
Kundennummer:	2400744
Auftrags-Nr.:	2345

Sehr geehrter Herr Knauer,

gemäß Ihrer Bestellung vom 14.09.20.. liefern wir:

lfd. Nr.	Position	Menge	Mengeneinheit
1	Fußballtrikot FC Ingolstadt	20	Stück

Versandart	Lkw/frei Haus	**Verpackungsart**	Karton

Mit freundlichen Grüßen

Berger & Thaler OHG

i. V. *Lisa Rogg*

Lisa Rogg

4.3.4 Rechnungen erstellen

Der Lieferschein ist erstellt und an die Versandabteilung weitergeleitet worden. Auf der Grundlage des Lieferscheins wird nun die Rechnung erstellt, was auch Fakturierung genannt wird.

Möglichkeiten der Fakturierung

Sofortfakturierung	Lieferschein und Rechnung werden unmittelbar nach der Auftragsbearbeitung ausgedruckt.
Vorfakturierung	Packzettel, Lieferschein und Rechnung werden in einem Druckvorgang vor dem Kommissionieren erstellt.
Nachfakturierung	Packzettel und Lieferschein werden vor der Warenauslieferung gedruckt, die Rechnung wird erst nach dem Lieferscheinrücklauf erstellt.

In der heutigen Zeit geht man immer mehr dazu über, Rechnungen auf dem elektronischen Weg zu versenden (E-Mail). Ausdrucke werden dann nicht mehr vorgenommen. Wichtig hierbei ist jedoch, dass die Echtheit der Herkunft der Rechnung, die Unversehrtheit des DateIInhalts und die Lesbarkeit der Rechnung gewährleistet sind.

Gesetzliche Bestandteile einer Kleinbetragsrechnung (bis 150,00 € brutto):

- vollständige **Namen** und **Anschriften** des Leistungserstellers (Lieferant) und des Leistungsempfängers (Kunde)
- **Ausstellungsdatum der Rechnung**
- **Menge und Art** der gelieferten Gegenstände oder Art und Umfang der sonstigen Leistung
- **Entgelt und Steuerbetrag** für die Lieferung oder Leistung in einer Summe
- **Steuersatz** bzw. Hinweis auf Steuerbefreiung

Die Vereinfachung für Kleinbetragsrechnungen gilt nicht im Versandhandel (UStG § 3c) und bei innergemeinschaftlichen Lieferungen (UStG § 6a).

Gesetzliche Bestandteile einer Rechnung über 150,00 € (netto):

- vollständige **Namen** und **Anschriften** des Leistungserstellers (Lieferant) und des Leistungsempfängers (Kunde)
- die dem leistenden Unternehmer vom Finanzamt erteilte **Steuernummer** oder die ihm vom Bundeszentralamt für Steuern erteilte **Umsatzsteuer-Identifikationsnummer**
- **Ausstellungsdatum der Rechnung** und **Zeitpunkt der Lieferung** bzw. Leistung
- fortlaufende **Rechnungsnummer** und ggf. Lieferschein-Nummer
- **Menge und handelsübliche Bezeichnung** der gelieferten Gegenstände oder Art und Umfang der sonstigen Leistung
- nach **Steuersätzen und -befreiungen aufgeschlüsseltes Entgelt**
- im Voraus vereinbarte **Minderungen des Entgelts**
- **Entgelt und hierauf entfallender Steuerbetrag** sowie Hinweis auf Steuerbefreiung
- **bei Bauleistungen:** Hinweis auf die zweijährige Aufbewahrungsfrist (wenn der Leistungsempfänger ein Endverbraucher ist)

Weitere kaufmännische Bestandteile einer Ausgangsrechnung:

- Bezug zur Bestellung des Kunden (Bestell- bzw. Auftragsnummer)
- Dank für die Bestellung und das Vertrauen
- Bankverbindung(en)

Der Rechnungsausgang wird im **Rechnungsausgangsbuch** registriert und in der Finanzbuchhaltung (Debitoren- bzw. Kundendatei) als offener Posten geführt. Die Ausgangsrechnung wird dem Kunden übermittelt. Bei Barverkäufen im Laden wird eine Direktrechnung bzw. ein Kassenbeleg erstellt und der Lagerabgang sofort aus der Lagerbestandsdatei ausgebucht.
Der Unternehmer hat ein Doppel der Rechnung, die er selbst ausgestellt hat, sowie alle Rechnungen, die er erhalten hat, zehn Jahre lang aufzubewahren (UStG § 14b).

Der Zahlungseingang wird anhand der **Offenen-Posten-Liste** überwacht. Terminüberschreitungen haben eine Mahnung zur Folge, die automatisch über die Integrierte Unternehmenssoftware (IUS) erstellt werden kann.

Dokumentvorlagen für Rechnungen
Durch das Erstellen einer Dokumentvorlage für Rechnungen ist es möglich, diese schnell und einfach zu erstellen.

Manchmal bietet sich auch die Seriendruckfunktion in Word an, wenn beispielsweise die Empfängeradressen bereits in einer Liste hinterlegt sind. Lediglich die spezifischen Rechnungsangaben müssten dann in der vorhandenen Liste eingepflegt werden. Durch die Verknüpfung der Dokumentvorlage mit der Datenquelle können die benötigten Felder in der Dokumentvorlage ergänzt und die Rechnungsvorlage vervollständigt werden.

Ausgangsrechnung

Berger & Thaler
Sportswear OHG

Sport macht fit

Berger & Thaler OHG, Roßbrunnstr. 212, 97421 Schweinfurt

Sporthaus Sunsport GmbH
Herr Knauer
Deutschhofstraße 21
74072 Heilbronn

Ihr Zeichen:	ak
Ihre Nachricht v.:	14.09.20..
Unser Zeichen:	lr
Unsere Nachricht v.:	23.09.20..
Name:	Frau Rogg
Telefon:	09721 12343-200
Telefax:	09721 12343-439
E-Mail:	Rogg@berger&thaler.de
Internet:	www.beger_thaler.de
Datum:	24.09.20..

Rechnung

Rechnungsnummer:	**5133**
Lieferschein-Nr.:	1234
Kundennummer:	2400744
Auftrags-Nr.:	2345

Sehr geehrter Herr Knauer,

gemäß Ihrer Bestellung vom 14.09. lieferten wir am 23.09.

lfd. Nr.	Position	Stück	Einzelpreis	Summe
1	Fußballtrikot FC Ingolstadt	20	49,90 €	998,00 €
	Zuzüglich Mehrwertsteuer 19 %			189,62 €
	Rechnungsbetrag in €			1.187,62 €

Bitte überweisen Sie unter Angabe der Rechnungsnummer bei uns eingehend bis zum

09.10.20.. abzüglich 2 % Skonto: 1.163,87 €
25.10.20.. ohne Abzüge: 1.187,62 €

Wir bedanken uns für Ihr Vertrauen.

Mit freundlichen Grüßen

Berger & Thaler OHG

i. V. *Lisa Rogg*

Lisa Rogg

Lernbereich 11II.1

4

4.4 Lernbereich 11II.1.4: Stellenangebote gestalten

Kompetenzerwartungen
Die Schülerinnen und Schüler

- gestalten nach inhaltlichen Vorgaben eine interne Stellenausschreibung.
- erstellen zur Publikation in der Tagespresse und in geeigneten Online-Medien eine Stellenanzeige mit vorgegebenen Inhalten nach formalen, ästhetischen, ethischen, ökonomischen und personalrechtlichen Kriterien.

Frau Thaler hat Lena verschiedene Aufgaben, die die Personalabteilung hat, erläutert. Unter anderem gehört zu den Aufgaben die Personalbeschaffung. Zum 01.09. dieses Jahres sollen drei Auszubildende für den Beruf „Kaufmann/Kauffrau für Büromanagement und eine Sekretärin/ein Sekretär für das Vorzimmer von Frau Thaler eingestellt werden.

Frau Thaler: Lena, hast du dich in der Schule bereits mit den Themen „Stellenausschreibung und Stellenanzeige" beschäftigt?

Lena: Nun ja. Eigentlich nicht. Aber ich weiß in etwa, wie eine Stellenanzeige aussehen muss.

Frau Thaler: Na, das ist ja schon mal gut. Bitte informiere dich über diesen Themenbereich und entwerfe für mich eine Stellenausschreibung bzw. Stellenanzeige. Ich möchte zum 01.09. dieses Jahres drei Auszubildende für den Beruf „Kaufmann/Kauffrau für Büromanagement" einstellen und eine Sekretärin/einen Sekretär für mein Vorzimmer. Alle notwendigen Angaben für die Stellenausschreibung bzw. Stellenanzeige findest du dort drüben im Ordner.

Lena: Ist gut. Ich schaue mir die Unterlagen an und informiere mich.

Frau Thaler: Bei Fragen kannst du gerne auf mich zukommen.

Lena: Das mache ich. Danke.

Angaben für die Stellenausschreibung

- Sekretär/in für das Vorzimmer der Geschäftsleitung gesucht
- direkte Vorgesetzte: Frau Anna Thaler
- Unterstellt sind Ihnen die Auszubildenden für den Ausbildungsberuf Kaufmann/Kauffrau für Büromanagement, die während ihrer Ausbildung drei Monate im Sekretariatsbereich eingesetzt sind
- Ihre Aufgaben umfassen das gesamte Büromanagement im Sekretariat (Korrespondenzen schriftlich sowie mündlich führen – auch in fremder Sprache, Unterlagen für die Geschäftsleitung erstellen, Berichte und Statistiken anfertigen usw.)
- Anforderungsmerkmale sind eine abgeschlossene Ausbildung als Kauffrau für Büromanagement, Teamfähigkeit, Koordinationstalent, ein freundliches Wesen und die Bereitschaft, sich weiterzuentwickeln und weiterzubilden
- Bezahlung nach unterem Tarifvertrag, E10 + Zulage
- Beschäftigungsumfang 100 % (also wöchentliche Arbeitszeit von 38,5 Stunden)
- Ihr Bewerbungsschreiben richten Sie bitte direkt an Frau Anna Thaler

Angaben für die Stellenanzeige

Wir suchen für das Ausbildungsjahr 2016 zum 01.09.2016 eine/n Auszubildende/n als Kauffrau/Kaufmann für Büromanagement.

Unter anderem bieten wir eine vielseitige und abwechslungsreiche sowie interessante Ausbildung, in der wir Ihnen in jedem kaufmännischen Bereich die notwendigen Kenntnisse, Fertigkeiten und Fähigkeiten vermitteln.

Außerdem gibt es in unserem Unternehmen gute Übernahmemöglichkeiten nach der Ausbildung.

Die Bezahlung richtet sich nach dem Manteltarifvertrag für Auszubildende vom 01.09.1999 in seiner jeweils gültigen Fassung.

Sie haben Interesse an einer abwechslungsreichen Ausbildung, sind motiviert, engagiert, teamfähig und zuverlässig? Dann bewerben Sie sich schriftlich unter der angegebenen E-Mail-Adresse oder auf dem Postweg mit Lebenslauf, Bewerbungsschreiben und Ihren Zeugnissen.

Wir freuen uns auf Ihre Bewerbung!

Berger & Thaler Sportswear OHG, Roßbrunnstr. 212, 97421 Schweinfurt,
E-Mail: info@berger_thaler.de

Arbeitsauftrag 1

1. **Informiert** euch über den Themenbereich „Kriterien für Stellenausschreibungen und Stellenanzeigen".
2. **Überlegt**, wo Stellenanzeigen veröffentlicht werden können, und **notiert** eure Gedanken.
3. **Erstellt** jeweils ein Plakat mit allen wichtigen Informationen für Stellenausschreibungen bzw. Stellenanzeigen.
4. **Haltet** auf dem Plakat für Stellenanzeigen die Publikationsmöglichkeiten fest.
5. **Gestaltet** eure Plakate ansprechend (Grafiken, Bilder etc.).
6. **Präsentiert** in einer szenischen Darstellung eure Plakate (Frau Thaler **erläutert** Lena mithilfe dieser den Themenbereich).
7. **Besprecht** die szenische Darstellung im Plenum. **Geht** auch auf die Plakate (Inhalt, Vollständigkeit und Richtigkeit, Layout) ein.
8. **Überlegt**, wie ihr euch während der szenischen Darstellung gefühlt habt, und **zieht** daraus Schlüsse für die Zukunft.
9. **Wendet** euer neu erworbenes Fachwissen in den nächsten Unterrichtsstunden an.

Arbeitsauftrag 2

1. **Schaut** euch die vorliegenden Informationen zur Stellenausschreibung an und **notiert** wichtige Informationen.
2. **Öffnet** ein leeres Worddokument und **speichert** dieses unter dem Dateinamen „Stellenausschreibung" ab.
3. **Erstellt** mithilfe der euch vorliegenden Angaben eine Stellenausschreibung unter Berücksichtigung aller notwendigen Inhalte, die eine Stellenausschreibung haben muss.
4. **Greift** dabei auf vorhandenes Wissen aus den vorherigen Stunden zurück.
5. **Gestaltet** die Stellenausschreibung ansprechend.
6. **Präsentiert** diese im Plenum und **geht** auf den Inhalt sowie die Gestaltung ein.
7. **Prüft** euer Dokument auf Vollständigkeit und Richtigkeit und **nehmt** ggf. Änderungen/Ergänzungen vor.
8. **Druckt** euer Dokument aus und **heftet** dieses in eurem Ordner ab.

Arbeitsauftrag 3

1. **Schaut** euch die vorliegenden Informationen zur Stellenanzeige an und **markiert** wichtige Punkte farbig.
2. **Öffnet** ein leeres Worddokument und **speichert** dieses unter dem Dateinamen „Stellenanzeige" ab.
3. **Erstellt** mithilfe der euch vorliegenden Angaben eine Stellenanzeige unter Berücksichtigung aller notwendigen Inhalte, die eine Stellenanzeige haben muss.
4. **Greift** dabei auf vorhandenes Wissen aus den vorherigen Stunden zurück.
5. **Gestaltet** die Stellenanzeige ansprechend.
6. **Präsentiert** diese im Plenum und **geht** auf den Inhalt sowie die Gestaltung ein.
7. **Prüft** euer Dokument auf Vollständigkeit und Richtigkeit und **nehmt** ggf. Änderungen/Ergänzungen vor.
8. **Druckt** euer Dokument aus und **heftet** dieses in eurem Ordner ab.

Stellenausschreibungen und Stellenanzeigen sind Instrumente der Personalbeschaffung eines Unternehmens. Es wird also überlegt, ob eine Stelle mit einer Mitarbeiterin/einem Mitarbeiter aus dem Betrieb selbst (intern) oder von „außen" (extern) besetzt wird. Im Vorfeld müssen folgende Fragen gestellt werden, die aus der nebenstehenden Grafik ersichtlich sind:

4.4.1 Interne Personalbesetzung – Kriterien für Stellenausschreibungen

Soll eine offene Stelle mit Personal aus dem Unternehmen **(innerbetrieblich)** besetzt werden, wird eine Stellenausschreibung angefertigt. Dies ist natürlich nur dann sinnvoll, wenn davon ausgegangen werden kann, dass auch tatsächlich qualifiziertes Personal für die ausgeschriebene Stelle im Unternehmen vorhanden ist. Eine ansprechende und übersichtliche Gestaltung der Stellenausschreibung sollte gegeben sein. Es kann z. B. mit der Tabellenfunktion in Word oder mit Tabstopps gearbeitet werden.

Folgende Angaben sollte eine Stellenausschreibung enthalten:

- genaue Bezeichnung der Position (z. B. Sachbearbeiterin Wareneingangskontrolle)
- organisatorische Zuordnung (Abteilung „Einkauf – Unterabteilung Wareneingangskontrolle")
- kurze Aufgabenbeschreibung („welche Aufgaben sind zu erledigen")
- kurze Beschreibung der Anforderungsmerkmale („was muss der Bewerber können")
- Eingruppierung („was verdient man auf der ausgeschriebenen Stelle")
- Arbeitszeit
- Angaben über den formalen Ablauf des Bewerbungsverfahrens („wie bewerbe ich mich, wo gebe ich die Bewerbung ab, bis wann muss diese vorliegen usw.")

Vorteile von Stellenausschreibungen:

Mitarbeiter
- können sich weiterentwickeln und bilden sich ggf. freiwillig fort
- sind motiviert
- kennen die Abläufe des Unternehmens
- müssen eingearbeitet werden, jedoch mit einem geringeren Zeitaufwand, weil die Abläufe im Unternehmen bekannt sind

– Auszubildende können übernommen werden
– stellen keine „Fehlbesetzung" dar, weil ihre Kenntnisse, Fähigkeiten und Fertigkeiten bereits bekannt sind
– können die offene Stelle schneller antreten (diese wird allermeist schneller besetzt als bei einer externen Ausschreibung)

Nachteile von Stellenausschreibungen:

– eine andere Stelle muss ggf. neu besetzt werden
– es besteht eine „begrenztere Auswahlmöglichkeit", da ggf. nur wenig qualifizierte Mitarbeiter im Unternehmen für die ausgeschriebene Stelle vorhanden sind
– „Betriebsblindheit", also: Keine neuen Ideen kommen in das Unternehmen
– „Neid" unter den Mitarbeitern, wenn mehrere Bewerbungen eingegangen sind
– „Mangelnde Akzeptanz" der neuen Kollegin/des neuen Kollegen/Vorgesetzten
– „Weglobung" von Mitarbeitern (wenn diese in einer Abteilung weniger „erwünscht" waren)

4.4.2 Externe Personalbesetzung – Kriterien für Stellenanzeigen

Findet das Unternehmen auf dem internen Weg keine geeignete Mitarbeiterin/keinen geeigneten Mitarbeiter, wird die zu besetzende Stelle extern ausgeschrieben. Diese Ausschreibung wird als Stellenanzeige bezeichnet.

Auf folgenden Wegen kann eine Mitarbeitersuche erfolgen:

– Stellenanzeigen
– Datenbanken der Agentur für Arbeit
– Personaldienstleister
– Werbung im Radio, Plakatwerbung, Fernsehwerbung
– Internetwerbung (z. B. über die eigene Homepage)
– Werbung an Schulen
– Werbung über Mitarbeiter des Unternehmens
– Auswertungen von Initiativbewerbungen (also Bewerbungen, die ohne eine Stellenanzeige von externen Arbeitnehmern an das Unternehmen gesendet wurden)

Bei dem Erstellen von Stellenanzeigen sollte darauf geachtet werden, dass das Unternehmen so positiv wie möglich dargestellt wird. Auch die Grundlagen von werbepsychologischen Gesichtspunkten (diese habt ihr bereits kennengelernt) sowie ein genauer „Zuschnitt" der Stellenanzeige auf die Bewerbergruppe sollten Anwendung finden. Tatsächlich ist es nämlich so, dass der neu zu besetzende Arbeitsplatz „verkauft" wird.

Die vier Komponenten der Stellenanzeige:

1. Welchen Inhalt hat die Stellenanzeige?
2. passende Anzeigengröße
3. ansprechender und informativer Text
4. ansprechende und passende Gestaltung der Anzeige

4

Lernbereich 11I.1

Folgende inhaltliche Angaben sollte eine Stellenanzeige enthalten (6 W-Fragen):

Wer sucht neue Mitarbeiter?	genaue Bezeichnung und Ort des Unternehmens, der Branche und der Produkte
Welche Stelle soll besetzt werden?	genaue Bezeichnung der Position
Was geschieht an der Stelle bzw. welche Bedeutung hat diese? Welche Qualifikationen sind notwendig?	Bewerberprofil (Ausbildung, Berufserfahrung, Führungsqualitäten, gewünschte Soft-Skills, Sonstiges)
Was bietet das Unternehmen?	Arbeits- und Vertragsbedingungen (Gehalt, Weiterbildungsmöglichkeiten, Sozialleistungen usw.)
Wie erfolgt die Kontaktaufnahme?	Postweg, E-Mail usw.
Wie erfolgt die Personalauswahl?	durch Bewerbungsunterlagen, Vorstellungsgespräche, Arbeitsproben usw.

Vorteile von Stellenanzeigen:

– eine Vielzahl von Bewerbungen von qualifizierten Mitarbeitern gehen ein
– „frischer Wind" kommt in das Unternehmen
– höhere Akzeptanz des neuen Mitarbeiters durch Kollegen
– keine „interne Beschaffungsproblematik", da neuer Mitarbeiter extern eingestellt wird und nicht intern eine neue Stelle durch Wechsel ausgeschrieben werden muss

Nachteile von Stellenanzeigen:

– hoher Zeitaufwand für Sichtung der Bewerbungen
– eine Vielzahl von ungeeigneten Bewerbungen kann eingehen (hoher Zeitaufwand für Absagen, hohe Portokosten für Rücksendung der Bewerbungen)
– „Fehleinstellung bzw. Fehleinschätzung" von angehenden Mitarbeitern, die sich gut „verkaufen" können

Stellenausschreibung	= innerbetriebliche (interne) Ausschreibung einer Stelle
Stellenanzeige	= außerbetriebliche (externe) Ausschreibung einer Stelle

Gestaltung von Stellenanzeigen

Für die Gestaltung von Stellenanzeigen werden häufig Spalten verwendet. Außerdem müssen alle Angaben übersichtlich und ansprechend dargestellt werden.

Inhalte einer offenen Stellenanzeige

Unser Profil	Vorstellung des Betriebs (Firma, Logo, Branche, Standort, Größe)
Wir suchen	Bezeichnung der freien Stelle, Ausschreibungsgrund
Ihr Tätigkeitsfeld	Anforderungsprofil der zu besetzenden Stelle (Stellung in der Hierarchie, Aufgabenbeschreibung, Entwicklungschancen, Teamarbeit, Einstellungstermin)

Ihr Profil	Gewünschtes Fähigkeitsprofil des Stelleninhabers (Ausbildung, Berufsbezeichnung, Berufserfahrung, geforderte Kompetenzen)
Wir bieten	Leistungen des Unternehmens (z. B. Vergütungsgruppe, Sozialleistungen, Arbeitszeit, Auslandsaufenthalt, Geschäftswagen)
Wir bitten um	Einzureichende Bewerbungsunterlagen mit Bewerbungstermin (z. B. Lebenslauf, Zeugnisse, Lichtbild, Referenzen), Bewerbungsfrist (spätester Einreichungstermin)
Kontakt	Kontaktdaten (Ansprechpartner, Kontaktadressen wie Anschrift, Telefon, Homepage, E-Mail), ggf. QR-Code, Onlinebewerbungen: Hinweis auf die spezielle Homepage und auf einen auszufüllenden Bewerberfragebogen

Stellenanzeige, die in der Tageszeitung abgedruckt wird:

Rad & Roll GmbH

Rad macht fit

Wir sind
ein modernes, mittelständisches Unternehmen und gehören zu den führenden Fachhändlern für Fahrräder, E-Bikes und Zubehör der Region. Seit über 20 Jahren sind wir einer der innovativsten Betriebe in der Region und haben über 30 Mitarbeiter/-innen.

Wir suchen
zur Verstärkung unseres Einkaufsteams einen/eine

SACHBEARBEITER/-IN
FÜR DAS BESTELLWESEN

Ihr Aufgabenbereich
erstreckt sich auf die Abwicklung des Bestellvorgangs, die Überwachung der Liefertermine in Zusammenarbeit mit der Einkaufsplanung und der Lagerhaltung und die sachgerechte Vorgehensweise im Falle von Lieferstörungen in Zusammenarbeit mit der Einkaufsleitung.

Ihre Qualifikation
Nach Abschluss Ihrer Ausbildung zur/zum Kauffrau/Kaufmann für Büromanagement haben Sie bereits Berufserfahrung in ähnlicher Position sammeln können. Sie beherrschen Navision, Word und Excel, sind teamfähig, kontakt- und entscheidungsfreudig und arbeiten eigenverantwortlich.

Unser Angebot
Wir bieten Ihnen eine abwechslungsreiche, herausfordernde und verantwortungsvolle Tätigkeit in einem kollegialen und hochmotivierten Team sowie aktive Unterstützung für Ihre persönliche und fachliche Weiterentwicklung. Ein leistungsgerechtes Einkommen mit individuellen Sozialleistungen ist für uns selbstverständlich.

Wenn Sie in dieser Tätigkeit Ihre berufliche Herausforderung erkennen, dann freuen wir uns auf Ihre vollständigen Bewerbungsunterlagen mit Gehaltsvorstellung und frühestem Eintrittstermin. Auf Ihre Bewerbung bis 10.08.20.., auch online, freuen wir uns.

Rad & Roll GmbH
Schlossstraße 21, 70176 Stuttgart
Ansprechpartner: Frau Reisch
+49 0711 12343-12
Onlinebewerbung: www.rad&roll.de
E-Mail: Reisch-Careers@rad&roll.de

Lernbereich 11 II.1

4

Stellenanzeige, die im Internet abgedruckt wird:

Spare4U International KG

Spare4U International KG ist der Begriff für hochwertige Dichtungstechnologie. Mit weltweit 1 200 Mitarbeitern an zehn Standorten in allen Erdteilen gehören wir zu den bedeutendsten Autozulieferern. Innovation, fachliche Kompetenz und höchste Produktqualität machen uns zum Technologieführer.

Innerhalb unseres Geschäftsbereichs Ersatzteile suchen wir zur Ergänzung unseres Einkaufsteams eine/einen

Einkäuferin/Einkäufer.

Das Aufgabengebiet umfasst das Beschaffungsmarketing, die Einkaufsplanung und Einkaufsabwicklung für das Ersatzteilgeschäft von der Marktbeobachtung über die Suche nach neuen Beschaffungsquellen bis hin zu Verhandlungen mit Lieferern und deren Auditierung.

Sie haben Ihre kaufmännische Ausbildung erfolgreich abgeschlossen und bringen Erfahrungen aus der Fahrzeugindustrie mit. Sie beherrschen die englische Sprache und sprechen idealerweise auch Französisch.

Teamfähigkeit, Flexibilität und Einsatzbereitschaft, verbunden mit dem für den Einkauf notwendigen Verhandlungsgeschick, zeichnen Sie aus. Verhandlungstechniken wie Visualisierung, Moderation und Coaching sind Ihnen bestens vertraut. Sie kennen das Arbeiten in größeren Teams und behalten auch in schwierigen Situationen Ruhe und Ausgeglichenheit. Ihre Kommunikationsfreude, Ihre überzeugende und offene Art, nicht zuletzt auch Ihre Selbstständigkeit und Eigeninitiative werden Sie für uns unersetzlich machen.

Es erwartet Sie ein sicherer und zukunftsorientierter Arbeitsplatz in einem dynamischen Einkaufsteam. Sie erhalten von Anfang an ein überdurchschnittliches Einkommen.

Ihre vollständigen Bewerbungsunterlagen mit Gehaltsvorstellung und frühestem Eintrittstermin richten Sie bitte an unsere Frau Landowski.

Wir freuen uns auf Ihre Bewerbung.

Spare4U International KG	Ansprechpartner: Frau Landowski
Personal Recruiting	+49 0341 666333-12
Hopfenweg 3–5	Onlinebewerbung: www.Spare4U.de
04329 Leipzig	E-Mail: Landowski-Recruiting@Spare4U.de

Tannen-Apotheke Schweinfurt

Wir suchen
eine pharmazeutisch-technische Angestellte für unser junges und dynamisches Team

Wir sind
Tannen-Apotheke, Am Marktplatz 10, 97421 Schweinfurt – ein mittelständiges, seit Jahren erfolgreich agierendes Unternehmen mit einem großen Kundenstamm, vielfältiges Sortiment, „Lieferservice für bestellte Artikel" und Vieles mehr

Wir bieten
eigenverantwortliches und selbstständiges Arbeiten möglich, Tätigkeit mit viel gestalterischem Spielraum, pharmazeutisch-technische Angestellte/Angestellter mit Fortbildungsmöglichkeiten, die durch uns bezahlt werden, Sozialleistungen wie Weihnachts- und Urlaubsgeld

Unsere Anforderungen
Sie haben einen Abschluss als pharmazeutisch-technische Angestellte und verfügen bereits über Berufserfahrung. Sie kennen die Abläufe in Apotheken und verfügen über Fachkenntnisse im Bereich der Naturheilkunde. Gute EDV-Kenntnisse (Word, Excel, PowerPoint) sind von Vorteil. Sie besitzen Verantwortungsbewusstsein und haben ein großes Organisationstalent. Sie arbeiten im Team und nehmen Feedback an.

Kontakt
Schriftliche Bewerbung (Bewerbungsschreiben, Lebenslauf, Zeugnisse) an Herrn Johannes Tannert, e. K., Am Marktplatz 10, 97421 Schweinfurt

Bewerbung per E-Mail an info@tannen-apotheke.de

1. **Erstellt** nach den euch vorliegenden Angaben eine Stellenanzeige.
2. **Formatiert** diese so, dass sie in einer Tageszeitung abgedruckt werden kann (Spalten).
3. **Dru**nckt eure Ergebnisse aus und **hängt** diese an die Pinnwand.
4. **Vergleicht** die Dokumente und **erläutert**, warum ihr euch für die gewählten Formatierungen entschieden habt.
5. **Legt** die eurer Meinung nach ansprechendste Stellenanzeige fest und **begründet** eure Entscheidung.
6. **Nehmt** ggf. Änderungen/Ergänzungen vor und **druckt** neu aus.
7. **Heftet** eure Ergebnisse in eurem Ordner ab.

4

Lernbereich 11|I.1

Lernbereich 11II.2: Standardsoftware einsetzen, um eine Veranstaltung zum Erfolg zu führen

Kapitel 5

5 Lernbereich 11II.2: Standardsoftware einsetzen, um eine Veranstaltung zum Erfolg zu führen

Kompetenzerwartungen

Die Schülerinnen und Schüler

- fertigen für ein Veranstaltungskonzept eine Präsentation mithilfe eines Folienmasters an, arbeiten dabei kooperativ im Team, nehmen konstruktive Kritik an und setzen diese um.
- präsentieren ein Veranstaltungskonzept frei unter Zuhilfenahme ihrer selbst erstellten digitalen Notizen.
- nutzen ein Tabellenkalkulationsprogramm zur Erstellung eines Berechnungsschemas mit Eingabe- und Ausgabebereich zur Ermittlung von Verkaufs- und Eintrittspreisen unter Verwendung von Formeln sowie Zellbezügen und schützen den Ausgabebereich vor Manipulationen.

5.1 Veranstaltungen und passende Konzepte

Im BSK-Unterricht haben Lena und Luca bereits bei der Organisation der Weihnachtsfeier mitgeholfen.

Zum Ende des Schuljahres soll ein Schulflohmarkt organisiert werden. Bisher steht jedoch noch nicht fest, wie dieser genau durchgeführt werden soll.

Ziel des Schulflohmarktes ist es, einen Gewinn zu erwirtschaften, der dann an eine gemeinnützige Institution gespendet werden soll. Neben dem Verkauf von Flohmarktartikeln sollen auch Waffeln, Getränke und Süßigkeiten angeboten werden. Live-Musik soll während der Veranstaltung für gute Stimmung sorgen.

Der Schulflohmarkt soll an einem Vor- und Nachmittag stattfinden und Eltern sowie Interessierte sind herzlich eingeladen. Schülerinnen und Schüler, Lehrerinnen und Lehrer können alle Gegenstände, die sie nicht mehr benötigen, für den Flohmarktverkauf kostenlos zur Verfügung stellen. Es ist angedacht, die nicht verkauften Artikel an den Flohmarkthändler „Schwertfeger" zu einem Pauschalpreis abzugeben. Dies muss jedoch genau mit Herrn Schwertfeger abgeklärt werden.

Im Vorfeld soll nun ein Veranstaltungskonzept erarbeitet werden. Lena und Luca legen gleich los.

1. **Informiert** euch über den Themenbereich „Veranstaltungen und passende Konzepte" und **notiert** wichtige Informationen übersichtlich auf einem Spickzettel am PC.
2. **Formatiert** ansprechend.
3. **Überlegt**, was alles für den Schulflohmarkt zu organisieren ist und woran gedacht werden muss. **Notiert** eure Gedanken in einer Mindmap.
4. **Diskutiert** eure Ergebnisse im Klassenverband und **nehmt** Ergänzungen/Änderungen vor.
5. **Erstellt** ein Veranstaltungskonzept in PowerPoint für den Schulflohmarkt und **berücksichtigt** die Funktion Folienmaster.
6. **Bereitet** euch auf die Präsentation vor. **Erstellt** für euch Hand- bzw. Notizzettel in PowerPoint und **ergänzt** diese gegebenenfalls.
7. **Präsentiert** eure Ergebnisse. **Geht** nach der Präsentation auf die Funktion Folienmaster ein bzw. **erläutert** im Plenum, wie ihr eure Hand- bzw. Notizzettel erstellt habt.
8. **Gebt** konstruktives Feedback.
9. **Reflektiert**, wie ihr euch während der Präsentation und in der Team- bzw. Gruppenarbeit gefühlt habt. **Besprecht** dies in der Gruppe. **Zieht** daraus wichtige Schlüsse für die Zukunft.

5.1.1 Veranstaltungen – Allgemeines

Finden sich viele Menschen innerhalb eines festgelegten Zeitraums und anlässlich eines bestimmten Ereignisses zusammen (von Angesicht zu Angesicht, aber auch virtuell), handelt es sich um eine Veranstaltung. Eine solche Veranstaltung kann an einem oder an mehreren Tagen, sogar über mehrere Wochen oder Monate stattfinden. Viele Veranstaltungen wiederholen sich auch periodisch.

Wichtig bei der Organisation einer Veranstaltung ist ihre sorgfältige Vorbereitung. Nach der Beendigung der Veranstaltung muss sie auch nachbereitet werden, also:

- Was war gut?
- Was war weniger gut?
- Wo gab es Pannen? ...

Nur durch eine gute Nachbereitung (Reflektion) ist es möglich, die nächste Veranstaltung zu optimieren.

Außerdem muss eine Veranstaltung immer ein Ziel haben, die Frage lautet also:

„Was will ich mit der Veranstaltung erreichen?"

Abhängig von dem angestrebten Ziel der Veranstaltung spielt der Kosten-Nutzen-Faktor eine entscheidende Rolle.

5.1.2 Veranstaltungen planen – aber wie?

Soll eine Veranstaltung durchgeführt werden, muss eine sorgfältige Planung erfolgen.

Dabei darf man nie das Ziel der Veranstaltung aus den Augen verlieren, da ihre Durchführung meist mit hohen Kosten verbunden ist, also:

Was will ich mit der Veranstaltung erreichen? (Neue „Kunden" gewinnen, Werbung für das Unternehmen/Schule usw., Präsentation von neuen Produkten/neuen Schularten usw., Imagepflege)

Je nachdem, welches Ziel verfolgt wird, kann die Veranstaltung „aufgezogen" werden. Hier spielen grundsätzliche Entscheidungen wie

- Welche Veranstaltungsart soll organisiert werden (Konzeption der Veranstaltung)?
- Wann kann die Veranstaltung stattfinden?
- Wo kann die Veranstaltung stattfinden (Veranstaltungsort intern oder extern)?
- Wie sieht der Teilnehmerkreis aus?
- Welche Referenten werden benötigt (interne oder externe Referenten)?
- Welche Mitarbeiterinnen und Mitarbeiter /Schülerinnen und Schüler organisieren/werden benötigt?
- Wie soll über die Veranstaltung berichtet werden? (Schülerzeitung, Tageszeitung, Fachzeitschrift ...)

5

Lernbereich 1 1II.2

Geht es in die konkrete Vorbereitung, werden die oben aufgeführten Punkte wie folgt ergänzt:

- Konkretes Thema der Veranstaltung festlegen (Was?)
- Kostenrahmen definieren unter Berücksichtigung von ökologischen, ökonomischen und wirtschaftlichen Zielen (Welcher Betrag darf insgesamt ausgegeben werden? Gibt es sonstige Budgetvorgaben? Welche ökologischen Gesichtspunkte sind wichtig und müssen eingehalten werden? usw.)
- Make-or-Buy-Entscheidung treffen – also: Ist es günstiger, wenn das Unternehmen/die Schule die Veranstaltung selbst organisiert oder von einem externen Dienstleister organisieren lässt? Hier spielen sowohl die Kosten als auch die Möglichkeiten (Habe ich überhaupt Mitarbeiter/ Schüler, die diese Aufgabe fachkompetent erledigen können und entsprechende Kapazitäten freihaben?) eine wichtige Rolle.
- Veranstaltungsort festlegen (Wo?)
- Exakten Zeitrahmen definieren (Tag und Dauer der Veranstaltung, Öffnungszeiten ...) und dabei sonstige Termine berücksichtigen sowie Feiertage (regional, national), Ferienordnungen der Bundesländer usw.
- Checklisten erstellen für:
  - Vorbereitung und Aufbau
  - Veranstaltungsablauf, Veranstaltungsende und Veranstaltungsabbau
  - Veranstaltungsnachbereitung
- Teilnehmer konkret festlegen
- Während der gesamten Organisation Alter sowie Geschlecht der Teilnehmer, Wertmaßstäbe, jeweilige Funktion der Teilnehmer, Sitten und Gebräuche, kulturelle Besonderheiten bei ausländischen Teilnehmern usw. berücksichtigen
- Recherche von Dienstleistern durchführen
- Angebote einholen und vergleichen
- Aufträge erteilen
- „Relevante Verordnungen und gesetzliche Vorschriften kennen und anwenden (Lärmschutzverordnung, Anmeldepflicht, Versammlungsstätten-Verordnung usw.)
- Versicherungen prüfen (Veranstaltungshaftpflicht, Veranstaltungsausfallversicherung, Brand- und Diebstahlversicherung)

- Gebühren und Beiträge prüfen und anweisen (GEMA, Künstlersozialkasse, Lizenzen, VG Wort usw.)
- Anhand des Themas ein Rahmenprogramm erstellen, das auch Pausen und einen Veranstaltungsabschluss enthält (wer, was, wie).
- Hilfsmittel für das Rahmenprogramm festlegen, notieren, organisieren (mittels Checkliste)
- Tagesordnung erstellen (je nach Veranstaltungsart wird dann kein Rahmenprogramm benötigt) – Inhalte können sein:
  - Begrüßung und Eröffnung
  - Feststellung der Anwesenheit und Beschlussfähigkeit
  - Protokollführer
  - Berichte
  - Diskussionen/Themen
  - Anträge
  - Verschiedenes
- Einladungen, Anmeldevordrucke (ggf. auch in fremder Sprache) mit den Inhalten:
  - Anlass und Thema
  - Datum
  - Beginn

- Adresse des Tagungsortes
- Tagesordnung
- Programm
- Referenten und Teilnehmerliste
- Unterkunftsregelungen
- Klärung Kostenübernahme
- Teilnehmergebühren mit Angabe der Bankverbindung (sofern welche anfallen)
- Anmeldeformular
- Anmeldeschluss erstellen (Vorgehensweise siehe Lernfeld 2)

- Raumausstattung prüfen und entsprechende Unterlagen anfertigen/bestellen:
  - Geräteauswahl (Was wird benötigt? – Beamer, Projektor, Laptop usw.)
  - Sonstige technische Ausstattung (Internetanschluss usw.)
  - Bestuhlung/Sitzordnung
  - Namensschilder
  - Tischmappen (Sitzungsmappen)
  - Papier und Stifte
  - Dekoration
  - Beleuchtung
  - Abdunklungsmöglichkeiten
  - Bewirtung organisieren (Angebote einholen, Bestellung, Anlieferung)
- Veranstaltungsunterlagen erstellen (Flyer, Werbeanzeigen usw.)
- Wegweiser anfertigen
- Dokumentation der Veranstaltung abklären und einleiten (z. B. Presse einladen, Protokollanten beauftragen, Dossiers/Fotos/Videos sollen angefertigt werden usw.)

Organisatorisches

Im Rahmen der Veranstaltungsplanung müssen viele organisatorische Dinge berücksichtigt werden. Eine gute Organisation von Veranstaltungen ist **der Schlüssel zum Erfolg.** Daher sollte die Organisation sehr strukturiert sein und die „Fäden" in einer Hand liegen, von wo aus dann die einzelnen Schritte überwacht, kontrolliert bzw. optimiert werden.

Bei der Anwesenheit von ausländischen Teilnehmern sollten die Gepflogenheiten des entsprechenden Landes bekannt sein. Im Rahmen der Verpflegung muss ebenfalls auf die landestypischen Merkmale eingegangen werden (z. B. während des Caterings nicht nur Schweinefleisch anbieten, vegetarisches, ja nach Anlass auch veganes Essen einplanen, auf Getränkeauswahl achten u. v. m.).

5.1.3 Durchführung

Am Veranstaltungstag selbst sind vielfältige Aufgaben zu erledigen, die am einfachsten mit einer Checkliste überblickt und abgearbeitet werden können.

So müssen z. B. die Gäste begrüßt und das Informationsmaterial an sie ausgehändigt werden. Außerdem findet in der Regel eine „offizielle Eröffnung" meist in Form einer Rede statt. Wurde ein „Schirmherr" gewählt, kann er diese Aufgabe übernehmen. Oft wird in der Eröffnung auch ein Hinweis auf das vorgesehene Programm, Pausenregelungen usw. gegeben, damit die Teilnehmer der Veranstaltung einen Überblick haben.

Hat die Veranstaltung selbst nach der Eröffnung begonnen, ist es wichtig, dass die Teilnehmer auch betreut werden (in Form von „Wegweisern", „Gesprächen", „Catering"...). Häufig soll die Veranstaltung auch mit Fotos dokumentiert werden. Diese Aufgabe können entweder von Schülerinnen und Schülern oder einem Fotograf sowie der Presse übernommen werden.

Nähert sich die Veranstaltung ihrem Ende, ist es wichtig, einen positiven Ausklang zu finden. Das kann in Form eines gemeinsamen Nachmittags/Abends und/oder einer Abschlussrede geschehen. Den Ideen sind hier keine Grenzen gesetzt und der Grundsatz lautet:

> **„Je positiver eine Veranstaltung in den Köpfen der Teilnehmer bleibt,**
> **umso höher ist ihr Ansehen und das des Veranstalters selbst."**

Um zu erfahren, wie die Teilnehmer die Veranstaltung insgesamt bewertet haben, bietet sich ein Feedback an, am besten in schriftlicher Form mittels Fragebögen, die später vom Veranstalter ausgewertet werden. Dabei müssen die Fragen so formuliert sein, dass sie auch Erkenntnisse bringen. Aus den konkreten Rückmeldungen kann der Veranstalter genaue Rückschlüsse über die Veranstaltung ziehen.

Flexibilität und Anpassungsfähigkeit – notwendige Soft Skills

Schülerinnen und Schüler, die die Veranstaltung sowie die Teilnehmer während der Durchführung aktiv begleiten und unterstützen, tragen durch gute Umfangsformen und das Einhalten von einigen Regeln maßgeblich zum Erfolg einer Veranstaltung bei.

Folgendes ist zu berücksichtigen:

- Informiere dich gut über den Ablauf der Veranstaltung, damit du jederzeit kompetente Auskünfte geben kannst.
- Passe deine Kleidung und dein äußeres Erscheinungsbild sowie dein Auftreten der Veranstaltungsart an.
- Halte die Umgangsformen ein.
- Höre deinem Gegenüber aktiv zu.
- Lasse dein Gegenüber aussprechen und falle ihm nicht ins Wort.
- Halte die Distanzzonen ein!
- Gehe respektvoll mit deinen Mitmenschen um.
- Sei flexibel und anpassungsfähig, damit du in jeder Situation angemessen reagieren kannst.

5

Lernbereich 11I.2

5.1.4 Nachbereitung

Nach Abschluss der Veranstaltung muss sie auch nachbereitet werden. Hier bieten sich Fragen an wie etwa:

- Was war gut?
- Was war weniger gut?
- Wo gab es Probleme?

Außerdem müssen vielfältige Abschlussarbeiten erledigt werden wie:

- die genutzten Räume in ihren „Urzustand" versetzen
- nicht benötigte Materialen und Unterlagen wieder an ihren Platz bringen
- Feedback auswerten (falls es bereits am Ende der Veranstaltung eingeholt wurde) und entsprechende Schlüsse daraus ziehen
- offene Rechnungen begleichen (z. B. für Raummieten, Bewirtungskosten, sonstige Warenlieferungen und Dienstleistungen, Honorarkosten usw.)
- ggf. erhaltene Bestellungen abarbeiten
- Reisekosten/Fahrtkosten abrechnen und – falls nicht vorhanden – entsprechende Formulare erstellen
- Protokolle anfertigen und versenden
- Resümee der Veranstaltung ziehen und einen Soll-Ist-Vergleich durchführen (Ist das Ziel erreicht worden? Wenn nein: Woran hat dies gelegen?).

Um sich bei den Teilnehmern zu bedanken, bietet sich ein Dankesschreiben an, das z. B. auch einen Feedbackbogen als Anlage enthalten kann (sofern es nicht bereits am Schluss der Veranstaltung eingeholt wurde). So zeigt der Veranstalter nach der Veranstaltung nochmals Interesse und signalisiert dem Teilnehmer, dass er und seine Meinung wichtig sind und geschätzt werden.

Sind in der Presse Artikel über die Veranstaltung erschienen, können sie gesammelt und analysiert werden. Oftmals ergeben sich daraus Aspekte, die in Zusammenhang mit der Durchführung der Veranstaltung standen und für das Unternehmen wichtig sind, aber nur für Außenstehende sichtbar waren.

Natürlich fallen noch viele weitere Aufgaben haben, die je nach Veranstaltungsart varIIeren.

5.1.5 Veranstaltungskonzept erarbeiten und präsentieren

Im Vorfeld ist es sinnvoll, ein genaues Veranstaltungskonzept, also einen „ROTEN FADEN" zu erarbeiten. Dieses sollte unter anderem die folgenden Punkte enthalten:

- Von wem wurde das Konzept erstellt?
- Warum wird die Veranstaltung durchgeführt?
- Welche Ziele werden verfolgt ?
- Welche Zielgruppe spreche ich an?
- Wo findet die Veranstaltung statt?
- Wie erfolgt die Umsetzung?
- Welche Wirkung möchte ich mit der Veranstaltung erzielen?
- Wie sieht mein Zeitplan aus?
- Welche „Partner" benötige ich?
- Wie sieht die genaue Organisation aus – wer ist wofür zuständig?

Hilfsmittel können Checklisten sein. Um das Konzept zu präsentieren, bieten sich Präsentationen an. Damit die Präsentierenden während der Präsentation auch auf alle Punkte eingehen, ist es sinnvoll, mit Handzetteln (Spickzetteln) zu arbeiten, die vorher am PC erstellt wurden (in PowerPoint oder in Word).

Exkurs: Teamarbeit

Die Teamarbeit – mehrere Personen arbeiten gemeinsam an einem Themenbereich – wird im Alltag und auch im Schul- bzw. Berufsleben eine immer stärkere Bedeutung zugewiesen. Wichtig ist, dass jedes Teammitglied während der Teamarbeit aktiv ist, also:

NICHT NUR EIN ODER ZWEI TEAMMITGLIEDER ARBEITEN, SONDERN ALLE!

Vorteile der Teamarbeit:

- Gruppendynamik motiviert und fördert den Erfolg
- besserer Überblick über ein schwieriges Themengebiet durch mehrere Personen
- Förderung der Sozialkompetenz
- Einbindung und Motivation auch von „schwächeren" oder „schüchternen" Schülern möglich
- Teammitglieder lernen gegenseitig voneinander
- Kommunikationsfähigkeit der Teamkollegen wird gestärkt
- Fachwissen wird vertieft bzw. erweitert

Regeln für eine gute Zusammenarbeit innerhalb des Teams
Soll die Teamarbeit ein Erfolg werden, finden Sie zusammengefasst einige hilfreiche Regeln:

- JEDER IST GLEICHBERECHTIGT.
- Höre deinen Teamkollegen immer AKTIV zu, also: Sei aufmerksam bei dem, was andere sagen, und verfolge das gesamte Gespräch.
- Unterbreche dein Gegenüber nicht!
- Schneide während des Sprechens deines Gegenübers keine „Grimassen" und fange nicht zu gähnen oder zu grinsen an, da solche Gesten dein Gegenüber verunsichern können.
- Nimm dein Gegenüber und seine Äußerungen ernst!
- Sende „ICH-Botschaften".
- Halte dich an Absprachen, die im Team getroffen werden.
- Erledige die dir übertragenen Aufgaben sorgfältig und gewissenhaft.

5.2 Kalkulatorische Faktoren in Bezug auf Veranstaltungen

5.2.1 Einkaufskalkulation

Nachdem Lena und Luca ihr Veranstaltungskonzept präsentiert haben, geht es in die konkrete Planung und Organisation des Schulflohmarktes. Die Tätigkeiten werden innerhalb des Teams verteilt.

Lena und Luca haben die Aufgabe bekommen, Angebote zu vergleichen sowie die Einkaufspreise zu kalkulieren.

Lena und Luca beginnen gleich mit ihrer Arbeit und holen verschiedene Angebote ein.

Angebot 1

Getränke Neuherr GmbH
Ihr Bio-Händler

Getränke Neuherr GmbH, Adolf-Ley-Str. 1, 97424 Schweinfurt

Wirtschaftsschule Schweinfurt
Organisationsteam Schulflohmarkt
...
...

Ihr Zeichen:
Ihre Nachricht vom:
Unser Zeichen:
Unsere Nachricht vom:

Name: Frau Neuherr
Telefon: 09721 499-20
Telefax: 09721 499-21
E-Mail:neuherr@getraenke.de

Datum: TT.MM.JJJJ

Getränke-Angebot

Sehr geehrte Damen und Herren,

vielen Dank für Ihren Anruf. Gerne unterbreiten wir Ihnen das folgende Angebot:

Lfd. Nr.	Artikel-nummer	Artikel	Menge	Einzelpreis	Gesamt-preis
1	100	Sprudel mit Kohlensäure, 0,2 l je Flasche, 20 Flaschen pro Kasten	30 Kästen	5,90 €	177,00 €
2	101	Zitronenlimonade, 0,2 l je Flasche, 20 Flaschen pro Kasten	30 Kästen	7,50 €	225,00 €
3	102	Orangenlimonade, 0,2 l je Flasche, 20 Flaschen pro Kasten	30 Kästen	7,50 €	225,00 €
4	103	Cola, 0,2 l je Flasche, 20 Flaschen pro Kasten	30 Kästen	7,50 €	225,00 €
5	104	Apfelschorle, 0,2 l je Flasche, 20 Flaschen pro Kasten	30 Kästen	7,20 €	216,00 €

Bei Zahlung innerhalb von 7 Tagen gewähren wir 3 % Skonto, ansonsten zahlbar 30 Tage rein netto.

Lieferung erfolgt frei Haus – die Abholung der leeren Kästen ebenfalls. Unangebrochene Kästen werden kostenlos zurückgenommen und der entsprechende Betrag verrechnet.

Freundliche Grüße

...

Lernbereich 11II.2 · **5**

Angebot 2

Getränkemarkt Schöller OHG

Getränkemarkt Schöller OHG, Schweinfurter Str. 3, 97424 Schweinfurt

Wirtschaftsschule Schweinfurt
Organisationsteam Schulflohmarkt
...
...

Ihr Zeichen:
Ihre Nachricht vom:
Unser Zeichen:
Unsere Nachricht vom:

Name: Herr Karlson
Telefon: 09721 1233-11
Telefax: 09721 1233-12
E-Mail: karlson@getränke-schöller.de.

Datum: TT.MM.JJJJ

Ihre Anfrage

Sehr geehrte Damen und Herren,

aufgrund Ihres Telefonanrufes bieten wir Ihnen folgende Artikel an:

Lfd. Nr.	Artikel-nummer	Artikel	Menge	Einzelpreis	Gesamt-preis
1	47	Sprudel mit Kohlensäure, 0,2 l je Flasche, 20 Flaschen pro Kasten	30 Kästen	5,50 €	165,00 €
2	50	Zitronenlimonade, 0,2 l je Flasche, 20 Flaschen pro Kasten	30 Kästen	7,20 €	216,00 €
3	51	Orangenlimonade, 0,2 l je Flasche, 20 Flaschen pro Kasten	30 Kästen	7,50 €	225,00 €
4	48	Cola, 0,2 l je Flasche, 20 Flaschen pro Kasten	30 Kästen	7,60 €	228,00 €
5	52	Apfelschorle, 0,2 l je Flasche, 20 Flaschen pro Kasten	30 Kästen	7,10 €	213,00 €

Bei Zahlung innerhalb von 7 Tagen gewähren wir 2 % Skonto, ansonsten zahlbar 30 Tage rein netto.

Lieferkosten pauschal 50,00 € – für die Abholung der leeren Kästen fallen keine weiteren Kosten an. Unangebrochene Kästen werden kostenlos zurückgenommen und der entsprechende Betrag verrechnet.

Freundliche Grüße
...

Angebot 3

Getränkegroßhandel Glöckler GmbH

Getränkegroßhandel Glöckler GmbH, Schulstr. 80, 97424 Schweinfurt

Ihr Zeichen:
Ihre Nachricht vom:
Unser Zeichen:
Unsere Nachricht vom:

Wirtschaftsschule Schweinfurt
Organisationsteam Schulflohmarkt
...
...

Name: Herr Müller
Telefon: 09721 1222-123
Telefax: 09721 1222-124
E-Mail: mueller@getränke-gloeckler.de

Datum: TT.MM.JJJJ

Ihre Anfrage

Sehr geehrte Damen und Herren,

wir bieten Ihnen folgende Getränke an:

Lfd. Nr.	Artikel-nummer	Artikel	Menge	Einzelpreis	Gesamt-preis
1	11	Sprudel mit Kohlensäure, 0,2 l je Flasche, 20 Flaschen pro Kasten	30 Kästen	5,90 €	177,00 €
2	12	Zitronenlimonade, 0,2 l je Flasche, 20 Flaschen pro Kasten	30 Kästen	7,30 €	219,00 €
3	13	Orangenlimonade, 0,2 l je Flasche, 20 Flaschen pro Kasten	30 Kästen	7,45 €	223,50 €
4	14	Cola, 0,2 l je Flasche, 20 Flaschen pro Kasten	30 Kästen	7,55 €	226,50 €
5	15	Apfelschorle, 0,2 l je Flasche, 20 Flaschen pro Kasten	30 Kästen	7,30 €	219,00 €

Bei Zahlung innerhalb von 7 Tagen gewähren wir 2,5 % Skonto, ansonsten zahlbar 30 Tage rein netto. Des Weiteren erhalten Sie auf den Rechnungsbetrag einen Rabatt in Höhe von 5 %.

Bezugskosten pauschal 39,00 € für die Abholung der leeren Kästen fallen keine weiteren Kosten an.

Freundliche Grüße
...

Waffelrezept für 15 Waffeln:

50 g Puderzucker
2 Esslöffel Vanillezucker
100 g Butter
200 g Mehl
2 Eier
125 ml Milch
1 Prise Salz
1 Teelöffel Backpulver

Arbeitsauftrag 1

1. **Informiert** euch über euren Themenbereich.
2. **Notiert** wichtige Informationen auf einem Spickzettel.
3. **Informiert** euch über den Blatt- und Zellschutz in Excel.
4. **Schaut** euch die Angebote 1 bis 3 an.
5. **Erstellt** in Excel eine Bezugskostenkalkulation. **Wendet** dabei euer Wissen aus den BSK-Stunden an.
6. **Formatiert** ansprechend.
7. **Überlegt**, welches Angebot ihr annehmt und warum es sinnvoll ist, bei Kalkulationen mit der Funktion Blattschutz zu arbeiten. **Notiert** eure Begründung in einem Textfeld unter eurem Kalkulationsschema. **Schützt** euer Dokument und **speichert** ab.
8. **Präsentiert** eure Ergebnisse. **Geht** auch auf die von euch angewendeten Formeln ein und erläutert, wie der Blattschutz aktiviert wird und worauf man dabei achten muss.
9. **Prüft** euer Dokument auf Vollständigkeit und Richtigkeit. **Nehmt** ggf. Änderungen vor.
10. **Druckt** eure Ergebnisse einmal mit und einmal ohne Formeln aus und **heftet** diese in eurem Ordner ab.

Arbeitsauftrag 2

1. **Schaut** euch das Waffelrezept an.
2. **Erstellt** in Excel eine Mengenkalkulation und ermittelt die Menge pro Zutat für 1 000 Waffeln. Der Tabellenkopf kann wie folgt aussehen:

	A	B	C
1	Zutat	Menge für 15 Waffeln	Menge für 1000 Waffeln

3. **Ergänzt** eure Tabelle mit folgenden Angaben:

	A	B	C	D	E
1	Zutat	Menge für 15 Waffeln	Menge für 1000 Waffeln	Einzelpreis je Zutat	Gesamtpreis je Zutat

4. **Ermittelt** den Einzel- sowie Gesamtpreis je Zutat.
5. **Berechnet**, wie teuer eine Waffel bzw. die Zutaten für 1 000 Waffeln sind.
6. **Formatiert** eure Tabelle ansprechend.
7. **Stellt** die Anteile der einzelnen Zutaten (für 15 Waffeln) in einem geeigneten Diagramm dar.
8. **Speichert** euer Dokument unter dem Dateinamen „Waffelkalkulation" ab.
9. **Präsentiert** eure Ergebnisse. **Geht** auch auf die von euch angewendeten Formeln ein.
10. **Prüft** euer Dokument auf Vollständigkeit und Richtigkeit. **Nehmt** ggf. Änderungen vor.
11. **Druckt** eure Ergebnisse einmal mit und einmal ohne Formeln aus und **heftet** diese in eurem Ordner ab.

Einnahmen und Ausgaben einer Veranstaltung

Bereits in der siebten Klasse hast du gelernt, dass neben dem Taschengeld weitere Einnahmequellen, wie aus Ferien- oder Nebenjobs oder Zuschüsse von Verwandten, existieren.

Auch die Ausgaben konnten in verschiedene Bereiche, wie beispielsweise Kleidung, Nahrungsmittel und Getränke, Kino oder Zeitschriften, untergliedert werden.

Bei einer Veranstaltung gibt es ebenso Einnahmen und Ausgaben, die sich in verschiedene Kategorien einteilen lassen. Die Einnahmen setzen sich beispielsweise aus den Eintrittsgeldern der Veranstaltung, aus den Verkaufspreisen der angebotenen Speisen und Getränke oder aus den Verkäufen von Tombolalosen oder sonstigen Artikeln zusammen. Für die Beschaffung der angebotenen Speisen und Getränken, die musikalische Untermalung der Veranstaltung, die Beschaffung von Sachpreisen bei einer Tombola oder die Organisation von Spielen und deren Betreuung entstehen beispielsweise verschiedene Ausgaben.

Du hast bereits kennengelernt, dass ein Haushaltsbuch während des Monats alle Einnahmen und Ausgaben erfasst, um am Monatsende eine Aussage über den verbleibenden Anteil geben zu können. Diese Einnahmen-Ausgaben-Rechnung findet auch im betrieblichen Kontext oder bei der Durchführung von Veranstaltungen Anwendung. So kann nach einer bestimmten Periode oder nach Abschluss einer Veranstaltung der wirtschaftliche Erfolg gemessen werden. Der wirtschaftliche Erfolg wird als Gewinn bezeichnet und ist die Differenz zwischen den erzielten Einnahmen und den vorhandenen Ausgaben.

Der Einsatz des Computerprogramms Excel eignet sich für eine übersichtliche Erfassung der einzelnen Posten nach Kategorien. Mithilfe von Diagrammen lassen sich anschließend die einzelnen Kategorien veranschaulichen und dienen im Rahmen der Nachbereitung einer Veranstaltung zu Verbesserungsvorschlägen für zukünftige Veranstaltungen.

Handelskalkulation

Jeder Mensch ist bei der Durchführung einer Veranstaltung oder beim Verkauf seiner Produkte bestrebt, einen Gewinn zu erzielen. Der Verkaufspreis der angebotenen Waren und Dienstleistungen muss neben einem Gewinnzuschlag auch alle entstehenden Kosten berücksichtigen. Dieser rechnerische Vorgang heißt kalkulieren. Die Handelskalkulation erfasst im Verkaufspreis alle zu berücksichtigenden Kosten, vom Einkauf bis hin zum Verkauf der Waren einschließlich der Verarbeitung, der Lagerung und der Verwaltung. Die nachfolgende Abbildung soll dies verdeutlichen.

Die Ermittlung des Bezugspreises haben wir bereits beim Angebotsvergleich im Band der siebten Klasse behandelt.

Zur Durchführung eines Angebotsvergleiches müssen neben den Preisnachlässen auch alle zusätzlich anfallenden Kosten berechnet und aufaddiert werden.

Das Kalkulationsschema zieht vom Nettolistenpreis des Verkäufers alle Rabatte, z. B. aufgrund einer großen Bestellmenge oder für Kundentreue, ab und erhält damit den Zieleinkaufspreis. Um auf den Bareinkaufspreis zu gelangen, wird Skonto abgezogen, dies ist ein Nachlass für die vorzeitige Zahlung des Rechnungspreises. Die Rabatte und der Skonto sind in der Regel in einem Prozentsatz angegeben und können mithilfe der Prozentrechnung als Eurobetrag ermittelt werden. Im Anschluss an den Bareinkaufspreis müssen die Bezugskosten, d. h. die Kosten für Verpackung, Transport und Transportversicherung sowie ggf. Zölle und Einfuhrsteuern, hinzugerechnet werden, um den Bezugspreis zu berechnen. Dieser Preis stellt die Vergleichsbasis zwischen verschiedenen Angeboten dar.

Bezugspreis = Listenpreis – Preisnachlässe + Bezugskosten

Kalkulationsschema für die Ermittlung des Bezugspreises

In der Praxis bietet sich das Programm Excel zum Kalkulieren an. Vorteil dieses Programmes ist es, dass das Schema sowie die Formeln einmal eingegeben und dann kopiert werden können.

Zellbezüge sowie absolute Zellformatierung beachten.

Die nachfolgenden Angaben liegen vor:

Angebot 1:	Listeneinkaufspreis 200,00 €, Rabatt 5%, Skonto 2%, Bezugskosten 15,00 €
Angebot 2:	Listeneinkaufspreis 220,00 €, Rabatt 10%, Skonto 3%, Bezugskosten: Lieferung frei Haus
Angebot 3:	Listeneinkaufspreis 190,00 €, Rabatt 6%, kein Skonto wird gewährt, Bezugskosten 10,00 €

1. **Ermittelt** den Einstandspreis (Bezugspreis) mit dem Programm Excel.
2. **Entscheidet** euch für ein Angebot und begründet eure Entscheidung in einem Textfeld unterhalb eurer Kalkulation.
3. **Speichert** ab und **präsentiert** eure Ergebnisse.
4. **Nehmt** ggf. Änderungen/Verbesserungen vor.
5. **Druckt** euer Dokument einmal mit und einmal ohne Formeln aus.

5.2.2 Verkaufskalkulation

Nachdem Lena und Luca die Angebote verglichen, den Bezugspreis kalkuliert und die Zutatenmengen für die Waffeln sowie die zugehörigen Bezugspreise berechnet haben, sollen sie nun den Verkaufspreis für die Getränke und die Waffeln ermitteln. Es soll ein Gewinn von 20% pro Artikel erzielt werden. Die Handlungskosten für die Waffeln sowie die Getränke betragen 15%.

Außerdem soll während des Schulflohmarktes ein kleines Theaterstück aufgeführt werden. Um den Raum zu dekorieren, sind verschiedene Materialien notwendig. Die Vorgaben des BSK-Lehrers lauten wie folgt:

„Die Kosten für die Raumdekoration müssen gedeckt sein und es soll ein Gewinn, berechnet von der Platzgebühr + Kosten für Raumdekoration, von 40% erzielt werden. Die minimale Platzgebühr (ohne die 40% Gewinn und ohne die Kosten für die Raumdekoration) beträgt 2,00 €.

Der am Ende erzielte Gewinn wird dann wie der Erlös des Schulflohmarktes für einen gemeinnützigen Zweck gestiftet. Insgesamt stehen 220 Sitzplätze für das Theaterstück zur Verfügung, die alle belegt werden sollen.

Kosten für die Raumdekoration:

123,00 € (für Luftschlangen, Luftballons, Vorhänge etc.)

34,00 € (für Fensterfarben – Fensterdekoration)

Arbeitsauftrag 1

1. **Informiert** euch über euren Themenbereich.
2. **Notiert** euch wichtige Informationen auf einem Spickzettel.
3. **Tauscht** euch mit eurem Nachbarn aus.
4. **Öffnet** die Datei Waffelkalkulation.
5. **Ergänzt** euer Schema um die fehlenden Werte. Liegen keine Angaben zu Rabatten und Sonstigem vor, lasst ihr den Zellbereich leer.
6. **Stellt** eure Kalkulation in einer sinnvollen und aussagekräftigen Grafik dar.
7. **Präsentiert** eure Ergebnisse im Plenum und geht auf eure Vorgehensweise ein (Berechnung sowie Erstellung des Diagramms).
8. **Nehmt** ggf. Änderungen/Ergänzungen vor und **druckt** eure Ergebnisse einmal mit und einmal ohne Formeln aus. **Heftet** diese in eurem Ordner ab.
9. **Wendet** euer neu erworbenes Wissen in der Zukunft an.

Arbeitsauftrag 2

1. **Öffnet** eine leere Arbeitsmappe und **speichert** diese unter dem Dateinamen „Eintrittspreise" ab.
2. **Erstellt** eine Tabelle und ermittelt die Höhe des Eintrittspreises pro Karte.
3. **Legt** dabei die entstandenen Kosten für die Raumdekoration auf 220 Eintrittskarten.
4. **Berechnet** den maximalen Betrag sowie den Gewinn in Euro, der erzielt werden kann, unter Berücksichtigung der euch vorliegenden Angaben aus der Einstiegssituation.
5. **Überlegt**, was euch auffällt (Verkaufspreis pro Karte) und **notiert** eure Gedanken unter eurer Tabelle in einem Textfeld.
6. **Präsentiert** eure Ergebnisse im Plenum und **geht** dabei auf das Vorgehen bei den Berechnungen sowie auf eure Überlegungen ein.
7. **Gebt** euch gegenseitig ein Feedback.
8. **Nehmt** ggf. Änderungen/Ergänzungen vor und **druckt** eure Ergebnisse einmal mit und einmal ohne Formeln aus. **Heftet** diese in eurem Ordner ab.
9. **Wendet** euer neu erworbenes Wissen in der Zukunft an.

Zwischen dem Einkauf der Waren und dem Verkauf während der Veranstaltung entstehen weitere Kosten. Die Waren müssen gelagert und verwaltet, die Veranstaltung und der Verkauf der Waren müssen kommuniziert und die Schüler oder Mitarbeiter wollen am Veranstaltungstag entlohnt werden.

Diese Kosten werden Handlungskosten genannt und mithilfe eines Prozentsatzes auf die Bezugskosten gerechnet. Sie ergeben zusammen mit den Bezugskosten die Selbstkosten.

Selbstkosten = Bezugspreis + Handlungskosten

Kalkulationsschema für die
Ermittlung der Selbstkosten

```
  Listeneinkaufspreis (netto)
- Rabatte
= Zieleinkaufspreis
- Skonto
= Bareinkaufspreis
+ Bezugskosten
= Bezugspreis
+ Handlungskosten
= Selbstkosten
```

Kein Mensch gibt sich mit dem Verkauf der Waren zum Selbstkostenpreis zufrieden, sondern er möchte einen möglichst großen Gewinn erzielen. Der Gewinn ist ein prozentualer Aufschlag (= Gewinnsatz) auf die Selbstkosten. Es gibt keine einheitliche Größe für einen angemessenen Gewinn, sondern dieser ist abhängig von der Warengruppe und der jeweiligen Betriebsgröße.

$$\text{Gewinn} = \frac{\text{Selbstkosten} \times \text{Gewinnsatz}}{100}$$

Der Gewinn addiert mit den Selbstkosten ergibt den Barverkaufspreis.

Wenn dem Kunden beim Verkauf der Waren ein Rabatt oder Skonto eingeräumt werden soll, müssen diese vorher in den Verkaufspreis eingerechnet werden. Die Betriebe bedienen sich zum Verkauf ihrer Waren oftmals Vertretern, denen eine Provision gezahlt wird, die ebenso im Preis einkalkuliert werden muss.

Zunächst muss der Verkäufer Skonto und ggf. die Vertreterprovision im Hundert vom Zielverkaufspreis berechnen. Der Barverkaufspreis bildet hier nicht die Basis von 100%, sondern den um den Skonto- und Vertreterprozentsatz verminderten Prozentsatz.

Der Barverkaufspreis beträgt 125,00 €. Der Verkäufer gewährt dem Kunden 2% Skonto.

	Barverkaufspreis	125,00 €	= 98%
+	Skonto (2%)	2,55 €	= 2%
=	Zielverkaufspreis	127,55 €	= 100%

Im nächsten Schritt ist auf den Zielverkaufspreis der Kundenrabatt im Hundert vom Listenverkaufspreis (= Nettoverkaufspreis) zu berechnen.

Auf den errechneten Zielverkaufspreis gewährt der Verkäufer dem Kunden 5% Rabatt.

	Zielverkaufspreis	127,55 €	= 95%
+	Rabatt (5%)	6,71 €	= 5%
=	Nettoverkaufspreis	134,26 €	= 100%

Kalkulationsschema für die Ermittlung des Nettoverkaufspreises

Selbstkosten
+ Gewinn
= Barverkaufspreis
+ Kundenskonto
+ Vertreterprovision
= Zielverkaufspreis
+ Kundenrabatt
= Nettoverkaufspreis

Zusammenfassendes Kalkulationsschema

Listeneinkaufspreis (netto)
– Rabatte
= Zieleinkaufspreis
– Skonto
= Bareinkaufspreis
+ Bezugskosten
= Bezugspreis
+ Handlungskosten
= Selbstkosten
+ Gewinn
= Barverkaufspreis
+ Kundenskonto
+ Vertreterprovision
= Zielverkaufspreis
+ Kundenrabatt
= Nettoverkaufspreis

Oft ist es sinnvoll, die Kosten grafisch darzustellen. Jeder kann dann genau sehen, welche Kosten von welchem Produkt verursacht werden. In manchen Fällen dient eine grafische Darstellung als bessere Entscheidungshilfe. Man sieht auf einen Blick, was „Sache" ist.

Die nachfolgenden Angaben liegen vor:		Bezugspreise für die verschiedenen Artikel:	
Handlungskosten	25 %	Artikel 1	1.300,00 €
Gewinn	40 %	Artikel 2	325,00 €
Kundenskonto	3 %	Artikel 3	450,00 €
Kundenrabatt	15 %	Artikel 4	8.765,00 €
		Artikel 5	7.234,60 €
		Artikel 6	1.241,00 €

Aufgabe 1

1. **Öffnet** ein leeres Worddokument.
2. **Speichert** dieses ab.
3. **Ermittelt** jeweils den Nettoverkaufspreis für die verschiedenen Artikel mithilfe des Kalkulationsschemas in Excel.
4. **Speichert** ab und **präsentiert** eure Ergebnisse.
5. **Nehmt** ggf. Änderungen/Verbesserungen vor.
6. **Druckt** euer Dokument einmal mit und einmal ohne Formeln aus und **heftet** dieses in eurem Ordner ab.

Aufgabe 2

1. **Öffnet** ein leeres Worddokument.
2. **Speichert** dieses ab.
3. **Ermittelt** jeweils den Nettoverkaufspreis für die zuvor genannten Artikel, wenn sich die Angaben wie folgt ändern:
   Handlungskosten   20 %
   Gewinn   30 %
   Kundenskonto   2 %
   Kundenrabatt   12 %
4. **Was** stellt ihr fest? **Notiert** eure Feststellungen in einem Textfeld unterhalb eurer Kalkulation.
5. **Präsentiert** eure Ergebnisse und **geht** dabei auch auf eure Feststellungen ein.
6. **Gebt** euch gegenseitig ein Feedback.
7. **Nehmt** ggf. Änderungen/Verbesserungen vor.
8. **Druckt** euer Dokument einmal mit und einmal ohne Formeln aus und **heftet** dieses in eurem Ordner ab.

5.2.3   Berechnung des wirtschaftlichen Erfolges einer Veranstaltung

Der Schulflohmarkt und das Theaterstück sind durch- bzw. aufgeführt. Alle Teilnehmer waren begeistert.

Nach der Veranstaltung wartet allerdings noch eine Menge Arbeit auf das Organisationsteam, die zu erledigen ist.

Die Rechnungen müssen überwiesen und in Excel statistisch erfasst werden, der Gewinn der Veranstaltung ist zu ermitteln und das Geld soll an eine gemeinnützige Einrichtung weitergegeben werden, und und und.

Die Aufgaben werden verteilt. Lena und Luca sind für die Ermittlung des wirtschaftlichen Erfolges zuständig. „Mmm, was müssen wir denn da eigentlich machen", fragt Lena Luca. „Das weiß ich auch noch nicht so genau", antwortet dieser.

Lustig OHG - Max-Josef-Straße 3 - 80333 München

Wirtschaftsschule
Frau Riewer
Mainstraße 251
97421 Schweinfurt

Ihr Zeichen:	
Ihre Nachricht:	
Unser Zeichen:	EB
Unsere Nachricht:	
Name:	Elisabeth Brechtl
Telefon:	089 236588-28
Telefax:	089 236588-20
E-Mail:	e.brechtl@lustig.de
Datum:	20.03.20XX

Rechnung

Kunden-nummer	Rechnungs-nummer	Rechnungs-datum	Liefer-datum	Auftrags-nummer	Auftrags-datum
240138	257032	28.11.20XX	28.11.20XX	24259999	20.11.20XX

Pos.	Art.-Nr.	Bezeichnung	Anzahl	Einzelpreis	Gesamtpreis
1	1-35	Getränkebecher 50 Stk. je Packungseinheit, recycelbar	25	6,49 €	162,25 €
2	4-91	USB-Stick 16 GB	10	5,70 €	57,00 €
3	3-10	Kugelschreiber „Wave", verschiedene Farben	500	0,40 €	200,00 €
		Gesamtnettowert + Transportkosten			419,25 € 0,00 €
		= Gesamtnetto + Umsatzsteuer 19 %			419,25 € 79,66 €
		= Rechnungsbetrag			**498,91 €**

Zahlungsbedingungen:
Innerhalb 14 Tagen 3 % Skonto, 30 Tage netto

Kontakt:
Tel.: 089 236588-0
Fax: 089 236588-20
E-Mail: party@lustig.de
www.partyausstatterlustig.com
Geschäftsführer: Stefan Lustig, Michaela Lustig
Handelsregister München, HRA 3268

Postbank München
BLZ 700 100 80
Konto 749 587 254
IBAN DE78 7001 0080 0749 5872 54
BIC PBNKDEFF

St.-Nr.: 143/168/80569

Stadtsparkasse München
BLZ 701 500 00
Konto 43 006 578
IBAN DE86 7015 0000 0043 0065 78
BIC SSKMDEMM

USt-IdNr.: DE129273389

Schreibwaren Müller OHG

Steuernummer: 206/222/93832

Hafenstraße 56
97424 Schweinfurt
Tel. 09721 3154

Beleg-Nr: 1137467

Buntstifte

35 St. 0,99 €   34,65 € *
                          34,65 € *

TOTAL   34,65 € **

SUMME   50,00 €

BAR   15,35 €

RÜCKGELD

enthaltende   19 %   5,53 €
Umsatzsteuer

Es bediente Sie Frau Thein.

Umtausch und Reklamation nur gegen
Vorlage des Kassenbons !

Vielen Dank für Ihren Einkauf.

10.03.20xx   13:53

Tante Emma e. Kfr.

Mainweg 18, 97421 Schweinfurt
Tel. 09721 358614

Steuernummer: 206/222/97551

Kassenbon Nr. 358

Lutscher	100 St.	60,00 €
Schokoriegel	75 St.	63,75 €
TOTAL		**123,75 €**
Netto		115,65 €
SUMME		123,75 €
BAR		**125,00 €**
	RÜCKGELD	1,25 €
enthaltende Umsatzsteuer	7 %	8,10 €

Vielen Dank für Ihren Einkauf.
30.03.20xx   15:21

Getränke Neuherr GmbH
Ihr Bio-Händler

Getränke Neuherr GmbH, Adolf-Ley-Str. 1, 97424 Schweinfurt

Wirtschaftsschule Schweinfurt
Organisationsteam Schulflohmarkt
…
…

Ihr Zeichen:
Ihre Nachricht vom:
Unser Zeichen:
Unsere Nachricht vom:

Name: Frau Neuherr
Telefon: 09721 499-20
Telefax: 09721 499-21
E-Mail:neuherr@getraenke.de

Datum: 06.04.JJJJ

Rechnung

Rechnungsnummer	Kundennummer	Lieferdatum
667	123-WS	04.04.JJJJ

Lfd. Nr.	Artikel-nummer	Artikel	Menge	Einzel-preis	Gesamt-preis
1	100	Sprudel mit Kohlensäure, 0,2 l je Flasche, 20 Flaschen pro Kasten	30 Kästen	5,90 €	177,00 €
2	101	Zitronenlimonade, 0,2 l je Flasche, 20 Flaschen pro Kasten	30 Kästen	7,50 €	225,00 €
3	102	Orangenlimonade, 0,2 l je Flasche, 20 Flaschen pro Kasten	30 Kästen	7,50 €	225,00 €
4	103	Cola, 0,2 l je Flasche, 20 Flaschen pro Kasten	30 Kästen	7,50 €	225,00 €
5	104	Apfelschorle, 0,2 l je Flasche, 20 Flaschen pro Kasten	30 Kästen	7,20 €	216,00 €
	NETTO 19 % USt.				1068,00 € 202,92 €
	Rechnungsbetrag				1270,92 €

Zahlungsbedingungen: 3 % Skonto bei Zahlung innerhalb von 7 Tagen, sonst 30 Tage netto, Lieferung erfolgt frei Haus

---

Einnahmen aus dem Getränkeverkauf:
1 828,50 €

Einnahmen aus dem Eintrittskartenverkauf:
3,79 € × 220 = 833,80 € (abzüglich Kosten für die Raumdekoration in Höhe von 157,00 €) =
676,80 € Gewinn

Gewinn aus dem Verkauf der Flohmarktartikel:
922,10 €

Betrag, der von dem Flohmarkthändler Schwertfeger für die restlichen nicht verkauften Flohmarktartikel gezahlt
wurde:
500,00 €

Einnahmen aus dem Waffelverkauf:
Alle Waffeln wurden verkauft – der genaue Betrag muss der Waffelkalkulation entnommen werden.

Lernbereich 11I.2

5

1. **Informiert** euch über euren Themenbereich.
2. **Haltet** wichtige Informationen in einer Mindmap fest.
3. **Tauscht** den Platz mit einer anderen Gruppe und vergleicht eure Mindmaps. **Gebt** euren Tauschpartnern ein konstruktives Feedback.
4. **Nehmt** ggf. Änderungen/Ergänzungen vor.
5. **Erfasst** nun die vorliegenden Belege in Excel. **Findet** sinnvolle Überschriften für euren Tabellenkopf (z. B. Datum, Bezeichnung, Ausgaben, Einnahmen, Bemerkung).
6. **Ermittelt** die Summe der Einnahmen bzw. Ausgaben sowie den eventuellen Gewinn. Wurde ein Gewinn erzielt, soll in der Spalte „Bezeichnung" hinter dem Gewinnbetrag das Wort „GEWINN" stehen. *Wurde ein Verlust erzielt, soll in der Spalte Bezeichnung das Wort „VERLUST" ausgewiesen werden.* **Wendet** hierfür eine geeignete Formel an (Excelhandbuch).
7. **Stellt** die Einnahmen den Ausgaben in einem geeigneten Diagramm gegenüber.
8. **Präsentiert** eure Ergebnisse und **erläutert** euer Vorgehen. **Nehmt** Stellung zu dem von euch gewählten Diagrammtyp und **begründet**, warum ihr euch für diesen entschieden habt.
9. **Nehmt** ggf. Änderungen/Ergänzungen vor.
10. **Wendet** den Blattschutz an.
11. **Druckt** euer Dokument einmal mit und einmal ohne Formeln aus und **heftet** es in eurem Ordner ab.

Wirtschaftlicher Erfolg

Um den wirtschaftlichen Erfolg einer Veranstaltung feststellen zu können, ist es notwendig, für jeden Einnahmen- und Ausgabenposten einen Beleg zur Dokumentation zu besitzen. Diese Belege sollten nach Einnahmen und Ausgaben sortiert werden. Sinnvollerweise können die Einnahmen auch gleich in die Unterkategorien, z. B. Eintrittsgelder oder Verkauf Weihnachtspunsch, aufgeteilt werden. Diese Vorgehensweise sollte ebenso bei den Ausgaben angewendet werden. Es bieten sich die folgende Unterkategorien an: Einkauf Weihnachtspunsch, Preise, Tombola, Dekoration usw.

Im Anschluss wird die Summe der einzelnen Unterkategorien ermittelt. Daraus lassen sich die Gesamtsummen aller Einnahmen sowie die Gesamtsummen aller Ausgaben errechnen. Am einfachsten ist dies mit dem Einsatz eines Computerprogramms, z. B. Excel, möglich.

Der wirtschaftliche Erfolg ist die Differenz aus beiden Summen und kann wie folgt ermittelt werden:

Wirtschaftlicher Erfolg = Einnahmen – Ausgaben

Mithilfe von Diagrammen lassen sich nun die Zahlen auch grafisch darstellen, um schnell die einzelnen Anteile der Einnahmen, Ausgaben und des wirtschaftlichen Erfolgs zu sehen.

Grafische Darstellung

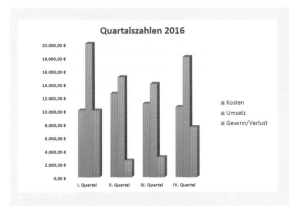

Säulendiagramm eignen sich, um

- einzelne Datenreihen miteinander zu vergleichen.
- Veränderungen im Zeitablauf darzustellen.

Beispiele:
- Entwicklung von Kosten, Umsatz und Gewinn/ Verlust
- Entwicklung des Personalbestandes in den vergangenen Jahren

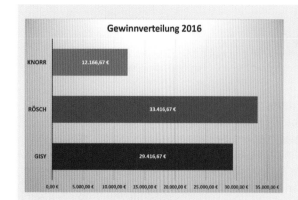

Balkendiagramme eignen sich, um

- einzelne Datenreihen miteinander zu vergleichen.
- Datenreihen zu einem bestimmten Zeitraum zu veranschaulichen.

Beispiele:
- Absatzzahlen verschiedener Produkte in einer bestimmten Periode
- Gewinnverteilung in einem bestimmten Jahr

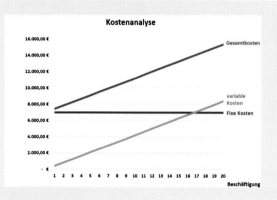

Liniendiagramm
Wie beim Säulendiagramm können mit Liniendiagrammen die Veränderungen von Datenreihen über einen bestimmten Zeitraum bzw. bei unterschiedlichen Mengen aufgezeigt werden.

Beispiele:
- Veränderung des Marktanteils
- Kostenanalyse

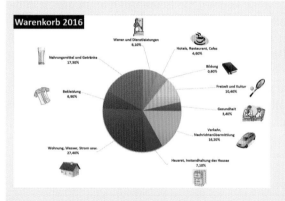

Kreisdiagramm
Kreisdiagramme können immer nur eine Datenreihe darstellen. Mit Kreisdiagrammen lässt sich das Verhältnis einzelner Teile zum Ganzen (100 %) aufzeigen.

Beispiele:
- Zusammensetzung des Warenkorbs
- Marktanteil eines Unternehmens
- Abstimmungsergebnis bei einer Hauptversammlung

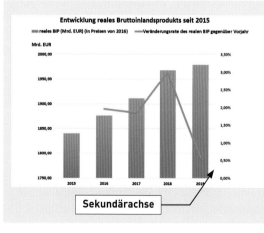

Verbunddiagramm
Abhängige Datenreihen mit unterschiedlichen Informationen lassen sich durch Verbunddiagramme darstellen.

Beispiel:
Entwicklung des realen Bruttoinlandsprodukts und die Veränderung des realen Bruttoinlandsprodukts gegenüber dem Vorjahr.

Bei Verbunddiagrammen ist es meistens sinnvoll, eine **Sekundärachse** einzublenden.

Einkaufsliste der Klasse 11 der Wirtschaftsschule für das Schulfest				
Getränkelieferant: Weber GmbH				
Rabatt bis 5 Kisten: 2%				
Rabatt ab 6 Kisten: 5%				
Getränke	**Menge**	**Preis je Kiste**	**Gesamtpreis in € je Getränkesorte**	**Höhe des Rabattes in €**
Cola	10	11,00 €		
Cola light	4	11,00 €		
Cola-Mixgetränk	1	11,00 €		
Sprite	4	11,00 €		
Orangina	2	14,29 €		
Mineralwasser	15	3,99 €		
Orangensaft	8	8,99 €		
Apfelsaft	10	8,99 €		
Bananensaft	4	9,99 €		
Kirschsaft	4	13,99 €		
alkoholfreies Bier	12	11,99 €		
alkoholfreies Radler	7	11,99 €		
		Summe:		
		Endpreis		

1. **Öffnet** ein leeres Excel-Dokument.
2. **Übernehmt** die Tabelle wie abgebildet inklusive aller Formatierungen.
3. **Berechnet** den Gesamtpreis je Getränkesorte.
4. **Ermittelt** mit der Wenn-Funktion die Höhe des Rabatts in Euro.
5. **Berechnet** jeweils die Summen.
6. **Ermittelt** den Endpreis für die Getränkerechnung.
7. **Speichert** ab.
8. **Präsentiert** eure Ergebnisse und **nehmt** ggf. Änderungen/Verbesserungen vor.
9. **Übernehmt** eure Tabelle in ein neues Tabellenblatt und **blendet** die Formeln ein. **Formatiert** sinnvoll.
10. **Druckt** eure Dokumente einmal mit und einmal ohne Formeln aus.

Programmhandbuch Word

Kapitel 6

6 Programmhandbuch Word

6.1 Word-Dateien öffnen, speichern und schließen

→ **Dateien öffnen:**

❶ Register Datei – ÖFFNEN anklicken – entsprechende Datei aussuchen

❷ im nun erscheinenden Fenster entsprechenden Ordner und Datei auswählen

❸ ÖFFNEN anklicken und die ausgesuchte Datei öffnet sich.

→ **Dateien speichern:**

❶ Register Datei – SPEICHERN anklicken

oder

❷ Register Datei – SPEICHERN UNTER anklicken (wenn die Datei nicht überspeichert werden soll) – im nun erscheinenden Fenster Speicherort auswählen

❸ Speichernamen eingeben

❹ SPEICHERN anklicken und die Datei wird gespeichert.

→ **Dateien schließen:**

❶ Register Datei – SCHLIEßEN anklicken

6.2 Daten ausschneiden und kopieren

→ Ausschneiden:

❶ Textstelle oder Bereich, der ausgeschnitten werden soll, markieren

❷ Kontextmenü AUSSCHNEIDEN

oder

oder
Symbolleiste ✂ Ausschneiden anklicken

→ Kopieren:

❶ Textstelle oder Bereich, der kopiert werden soll, markieren

❷ Kontextmenü KOPIEREN

oder

oder
Symbolleiste 🗐 Kopieren anklicken

→ Einfügen der ausgeschnittenen bzw. kopierten Zellinhalte:

❶ an entsprechender Stelle ins Dokument stellen, an welcher der kopierte/ausgeschnittene Text eingefügt werden soll

❷ Kontextmenü EINFÜGEN

oder

oder
Symbolleiste 📋 Einfügen (**Zwischenablage**) anklicken

6.3 Zeichenformatierung

6.3.1 Schrift ändern

Bei der Zeichenformatierung ist es wichtig, dass man diese Hervorhebungen unter Berücksichtigung der DIN anwendet.

Hervorhebungen können auch durch Farben erzeugt werden. Dabei gilt: immer eine Farbe nehmen, die sowohl am Bildschirm als auch im Ausdruck (Farbdruck ODER Schwarz-Weiß-Druck) gut lesbar ist. Helle Farben wie Pastelltöne und Gelbtöne neigen dazu, dass sie im Ausdruck nicht mehr gut lesbar sind.

→ Schriftgröße und Schriftart ändern:

❶ Text markieren

❷ Register START – hier die Veränderungen der Schriftart und Schriftgröße vornehmen

oder

Kontextmenü – Änderungen ebenfalls vornehmen

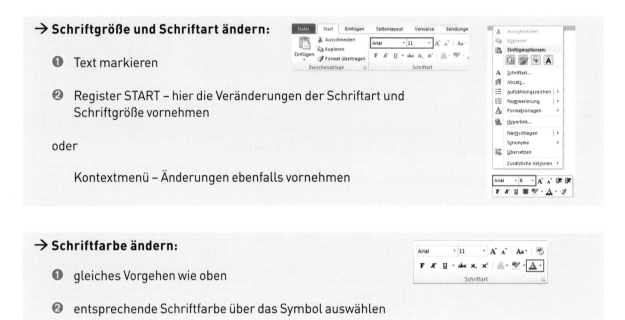

→ Schriftfarbe ändern:

❶ gleiches Vorgehen wie oben

❷ entsprechende Schriftfarbe über das Symbol auswählen

6.3.2 Fett, Kursiv, Unterstrichen, Linksbündig, Zentriert, Rechtsbündig

→ FETT, KURSIV, UNTERSTRICHEN:

❶ Text markieren

❷ Register START – entsprechendes Symbol anklicken

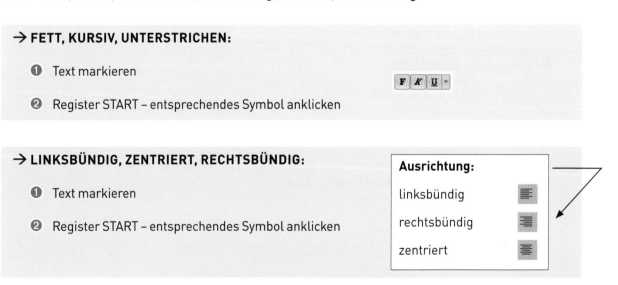

→ LINKSBÜNDIG, ZENTRIERT, RECHTSBÜNDIG:

❶ Text markieren

❷ Register START – entsprechendes Symbol anklicken

Ausrichtung:

linksbündig

rechtsbündig

zentriert

 Die DIN sagt, dass Satzzeichen innerhalb einer Hervorhebung mitformatiert werden. Stehen diese am Ende einer Hervorhebung, so sollen sie nur mit in diese einbezogen werden, wenn sie vom Inhalt her zum hervorgehobenen Text gehören.

Die Großmutter erzählt: **„Peter und Heidi gehen zufrieden nach Hause."**

6.4 Rahmen und Schattierung

Um Texte oder Textpassagen besonders hervorzuheben, bieten sich Rahmen und Schattierungen an. Diese können um einzelne Bereiche im Dokument oder um ein gesamtes Blatt als „Seitenrand" gelegt werden.

→ Rahmen um Markierung hinzufügen:

1. Bereich markieren, um den die Rahmen gelegt werden sollen

2. Register START – Pfeil bei dem Symbol für Rahmen aufklappen

3. gewünschten Rahmen wählen

oder

1. auf den Befehl „Rahmen und Schattierung" gehen

2. Register RAHMEN

3. entsprechenden Rahmen in den Fenstern auswählen (auch Farbe und Breite)

4. OK

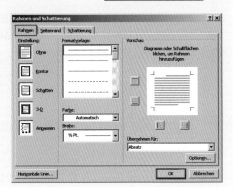

→ Rahmen als Seitenrand hinzufügen:

1. auf den Befehl „Rahmen und Schattierung" gehen

2. Register SEITENRAND

3. entsprechenden Seitenrand auswählen (auch Farbe, Breite)

4. OK

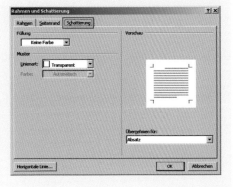

→ Schattierung:

1. Vorgehensweise wie oben

2. Register „Schattierung" auswählen und entsprechende Schattierung einfügen (Füllung)

oder

3. Register START , entsprechendes Symbol verwenden und die Schattierungs- bzw. Hintergrundfarbe aussuchen

6.5 WordArt einfügen

Sollen Überschriften in Texten optisch hervorgehoben werden, bietet sich neben FETT, KURSIV, UNTER-STRICHEN die Möglichkeit an, eine Überschrift als WordArt zu gestalten.

→ WordArt einfügen

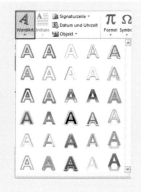

❶ Text markieren, der als WordArt formatiert werden soll

❷ Register EINFÜGEN

❸ Symbol für WordArt anklicken und entsprechendes WordArt aus dem Fenster auswählen

Berücksichtigt die DIN und die Typografischen Regeln! Überschriften sollten immer $^1/_3$ größer als der Rest des Textes geschrieben werden. Sie sind außerdem mit mindestens einer Leerzeile zum nachfolgenden Text abzutrennen.

6.6 Symbole und Sonderzeichen

→ Symbole und Sonderzeichen einfügen:

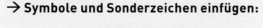

❶ Register EINFÜGEN – Symbol oder Sonderzeichen auswählen und diese werden eingefügt

oder

❷ WEITERE SYMBOLE anklicken im entsprechenden Register Symbol/Sonderzeichen Schriftart auswählen – Symbol auswählen – EINFÜGEN – SCHLIEßEN anklicken

Berücksichtigt die DIN, wenn ihr mit Sonderzeichen arbeitet.

Fast immer, wenn die Sonderzeichen für ein Wort stehen, müsst ihr vor und nach dem Sonderzeichen ein Leerzeichen setzen (diese ersetzen ja schließlich ein Wort und vor sowie nach Wörtern stehen ebenfalls immer Leerzeichen).

6.7 Formen einfügen (Autoformen)

Um Dokumente optisch besser zu gestalten oder um spezielle Einträge in einem Dokument vorzunehmen (z. B. Kommentare, „Unterschriften von Bildern", Sprechblasen usw.), bieten sich Formen (in Altversionen „Autoformen" genannt) an.

→ Formen in ein Dokument einfügen:

❶ Register EINFÜGEN – FORMEN anklicken

❷ gewünschte Form anklicken

❸ mit dem nun erscheinenden Kreuz (+) entsprechende Formgröße definieren

❹ Die Form wird eingefügt.

→ Formen formatieren:

❶ Form anklicken

❷ Register ZEICHENTOOLS FORMAT erscheint

❸ gewünschte Formatierung vornehmen (Rahmen, Schattierung verändern, Texteffekte einfügen, Text ausrichten ...)

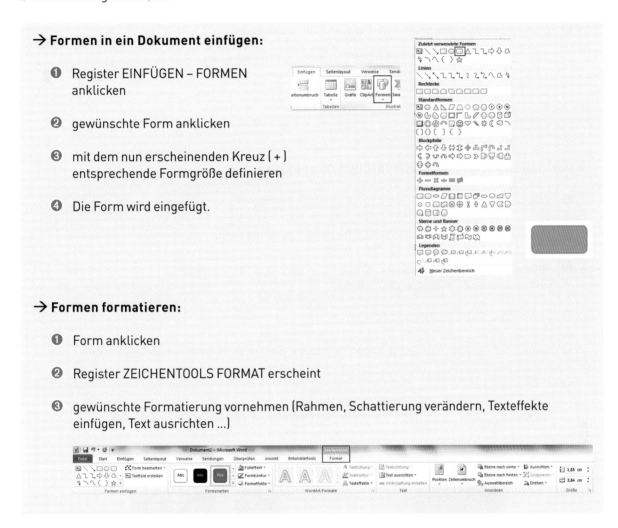

6.8 Grafiken und ClipArts

Gestaltest du einen Flyer oder ein anderes Dokument, bietet sich der Einsatz von Bildern (Grafiken) oder ClipArts an. Dabei kann der Grundsatz „Lasse **Bilder** sprechen!!" berücksichtigt werden.

→ Bilder einfügen:

❶ Register EINFÜGEN – GRAFIK

❷ **Quelle** des Bildes auswählen (z. B. Bilder, Onlinegrafiken)

❸ EINFÜGEN anklicken und das Bild wird eingefügt

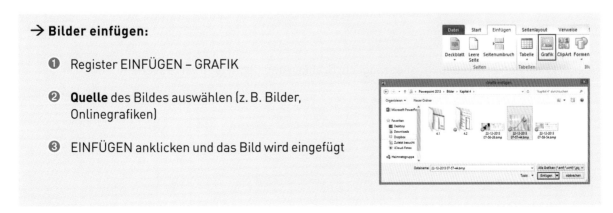

→ ClipArts einfügen:

❶ Register EINFÜGEN – CLIPART

❷ im neuen Fenster „CLIPART" (erscheint rechts)
bei „Suche nach" entsprechenden Suchbegriff eingeben

❸ gewünschtes ClipArt anklicken und dieses wird eingefügt

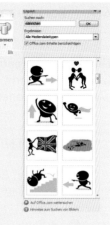

→ Position und Größe von Grafiken/ClipArts anpassen:

❶ Bild auswählen

❷ Mit den **Anfassern** lässt sich die **Größe** individuell **anpassen.**

❸ Mit dem Mauszeiger über das Bild gehen. Sobald der **Mauszeiger** sich in ⬌ verwandelt, das Bild an die neue Position **verschieben.**

❹ Kontextmenü GRÖßE UND POSITION

❺ Neben der Position und Größe kann die **Bilddrehung,** z. B. 25 Grad, bestimmt werden

oder

mit der Maus über 🔄 gehen und Bild mit **gedrückter linker Maustaste** drehen

Über die Registerkarte Bildtools ist es möglich, Grafiken und ClipArts zu verbessern.

→ Grafiken und ClipArts verbessern:

❶ Grafik oder ClipArt mit **Doppelklick** auswählen

❷ Register BILDTOOLS FORMAT – KORREKTUREN

❸ **Bildkorrekturen** (z. B. Helligkeit/Kontrast) durchführen

Detailliertere Bildkorrekturen können über die
Schaltfläche OPTIONEN FÜR BILDKORREKTUREN
aufgerufen werden.

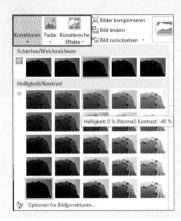

→ Grafiken/ClipArts künstlerische Effekte geben:

❶ Bild mit **Doppelklick** auswählen

❷ im Register BILDTOOLS – FORMAT die
Schaltfläche KÜNSTLERISCHE EFFEKTE
anklicken

❸ passenden **Effekt** auf das Bild **anwenden**
(hier: Struktur)

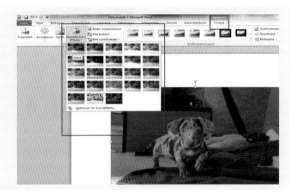

Sollen nur Teilbereiche einer Grafik/eines ClipArts „genutzt" werden, lassen sich die überflüssigen Bildelemente durch Zuschneiden entfernen.

→ Bilder zuschneiden:

❶ Grafik/ClipArt mit **Doppelklick** auswählen

❷ Register BILDTOOLS – FORMAT

❸ Bild (z. B. in einem bestimmten Seitenverhältnis) **zuschneiden**

oder

mit der Maus an den **Anfassern**
individuell anpassen, aus dem
Bild mit der Maus „rausklicken"
und die Größe wird übernommen

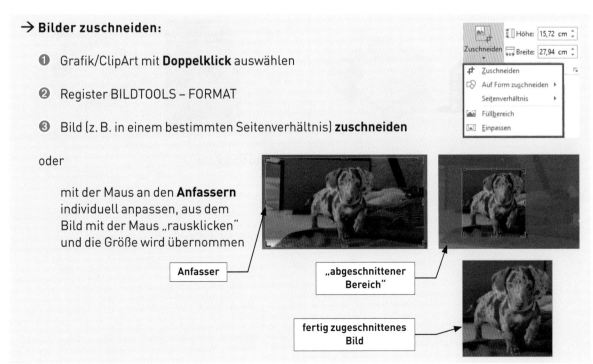

Anfasser

„abgeschnittener
Bereich"

fertig zugeschnittenes
Bild

Bildtipps:

1. Benutze **qualitativ gute Bilder** (z. B. bzgl. der Bildauflösung)

schlechte Qualität   **gute Qualität**

2. Verwende **Bilder mit eindeutigem Inhalt, die zum Dokument passen.**

3. Verwende **wenige Bilder** und **platziere** diese **richtig. Zu viele** Bilder in einem Dokument können zu Irritationen führen.

falsch   **richtig**

4. Verwende **gleichartige Bilder.**
   Die Bilder sollten nicht nur inhaltlich zusammenpassen, sondern **von gleicher Art** sein. Eine Kombination aus **ClipArt und Foto** passt beispielsweise nur in seltenen Fällen zusammen (z. B. im Film „Falsches Spiel mit Roger Rabbit"). Wähle Bilder von ähnlicher Machart und **Farbgebung.**

ClipArt und Foto   **Foto und Foto**

6.9   Aufzählungen und Nummerierungen

Sollen Inhalte in einem Dokument übersichtlich dargestellt werden, bieten sich Aufzählungen oder Nummerierungen an.

→ **Aufzählungszeichen/Nummerierung einfügen:**

❶ Kontextmenü AUFZÄHLUNGSZEICHEN anklicken

❷ **Aufzählungszeichen** auswählen

❸ oder ein Symbol/Bild/Schriftart als neues Aufzählungszeichen definieren über „NEUES AUFZÄHLUNGSZEICHEN DEFINIEREN" – gewünschte Formatierung auswählen – OK

oder

❶ die Option NUMMERIERUNG anklicken

❷ gewünschte Nummerierung auswählen oder ein neues Zahlenformat definieren

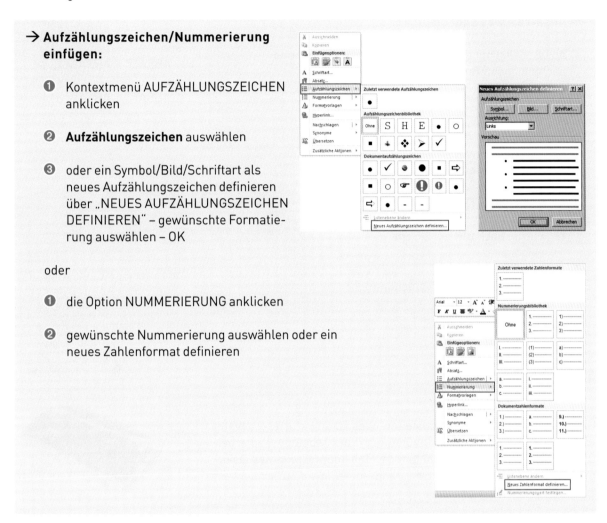

Nachdem die Aufzählungszeichen eingefügt sind, müssen diese nach der DIN formatiert werden.

→ **Formatieren nach DIN**

❶ Kontextmenü LISTENEINZUG ANPASSEN anklicken

❷ **Aufzählungszeichenposition = 0 cm ODER Aufzählungszeichenposition = 2,5 cm**

❸ OK

6.10 Absätze und Einzüge nach DIN

Sollen Textteile mit Absätzen gegliedert oder eingerückt werden, muss dies nach der DIN erfolgen.

→ Absätze – was sagt die DIN?:

Absätze sind mit einer Leerzeile zum vorherigen und nachfolgenden Text kenntlich zu machen.

```
ABSATZ 1, ABSATZ 1
x
ABSATZ 2, ABSATZ 2
x
ABSATZ 3, ABSATZ 3 ...
```

→ Einzüge einfügen (Einrückung vornehmen):

❶ Register SEITENLAYOUT

❷ Einzug **nach DIN** auf **2,5 cm** eingeben

❸ ENTER (Einzug wird vorgenommen)

6.11 Tabulator

Um Daten übersichtlich darzustellen oder zu strukturieren, bietet Word die Möglichkeit an, mit Tabulatoren (kurz Tabstopps) zu arbeiten. Diese können durch Betätigen der Tabstopptaste in das Dokument eingefügt werden und sitzen standardmäßig auf 1,25 cm.

→ Tabstopps unterscheiden:

Bei der Ausrichtung der Tabstopps wird zwischen

– **linksbündig** (Text wird von links nach rechts ab der Tabstopp-Position geschrieben)

– **zentriert** (Text wird zentriert unter der Tabstopp-Position geschrieben)

– **rechtsbündig** (Text wird von rechts nach links unter der Tabstopp-Position geschrieben)

– **dezimal** (Dezimalstellen werden ab der Tabstopp-Position untereinander geschrieben)

– **vertikale Linie** (eine vertikale Linie wird mit Setzen des Tabstopps eingefügt)

unterschieden. Anhand des „Tabstoppsymbols", das im Lineal angezeigt wird, ist ersichtlich, „welcher Tabstopp" gesetzt wurde.

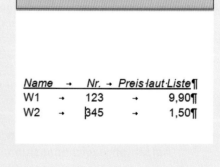

→ Tabstopps setzen:

❶ Register Start – ABSATZ

❷ TABSTOPPS ... anklicken

❸ Tabstopp-Position, Ausrichtung, Füllzeichen auswählen – FESTLEGEN – OK

❶

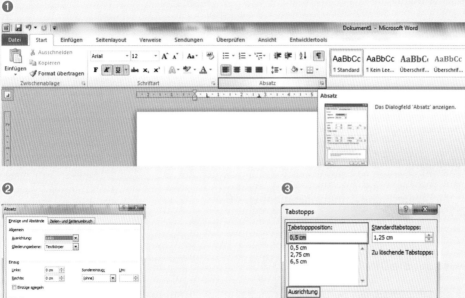

❷   **❸**

→ Tabstopps löschen (Schritt 1 und 2 wie oben):

❶ Register Start – ABSATZ

❷ TABSTOPPS ... anklicken

❸ TABSTOPP auswählen, der gelöscht
   werden soll – LÖSCHEN – OK

oder

❶ Register Start – ABSATZ

❷ TABSTOPPS ... anklicken

❸ ALLE LÖSCHEN – OK

Zuerst überlegen, welche Tabstopps auf welcher Position benötigt werden. Entsprechende Tabstopps nach dem Öffnen des Dokuments setzen bzw. einfügen und dann erst beginnen, da diese nun bei jeder Schaltung automatisch in die nächste Zeile übernommen werden!

6.12 Tabelle

Sollen Daten strukturiert dargestellt werden, bietet sich die Tabellenfunktion an, wobei ebenfalls die DIN bei der Tabellenerstellung Anwendung findet.

→ **Tabelle einfügen:**

❶ Register EINFÜGEN

❷ gewünschte Spalten- und Zeilenzahl markieren

❸ mit Maus klicken (Tabelle wird eingefügt)

oder

❹ Register EINFÜGEN

❺ Tabelle einfügen

❻ gewünschte Spalten- und Zeilenzahl eingeben – OK

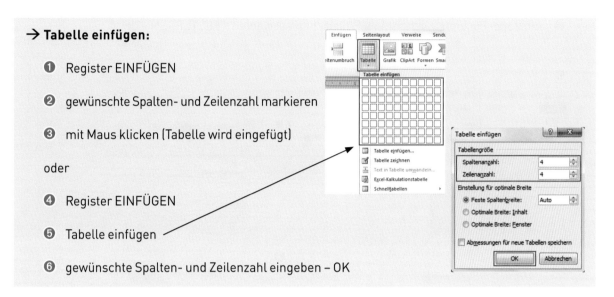

→ **Tabelle – was sagt die DIN?**

– Tabellen sind innerhalb der Seitenränder eines Dokumentes zu zentrieren.

– Tabellen sollten immer eine Überschrift, welche jedoch im Tabellenkopf integriert sein kann, enthalten.

– Dieser ist zu zentrieren zwischen dem linken und rechten sowie dem oberen und unteren Zellbereich und zu schattieren sowie FETT zu formatieren.

– Tabellen werden mit mindestens einer Leerzeile zum vorherigen und nachfolgenden Text gegliedert.

– Der Abstand des Textes innerhalb einer Zelle zum Zellenrand soll mindestens 0,1 cm betragen.

– Text sollte linksbündig, Zahlenformate rechtsbündig formatiert werden.

– Passt eine Tabelle nicht auf eine Seite, muss auf der zweiten Seite, auf der die Tabelle angezeigt wird, der Tabellenkopf wiederholt werden.

Artikel	Preis in Euro
Bikewear – Body	89,90
Bikewear – Classes	49,50

Nachfolgend sind die von Ihnen angefragten Artikel aufgeführt:

Artikel	Preis in Euro
Bikewear – Body	89,90
Bikewear – Classes	49,50

Es gelten die Ihnen bekannten Zahlungsbedingungen. Diese

→ **Tabelle nach DIN formatieren:**

❶ Tabelle markieren

❷ Kontextmenü „Tabelleneigenschaften"

❸ Register Tabelle – Ausrichtung zentriert – und OPTIONEN – hier die Abstände zum Seitenrand der Zelle (OBEN; UNTEN; LINKS; RECHTS) mit mindestens 0,1 cm (nach DIN) eingeben

❹ Register Zelle – ZENTRIERT – mit OK Angaben bestätigen

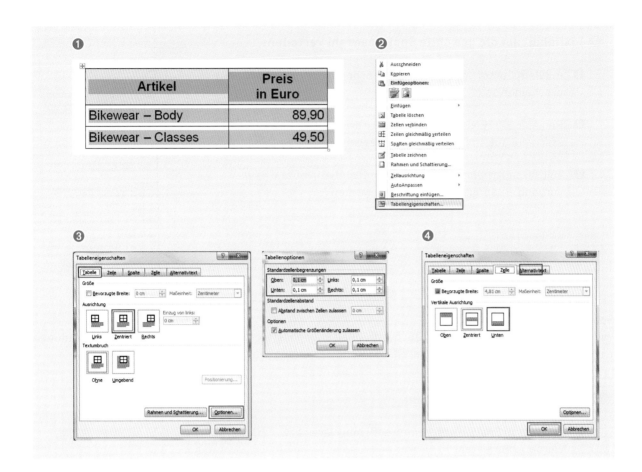

6.13 Spalten

Du liest Zeitung? Du möchtest dein Dokument ebenfalls mit solch einem Layout gestalten? Dann verwende Spalten! Diese eignen sich natürlich nicht nur für das „Zeitungsdesign", sondern auch für Einladungen, Flyer oder Karten.

→ Spalten einfügen:

❶ Text, der in Spalten erscheinen soll, markieren

❷ Register SEITENLAYOUT – Spalten

❸ gewünschte Spaltenanzahl auswählen – *diese werden eingefügt*

Textinhalt auf die entsprechende Spaltenzahl verteilen

Der Text wird nach dem Einfügen der Spalten automatisch in den beiden Spalten verteilt (manchmal geschieht dies nicht „sehr vorteilhaft", z.B. viel Text in Spalte 1, wenig Text in Spalte 2). Um diesem Problem Abhilfe zu schaffen, kann über „Register SEITENLAYOUT – UMBRÜCHE" der Text vom Anwender nach dessen Vorstellungen verteilt werden.

→ **Textinhalt auf die gewählte Spaltenanzahl verteilen:**

❶ mit dem Cursor vor den Text stellen, der in der nächsten Spalte erscheinen soll

❷ Register SEITENLAYOUT – UMBRÜCHE – SPALTE – der Text erscheint automatisch in der Folgespalte

❸ soll Text auf mehrere Spalten verteilt stehen, muss dieser Vorgang entsprechend wiederholt werden

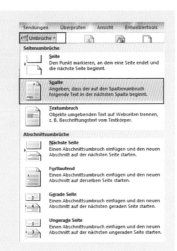

Spalten individuell anpassen

Vom Anwender können die Spalten auch individuell angepasst werden (Spaltenbreite, Trennlinie einfügen ...). Dies kann im Nachhinein oder bereits während des Einfügens der Spalten erfolgen.

→ **Spalten individuell anpassen:**

❶ Text, der in Spalten erscheinen soll, markieren bzw. Text, bei dem bereits Spalten eingefügt wurden, markieren

❷ Register SEITENLAYOUT – SPALTEN

❸ WEITERE SPALTEN – Dialogfenster Spalten öffnet sich

❹ in diesem können nun die entsprechenden Einstellung vorgenommen werden, wie:

  – Spaltenzahl (eine, zwei, drei Spalten ...)
  – Breite und Abstand der Spalten
  – Zwischenlinie einfügen
  – Angabe, für welchen „Bereich" die Spalten eingefügt werden
    (Gesamtes Dokument oder markierten Text)

❺ OK – Spalten werden entsprechend der oben gemachten Einstellung eingefügt

❷ ❸   ❹ ❺

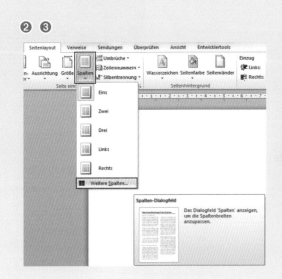

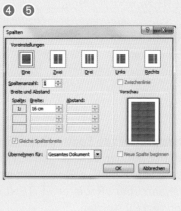

Faltblätter erstellen

Sollen mithilfe von Spalten Faltblätter erstellt werden, muss folgendes beachtet werden:

- **Überlegung:** welches **Papierformat** wird gewählt (meistens bietet sich das Querformat an – Seitenlayout – Ausrichtung – Querformat)
- **Spalten** wie oben beschrieben **einfügen** und die **Umbrüche vornehmen**
- **Abstand zwischen den Spalten** (Register Seitenlayout – Spalten – weitere Spalten – Breite und Abstand) soll immer **doppelt so groß** sein, **wie** der **Seitenrand.** Wird der Flyer später gefaltet, sind die Textabstände zu den jeweiligen Seiten so immer gleich groß
- sind vor und nach Spalten weitere Textteile eingefügt, sind die **Spalten mit einer Leerzeile zum vorherigen und nachfolgenden Text abzugliedern**
- **Grafiken** „lockern" Ihren Flyer auf – dieser wirkt „ansprechender"
- **Einheitliches Design (Typografische Regeln)** verwenden/einhalten (nicht mehr als drei verschiedene Schriftarten, Schriftgrößen und Schriftfarben verwenden, Überschriften sollen in allen Spalten möglichst auf einer Höhe stehen, Text soll innerhalb der eingefügten Spalten möglichst gleichmäßig verteilt sein)

Positionierung des Textes bei Faltblättern mit mehreren Spalten

→ 2- oder 3-spaltiges Faltblatt:

Überlegen, welche „Falt- bzw. Falzart" (Einfach-, Wickel- oder Zickzackfalz) verwendet wird und Text entsprechend positionieren

2-spaltig

3-spaltig

→ 4- oder 6-spaltiges Faltblatt:

Da 4- bzw. 6-spaltige Faltblätter doppelseitig gedruckt und anschließend gefaltet werden, muss der Text in den jeweiligen Spalten immer eine genaue Positionierung haben. Ist dies nicht der Fall, kann das Faltblatt unter Umständen falsch „aufgebaut" sein und der Text wird nicht „der Reihe nach" gelesen. Darum beachten Sie:

4-spaltig

6-spaltig

6.14 Kopf- und Fußzeile

Um die Seiten in einem Dokuement bzw. verschiedene Themenbereiche den entsprechenden Dokument-
seiten eindeutig zuzuordnen, bietet sich das Arbeiten mit der Kopf- bzw. Fußzeile an. So können beispielsweise in diesen Dateinamen, Seitenzahlen oder sonstige Vermerke leicht und einfach für alle Seiten eines
Dokuments hinterlegt werden.

Kopfzeile (Kopf!)   = Dokumentanfang
Fußzeile (Fuß!)   = Dokumentende

→ **Kopf- bzw. Fußzeile einfügen:**
HIER: KOPFZEILE

❶ Register EINFÜGEN – KOPFZEILE

❷ gewünschte Darstellung anklicken

❸ Inhalt in die Kopfzeile eintragen, unter die blaue „Linie" klicken – die Kopfzeile „schließt sich"

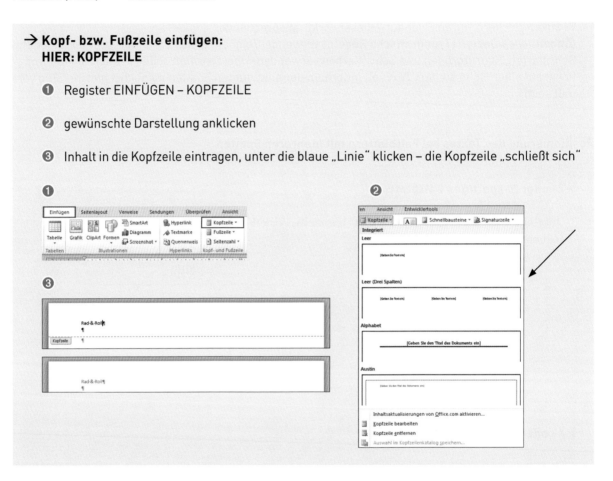

→ **Kopf- bzw. Fußzeile einfügen:**
HIER: FUßZEILE

❶ Register EINFÜGEN – FUßZEILE

❷ gewünschte Darstellung anklicken

❸ Inhalt in die Fußzeile eintragen, über die blaue
„Linie" klicken – die Fußzeile „schließt sich"

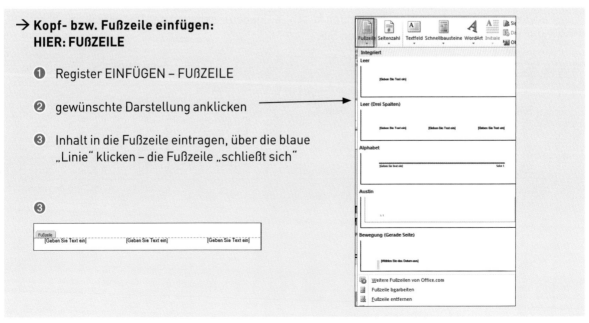

Über das Register Kopf- und Fußzeile (welches erscheint, sobald in einer Kopf- oder Fußzeile gearbeitet wird) ist es möglich, diese nach entsprechenden Vorgaben zu formatieren, wie z. B.:

- Einfügen von Datum und Uhrzeit (**Symbol anklicken – gewünschtes Format auswählen – OK**)
- Einfügen von Grafiken (**Symbol anklicken – im erscheinenden Fenster aus dem entsprechenden Speicherort die gewünschte Grafik wählen – EINFÜGEN**)
- Einfügen von ClipArts (**Symbol anklicken, im rechts erscheinenden ClipArt-Fenster Suchbegriff eingeben – also was genau für ein ClipArt gesucht werden soll – entsprechendes ClipArt, das eingefügt werden soll, anklicken – dieses wird im Dokument angezeigt**)
- Einfügen von Schnellbausteinen (**Symbol anklicken und entsprechende Schnellbausteine einfügen**)
- zwischen Kopf- und Fußzeile wechseln (**Symbol anklicken – der Wechsel erfolgt sofort**)

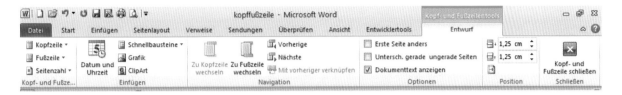

6.15 Seitenzahlen über Kopf- und Fußzeile einfügen

Was sagt die DIN?
Werden Seitenzahlen in einem mehrseitigen Geschäftsbrief verwendet, müssen diese ab der zweiten Seite fortlaufend sein. Auf der ersten Seite des Briefes wird die Seitenzahl NICHT angegeben. Die Seitenzahl ist immer mit einer Leerzeile zum nachfolgenden Text abzugliedern.

Möglichkeit 1 nach DIN:
In der Fußzeile wird auf die Folgeseiten hingewiesen nach dem Schema Seite x von y. Diese Angabe in der Fußzeile soll rechtsbündig ausgerichtet sein.

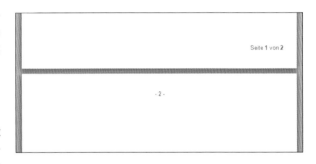

Möglichkeit 2 nach DIN:
In der Kopfzeile soll die Seitennummer zentriert stehen und in Mittelstriche gesetzt werden. Zwischen dem Mittelstrich und der Seitenzahl ist immer ein Leerzeichen zu setzen (vor der Zahl und hinter der Zahl).

> **→ Seitenzahlen nach DIN in der Kopfzeile einfügen und formatieren:**
>
> ❶ Register KOPF- UND FUSSZEILENTOOLS
>
> ❷ Symbol SEITENZAHL – SEITENANFANG – EINFACHE ZAHL 2 auswählen – die Seitenzahl wird eingefügt
>
> ❸ Symbol SEITENZAHL – SEITENZAHLEN FORMATIEREN
>
> ❹ DIN-gerechte Seitenzahl auswählen – OK

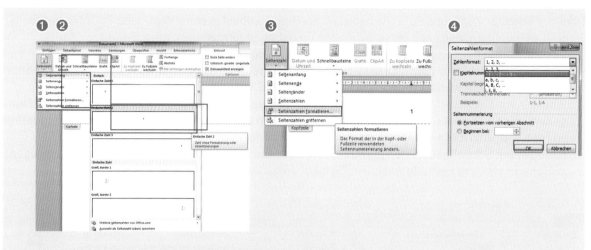

→ **Erste Seite anders (wird z. B. bei mehrseitigen Geschäftsbriefen benötigt, bei denen auf der ersten Seite keine Seitenzahl angegeben wird):**

❶ Register KOPF- UND FUSSZEILENTOOLS

❷ Bei „Erste Seite anders" einen Haken setzen

❸ auf der ersten Seite die Kopf- oder Fußzeile leer lassen und ab der zweiten Seite die Seitenzahlen entsprechend der obigen Beschreibung und unter Berücksichtigung der DIN einfügen

6.16 Silbentrennung

Um einen „Flatterrand" zu vermeiden, bietet sich in einem Dokument mit Text die Silbentrennung an.
Die Silbentrennoptionen regeln, nach welchem „Abstand" ein Wort getrennt wird (0,25/0,5/0,75 …). Diese
können vom Anwender manuell bestimmt werden.

→ **Silbentrennung einfügen:**

❶ Register SEITENLAYOUT –
SILBENTRENNUNG

❷ Automatisch *(Word nimmt die Trennung
automatisch vor)*
oder
Manuell *(ist vom Anwender manuell durchzuführen)* auswählen

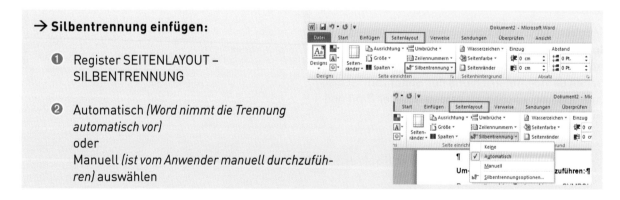

→ **Silbentrennoptionen:**

❶ Register SEITENLAYOUT – SILBENTRENNUNG –
SILBENTRENNOPTIONEN

❷ Silbentrennzone entsprechend eingeben – OK

6.17 Fußnote

Werden in einem Dokument Zitate oder sogar ganze Textpassagen angegeben, die NICHT vom „Ersteller" stammen, müssen diese mithilfe einer Fußnote kenntlich gemacht werden. Auch ist es mit Fußnoten möglich, Fremdwörter in einem Dokument zu verwenden und die Erläuterung dieser in der Fußnote einzufügen.

→ Fußnote in ein Dokument einfügen:

❶ Textzitat oder Textpassage in das entsprechende Dokument einfügen.

❷ Cursor hinter das Satzzeichen stellen, nach dem die Fußnote eingefügt werden soll.

❸ Register VERWEISE – FUSSNOTE EINFÜGEN.

❹ Fußnotenzahl (fortlaufend, bei mehreren Fußnoten in einem Dokument) wird automatisch an der Cursorposition eingefügt.

❺ Die weitere Abbildung der Fußnotenzahl erfolgt am jeweiligen Seitenende – an dieser Stelle wird auch der zugehörige Fußnotentext eingefügt.

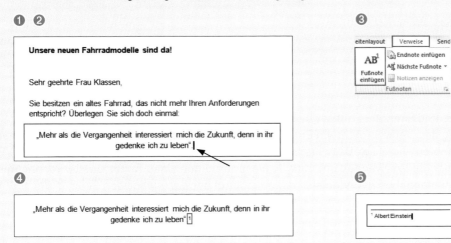

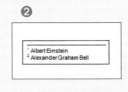

→ Mehrere Fußnoten in ein Dokument einfügen:

❶ erste Fußnote wurde bereits in ein Dokument eingefügt (siehe obige Beschreibung)

❷ Cursor hinter dem Satzzeichen stellen, nach dem die zweite, dritte, vierte ... Fußnote eingefügt werden soll und Vorgang wie oben beschrieben wiederholen

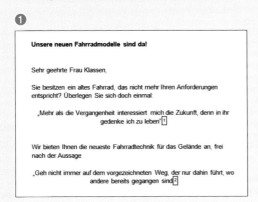

6

Word

Fußnoten löschen

Enthält ein Dokument mehrere Fußnoten, von denen einzelne gelöscht werden, passt Word die Nummerierung dieser automatisch an. Der Nutzer muss also nicht seinen ganzen Text durchgehen und überprüfen, ob die Fußnotenverweise tatsächlich mit den vergebenen Fußnotenzahlen übereinstimmen.

→ Fußnoten löschen:

❶ Fußnote markieren, die gelöscht werden soll

❷ Taste ENTFERNEN drücken – Fußnotenzahl sowie Fußnotenverweis werden gelöscht und die Nummerierung der weiteren Fußnoten entsprechend angepasst

❶ *hier war Fußnote 1 eingefügt*

> „Mehr als die Vergangenheit interessiert mich die Zukunft, denn in ihr gedenke ich zu leben"[1]

❷ *hier wurde die Fußnote 2 automatisch in 1 verändert*

> „Geh nicht immer auf dem vorgezeichneten Weg, der nur dahin führt, wo andere bereits gegangen sind[1]

UND

der Fußnotenverweis entsprechend angepasst

> _____
> [1] Alexander Graham Bell

Tipp

Unterscheide **Fußnote** und <u>Endnote</u>! Fußnote bedeutet, der **„Fußnotenverweis steht am Ende einer Seite"**. Endnote bedeutet, der <u>„Verweis steht am Ende des gesamten Textes"</u>. Endnoten werden von der Vorgehensweise wie Fußnoten eingefügt. Das entsprechende Symbol findet sich ebenfalls im Register VERWEISE. Oft werden Endnoten verwendet, um mithilfe dieser am Ende eines Textes Quellenverzeichnisse zu erstellen. Die Quellenangaben befinden sich dann nicht auf der dazugehörigen Seite, in der z. B. ein Zitat verwendet wurde.

Was sagt die DIN?

Die Fußnotenzahl ist in einer kleineren Schriftgröße hochzustellen und eine arabische Zahl. Bei bis zu drei Fußnoten können auch Symbole verwendet werden.

Der Fußnotentext ist mit dem Fußnotenstrich vom Fließtext im Dokument abzutrennen. Außerdem muss vor dem Fußnotenstrich mindestens eine Leerzeile stehen.

Lange Fußnoten sind mit einem Punkt abzuschließen. Bei kurzen Fußnoten kann auf den Punkt verzichtet werden.

6.18 Online-Formular

Bei einem Online-Formular handelt es sich um ein Dokument, welches am PC vom Anwender ausgefüllt, abgespeichert und versendet bzw. gedruckt werden kann. Die durch Begriffe (Leitwörter) abgefragten Informationen werden während des Ausfüllens des Formulars in sogenannten „Formularsteuerelementen (auch Funktionsfelder genannt)" eingefügt. Diese befinden sich im Register Entwicklertools. Es bietet sich an, die Formularsteuerelemente aus **„Altversionen"** (Word 2003) zu verwenden.

Arten von Funktionsfeldern

	Textfeld	Kontrollkästchen	Kombinationsfeld (DropDown-Element)
Beschreibung	es kann ein beliebiger Text an der Stelle, an welcher ein Textfeld gesetzt wurde, eingefügt werden	es kann angekreuzt werden, ob eine Bedingung erfüllt ist oder nicht	hier sind verschiedene Auswahlkriterien hinterlegt, die dann vom „Ausfüller" ausgewählt werden können
Besonderheiten	das Textfeld kann verschieden formatiert werden (z. B. Zeichenlänge einschränken, Text der eingetragen werden kann, definieren ...)	das Kontrollkästchen bietet sich auch für die Erstellung von „normalen Formularen" (handschriftlich ausfüllbar) an	es kann nur eine Auswahl pro DropDown-Feld erfolgen
Symbol	ab|	☑	▦

Vorteile des Online-Formulars sind:

– einfach Handhabung
– Angaben können nicht vergessen werden durch gezielte Vorgaben (Felder, die ausgefüllt werden müssen sowie die dazugehörigen „Leitwörter")
– immer lesbar (nicht wie bei einer Handschrift)
– Angaben können leicht verändert werden (ohne „Schmiererei")
– Datei kann leicht weitergegeben werden (ohne zusätzliche Kopien anzufertigen – dadurch Zeitersparnis)
– umweltfreundlich, da Dateien nicht immer ausgedruckt bzw. vervielfältigt werden müssen

Nachteile des Online-Formulars sind:

– bei einer schlechten Gestaltung evtl. Unübersichtlichkeit
– technische Geräte (PC; Drucker, Internetzugang ...) müssen zum Ausfüllen, Empfangen, Versenden ... vorhanden sein
– kein Zugriff auf Angaben im Formular, wenn es am PC gespeichert ist und dieser nicht funktioniert
– ggf. Datenverlust durch Viren, Würmer ...

Tipp
Überlege: „Was muss ich im Vorfeld berücksichtigen?"

– Welche Formularbezeichnung (z. B. Telefonnotiz, Personalbogen ...) soll das Formular haben?
– Welche Inhalte soll das Formular haben?
– Wie soll der Aufbau des Formulars aussehen (mit Tabelle oder Tabstopps) und wie viele Spalten benötige ich bei dem Einsatz der Tabellenfunktion?
– Wie viel Platz muss ich für das Ausfüllen des Formulars berücksichtigen?
– Welche DIN-Regeln gelten?

Behalte die Schritte bei der Formularerstellung im Hinterkopf:

1. **Erstelle** das Formular mit allen Inhalten und Formatierungen
2. **Prüfe** das Formular auf Richtigkeit, Vollständigkeit ... und speichere es ab
3. **Schütze** das Formular und du kannst es versenden. Die Funktionsfelder sind aktiv

Um mit den Formularfeldern arbeiten zu können, wird das Register „ENTWICKLERTOOLS" benötigt.

→ Register „Entwicklertools" einblenden:

❶ Register „Datei – Optionen – „Menüband anpassen"

❷ bei „Entwicklertools" einen Haken setzen

❸ OK

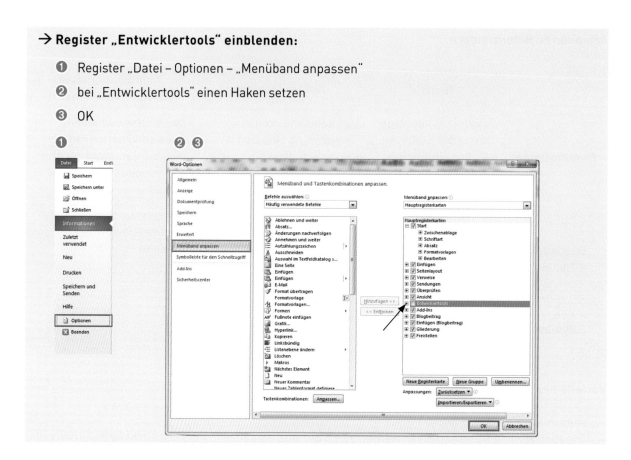

Formulare erstellen – entweder mit der Tabellenfunktion in Word oder mithilfe von Tabulatoren

→ Formulare erstellen unter Berücksichtigung der Tabellenfunktion in Word:

❶ Datei öffnen und Kommunikationsangaben in der Kopfzeile vermerken (falls notwendig und diese nicht bereits auf dem Briefpapier hinterlegt sind)

❷ Tabelle einfügen (mit entsprechender Spalten- und Zeilenzahl) und nach DIN formatieren

❸ Formular mit „Inhalten" versehen (Formularbezeichnung ....)

❹ Funktionsfelder einfügen über: Register Entwicklertools – Symbol „Vorversionentools" gewünschtes Funktionsfeld anklicken – dieses wird eingefügt an der Stelle, an der die Maus steht

❺ Formular auf Rechtschreibung, Grammatik, Vollständigkeit prüfen und Formular abspeichern

Oft bietet es sich an, die verschiedenen Funktionsfelder, die in ein Dokument eingefügt worden sind, zu formatieren. Beispielsweise kann die Textlänge, die Textart ... bestimmt werden. Bei DropDown-Feldern ist dies sogar ein „MUSS", da über das Optionsfenster die Angaben, zwischen denen später ausgewählt werden kann, definiert werden müssen.

→ Drop-Down-Funktionsfeld formatieren:

❶ Doppelklick auf das eingefügte Funktionsfeld – das Optionsfenster wird geöffnet

❷ gewünschte Angaben bei „DROPDOWNELEMENT" machen – HINZUFÜGEN und ggf. VERSCHIEBEN

❸ OK

❶

❷ ❸

→ Textfunktionsfeld formatieren:

❶ Doppelklick auf das eingefügte Funktionsfeld – das Optionsfenster wird geöffnet

❷ gewünschte Formatierungen vornehmen (z. B. Texttyp, Textlänge ... ändern)

❸ OK

❶

❷ ❸

Formular schützen, damit es z. B. vom „Empfänger" oder Sachbearbeiter ausgefüllt werden kann:

→ Formular schützen:

❶ Register Entwicklertools – Symbol „Bearbeitungen einschränken"

❷ im Fenster „Formatierung und Bearbeitung" bei Punkt 2 – Bearbeitungseinschränkungen einen Haken setzen und „Ausfüllen von Formularen" auswählen

❸ „Ja, Schutz jetzt anwenden" anklicken

❹ falls gewünscht, Kennwort vergeben und OK klicken

oder

ohne Kennworteingabe OK klicken

das Formular ist geschützt und kann nun vom Nutzer ausgefüllt werden

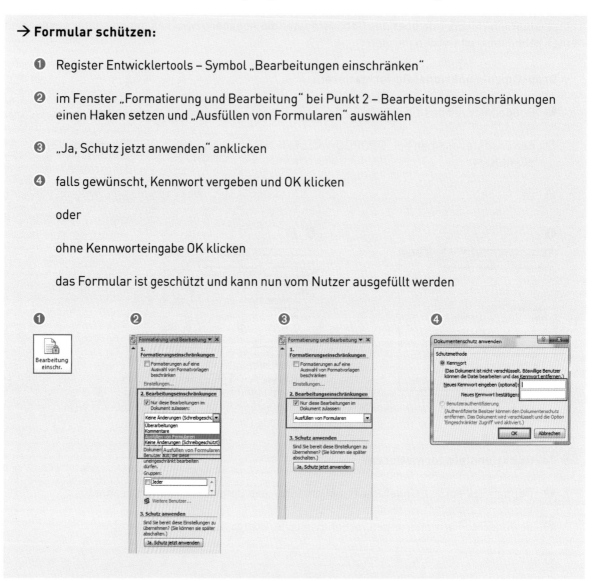

6.19   Serienbrief

Sollen mehrere Briefe, die einen einheitlichen Inhalt haben, an verschiedene Empfänger versendet werden, kann die Funktion „Seriendruck" Anwendung finden.

Zuerst wird also der Brief (diesen nennt man Hauptdokument) ohne Anschrift und Anrede geschrieben, dann muss eine Datenquelle, also die Datei, in der sich die Empfängeradressen befinden, erstellt werden und zum Schluss werden diese beiden Komponenten zu einem Serienbrief verknüpft.

Tipp
Gestalte die Datenquelle so, dass die Überschriften aussagekräftig und alle wichtigen Inhalte, die später auch im Serienbrief erscheinen müssen, vorhanden sind. Auch spezielle Details, die später im „Fließtext" des Briefes stehen, wie Rechnungsnummern, Kundennummern ... können mithilfe eines Serienbriefes schnell und einfach über die Feldfunktionen eingefügt werden.

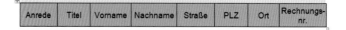

Anrede	Titel	Vorname	Nachname	Straße	PLZ	Ort	Rechnungs-nr.

→ Seriendruckfelder einfügen:

❶ Register Sendungen – Seriendruck starten – Briefe

❷ Register Sendungen – Empfängerliste auswählen

❸ im erscheinenden Fenster entsprechende Datei (Datenquelle auswählen) – OK

❹ Seriendruckfelder werden durch das Verknüpfen der Datenquelle aktiv (sind also jetzt nutzbar – anklickbar)

❺ über Symbol „Seriendruckfeld einfügen" können nun an die entsprechenden Stellen im Dokument die Seriendruckfelder eingefügt werden (DIN BERÜCKSICHTIGEN!!!).

❻ **Hinzufügen der Anrede:**

– diese muss über ein **Bedingungsfeld** eingefügt werden:

– Register Sendungen – Regeln –  Wenn… Dann… Sonst…

– im erscheinenden Fenster muss die Eingabe wie folgt lauten:

> Wenn die **Anrede** gleich **Frau**
> Dann „**Sehr geehrte Frau**"
> Sonst „**Sehr geehrter Herr**"

(Ohne Leerzeichen nach Frau oder Herr)

– Leerzeichen – Feld TITEL – Leerzeichen – Feld Nachname – Komma setzen

❶

❷

❸

❹

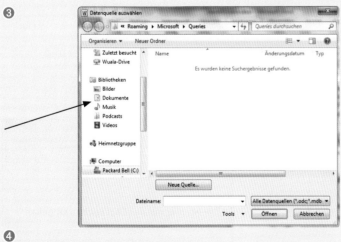

6

Word

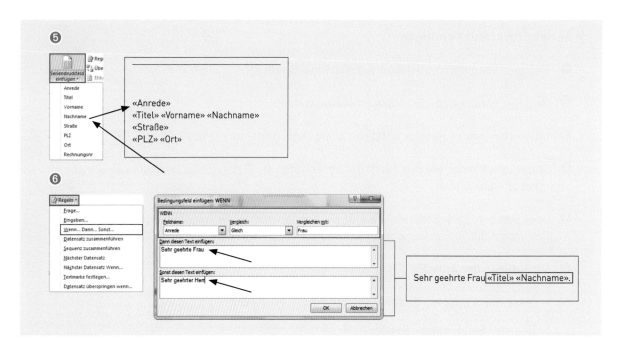

Da nicht jeder Empfänger einen Titel hat, taucht hier unter Umständen ein Problem auf. Das Leerzeichen zwischen dem Titel und dem Nachnamen wird nämlich nur dann benötigt, wenn ein Titeleintrag in der Datenquelle vorhanden hat. Ist dies nicht der Fall, werden später in den ausgegebenen Briefen zwei Leerzeichen angezeigt. Um dies zu vermeiden, geht man folgendermaßen vor:

→ **Leerzeichen zwischen Titel und Anrede formatieren im Anschriftenfeld und in der Anrede:**

❶ Leerzeichen zwischen dem Titel und dem Nachnamen im Anschriftenfeld markieren

❷ Register Sendungen – Regeln – wenn ...dann ...sonst ....

❸ im erscheinenden Fenster muss die Eingabe wie folgt lauten:

Wenn der **TITEL IST LEER**

Dann **muss nichts passieren (also nichts eintragen)**

Sonst **LEERZEICHEN** (dieses setzen)

❹ diesen Vorgang bei dem Leerzeichen in der Anredezeile (wieder zwischen Titel und Nachname) wiederholen

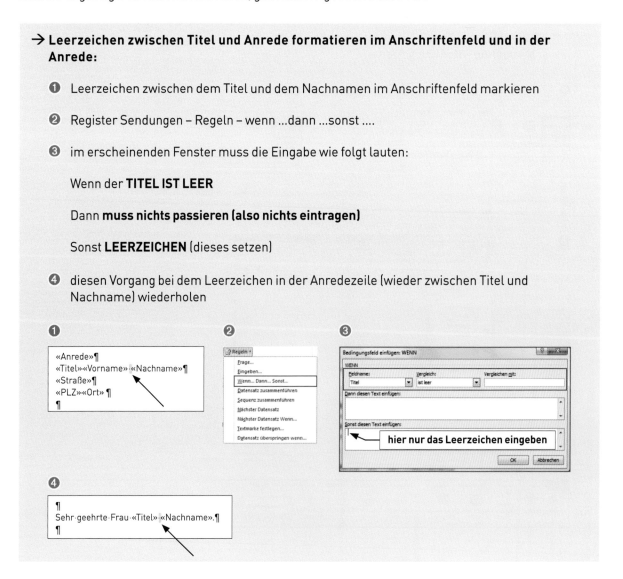

Serienbriefe fertigstellen und zusammenführen

Nachdem das Hauptdokument nun erstellt ist, können die Briefe als Serienbriefe in einer neuen Datei ausgegeben werden.

→ **Serienbriefe fertigstellen und zusammenführen:**

❶ Register SENDUNGEN – Fertig stellen und zusammenführen

❷ Einzelne Dokumente bearbeiten

❸ im erscheinenden Fenster – gewünschte Auswahl treffen, z. B.:

– **ALLE**, also alle Briefe werden in einem neuen Dokument geöffnet,

– **aktueller Datensatz**

– **von ... an ...** und AUSWAHL mit OK bestätigen

Serienbriefe werden in einer neuen Datei ausgegeben, die von Word automatisch „benannt wird" (z. B. Serienbriefe1, Serienbriefe2 ..., je nachdem, wie oft diese Datei ausgegeben wurde.) Ein Dateiname für die ausgegebenen Briefe kann natürlich vom Anwender selbst vergeben werden.

❶ ❷   ❸

 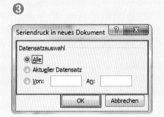

Tipp

Vor dem Druck der ausgegebenen Dokumente soll natürlich auch die Wirtschaftlichkeit Berücksichtigung finden, also: Schaue dir die Briefe zuerst über „VORSCHAU ERGEBNISSE" an. Mit den Pfeiltasten werden die einzelnen Briefe vor – und zurückgeblättert. Bei eventuell gefundenen Fehlern können diese direkt im Hauptdokument ausgebessert werden.

Serienbriefe drucken

Sind die Briefe in einem neuen Dokument ausgegeben, können sie über das Register DATEI – DRUCKEN – ausgedruckt werden.

Ist es notwendig, das Hauptdokument, in dem die Feldfunktionen eingefügt wurden, ebenfalls zu drucken, kann es von Vorteil sein, wenn die Feldfunktionen nicht nur am PC, sondern auch im Ausdruck sichtbar sind.

→ Hauptdokument mit Feldfunktionen drucken:

❶ Register DATEI – OPTIONEN –

❷ ERWEITERT

❸ – runterrollen, bis die Überschrift „DRUCKEN" erscheint

– Haken setzen bei „Feldfunktionen anstelle von Werten drucken"

– OK

❹ Die Seriendruckfelder (MergefieldS) werden im Ausdruck angezeigt und es kann genau nachvollzogen werden, an welcher Stelle welches Seriendruckfeld (Mergefield Anrede, Mergefield Titel ...) sowie welches Bedingungsfeld (WENN-FUNKTION) eingefügt wurde.

❶

❷

❸

❹

```
{ MERGEFIELD Anrede }
{ MERGEFIELD "Titel" } { MERGEFIELD "Vorname" } { MERGEFIELD "Nachname"
}
{ MERGEFIELD "Straße" }
{ MERGEFIELD "PLZ" } { MERGEFIELD "Ort" }


{ IF { MERGEFIELD Anrede } = "Frau" "Sehr geehrte Frau" "Sehr geehrter Herr" } {
MERGEFIELD Titel } { MERGEFIELD Nachname }.
```

Seriendruck- und Bedingungsfelder

6.20 Dokumentvorlagen erstellen

① leeres Worddokument öffnen (Datei – Neu – Leeres Dokument)

② gewünschte Inhalte sowie Formatierungen eingeben bzw. vornehmen (Schriftart, Schriftgröße, Seitenränder, Kopf- und Fußzeile, Fußnoten, Seitenzahlen, Formatvorlagen, Deckblatt usw.)

③ Datei – Speichern unter – Speicherort wählen – Dateinamen vergeben – Dateityp in .dotx ändern – Speichern

①

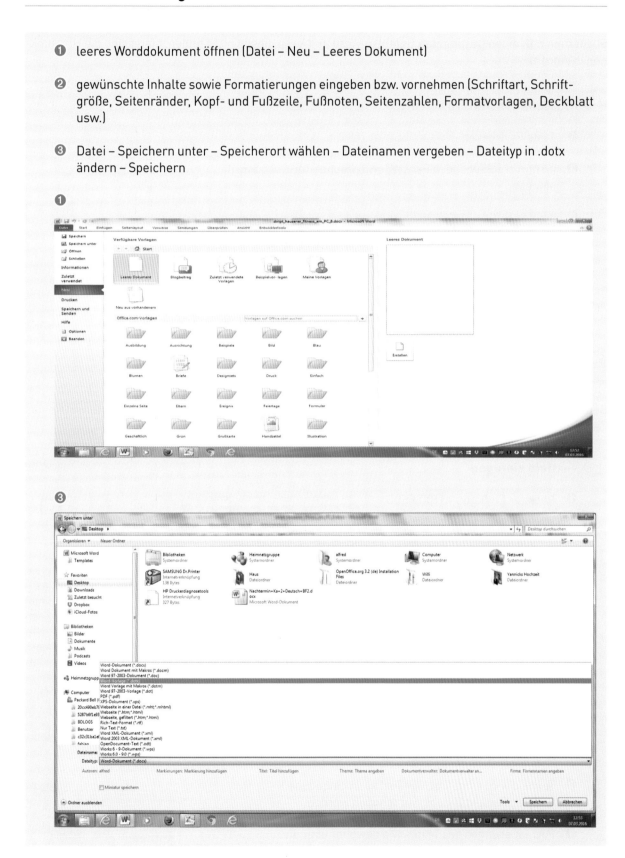

③

Alle Eingaben, die in der Dokumentvorlage angegeben wurden, stehen IMMER in dieser. Deswegen sollte genau überlegt werden, welche Texteingabe sinnvoll und notwendig ist.

6.21 Hilfefunktion in Word

Sucht man z. B. einen bestimmten Befehl in Word und kann diesen nicht finden, bietet sich die Hilfefunktion in Word an.

→ Hilfefunktion in Word aufrufen:

❶ Taste F1 drücken

❷ im nun erscheinenden Fenster entsprechenden Suchbegriff eingeben

❸ auf den Button SUCHEN klicken und die Suchergebnisse werden angezeigt

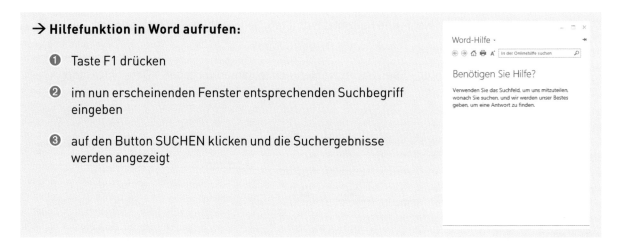

6.22 Textfelder

Sollen „Daten" innerhalb eines Dokuments beliebig positioniert werden, bietet sich der Einsatz eines Textfeldes an.

→ Textfeld einfügen

❶ Register Einfügen – TEXTFELD

❷ gewünschtes Textfeld auswählen

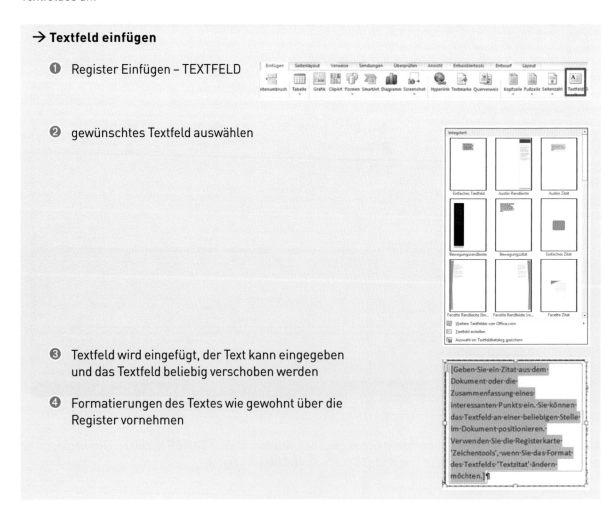

❸ Textfeld wird eingefügt, der Text kann eingegeben und das Textfeld beliebig verschoben werden

❹ Formatierungen des Textes wie gewohnt über die Register vornehmen

⑤ Das Textfeld wird wie die Formen formatiert: auf
Textfeld klicken – rechte Maustaste – FORM formatieren –
entsprechende Änderungen vornehmen.

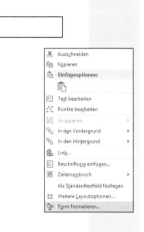

6

Word

DIN-Regelheft – Regeln nach der DIN 5008

Kapitel 7

7 DIN-Regelheft – Regeln nach der DIN 5008

7.1 Abkürzungen

Wird in einem Text mit Abkürzungen gearbeitet, ist zu berücksichtigen, dass zwischen Abkürzungen mit Punkt ein Leerzeichen steht. Der abgekürzte Buchstabe steht für ein Wort und zwischen Wörtern stehen bekanntlich auch immer Leerzeichen.

Handelt es sich um ein abgekürztes Wort, das mit einem Punkt abschließt, steht nach dem Punkt ein Leerzeichen und das Folgewort schließt sich an.

- z. B. (zum Beispiel)
- d. M. (dieses Monats)
- i. A. (im Auftrag)
- usw. (und so weiter)
- bzw. (beziehungsweise)

Handelt es sich um Abkürzungen ohne Punkt, wird nach der Abkürzung ein Leerzeichen geschrieben und das nächste Wort folgt.

- DPD
- GmbH
- OHG
- AG

7.2 Absätze, Einzüge (Einrückungen) und Zentrieren nach DIN

Sollen Textteile mit Absätzen gegliedert oder eingerückt werden, muss dies nach der DIN erfolgen.

→ **Absätze – was sagt die DIN?:**

Absätze sind mit einer Leerzeile zum vorherigen und nachfolgenden Text kenntlich zu machen.

```
ABSATZ 1, ABSATZ 1
x
ABSATZ 2, ABSATZ 2
x
ABSATZ 3, ABSATZ 3...
```

→ **Einzüge einfügen (Einrückung vornehmen):**

❶ Register SEITENLAYOUT

❷ Einzug nach DIN auf 2,5 cm eingeben

❸ ENTER (Einzug wird vorgenommen)

Bei eingerückten und/oder zentrierten Textteilen muss eine Leerzeile vor und nach dem Einzug bzw. der Zentrierung eingefügt werden.

7.3   Mittestrich und Gedankenstrich

Der **Mittestrich** wird auf vielfältige Art und Weise eingesetzt.

Er steht für:

- das Wort „bis" (08:30 Uhr – 10:30 Uhr, Schulstr. 80 – 82) , Ausnahme: **von** 13:00 Uhr **bis** 13:40 Uhr
- Trennungsstrich
- Kopplung und Aneinanderreihung von Wörtern und Ziffern: der Bindestrich verbindet mehrteilige Wörter; er steht in Zusammensetzung mit Abkürzungen; es gibt Fälle, in denen nur einzelne Buchstaben mit einem Wort mit Bindestrich verbunden werden (Fun-Park, Johann-Wolfgang-von-Goethe-Universität, 4-Zylinder-Motor)
- Streckenangaben (München – Schweinfurt – München)
- Verwendung als Spiegelstrich/Aufzählungsstrich
  (- Butter,
  – Zucker,
  – Mehl, ...)
- für das Wort „gegen" (1 FC Köln – 1 FC Kaiserslautern), Ausnahme: Bei Rechtsstreitigkeiten wird das zusammengesetzte Zeichen ./. für das Wort „gegen" verwendet.

Außerdem wird der Mittestrich beim Zusammentreffen von drei gleichen Mit- oder Selbstlauten verwendet.

Damit ein Wort am Satzende nicht getrennt wird, setzt man einen „geschützten Mittestrich" ein. Dieser wird durch gleichzeitige Betätigung der Tasten „Steuerung, Umschalter und Mittestrich" gesetzt.

Folgende Regeln bei den o. a. Einsatzmöglichkeiten sind zu beachten (nach der DIN 5008):

- Als Ersatz für das Wort „gegen" wird vor und hinter dem Mittestrich ein Leerzeichen gesetzt Borussia Dortmund – Bayern München.
- Als Ersatz für das Wort „bis" wird ebenfalls davor und dahinter ein Leerzeichen gesetzt
- Bei Aufzählungen wird zwischen dem Aufzählungs-/Spiegelstrich und dem nachfolgenden Text ein Leerzeichen eingefügt.
- Der Trennungsstrich wird unmittelbar hinter das Wort (ohne Leerzeichen) gesetzt.
- Bei der Kopplung und Aneinanderreihung wird der Mittestrich ebenfalls direkt hinter das Wort gesetzt.
- Bei Streckenangaben wird ein Leerzeichen vor und hinter den Mittestrich gesetzt.

Gedankenstrich

Wird ein Gedankenstrich verwendet, muss vor und hinter diesem ein Leerzeichen eingefügt werden. Stehen Satzzeichen nach dem 2. Gedankenstrich, sind diese direkt anzuschließen.

> Wir gehen heute – wenn das Wetter schön ist – ins Schwimmbad.
> Du nimmst an – vermutlich unwissentlich –, dass es heute regnet.

7

DIN 5008

7.4 Nummerierungen und Aufzählungen – was sagt die DIN 5008?

Wird in einem Dokument mit der Funktion Nummerierungen/Aufzählungen gearbeitet, ist es wichtig, dass die Regeln nach der DIN 5008 eingehalten werden:

- Die Aufzählungszeichenposition muss entweder auf 0 cm und der Texteinzug auf 0,7 cm oder auf 2,5 cm und 3,2 cm eingestellt werden.
- Die Nummerierungen/Aufzählungen sind mit einer Leerzeile zum vorherigen bzw. nachgelagerten Text abzutrennen.

Aufzählungszeichenposition 0 cm

Meine To-do-Liste:
x
- Hausi Mathe machen
- Zimmer aufräumen
- neuen Bleistift kaufen
- Unterschrift Deutscharbeit
- …
x

Aufzählungszeichenposition 2,5 cm

Meine To-do-Liste:
   x
   - Hausi Mathe machen
   - Zimmer aufräumen
   - neuen Bleistift kaufen
   - Unterschrift Deutscharbeit
   - …
   x

7.5 Satzeichen – Hervorhebungen

Unter Hervorhebungen versteht man z. B. das Formatieren eines Textes oder von Textteilen durch Fettschrift, Kursivschrift, Unterstreichungen usw.

Die DIN sagt, dass Satzeichen am Ende einer Hervorhebung nur mitformatiert werden, wenn sie inhaltlich zum hervorgehobenen Textteil gehören.

Stehen Satzeichen innerhalb eines Textteils, sind sie mitzuformatieren.

Peter und Heidi, die beiden Schüler, gehen zufrieden nach Hause.

Peter und Heidi gehen zufrieden nach **Hause.**

DIN 5008

7

7.6 Sonderzeichen und Wortvertreter

Fast immer, wenn die Sonderzeichen für ein Wort stehen, muss vor und nach dem Sonderzeichen ein Leerzeichen gesetzt werden (diese ersetzen ja schließlich ein Wort und vor sowie nach Wörtern stehen ebenfalls immer Leerzeichen).

Die genauen Regeln findet ihr in der nachfolgenden Tabelle:

Zeichen	Erläuterung	Beispiel
[ ]	eckige Klammer ohne Leerzeichen – diese werden direkt angeschlossen	[Sommerferien]
†	gestorben mit Leerzeichen davor und danach	† 25.07.JJJJ
10°	Grad ohne Leerzeichen	10°
15 °C	Zwischen der Zahl und dem Gradzeichen steht ein Leerzeichen, zwischen dem Gradzeichen und der Celsiusangabe steht kein Leerzeichen.	15 °C
#	Nummernzeichen mit Leerzeichen davor und danach – dieses darf allerdings nur in Verbindung mit darauffolgenden Zahlen verwendet werden!	... # 4
*	geboren mit Leerzeichen davor und danach	* 22.08.JJJJ
@	at-Zeichen ohne Leerzeichen	lena.zagerl@gmx.de
"	Zoll ohne Leerzeichen	5"
=, +, −, ×, ·, :, >, <	Rechenzeichen mit Leerzeichen davor und danach	25 + 5 = 30 x + 5 > 15 3 × 5 = 15 y + 7 < 32 15 : 3 = 5
§	Paragrafzeichen mit Leerzeichen davor und danach, Verwendung allerdings nur in Verbindung mit einer nachfolgenden Zahl.	Es gilt § 4.
§§	Stehen die beiden Paragrafzeichen für die Mehrzahl, also das Wort „Paragrafen", und werden in Verbindung mit konkreten Paragrafennummern genannt, muss davor und dahinter ein Leerzeichen gesetzt werden. Zwischen den §§ steht jedoch KEIN Leerzeichen.	Es gelten die §§ 4 und 5.
$	Dollarzeichen mit Leerzeichen davor und danach	Das Shirt kostet 55 $.
€	Eurozeichen mit Leerzeichen davor und danach	Die Jeans kostet 89 €.
%	Prozentzeichen mit Leerzeichen davor und danach (Ausnahme bei Zusammensetzungen wie 100%ig)	5 % Rabatt
&	„Und"-Zeichen mit Leerzeichen davor und danach, dieses darf nur bei Firmennamen verwendet werden.	Berger & Thaler Sportswear OHG
()	Vor- und Nachklammer ohne Leerzeichen – diese werden direkt angeschlossen	(bis heute)
/	Vor und nach dem Schrägstrich darf kein Leerzeichen eingefügt werden.	2015/2016

7.7 Tabellen – was sagt die DIN 5008?

→ Tabellen – was sagt die DIN?

Artikel	Preis in Euro
Bikewear – Body	89,90
Bikewear – Classes	49,50

- Tabellen sind innerhalb der Seitenränder eines Dokumentes zu zentrieren.

- Tabellen sollten immer eine Überschrift, welche jedoch im Tabellenkopf integriert sein kann, enthalten.

- Dieser ist zu zentrieren zwischen dem linken und rechten sowie dem oberen und unteren Zellbereich und zu schattieren sowie FETT zu formatieren.

- Tabellen werden mit mindestens einer Leerzeile zum vorherigen und nachfolgenden Text gegliedert.

Nachfolgend sind die von Ihnen angefragten Artikel aufgeführt:

Artikel	Preis in Euro
Bikewear – Body	89,90
Bikewear – Classes	49,50

Es gelten die Ihnen bekannten Zahlungsbedingungen. Diese

- Der Abstand des Textes innerhalb einer Zelle zum Zellenrand soll mindestens 0,1 cm betragen.

- Text sollte linksbündig, Zahlenformate rechtsbündig formatiert werden.

- Passt eine Tabelle nicht auf eine Seite, muss auf der zweiten Seite, auf der die Tabelle angezeigt wird, der Tabellenkopf wiederholt werden.

7.8 Typografische Regeln (Gestaltungsregeln) – was sagt die DIN 5008?

Unter typografischen Regeln versteht man Gestaltungsregeln, also was muss ich einhalten, wenn ich mein Dokument formatiere:

- Überschriften sollten immer $1/3$ größer als der Rest des Textes geschrieben werden. Sie sind außerdem mit mindestens einer Leerzeile zum nachfolgenden Text abzutrennen.
- höchstens drei verschiedene Schriftarten, Schriftgrößen und Schriftfarben verwenden
- Beim Einsatz von Bildern und Grafiken sollten diese zum Text passen.
- auf die DIN-Regeln achten und diese einhalten
- Wird mit Farben gearbeitet, sollten diese sowohl am Bildschirm als auch im Ausdruck (Farbdruck oder Schwarz-Weiß-Druck) gut lesbar sein. Helle Farben wie Pastelltöne und Gelbtöne neigen dazu, dass sie im Ausdruck nicht mehr gut lesbar sind.
- Hervorhebungen (fett, kursiv, unterstrichen usw.) sollten sinnvoll eingesetzt und das Dokument mit diesen nicht „überflutet" werden.

 Weniger ist mehr!

7.9 Zahlengliederungen

Telefon- und Faxnummern, Postfachnummern, Bankleitzahlen, IBAN usw. werden nach den DIN-Regeln wie folgt gegliedert:

Was?	Gliederung	Anmerkungen
Telefon- und Faxnummern ohne Durchwahl	06503 7009	Die Vorwahl sowie die Rufnummer werden ohne eine Gliederung geschrieben. Zwischen der Vorwahl und der Rufnummer steht ein Leerzeichen.
Telefon- und Faxnummern mit Durchwahl	06503 7009-450	Die Durchwahlnummer wird nach dem Mittestrich angefügt. Vor und nach dem Mittestrich steht kein Leerzeichen.
Postfachnummern	3 45 45 55 45 55 43	Postfachnummern werden von rechts nach links in zwei Stellen gegliedert.
PLZ	54290 Trier	Postleitzahlen werden nicht gegliedert.
BLZ	585 501 30	BLZ werden zweimal in drei und einmal in zwei Stellen von links nach rechts gegliedert.
IBAN	DE03 3706 0193 3001 5520 16	IBAN werden fünfmal in vier Stellen und einmal in zwei Stellen von links nach rechts gegliedert.
Beträge	20 € 20,00 € 45,01 EUR 60.000 EUR	Bei runden Beträgen können die Dezimalstellen weggelassen werden. Zwischen der letzten Zahl und dem Eurozeichen steht ein Leerzeichen.
Gliederung von Zahlen mit mehr als drei Stellen	150 1 500 1 500 kg 23 000 dm	Die Gliederung erfolgt von rechts nach links in Dreierschritten durch das Setzen eines Punktes oder eines Leerzeichens als Gliederung. Handelt es sich bei den Zahlen um Maßangaben, steht zwischen der letzten Zahl und der Maßangabe ein Leerzeichen.
Kalenderdaten	10.05.2015 01.10.2015 2015-05-01 1. Dezember 2015 10. Dezember 2015	Bei der numerischen Schreibweise wird die Jahreszahl vierstellig angegeben, der Tag sowie der Monat immer zweistellig. Bei der alphanumerischen Schreibweise (Monat wird ausgeschrieben), kann der Tag auch einstellig sein!
Uhrzeiten	10:00 Uhr 10:02 Uhr 10:02:05 Uhr gegen 11 Uhr	Uhrzeiten werden immer in Zweierstellen durch den Doppelpunkt gegliedert. Das Wort „Uhr" folgt nach einem Leerzeichen. Wird eine ungefähre Uhrzeit angegeben, dürfen die Minuten weggelassen werden.
Zusammensetzung von Ziffern und Zahlen	5%ig 5-prozentig 5-jähriges 1,5-zeilig	Besteht ein Wort aus Ziffern und Zahlen, wird kein Leerschritt als Abtrennung gesetzt.

7

DIN 5008

Programmhandbuch Excel

Kapitel 8

8 Programmhandbuch Excel

8.1 Die Tabellenkalkulation Excel

8.1.1 Aufgaben einer Tabellenkalkulation

Öffne die Datei **AUFGABEN EINER TABELLENKALKULATION.**

Die Kalkulation von Preisen, der Vergleich von Angeboten und Kostenanalysen gehören zum betrieblichen Alltag. Mit dem **Tabellenkalkulationsprogramm Excel** können diese Tätigkeiten wesentlich einfacher erledigt werden. In kürzester Zeit kann man mit **Excel** Daten z. B.

– **berechnen**

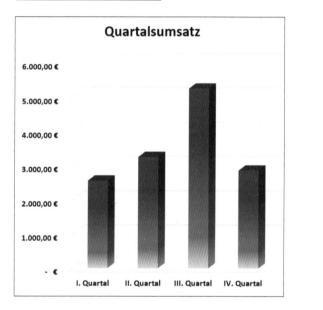

– **grafisch** aufbereiten

8.1.2 Aufbau einer Excel-Tabelle

Excel-Tabellen bestehen aus **Zeilen** und **Spalten.**

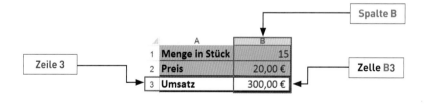

Zeilen und **Spalten** bilden **Zellen.** In diese Zellen können **Texte, Zahlen** und **Formeln** (z. B. Umsatz = Menge in Stück * Preis) eingegeben werden.

 Ändert sich der **Inhalt** einer Zelle (z. B. in der Zelle **B1** die Menge bzw. in der Zelle **B2** der Preis), berechnet **Excel** in der Zelle **B3** den Umsatz **automatisch** neu.

8.2 Die Excel-Arbeitsoberfläche

8.2.1 Das Anwendungsfenster

Starte **Excel** über das Programmsymbol **X**. Anschließend erscheint das **Excel-Anwendungsfenster:**

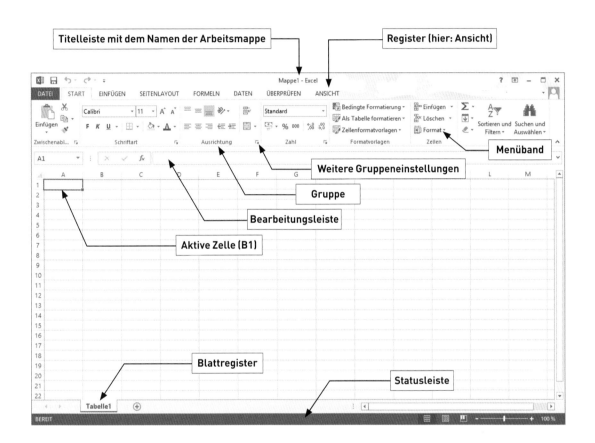

8.2.2 Excel-Arbeitsmappen erzeugen, öffnen, speichern und schließen

Excel-Dateien nennt man auch **Arbeitsmappen,** da sich in einer solchen Datei (Mappe) mehrere Tabellen-**Blätter** ablegen lassen.

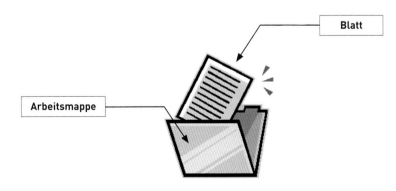

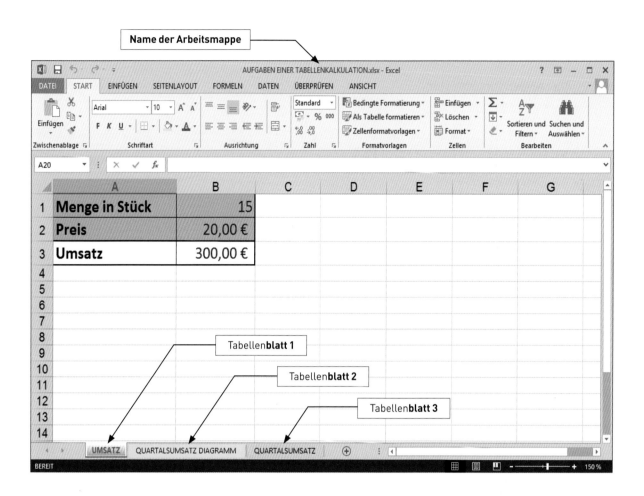

8.2.3 Mit Arbeitsmappen arbeiten

Öffne die Datei **MIT ARBEITSMAPPEN ARBEITEN – UMSATZ.**

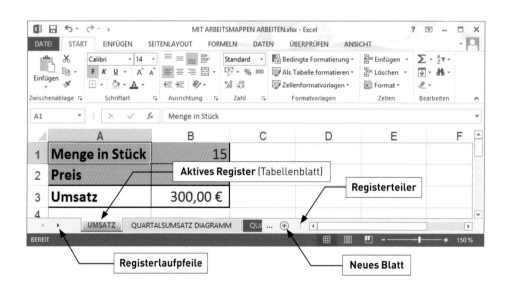

→ Tabellenblätter aufrufen (aktivieren):

❶ Mit der Maus auf das Tabellenblatt klicken

oder

❷ Mit rechter Maustaste auf Registerpfeil klicken und entsprechendes Tabellenblatt aufrufen.

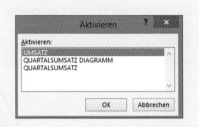

→ Tabellenblätter einfügen:

❶ Mit der **rechten Maustaste** das **Tabellenblatt** anklicken, **vor** dem ein neues Tabellenblatt eingefügt werden soll

❷ Kontextmenü EINFÜGEN

❸ Im Register ALLGEMEIN den Eintrag **Tabellenblatt**

oder

in Symbolleiste neues Blatt ⊕ anklicken.

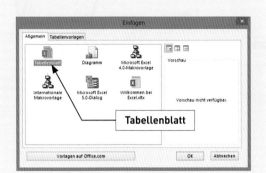

→ Tabellenblätter umbenennen:

❶ Mit der Maus **doppelt** auf das Tabellenblatt klicken

oder

Kontextmenü UMBENENNEN

❷ **Neuen Tabellennamen** eingeben.

→ Tabellenblätter verschieben oder kopieren:

❶ Auf das Tabellenblatt klicken. Die **linke Maustaste** so lange gedrückt halten, bis der Mauszeiger sich in ein **Blatt mit** einem **Mauszeiger** ⬚ verwandelt.

❷ Das Tabellenblatt mit gedrückter **linker Maustaste** an die gewünschte Position verschieben

oder

❶ Mit der **rechten Maustaste** das Tabellenblatt anklicken und im Kontextmenü VERSCHIEBEN oder KOPIEREN auswählen.

❷ Die **Arbeitsmappe** wählen, in die das Blatt verschoben werden soll. Anschließend angeben, **vor** welches Registerblatt das Blatt eingefügt werden soll. Falls eine Kopie erstellt werden soll, die Option KOPIE ERSTELLEN aktivieren.

8

Excel

8.2.4 Mit mehreren Arbeitsmappen arbeiten

In **Excel** kann man problemlos gleichzeitig **mehrere** Arbeitsmappen **öffnen**, zwischen diesen **umschalten** bzw. alle Mappen gleichzeitig **anzeigen** lassen.

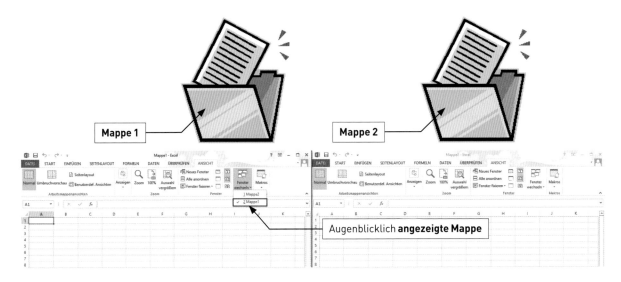

Mappe 1

Mappe 2

Augenblicklich **angezeigte Mappe**

→ Zwischen Arbeitsmappen umschalten:

❶ Register ANSICHT – FENSTER WECHSELN

❷ **Namen** der Arbeitsmappe (z. B. Mappe 2) anklicken, die angezeigt werden soll

→ Alle geöffneten Arbeitsmappen gleichzeitig anzeigen:

❶ Register ANSICHT – ALLE ANORDNEN

❷ Im Dialogfenster FENSTER ANORDNEN die Art der Darstellung (z. B. UNTERTEILT) auswählen

8.3   Dateneingabe

8.3.1   Zellen markieren

Öffne die Datei **DATEN EINGEBEN – ZELLEN MARKIEREN UND BENENNEN.**

→ **Alle Zellen eines Arbeitsblattes markieren:**

Mit der Maus auf die **Schnittstelle** zwischen Spalten
und Zellen klicken

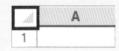

→ **Einzelne Zelle markieren:**

Zelle, die **markiert** werden soll, mit der Maus auswählen

→ **Zellbereich markieren:**

Maus mit gedrückter linker Maustaste über den
Zellbereich ziehen, der markiert werden soll

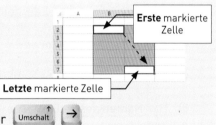

Erste markierte Zelle

Letzte markierte Zelle

oder

 oder oder oder

→ **Zeilen markieren:**

Auf die **Nummer** der **Zeile klicken,** die markiert werden soll

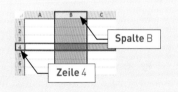

Spalte B

Zeile 4

oder

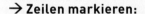

→ **Spalten markieren:**

Auf den **Buchstaben** der **Spalte klicken,** die markiert
werden soll

oder

→ **Mehrere Zellbereiche (oder Einzelzellen) markieren:**

Mit gedrückter [Strg] - **Taste** die **Zellbereiche**
(bzw. **Einzelzellen**) markieren

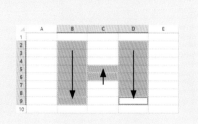

8.3.2 Zellen benennen (symbolische Adressierung)

Spare Zeit. Gib beispielsweise Zellbereichen, die häufig markiert werden müssen, einen **Zellnamen.** Mit diesem Namen kannst du diese Zellbereiche jederzeit wieder aktivieren.

→ **Zellen benennen:**

❶ **Zellbereich** oder **Einzelzelle** markieren

❷ Dem Zellbereich bzw. der Zelle im **Namenfeld** den gewünschten **Namen** (z. B. H) geben

❸ Enter ↵

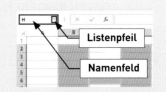

Bei der Wahl des Namens müssen folgende **Regeln** eingehalten werden:

- maximale Länge = 255 Zeichen
- Name muss mit einem Buchstaben bzw. Unterstrich (_) beginnen.
- Es darf kein Zellbezug (z. B. **B3**) verwendet werden.
- Namen dürfen **keine Leerzeichen und Sonderzeichen** enthalten.

→ **Benannte Zellen aktivieren:**

❶ Auf den **Listenpfeil** des Namensfeldes klicken

❷ Den **Namen** des Zellbereichs (bzw. der Einzelzelle) auswählen, der aktiviert werden soll

→ **Namen löschen:**

❶ Im Register FORMELN die Schaltfläche NAMENS-MANAGER anklicken

❷ Im NAMENS-MANAGER benannte Zellen bzw. Zellbereiche löschen

8.3.3 Daten eingeben

Öffne die Datei **DATEN EINGEBEN – DATEN EINGEBEN UND RÜCKGÄNGIG.**

→ **Daten eingeben:**

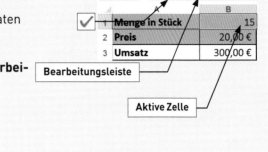

❶ Mit der Maus die Zelle auswählen, in die die Daten **eingeben** werden sollen

❷ Daten direkt in die **aktive Zelle** oder in die **Bearbeitungsleiste** eingeben

❸ Mit [Enter ↵] bestätigen

oder

vor der Bearbeitungsleiste ☑ anklicken

→ **Fehleingaben korrigieren:**

[Rück ←]

oder

vor der Bearbeitungsliste ☒ anklicken

→ **Zellinhalte verändern:**

Doppelklick auf die zu **verändernde** Zelle

oder

❶ Zelle markieren und Funktionstaste [F2] drücken

❷ Mit der **Maus** bzw. mit [←] oder [↓] oder [↑] oder [→] zu der Stelle gehen, die verändert werden soll

❸ Zellinhalt aktivieren und verändern

8.4 Automatische Eingabehilfen

8.4.1 Ausschneiden und Kopieren

→ **Ausschneiden:**

❶ Zellbereich (Einzelzelle) markieren

❷ Kontextmenü AUSSCHNEIDEN

oder

[Strg] [X]

oder

Symbolleiste [✂ Ausschneiden] anklicken

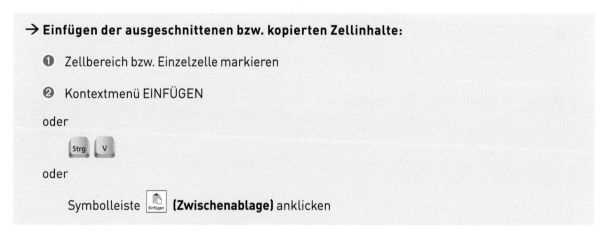

→ **Kopieren:**

❶ Zellbereich bzw. Einzelzelle markieren

❷ Kontextmenü KOPIEREN

oder

[Strg] [C]

oder

Symbolleiste [📋 Kopieren] anklicken

→ **Einfügen der ausgeschnittenen bzw. kopierten Zellinhalte:**

❶ Zellbereich bzw. Einzelzelle markieren

❷ Kontextmenü EINFÜGEN

oder

[Strg] [V]

oder

Symbolleiste [📋 Einfügen] **(Zwischenablage)** anklicken

8.4.2 Drag und Drop

Öffne die Datei **AUTOMATISCHE EINGABEHILFEN – DRAG und DROP.**

→ **Verschieben:**

❶ Zellbereich bzw. Einzelzelle markieren

❷ Mit **gedrückter linker Maustaste** auf (grüne) **Bereich-umrandung** klicken und **verschieben**

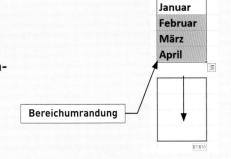

→ **Kopieren:**

❶ Zellbereich bzw. Einzelzelle markieren

❷ Mit **gedrückter linker Maustaste** und auf **Bereichumrandung** klicken und auf neue Position ziehen **(kopieren)**

Öffne die Datei **AUTOMATISCHE EINGABEHILFEN – SPALTE BZW. ZEILE VERSCHIEBEN.**

→ **Spalte bzw. Zeile verschieben (kopieren):**

❶ Spalte bzw. Zeile markieren

❷ Mit **gedrückter linker Maustaste** und [Umschalt ↑] auf **Bereich-umrandung** klicken und **verschieben**

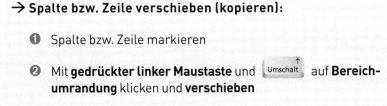

Soll die **ganze** Spalte (bzw. Zeile) **kopiert** werden, muss **zusätzlich** [Strg] gedrückt werden.

8.4.3 AutoVervollständigen

Öffne die Datei **AUTOMATISCHE EINGABEHILFEN – AUTOVERVOLLSTÄNDIGEN.**

→ **AutoVervollständigen:**

❶ Den **ersten Buchstaben** des Wortes in die Zelle eingeben

❷ Mit [Enter ↵] den **Vorschlag** bestätigen

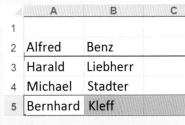

→ **Auswahlliste:**

Kontextmenü DROPDOWN AUSWAHLLISTE

oder

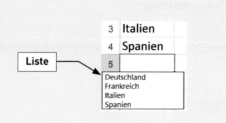

❶ Alt ↓

❷ Einen Vorschlag aus der **Liste** auswählen

8.4.4 Die Funktion „Autoausfüllen"

Öffne die Datei **AUTOMATISCHE EINGABEHILFEN – INHALTE KOPIEREN.**

→ **Inhalte einzelner Zellen kopieren:**

❶ Zellbereich markieren

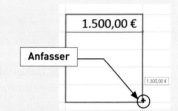

❷ Mit der Maus auf die **rechte untere Ecke** der Zelle gehen, bis der **Anfasser** erscheint

❸ Den **Anfasser** bei **gedrückter linker Maustaste** über alle Zellen ziehen, in die der Zellbereich **kopiert** werden soll

Durch einen **Doppelklick** auf den **Anfasser** erweitert **Excel** die **Inhalte** auf alle relevanten Zellen (siehe Kapitel 9.7 ff.).

Öffne die Datei **AUTOMATISCHE EINGABEHILFEN – AUFZÄHLUNGEN.**

→ **Aufzählungen erzeugen:**

Excel erkennt die **Logik** einer **Aufzählung** automatisch, wenn beim

Ziehen mit der Maus Strg gedrückt wird.

❶ Die Zelle **A1** und **A2** markieren

❷ Mit der Maus auf die **rechte untere Ecke** der Zelle gehen, bis der **Anfasser** erscheint

❸ Den **Anfasser** bei **gedrückter linker Maustaste** über alle Zellen ziehen, in der die Aufzählung erstellt werden soll

Öffne die Datei **AUTOMATISCHE EINGABEHILFEN – AUFZÄHLUNGEN MIT TEXT UND DATUM.**

Bei **Datumsangaben** und **Texten,** die mit einer **Ziffer beginnen** oder **enden,** erstellt **Excel automatisch** eine Aufzählung.

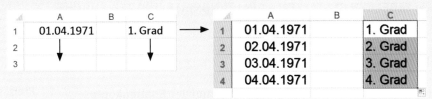

Der **Inhalt** dieser Spalten wird **kopiert,** wenn beim **Ziehen** des **Anfassers** [Strg] gedrückt wird.

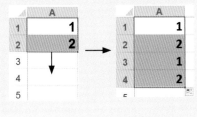

8.5 Tabellenblätter übersichtlicher gestalten

8.5.1 Spaltenbreite und Zeilenhöhe verändern

Öffne die Datei **TABELLEN GESTALTEN – SPALTENBREITE UND ZEILENHÖHE.**

→ Spaltenbreite verändern:

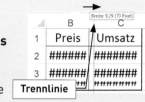

❶ Mit der Maus auf den rechten Rand **(Trennlinie)** des **Spaltenkopfes** zeigen (Mauszeiger verwandelt sich in Doppelpfeil mit Strich)

❷ **Trennlinie** mit **gedrückter linker Maustaste** so weit ziehen, bis die **gestrichelte Linie** die gewünschte Breite anzeigt

oder

❶ Kontextmenü (bei markierter Spalte) SPALTENBREITE

❷ Die **Anzahl** der **Pixel** (z. B. 70) bzw. Punkte (z. B. 9,29) angeben, die in einer **Spalte** angezeigt werden sollen.

 Klickt man doppelt auf die **Trennlinie** des **Spaltenkopfes,** ermittelt **Excel** selbstständig die **optimale Spaltenbreite.**

→ Zeilenhöhe verändern:

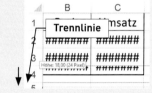

❶ Mit der Maus auf den unteren Rand **(Trennlinie)** des **Zeilenkopfes** zeigen

❷ **Trennlinie** mit **gedrückter linker Maustaste** so weit ziehen, bis die **gestrichelte Linie** die gewünschte Höhe anzeigt

oder

❶ Kontextmenü (bei markierter Zeile) ZEILENHÖHE

❷ Die **Anzahl** der **Pixel** (z. B. 24) bzw. Punkte (z. B. 18) angeben, die in einer Zeile angezeigt werden sollen.

 Klickt man doppelt auf die **Trennlinie** des **Zeilenkopfes,** ermittelt **Excel** selbstständig die **optimale Zeilenhöhe.**

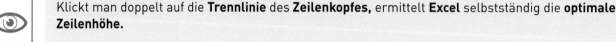

8.5.2   Spalten und Zeilen einfügen (bzw. löschen)

Öffne die Datei **TABELLEN GESTALTEN – SPALTEN UND ZEILEN EINFÜGEN.**

→ **Spalten einfügen:**

❶ Spalte markieren, **vor** die eine **neue Spalte eingefügt** werden soll

❷ Kontextmenü ZELLEN EINFÜGEN

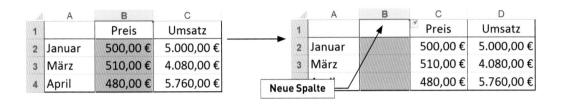

→ **Spalte(n) löschen:**

❶ Spalte(n) markieren

❷ Kontextmenü ZELLEN LÖSCHEN

→ **Zeilen einfügen:**

❶ Zeile markieren, über der eine **neue Zeile eingefügt** werden soll

❷ Kontextmenü ZELLEN EINFÜGEN

	A	B	C
1			Preis
2	Januar		500,00 €
3	März		510,00 €
4	April		480,00 €

	A	B	C
1			Preis
2	Januar		500,00 €
3			
4	März		510,00 €
5	April		

Neue Zeile

→ **Zeile(n) löschen:**

❶ Zeile(n) markieren

❷ Kontextmenü ZELLEN LÖSCHEN

8.5.3 Spalten und Zeilen ein- und ausblenden

Öffne die Datei **TABELLEN GESTALTEN – SPALTEN UND ZEILEN AUSBLENDEN.**

→ **Spalte(n) ausblenden:**

❶ Spalte **B** und **C** (hier) markieren

❷ Kontextmenü AUSBLENDEN

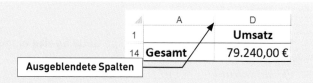

→ **Spalte(n) einblenden:**

❶ Spalte **A** „bis" **D** (hier) markieren und mit Mauszeiger im **Spaltenkopf** an die Stelle der **ausgeblendeten Spalte(n)** zeigen, bis dieser sich in einen **Doppelpfeil** verwandelt

❷ Mit einem Doppelklick wird (werden) die Spalte(n) wieder **eingeblendet**

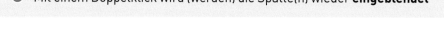

→ **Zeile(n) ausblenden:**

❶ Zeilen **2** bis **13** (hier) markieren

❷ Kontextmenü AUSBLENDEN

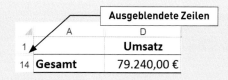

→ **Zeile(n) einblenden:**

❶ Zeilen **1** „bis" **14** (hier) markieren und mit Mauszeiger im **Zeilenkopf** an die **Stelle** der **verborgenen Zeile(n)** zeigen, bis dieser sich in einen **Doppelpfeil** verwandelt

❷ Mit einem Doppelklick wird (werden) die Zeile(n) wieder **eingeblendet**

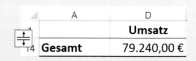

8.6 Arbeitsblätter formatieren

8.6.1 Schrift ändern

Öffne die Datei **ARBEITSBLÄTTER FORMATIEREN – SCHRIFT ÄNDERN.**

→ **Schrift ändern:**

❶ Zelle(n) markieren

❷ Kontextmenü FORMAT – Zellen

❸ Register Schrift

oder

entsprechende Symbole auf der Symbolleiste

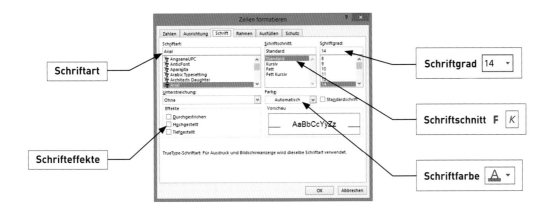

8.6.2 Zahlen formatieren

Öffne die Datei **ARBEITSBLÄTTER FORMATIEREN – SCHRIFT ÄNDERN.**

→ **Zahlen formatieren:**

❶ Kontextmenü ZELLEN FORMATIEREN

❷ Register ZAHLEN

❸ **Formatkategorie** auswählen

oder

❶ Register START

❷ Gruppe ZAHL

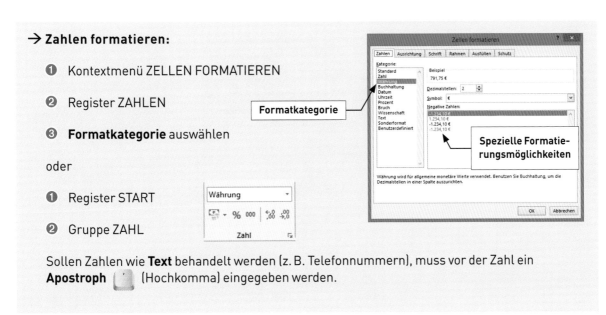

Sollen Zahlen wie **Text** behandelt werden (z. B. Telefonnummern), muss vor der Zahl ein **Apostroph** (Hochkomma) eingegeben werden.

8.6.3 Hintergrundfarbe ändern

Öffne die Datei **ARBEITSBLÄTTER FORMATIEREN – SCHRIFT ÄNDERN.**

→ **Hintergrundfarbe ändern:**

❶ Zelle(n) markieren

❷ Kontextmenü ZELLEN FORMATIEREN

❸ Register AUSFÜLLEN

oder

❶ Symbolleiste 🖾▾ anklicken

❹ **Hintergrundfarbe** auswählen

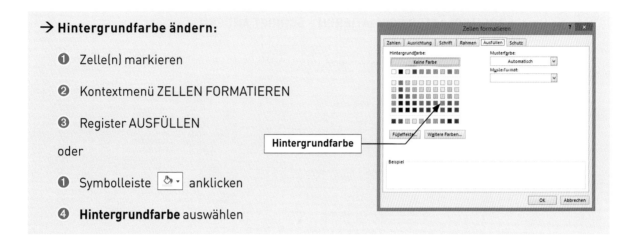

8.6.4 Rahmen hinzufügen

Öffne die Datei **ARBEITSBLÄTTER FORMATIEREN – SCHRIFT ÄNDERN.**

→ **Rahmen hinzufügen:**

❶ Zelle(n) markieren

❷ Kontextmenü ZELLEN FORMATIEREN

❸ Register RAHMEN

❹ **Linienart** und **-farbe** festlegen

❺ Mit der Maus in der **Rahmenvorschau** den Rahmen auswählen

oder

❶ Symbolleiste ▦ ▾ anklicken

❷ Rahmen auswählen

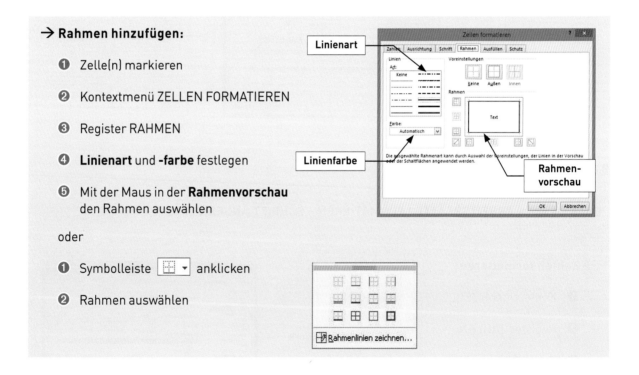

8.6.5 Zellen formatieren

Öffne die Datei **ARBEITSBLÄTTER FORMATIEREN – SCHRIFT ÄNDERN.**

Excel stellt

- **Zahlen rechtsbündig** → 175 → 225

- **Texte linksbündig** Julia ← Katja ← dar.

→ **Textausrichtung ändern:**

❶ Zelle(n) markieren

❷ Kontextmenü ZELLEN FORMATIEREN

❸ Register AUSRICHTUNG

oder

entsprechende Symbole auf der Symbolleiste

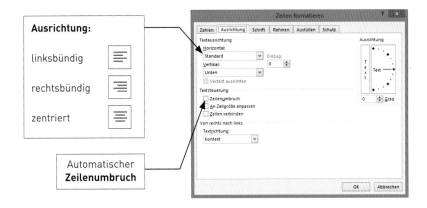

→ **Manueller Zeilenumbruch:**

❶ Zelle in der Bearbeitungsleiste an der Stelle markieren, an der der **Zeilenumbruch** sein soll

❷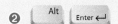

→ **Automatischer Zeilenumbruch:**

❶ Zelle(n) markieren

❷ Kontextmenü ZELLEN FORMATIEREN

❸ Register AUSRICHTUNG

❹ **Zeilenumbruch** aktivieren

→ Zellen verbinden und zentrieren:

❶ Zellen **B1:E1** markieren

❷ Symbolleiste ▦ anklicken

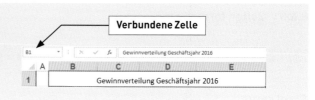

Verbundene Zelle

8.6.6 Formate übertragen und entfernen

→ Formate übertragen:

❶ Auf eine Zelle mit dem Format klicken, das man übertragen möchte

❷ Symbolleiste 🖋 anklicken

❸ Zelle(n) markieren, auf die das **Format übertragen** werden soll

Wenn man 🖋 doppelt anklickt, kann das Format so lange auf mehrere Zellen übertragen werden, bis [Esc] gedrückt wird.

8.6.7 Datums- und Uhrzeitformate

Öffne die Datei **ARBEITSBLÄTTER FORMATIEREN – DATUMS- UND UHRZEITFORMATE.**

Datumsformat

Datum	Beginn	Pause		Ende
01.04.2016	7:00	12:00	13:00	17:00

Uhrzeitformat

Datum: Folgende Eingaben interpretiert **Excel automatisch** als **Datum:**

- 01.04.16
- 01.04.2016
- 1. April 16
- 01/06/16

Uhrzeit: Stunden, Minuten und Sekunden müssen durch einen **Doppelpunkt** voneinander getrennt werden:

- 12:30:15

Intern rechnet **Excel** die Datums- und Uhrzeitformate in eine **serielle Zahl** um.

Format	Serielle Zahl
01.04.16	41713
07:00	0,29167

→ Andere Datums- und Zeitangaben auswählen:

❶ Zelle(n) markieren

❷ Kontextmenü ZELLEN FORMATIEREN

❸ Register ZAHLEN

❹ Kategorie DATUM bzw. UHRZEIT auswählen

❺ **Formattyp** bestimmen

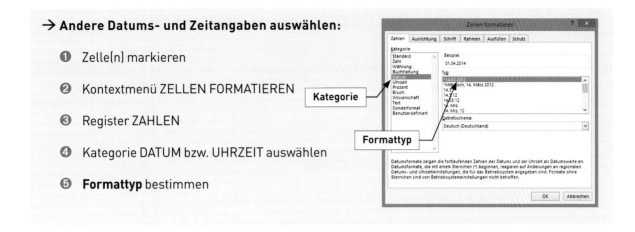

→ Aktuelles: Datum bzw. Uhrzeit eingeben (Windows-Systemzeit):

❶ Zelle markieren

❷ Aktuelles Datum: [Strg] [.]

❸ Aktuelle Uhrzeit: [Strg] [Umschalt] [.]

8.6.8 Bedingte Formatierung

Öffne die Datei **ARBEITSBLÄTTER FORMATIEREN – BEDINGTE FORMATIERUNG (1).**

Knüpfe Formatierungen an bestimmte **Bedingungen.** Das Format (z. B. weiße Schrift auf dunklem Hintergrund) wird nur dann angewandt, wenn die Bedingung(en) erfüllt ist (sind):

→ Bedingte Formatierung:

❶ Zelle(n) markieren

❷ Register START – BEDINGTE FORMATIERUNG

❸ Bedingung(en) von **Operatoren** festlegen

❹ **Bedingtes Format** bestimmen (größer als 199)

Vorname	Name	Gewinn	Gewinn in Prozent
Karo	Wolz	100,00 €	11,63%
Andreas	Böhler	200,00 €	23,26%
Julia	Bühler	175,00 €	20,35%
Katja	Goetz	225,00 €	26,16%
Jens	Goerges	160,00 €	18,60%
		860,00 €	

Bedingtes Format

Öffne die Datei **ARBEITSBLÄTTER FORMATIEREN – BEDINGTE FORMATIERUNG (2).**

Man kann auf bestimmte Werte auch mit besonderen **Symbolen** hinweisen (z. B. mit Ampelsymbolen). Im folgenden Beispiel soll die Ampel **Grün** anzeigen, wenn der Gewinnanteil **über 25 Prozent** liegt. Eine gelbe Ampel soll bei einem Gewinnanteil zwischen 20 und 25 Prozent, eine **rote** Ampel **unter 20 Prozent** erscheinen.

→ **Bedingte Formatierung (Symboldarstellung):**

❶ Zelle(n) markieren

❷ Register START – BEDINGTE FORMATIERUNG – NEUE REGEL

❸ Neue Formatierungsregel festlegen. Als Formatstil **Symbolsätze** wählen

❹ **Bedingtes Format** bestimmen

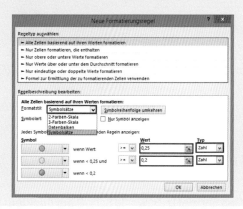

Vorname	Name	Gewinn		Gewinn in Prozent
Karo	Wolz	100,00 €		11,63%
Andreas	Böhler	200,00 €		23,26%
Julia	Bühler	175,00 €		20,35%
Katja	Goetz	225,00 €		26,16%
Jens	Goerges	160,00 €		18,60%
		860,00 €		

8.7 Formeln

8.7.1 Formeln eingeben

Texte und **Zahlen** in **Tabellenform** kann man auch in ein **Textverarbeitungsprogramm** einfügen. Mit **Formeln** können in **Excel** zudem automatisch Berechnungen durchgeführt werden.

Formeln können mit **absoluten Werten** (z. B. **Umsatz = 15 * 20**) oder mit **Zellbezügen** (z. B. **Umsatz = B1 * B2**) und mit **Namen** (z. B. **Umsatz = Menge * Preis**) eingegeben werden.

Die Eingabe mit Zellbezügen und Namen **(Adressierung)** hat den Vorteil, dass die Formel dann für alle möglichen Eingabewerte gültig ist. Ändert man z. B. im Tabellenblatt Umsatz die **Menge** (Zelle **B1**) oder den **Preis** (Zelle **B2**), berechnet **Excel** den **Umsatz** (Zelle **B3**) **automatisch** neu. Die Formel für die Berechnung des Umsatzes muss **nicht** geändert werden.

Öffne die Datei **FORMELN – FORMELN.**

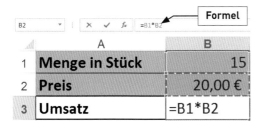

Eingabe der Formel in Zelle **B3** mit

– **absoluten Werten:** **= 15 * 20**
– **Zellbezügen:** **= B1 * B2**

→ **Formeln eingeben:**

❶ Jede Formel beginnt mit einem **Gleichheitszeichen** (Wertzuweisungszeichen **=**).

❷ Formeln können direkt **in** eine **Zelle** oder in der **Bearbeitungsleiste** eingegeben werden.

❸ In der Bearbeitungsleiste wird die **Formel** angezeigt. Das **Ergebnis** der Formel erscheint in der Zelle.

Die Eingabe von Zellbezügen kann **vereinfacht** werden. Nach der Eingabe des Gleichheitszeichens muss dazu die entsprechende Zelle mit der Maus ausgewählt werden.

Mit folgenden **mathematischen Operatoren** kannst du Berechnungen durchführen:

	Operator	Beispiel	Ergebnis
Addition	+	= B1+B2	35,00 €
Subtraktion	–	= B1-B2	– 5,00 €
Division	/	= B1/B2	0,75 €
Multiplikation	*	= B1*B2	300,00 €
Potenz	^	= B1^B2	332.525.673.007.965.000.000.000,00 €
Prozent	%	= B1%	1 500 %

Für den Vergleich von zwei Werten stehen dir folgende **Vergleichsoperatoren** zur Verfügung:

	Operator	Beispiel	Ergebnis
ist gleich	=	= B1=B2	FALSCH
größer als	>	= B1>B2	FALSCH
kleiner als	<	= B1<B2	WAHR
größer oder gleich	>=	= B1>=B2	FALSCH
kleiner oder gleich	<=	= B1<=B2	WAHR
ungleich	<>	= B1<>B2	WAHR

8.7.2 Fehler in Formeln korrigieren

Folgende **Fehlermeldungen** erscheinen, wenn **Excel** das Ergebnis einer Formel nicht berechnen bzw. anzeigen kann:

########	Spalte ist nicht breit genug, um das Ergebnis der Formel anzuzeigen.
#DIV/0!	Die Formel enthält eine Division durch Null.
#BEZUG!	Formel bezieht sich auf eine ungültige Zelle oder gelöschte Zelle.
#NAME?	Schreibweise des Zellbezugs oder Klammersetzung ist falsch.
#WERT!	Die Formel enthält eine Zelle (z. B. mit Text), die nicht für die Berechnung verwendet werden kann.
#NV	Ein Wert für eine Funktion oder Formel ist nicht verfügbar.

8.7.3 Formeln anzeigen

→ **Formeln anzeigen:**

❶ Register FORMELN

❷ Symbolleiste [Formeln anzeigen] bzw.

8.7.4   Relative und absolute Adressierung

Öffne die Datei **FORMELN – RELATIVE BEZÜGE (1).**

Beim „Kopieren" bzw. AutoAusfüllen von Formeln passen sich die **neuen Zellbezüge relativ zur ursprünglichen Position (**C4 → **D4 bzw.** D4 → **D5 usw.) an.**

	Fixe Kosten	Variable Kosten	Gesamtkosten
Januar	150.000,00 €	100.000,00 €	250.000,00 €
Februar	150.000,00 €	100.000,00 €	250.000,00 €
März	150.000,00 €	100.000,00 €	250.000,00 €
Gesamt	450.000,00 €	300.000,00 €	750.000,00 €

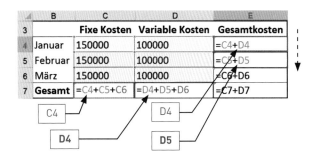

→ Relative Bezüge

Öffne die Datei **FORMELN – RELATIVE BEZÜGE (2).**

Problem: **Warum erscheint beim AutoAusfüllen der Formel in Zelle D5 die Fehlermeldung #DIV/0!?**

	Fixe Kosten	Anteil an den Jahreskosten
1. Quartal	150.000,00 €	25,00%
2. Quartal	150.000,00 €	#DIV/0!
3. Quartal	150.000,00 €	#DIV/0!
4. Quartal	150.000,00 €	#DIV/0!
Gesamtkosten	600.000,00 €	

	B	C Fixe Kosten	D Anteil an den Jahreskosten
3			
4	1. Quartal	150000	=C4/C8
5	2. Quartal	150000	=C5/C9
6	3. Quartal	150000	=C6/C10
7	4. Quartal	150000	=C7/C11
8	Gesamtkosten	=C4+C5+C6+C7	
9			

C9

Der Zellbezug **C8** (Gesamtkosten) wird von **Excel** beim AutoAusfüllen automatisch **relativ** angepasst (zur Zelle **C9**). Die Summe der Gesamtkosten wird allerdings weiterhin in der Zelle **C8** berechnet. Eine Division durch Null (Zelle **C9**) ist nicht möglich → **Fehlermeldung #DIV/0!**

Öffne die Datei **FORMELN – ABSOLUTE BEZÜGE.**

Lösung   **→ Absolute Bezüge:**   Absolute Zellbezüge **ändern sich** beim „Kopieren" bzw. Autoausfüllen **nicht** (es erfolgt keine relative Anpassung: Die Zelle **C9** bleibt auch nach dem „Kopieren" die Zelle **C9**).

Fixe Kosten

	Fixe Kosten	Anteil an den Jahreskosten
1. Quartal	150.000,00 €	25,00%
2. Quartal	150.000,00 €	25,00%
3. Quartal	150.000,00 €	25,00%
4. Quartal	150.000,00 €	25,00%
Gesamtkosten	600.000,00 €	

Fixe Kosten

	Fixe Kosten	Anteil an den Jahreskosten
1. Quartal	150000	=C5/$C$9
2. Quartal	150000	=C6/$C$9
3. Quartal	150000	=C7/$C$9
4. Quartal	150000	=C8/$C$9
Gesamtkosten	=C5+C6+C7+C8	

C9

→ Zellbezüge absolut adressieren:

Die **absolute Adressierung** erfolgt mit der Funktionstaste `F4` bzw. dem `$`-Zeichen.

Wenn du **mehrmals** `F4` drückst, kannst du die **Art** der absoluten Adressierung **variieren**:

- $C$9   Spalte = **absolut**   Zeile = **absolut**
- C$9   Spalte = **relativ**   Zeile = **absolut**
- $C9   Spalte = **absolut**   Zeile = **relativ**

→ Formeln kopieren:

❶ Mit der Maus auf die **rechte untere Ecke** der Zelle mit der Formel gehen, bis der **Anfasser** erscheint

❷ Den **Anfasser** bei **gedrückter linker Maustaste** über alle Zellen ziehen, in die die Formel **kopiert** werden soll

oder

Doppelklick auf den **Anfasser. Excel** füllt die Spalte so lange mit den entsprechenden **Formeln/Funktionen,** bis in der Spalte (links) daneben keine Werte mehr in den Zellen vorhanden sind.

8.7.5   Symbolische Adressierung bei Formeln

Insbesondere bei **Formeln** und **Tabellen** spielt die Vergabe von **Namen** (symbolische Adressierung → siehe Kapitel 9.3.2 Zellen benennen) eine wichtige Rolle. Formeln können mit Namen leichter eingegeben und verstanden werden.

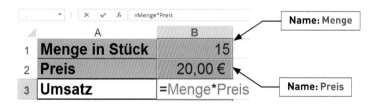

Durch die Vergabe eines Namens wird die Zelle **automatisch absolut adressiert.**

8.8 Funktionen

8.8.1 Funktionen

Mit **Funktionen** kannst du viele Berechnungen einfacher als mit Formeln durchführen. In **Excel** finden sich mittlerweile über **400 Standardberechnungen** aus den Bereichen Mathematik und Trigonometrie, Finanzmathematik, Statistik usw., die mit **Funktionen** gelöst werden können.

Öffne die Datei **FUNKTIONEN – FUNKTION.**

Bisher: Eingabe mit einer **Formel**   **Neu:** Eingabe mit einer **Funktion**

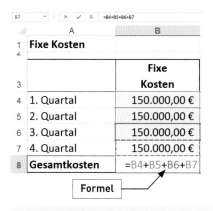

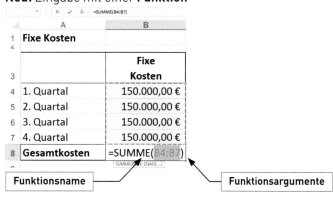

→ Funktion eingeben:

Jede Funktion beginnt mit einem **Gleichheitszeichen** (Wertzuweisungszeichen **=**).
Den **Namen** der **Funktion** mit der Tastatur eingeben

oder

❶ Listenfeld Σ AutoSumme ▾ anklicken

❷ **Funktion** auswählen

❸ **Funktionsargumente** mit der Maus auswählen

Bitte beachten:

❹ Die Funktion SUMME kann direkt über das Symbol Σ AutoSumme ▾ ausgewählt werden. Funktionsargumente sind die **Informationen,** die **Excel** benötigt, um die Berechnung durchführen zu können (z. B. Werte aus einem Zellbereich).

❺ Funktionsargumente stehen immer in **Klammern.**

❻ Bei jeder Funktion werden Funktionsargumente benötigt.

Beispiele für Funktionen:

Öffne die Datei **FUNKTIONEN – WEITERE BEISPIELE.**

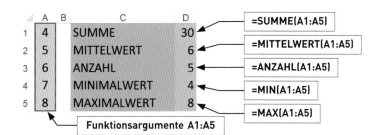

→ **Funktion ohne Funktionseingabe:**

❶ **Zellen** markieren, die bei der **Berechnung** berücksichtigt werden sollen

❷ **Excel** berechnet in der Statuszeile **automatisch** die **SUMME** der markierten Zellen.

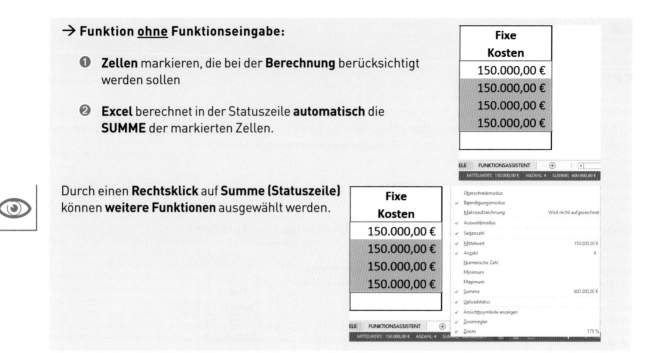

Durch einen **Rechtsklick** auf **Summe (Statuszeile)** können **weitere Funktionen** ausgewählt werden.

8.8.2 Der Funktionsassistent

Der **Funktionsassistent** kann dir **bei der Eingabe von Funktionen helfen.**

Öffne die Datei **FUNKTIONEN – FUNKTIONSASSISTENT.**

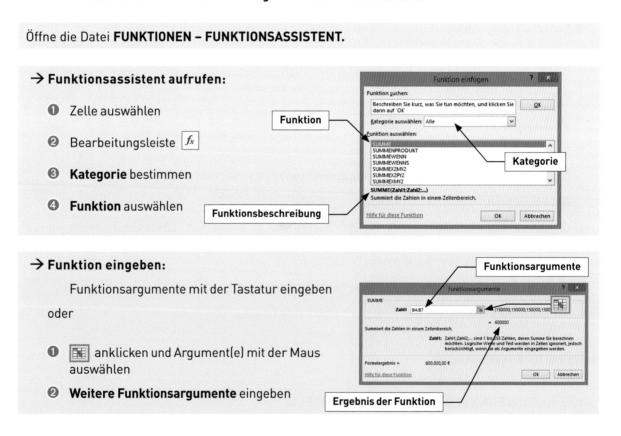

→ **Funktionsassistent aufrufen:**

❶ Zelle auswählen

❷ Bearbeitungsleiste f_x

❸ **Kategorie** bestimmen

❹ **Funktion** auswählen

→ **Funktion eingeben:**

Funktionsargumente mit der Tastatur eingeben

oder

❶ 🔲 anklicken und Argument(e) mit der Maus auswählen

❷ **Weitere Funktionsargumente** eingeben

8.8.3 Besondere Funktionen

8.8.3.1 WENN-Funktion

Lege mit der **WENN-Funktion** fest, unter welchen Bedingungen eine Formel oder Funktion ausgeführt werden soll oder nicht.

Öffne die Datei **BESONDERE FUNKTIONEN – WENN-FUNKTION.**

Ein Mengenrabatt von 5 % wird nur dann gewährt, wenn der **Bestellwert mindestens 2.000,00 €** beträgt.

→ **Verschachtelte WENN-Funktion eingeben:**

❶ **Funktionsassistent** mit $\boxed{f_x}$ aufrufen und **WENN-Funktion** auswählen. Anschließend **PRÜFUNG und DANN_WERT** eingeben.

❷ Als **SONST_WERT** eine **weitere WENN-Funktion** (WENN in **Bearbeitungsleiste** anklicken) einfügen

❸ **Funktionsargumente** eingeben

❹ Mit **OK** bestätigen

❶

❷

Weitere WENN-Funktion

❸

❹

8.8.3.2 Datums- und Zeitfunktionen

Datumsfunktionen:

HEUTE():	Datum wird beim Öffnen aktualisiert
TAGE360(Ausgangsdatum;Enddatum;Methode):	Anzahl der Tage wird nach der europäischen Methode (WAHR) berechnet (Jahr wird mit 360 Tagen, die Monate auf den Tag genau gerechnet)
DATEDIF(Ausgangsdatum;Enddatum;Einheit):	Einheiten sind z. B. Jahr („Y"), Monate („M") oder Tage („D") Diese Funktion kann **nicht** über den Funktionsassistenten aufgerufen werden

Uhrzeitfunktionen:

JETZT(): Datum und Uhrzeit werden beim Öffnen der Datei aktualisiert

8.9 Diagramme

8.9.1 Diagramme

Am verständlichsten kannst du Zahlen mit **Diagrammen** visualisieren. Wichtige **Entwicklungen** und **Werte** können mit Diagrammen **schneller erkannt** werden als in Tabellen.
Öffne die Datei **DIAGRAMME – DIAGRAMM.**

Diagrammelemente

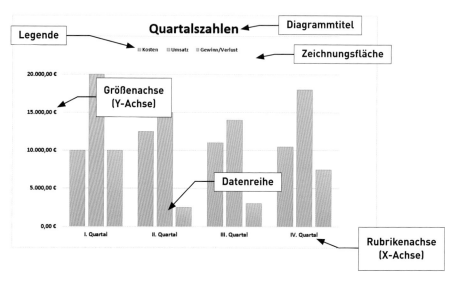

8.9.2 Diagramme erstellen

Öffne die Datei **DIAGRAMME – DIAGRAMME ANFERTIGEN.**

→ **Diagrammassistent aufrufen:**

❶ Zellbereich **(Datenbereich)** markieren

❷ Menüleiste EINFÜGEN

❸ Symbolleiste (z. B. Empfohlene Diagramme) anklicken

→ **Diagrammtyp festlegen:**

Im Register ALLE DIAGRAMME den **Diagrammtyp** und **Diagrammuntertyp** festlegen

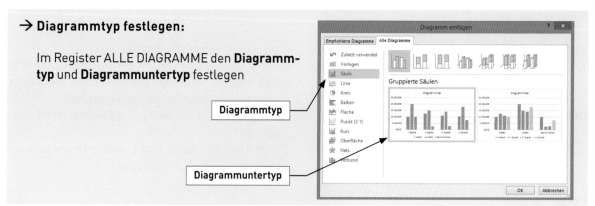

→ Datenbereich festlegen/ändern:

Der **Datenbereich** lässt sich hier nochmals anpassen:

❶ Symbol 🔲 anklicken

❷ **Datenbereich** mit der Maus auswählen

❸ **Reihenfolge** der Datenreihen ändern

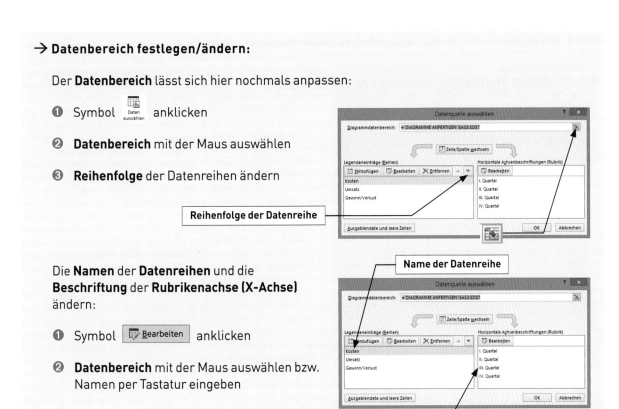

Reihenfolge der Datenreihe

Die **Namen** der **Datenreihen** und die
Beschriftung der **Rubrikenachse (X-Achse)**
ändern:

❶ Symbol 🖉 Bearbeiten anklicken

❷ **Datenbereich** mit der Maus auswählen bzw.
Namen per Tastatur eingeben

Name der Datenreihe

Beschriftung der Rubrikenachse

→ Diagrammoptionen:

Diagramm- und **Achsentitel** eingeben

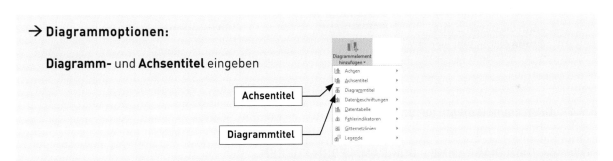

Achsentitel

Diagrammtitel

→ Diagramme verschieben (Kontextmenü):

Diagramm als **neues Tabellenblatt** einfügen

oder

als **neues Objekt** im Tabellenblatt platzieren

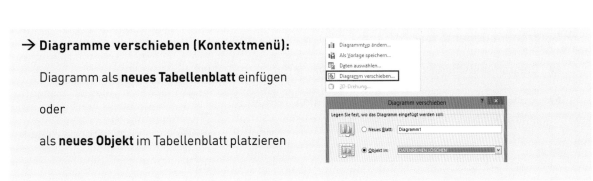

8

Excel

8.9.3 Diagramme verschieben, vergrößern bzw. verkleinern

Öffne die Datei **DIAGRAMME – DIAGRAMM VERSCHIEBEN.**

→ **Diagramm verschieben:**

Diagrammfläche anklicken und an die **neue Position** verschieben

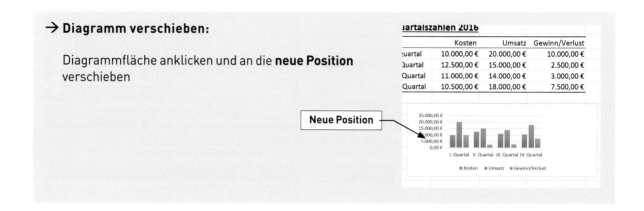

Öffne die Datei **DIAGRAMME – DIAGRAMMGRÖSSE.**

→ **Diagramm vergrößern bzw. verkleinern:**

❶ Klicke die Diagrammfläche an.

❷ Mithilfe der **Anfasser** kann die gewünschte **Größe** eingestellt werden.

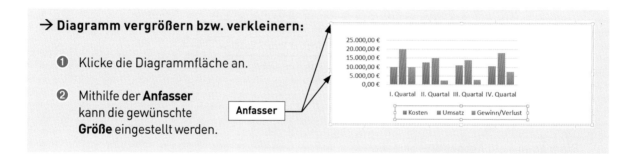

8.9.4 Diagrammelemente formatieren

Öffne die Datei **DIAGRAMME – DIAGRAMM FORMATIEREN.**

→ **Diagrammelemente formatieren:**

❶ Diagrammelement (z. B. Datenreihe) markieren

❷ Kontextmenü DIAGRAMMELEMENT FORMATIEREN (z. B. DATENREIHE FORMATIEREN)

oder

❶ Doppelklick auf das Diagrammelement

❷ **Diagrammformat** ändern

→ **Diagrammachsen skalieren:**

❶ **Achse** markieren

❷ Kontextmenü ACHSE FORMATIEREN

❸ Zum Beispiel **Skalierung** ändern

→ **Sekundärachse einblenden:**

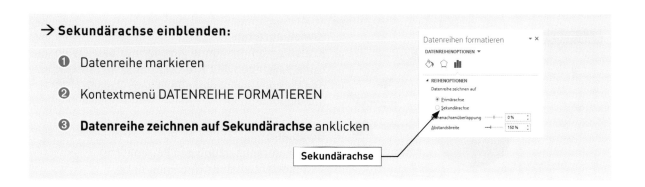

❶ Datenreihe markieren

❷ Kontextmenü DATENREIHE FORMATIEREN

❸ **Datenreihe zeichnen auf Sekundärachse** anklicken

Sekundärachse

8.9.5 Wichtige Diagrammtypen

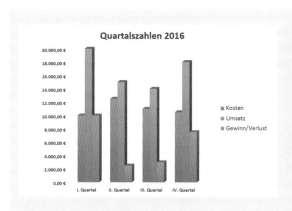

Säulendiagramme eignen sich, um

– einzelne Datenreihen miteinander zu vergleichen.
– Veränderungen im Zeitablauf darzustellen.

Beispiele:
– Entwicklung von Kosten, Umsatz und Gewinn/Verlust
– Entwicklung des Personalbestandes in den vergangenen Jahren

Balkendiagramme eignen sich, um

– einzelne Datenreihen miteinander zu vergleichen.
– Datenreihen zu einem bestimmten Zeitraum zu veranschaulichen.

Beispiele:
– Absatzzahlen verschiedener Produkte in einer bestimmten Periode
– Gewinnverteilung in einem bestimmten Jahr

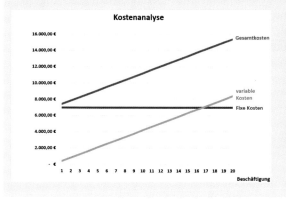

Liniendiagramm
Wie beim Säulendiagramm können mit Liniendiagrammen die Veränderungen von Datenreihen über einen bestimmten Zeitraum bzw. bei unterschiedlichen Mengen aufgezeigt werden.

Beispiele:
– Veränderung des Marktanteils
– Kostenanalyse

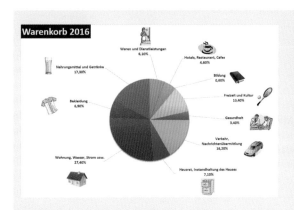

Kreisdiagramm

Kreisdiagramme können immer nur eine Datenreihe darstellen. Mit Kreisdiagrammen lässt sich das Verhältnis einzelner Teile zum Ganzen (100 %) aufzeigen.

Beispiele:

- Zusammensetzung des Warenkorbs
- Marktanteil eines Unternehmens
- Abstimmungsergebnis bei einer Hauptversammlung

Verbunddiagramme

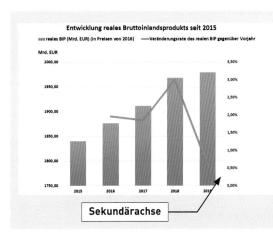

Sekundärachse

Verbunddiagramm

Abhängige Datenreihen mit unterschiedlichen Informationen lassen sich durch Verbunddiagramme darstellen.

Beispiel:

Entwicklung des realen Bruttoinlandsprodukts und die Veränderung des realen Bruttoinlandsprodukts gegenüber dem Vorjahr

Bei Verbunddiagrammen ist es meistens sinnvoll, eine **Sekundärachse** einzublenden.

Öffne die Datei **DIAGRAMMTYPEN – VERBUNDDIAGRAMM.**

→ **Verbunddiagramme erstellen:**

❶ **Schaltfläche Diagrammtyp ändern**

❷ Diagrammtyp **Verbund** wählen

❸ **Datenreihe, Diagrammtyp** und **Diagrammuntertyp** sowie eventuell **Sekundärachse** festlegen

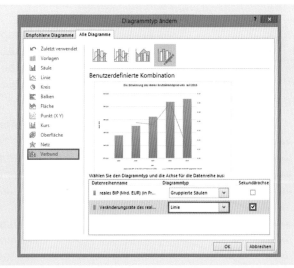

8.10 Tabellenformat

8.10.1 Daten als Tabelle formatieren

Öffne die Datei **TABELLENFORMAT – ALS TABELLE FORMATIEREN.**

→ **Als Tabelle(nbereich) formatieren:**

❶ Zellen der Tabelle markieren (hier: **B8:K19**)

❷ Im Register START die Schaltfläche anklicken

❸ **Tabellenformatvorlage** (hier: Mittel 10 auswählen)

❹ Im Fenster ALS TABELLE FORMATIEREN die Option TABELLE HAT ÜBERSCHRIFTEN aktivieren

Im Register ENTWURF (TABELLENTOOLS) kann die Formatvorlage geändert bzw. können alle Formate gelöscht werden.

Falls keine Filterfunktionen benötigt werden, können die **Listenpfeile** (Filter) im Register ENTWURF (TABELLENTOOLS) deaktiviert werden.

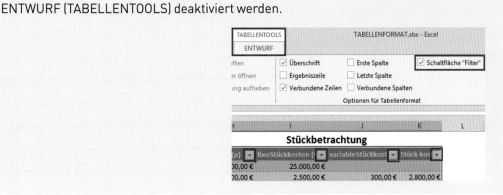

8.10.2 Vorteile des Tabellenformats

→ Dem Tabellenbereich werden **Formate hinzugefügt** (z. B. Hintergrund, Rahmen)

→ Die **Tabellenüberschriften** werden **fixiert**

→ Bei der **Eingabe neuer Werte** (hier in Zelle **B20** der Wert 110) wird im Tabellenbereich **dynamisch** die **gesamte Zeile ergänzt. Die Formeln, Funktionen** und **Formatierungen werden** aus dem bisherigen Tabellenbereich **übernommen**

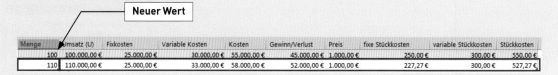

→ **Diagramme** werden bei der Eingabe neuer Werte automatisch **dynamisch erweitert**

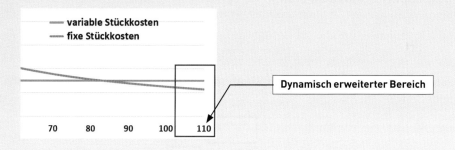

8.11 Daten verknüpfen und übertragen

8.11.1 Daten kombinieren und verknüpfen

Mithilfe der **Zwischenablage** können Sie einzelne Daten, Zellbereiche und ganze Tabellenblätter leicht innerhalb eines Tabellenblattes oder einer Arbeitsmappe kopieren bzw. verschieben. Darüber hinaus gibt es noch weitere Möglichkeiten, die Ihnen das Arbeiten mit **Excel**-Arbeitsmappen erleichtern können:

Öffne die Datei **DATEN VERKNÜPFEN UND ÜBERTRAGEN – DATEN KOMBINIEREN.**

→ **Daten verknüpfen:**

❶ Zelle(n) markieren **(Quellbereich)**

❷ Markierte(r) Zellbereich oder Einzelzelle ausschneiden bzw. kopieren

❸ **Zielbereich** markieren

❹ Kontextmenü – INHALTE EINFÜGEN – Inhalte einfügen

❺ Vorgang (z. B. Addition) auswählen, der bei der **Kombination** von Quell- und Zielbereich ausgeführt werden soll

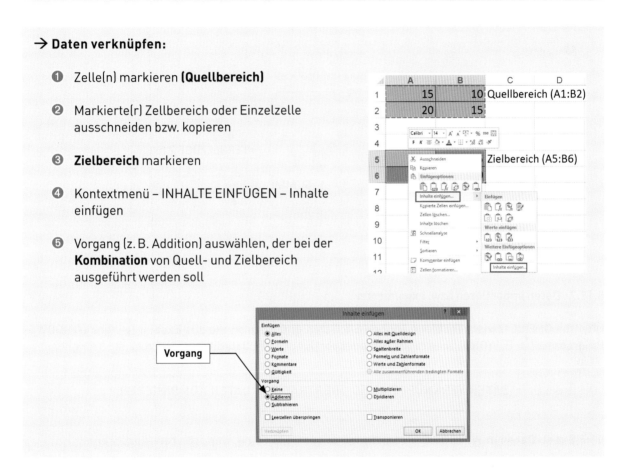

Öffne die Datei **DATEN VERKNÜPFEN UND ÜBERTRAGEN – DATEN VERKNÜPFEN.**

→ **Daten verknüpfen:**

❶ Zelle, die verknüpft werden soll, markieren (hier: **A5**)

❷ **Gleichheitszeichen** (=) eingeben

❸ **Quellbereich** markieren (hier: **A1**)

❹ Enter ↵

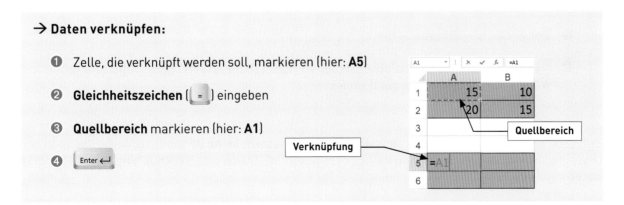

Öffne die Dateien **DATEN VERKNÜPFEN UND ÜBERTRAGEN – FERNBEZÜGE 1 und FERNBEZÜGE 2.**

Daten lassen sich über mehrere **Arbeitsmappen** oder **Dateien** miteinander verknüpfen **(Fernbezüge).** Änderungen in der **Quelltabelle** werden dann „automatisch" in der **Zieltabelle** durchgeführt:

→ **Fernbezüge erstellen:**

❶ **Quell-** und **Zieltabelle** öffnen

❷ Zelle, die verknüpft werden soll, in der **Zieltabelle** markieren (hier: **B3**)

❸ **Gleichheitszeichen** (=) eingeben

❹ **Quellbereich** in der **Quelltabelle** markieren

❺ Enter ↵

Verknüpfung: „='QUELLTABELLE'\Zellbezug"

	B1	fx ='FERNBEZÜGE 2'!B1		B1	fx ='FERNBEZÜGE 2'!B1
	A	B	C	A	B	C
1		='FERNBEZÜGE 2'!B1			='FERNBEZÜGE 2'!B1	
2						
3	SUMME			SUMME		

Quelltabelle **Zieltabelle**

8.11.2 Daten importieren bzw. exportieren

Über die **OFFICE-Zwischenablage** können Sie Daten und Diagramme aus **Excel** in andere **WINDOWS**-Programme (≤z. B. **WORD**) übertragen **(Datenexport).** Auch der **Datenimport** in **Excel** ist so möglich:

Öffne die Datei **DATEN VERKNÜPFEN UND ÜBERTRAGEN – DATEN KOMBINIEREN.**

→ **Excel-Daten in WINDOWS-Programme exportieren bzw. importieren (kopieren):**

Öffne die Datei **DATEN VERKNÜPFEN UND ÜBERTRAGEN – DATEN ÜBERTRAGEN.**

❶ **Excel** und **WINDOWS**-Programm (hier: **WORD**) öffnen

❷ Zellbereich bzw. Einzelzelle markieren

❸ Markierte Daten über die **Zwischenablage** von **Excel (Datenexport)** nach **WORD** bzw. von **WORD** nach **Excel (Datenimport) kopieren**

Zwischen der **Kopie** und der Ursprungs-**Excel**-Tabelle besteht **keine** Verbindung. Änderungen in der Ursprungstabelle werden in der Kopie nicht berücksichtigt. Durch eine **Verknüpfung** können Sie dies ändern:

Öffne die Datei **DATEN VERKNÜPFEN UND ÜBERTRAGEN – DATEN ÜBERTRAGEN.**

→ **Excel-Daten in WINDOWS-Programme exportieren und verknüpfen:**

❶ **Excel** und **WINDOWS**-Programm (hier: **WORD**) öffnen

❷ Zellbereich bzw. Einzelzelle markieren

❸ Markierte Daten **von Excel (Datenexport)** in die Zwischenablage kopieren

❹ In **WORD** Kontextmenü – INHALTE EINFÜGEN aufrufen

Name¤	Vorname¤	Bestellmenge¤
Böhler¤	Jörg¤	28¤
Ewen¤	Gerlinde¤	35¤
Göhner¤	Tanja¤	19¤
Göhner¤	Patric¤	21¤
Groitsch¤	Stephan¤	32¤
Müller¤	Michael¤	27¤

8.12 Daten schützen

8.12.1 Arbeitsmappen schützen

Du kannst Arbeitsmappen vor dem Zugriff anderer Benutzer durch ein **Kennwort** schützen.

Öffne die Datei **DATEN SCHÜTZEN.**

→ **Arbeitsmappe schützen:**

❶ Register DATEI

❷ Im Informationsbereich die Schaltfläche ARBEITSMAPPE SCHÜTZEN anklicken

❸ MIT KENNWORT VERSCHLÜSSELN anklicken

❹ Kennwort eingeben und nochmals bestätigen

❺ Zum Öffnen der Mappe muss das Kennwort eingegeben werden

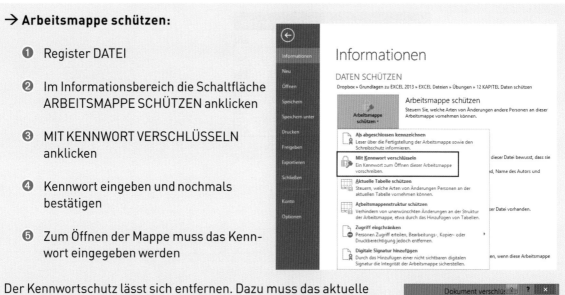

Der Kennwortschutz lässt sich entfernen. Dazu muss das aktuelle Kennwort nochmals über die Schaltfläche ARBEITSMAPPE SCHÜTZEN ausgewählt und dann unter MIT KENNWORT VERSCHLÜSSELN gelöscht werden.

8.12.2 Elemente einer Arbeitsmappe schützen

Wenn du verhindern möchtest, dass andere Benutzer wichtige Daten eines Tabellenblattes verändern, kannst du einzelne Elemente eines Arbeitsblattes (z. B. eine Zelle mit einer Formel) vor Zugriffen schützen.

Öffne die Datei **DATEN SCHÜTZEN – ELEMENTE SCHÜTZEN.**

→ **Elemente schützen:**

❶ Register ÜBERPRÜFEN

❷ Symbolleiste BLATT SCHÜTZEN anklicken

❸ **Kennwort zum Aufheben des Blattschutzes** eingeben

❹ **Zugriffsrechte** der Benutzer eingrenzen

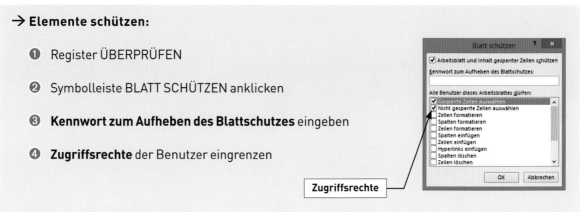

Zugriffsrechte

Öffne die Datei **DATEN SCHÜTZEN – ELEMENTE SCHÜTZEN 2.**

Es ist möglich, Zellen vom Schutz **auszugrenzen.** Diese Zellen können auch bei aktiviertem Blatt-schutz geändert werden.

→ Zellen vom Blattschutz ausgrenzen:

❶ Kontextmenü FORMAT – ZELLEN

❷ Register SCHUTZ

❸ Entfernen Sie den **Haken** bei GESPERRT, wenn Änderungen möglich sein sollen

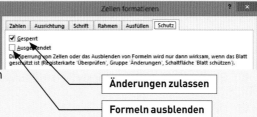

Füge im Kontrollfeld AUSGEBLENDET einen **Haken** hinzu, wenn du verhindern möchtest, dass der Benutzer eine Formel in der Bearbeitungsleiste einsehen kann.

→ Blattschutz aufheben:

❶ Register ÜBERPRÜFEN – BLATTSCHUTZ AUFHEBEN

❷ **Kennwort** zum **Aufheben** des **Blattschutzes** eingeben

Blattschutz
aufheben

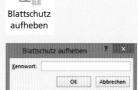

8

Excel

8.13   Blatt auf einer Seite darstellen

Manchmal kommt es vor, dass Tabellen etwas größer als ein Tabellenblatt sind. Soll die Tabelle ausgedruckt und auf einer Seite dargestellt werden, geht man folgendermaßen vor:

→ **Drucken und Blatt auf einer Seite darstellen**

① Register DATEI – DRUCKEN

② Dropdown-Feld KEINE SKALIERUNG öffnen

③ **Blatt auf einer Seite darstellen** anklicken

④ **Drucken** anklicken

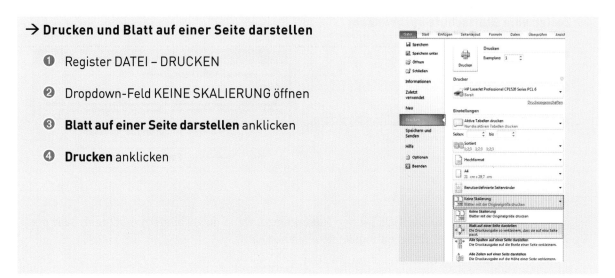

8.14   Prozentrechnen

Sollen in Excel Prozentwerte ermittelt werden, muss zuerst unterschieden werden, welches Ergebnis genau gefordert ist.

→ **Beispiel 1 – Ermittle den Rabattbetrag:**

Anzahl	Artikel	Einzel-preis	Rabatt-satz	Rabatt-betrag	Gesamt-preis
5	Fußballtasche	39,90 €	10%	=C3*D3	
22	Trikot 1	59,00 €	5%		
11	Trikot 2	129,00 €	3%		
28	Shirt 1	29,00 €	25%		
34	Shirt 2	9,90 €	10%		
Summe					

In der Zelle E3 müssen 10 % Rabatt von 39,90 € berechnet werden, also:

=39,90 €*10%

Die Formel lautet:

=C3*D3

In der Zelle D3 wurde die Prozentformatierung vorgenommen, du sparst dir also das *100. Diese Formel kannst du nun nach unten kopieren und die Ergebnisse werden angezeigt.

→ **Beispiel 2 – Ermittle den prozentualen Anteil vom Gesamten**

	Anzahl	Artikel	Einzel-preis	Rabatt-satz	Rabatt-betrag	Gesamt-preis	Prozentuale Anteile
3	5	Fußballtasche	39,90 €	10%	3,99 €	179,55 €	=F3/$F$8*100
4	22	Trikot 1	59,00 €	5%	2,95 €	1.233,10 €	
5	11	Trikot 2	129,00 €	3%	3,87 €	1.376,43 €	
6	28	Shirt 1	29,00 €	25%	7,25 €	609,00 €	
7	34	Shirt 2	9,90 €	10%	0,99 €	302,94 €	
8	**Summe**					**3.701,02 €**	

Du möchtest wissen, wie viel Prozent 179,55 € von 4.597,52 € sind. Du suchst also den Prozentanteil am Gesamtprozentwert.

In der Zelle G3 muss der Prozentanteil am Gesamtprozentwert berechnet werden, also:

Teile den **Wert**, von dem der Prozentsatz gesucht wird, durch den **Gesamtbetrag** und rechne dann ***100**. (Hinweis: Muss auf Prozent formatiert werden, fällt das *100 in der Formel weg.)

also: GESUCHT/GESAMT*100

Die Formel lautet:

F3/$F$8 (mit F4 absolut setzen, da du dich immer auf den Gesamtbetrag beziehst) * 100

→ **Beispiel 3 – Ermittle die prozentuale Abweichung von der Bestellung Monat Januar zu Monat Februar**

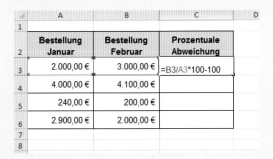

	Bestellung Januar	Bestellung Februar	Prozentuale Abweichung	
3	2.000,00 €	3.000,00 €	=B3/A3*100-100	
4	4.000,00 €	4.100,00 €		
5	240,00 €	200,00 €		
6	2.900,00 €	2.000,00 €		

Du sollst die Differenz zwischen dem Betrag des Monats Januar bzw. Februar ermitteln und diesen in Prozent darstellen. Um nur die Differenz auszuweisen, muss deine Formel am Ende -100 enthalten.

In der Zelle C3 soll die prozentuale Abweichung von Februar zu Januar ermittelt werden, also:

GESUCHTEN WERT/GESAMTWERT*100–100

Die Formel lautet:

B3/A3*100-100

(oder *1-1, wenn auf % formatiert werden muss)

8.15 Betriebswirtschaftliche Probleme mit Excel lösen

Aufgabe 1

Die Scharf AG handelt weltweit mit Schrauben und Schraubenzubehör. Sie sind Mitarbeiter der Abteilung Rechnungswesen und werden beauftragt, folgende **Bilanz zu vervollständigen und auszuwerten:**

Bilanz Scharf AG				
Aktiva	**Berichtsjahr**	**Vorjahr**	**Veränderung in Mio. €**	**Veränderung in %**
Anlagevermögen				
Sachanlagen	294,40	276,70		
Finanzanlagen	134,10	104,60		
Umlaufvermögen				
Vorräte	132,80	158,20		
Forderungen	275,70	221,40		
Flüssige Mittel	1,40	3,70		
Gesamtvermögen				
Passiva				
Eigenkapital				
Gezeichnetes Kapital	210,50	180,50		
Rücklagen	65,00	50,00		
Fremdkapital				
Langfristiges Fremdkapital	133,60	130,60		
Kurzfristiges Fremdkapital	429,30	403,50		
Gesamtkapital				

Statistische Auswertung

a) Öffne die Datei **AUFGABE 1** und erstellen Sie die Tabelle wie oben vorgegeben.

b) Ermittle die fehlenden Werte in der Spalte „Veränderung in Mio. €".

c) Berechne die jeweiligen **Euro-Werte** in den Zeilen Gesamtvermögen und Gesamtkapital.

d) Ermittle mit einer kopierfähigen Formel die **Werte** in der Spalte „Veränderung in %".

e) Formatiere die **Euro-Werte** auf **zwei Nachkommastellen** und die **Prozentwerte** auf **eine Nachkommastelle.**

Grafische Auswertung

f) Erstelle ein geeignetes Diagramm, das die **vier Kapitalarten** des **Berichtsjahres** und des **Vorjahres** wiedergibt.

g) Füge in das Diagramm geeignete Beschriftungen ein.

Aufgabe 2

Du bist Mitarbeiter in der Hausverwaltung Meckel und bekommst den Auftrag, die folgende **Tabelle** zu **vervollständigen** und **auszuwerten:**

Mietkosten Objektnummer 0815							
Monatliche Miete pro qm in €	Typ A	6,95					
	Typ B	5,30					
Name	Ausstattungstyp	Wohnfläche in qm	Jahresmiete in €	Nebenkosten in €	Gesamt- kosten 2016 in €	Gesamt- kosten Vorjahr in €	Veränderung in %
Uwe Boll	A	72,0		2.658,89		8.458,12	
Hans Dampf	B	65,0		2.205,63		6.489,85	
Jens Keller	A	99,0		2.789,12		11.578,00	
Stephan Bähr	B	49,0		1.895,30		4.789,20	
Fritz Kuhn	B	78,0		2.597,14		7.736,36	
Mario Bell	B	66,0		2.005,90		6.809,74	
Martin Reuß	A	57,0		2.222,78		6.502,30	
Olga Wiens	A	92,0		3.112,00		10.222,56	
Sven Rall	B	92,0		2.450,20		8.200,58	
Gesamt							

Statistische Auswertung

a) Öffne die Datei **AUFGABE 2** und erstellen Sie die Tabelle wie oben vorgegeben.

b) Ermittle die Jahresmiete mit einer **WENN-Funktion.**

c) Ermittle die **Gesamtkosten 2016 in Euro.**

d) Berechne mit einer kopierfähigen Formel die **Veränderung der Gesamtkosten in %.**

e) Ergänze die **Zeile Gesamt.**

f) Formatiere die **Kosten** auf **zwei Nachkommastellen** und die **Prozentsätze** auf **eine Nachkommastelle.**

Grafische Auswertung

g) Erstelle ein geeignetes Diagramm, das die **Nebenkosten pro Mieter** anschaulich darstellt. Die **Y-Achse** soll bei **1.000,00 €** beginnen.

h) Füge in das Diagramm geeignete Beschriftungen ein.

Aufgabe 3

Du sollst als Mitarbeiter der Stadt Schweinfurt folgende **Tabelle vervollständigen**:

Kaufwert Grundbesitz (Landwirtschaft)				
Jahr	**Preis pro Hektar**	**Verkaufte Fläche in Hektar**	**Wert der verkauften Fläche**	**Abweichung vom Durchschnittswert der verkauften Fläche in %**
2010	20.564,00 €	47,98		
2011	24.846,00 €	84,47		
2012	23.545,00 €	102,35		
2013	21.518,00 €	117,94		
2014	24.568,00 €	105,99		
2015	21.588,00 €	75,61		
Durchschnitt				

Statistische Auswertung

a) Öffne die Datei **AUFGABE 3** und erstelle die Tabelle wie oben vorgegeben.

b) Berechne die **Werte der verkauften Flächen.**

c) Berechne die **Durchschnitte** der Spalten „Preis pro Hektar", „Verkaufte Fläche in Hektar" und „Wert der verkauften Fläche".

d) Berechne mit einer kopierfähigen Formel die **Abweichungen vom Durchschnittswert der verkauften Fläche in %.**

e) Formatiere die Spalte „Preis pro Hektar" mit **Tausenderpunkten** und die **anderen Spalten mit zwei Nachkommastellen** und **Tausenderpunkten.**

Grafische Auswertung

f) Erstelle ein geeignetes Diagramm, in dem die **prozentuale Abweichung des jährlichen Verkaufswertes vom Durchschnittswert** ersichtlich ist.

g) Füge in das Diagramm geeignete Beschriftungen ein.

Programmhandbuch PowerPoint

Kapitel 9

9 Programmhandbuch PowerPoint

9.1 PowerPoint – erste Schritte

9.1.1 PowerPoint starten

Nach dem **Start** über das Programmsymbol [P] erscheint in **PowerPoint** das folgende Fenster:

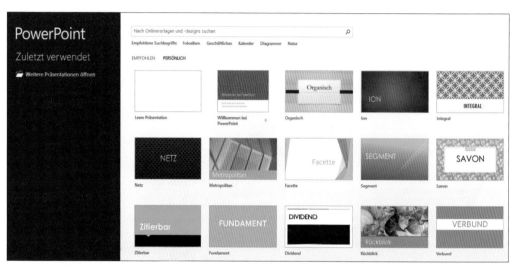

Über diesen Bildschirm kannst du **zuletzt verwendete** bzw. **bereits gespeicherte Präsentationen öffnen** oder auf in der **Cloud** (z. B. **OneDrive** oder **Dropbox**) gespeicherte Inhalte zugreifen.

9.1.2 Eine PowerPoint-Präsentation erstellen

In **PowerPoint** gibt es verschiedene Möglichkeiten, eine **neue Präsentation** zu erstellen. Du kannst eine bereits gespeicherte **eigene Vorlage** oder eine von **Microsoft** gestaltete **Vorlage** verwenden. Es steht dir natürlich auch offen, eine komplett neue, auf deinen Vortrag zugeschnittene Präsentationsvorlage zu erzeugen **(Leere Präsentation).**

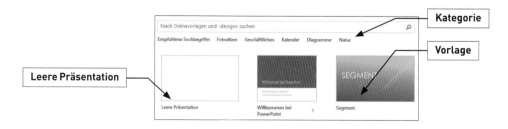

9.1.3 Microsoft PowerPoint-Vorlagen

Microsoft stellt **Vorlagen** in unterschiedlichen **Kategorien** (z. B. Natur, Unternehmen, Ausbildung) zur Auswahl. Diese Vorlagen geben deiner Präsentation ein vordefiniertes **Muster.** Neben speziellen **Hintergründen, Farben, Schriftarten, Effekten** und **Objekten** (z. B. Struktogramme) können diese auch **Inhalte** (z. B. Sitzplan) enthalten.

→ **Vorlage auswählen:**

① **Wähle** aus der entsprechenden Kategorie eine Microsoft-**Vorlage aus.**

② Für **weitere Informationen** die Schaltfläche **„Weitere Bilder"** anklicken

③ Vorlage wählen und ☐ anklicken

② ③

Vorlagen kannst du **individuell anpassen** (z. B. Schriftgröße, Farben usw.) und mit dem **Vorlagenformat*.potx** abspeichern. Diese lassen sich zu einem späteren Zeitpunkt als Basis für eine neue Präsentation verwenden.

Kennst du Ihn auch? Den **„Das ist doch PowerPoint!?!-Effekt"**?

Tipp:
Nutze die vielfältigen Möglichkeiten, die **PowerPoint** bietet. Gestalte eine eigene Präsentation, die auf dein Publikum **nicht beliebig,** sondern **einzigartig** wirkt. Verwende deshalb **keine Vorlagen** bzw. ändere die **Vorlagen** individuell **ab.**

9.1.4 Folien mit einem Layout und Design gestalten

Sobald du dich für eine **Vorlage** oder eine **„Leere Präsentation"** entschieden hast, erscheint die **Power-Point**-Arbeitsoberfläche:

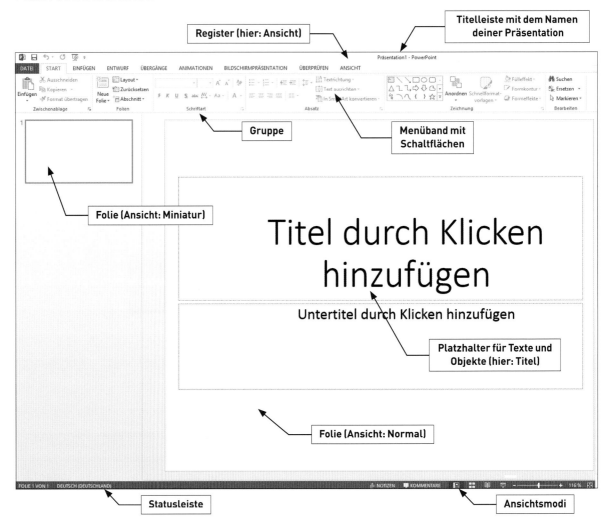

Bevor du mit dem Eingeben von **Texten** und/oder **Objekten** (z. B. Bildern) beginnst, solltest du für deine aktuelle Folie ein passendes **Layout** auswählen. Das Layout legt fest, an welcher Stelle der Folie **Platzhalter** zum Einfügen von Texten und Objekten (Bilder, Videos, Diagramme) angezeigt werden. In diese kannst du dann **später** die entsprechenden Inhalte einfügen.

→ **Layout auswählen:**

❶ Register START – LAYOUT anklicken

❷ Passendes **Layout** (hier: z. B. Titelfolie) auswählen

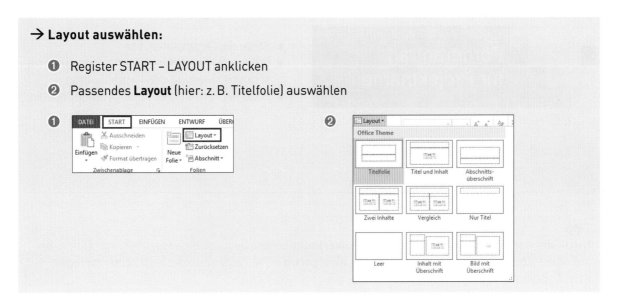

Weise deiner Folie nun ein **Design** zu. Designs enthalten **Vorgaben** zu **Hintergrundfarben, Effekten, Schriftarten** und **Schriftgrößen.** Im **Gegensatz zu Vorlagen** enthalten sie **keine inhaltsbezogenen Elemente,** wie dies z. B. bei Vorlagen für Urkunden, Sitzpläne oder Tischkärtchen der Fall ist.

→ **Design auswählen:**

❶ Register ENTWURF anklicken

❷ DESIGN (hier: Rückblick) und VARIANTE auswählen

❸ **Über** einem **Design** mit der rechten Maustaste das Kontextmenü öffnen.
Option FÜR AUSGEWÄHLTE FOLIEN oder FÜR ALLE FOLIEN ÜBERNEHMEN wählen

❹ In der Gruppe VARIANTEN auf WEITERE klicken

❺ **Farben, Schriftart, Effekte** und **Hintergrundeffekte** anpassen

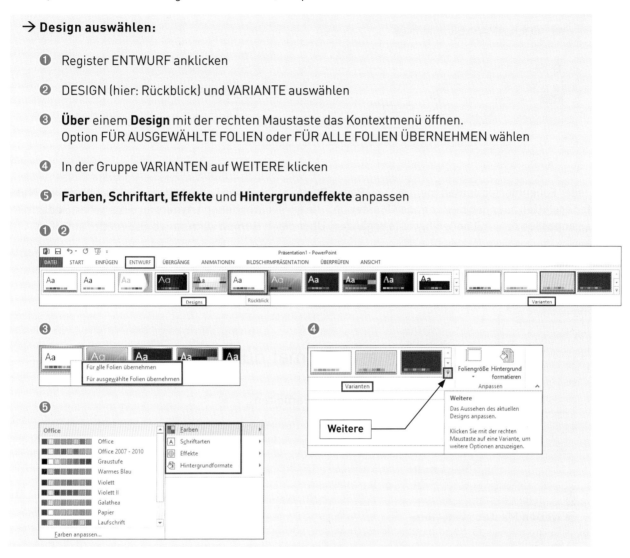

9.1.5 Eigenen Folienmaster erstellen

Noch heute zählen die Präsentationen von Apple-Mitbegründer Steve Jobs zu den besten. Ich bin überzeugt, dies liegt nicht daran, dass er bei der Gestaltung ein anderes Präsentationsprogramm **(Keynote)** verwendet hat.

Der nachhaltige Erfolg des Unternehmens Apple lässt sich mit einem Wort erklären: Einfach

Das Prinzip **„Einfach"** gilt nicht für das Design und die Bedienung der Produkte. Auch die Präsentationen sind **einfach** gestaltet. Auf einer Folie findet man nur **wenige Worte, Zahlen** oder ein **einziges Bild.** Das gleiche Prinzip gilt für den **Hintergrund.** Hier hat sich Steve Jobs auf **eine Farbe** oder einen **einfachen Farbverlauf** beschränkt.

Warum nicht die Strategie von einem der erfolgreichsten Unternehmer aller Zeiten imitieren? **Konzentriere** dich bei deinem Vortrag und Folien **aufs Wesentliche.** Beginne damit schon bei der Gestaltung deines **Folienmasters!**

→ Master erstellen:

❶ Register ANSICHT

❷ FOLIENMASTER anklicken

❶ ❷

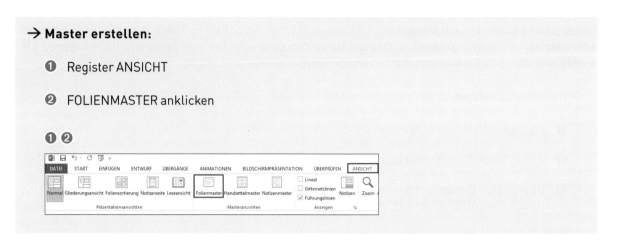

Jeder Folienmaster enthält mehrere von **PowerPoint** vorgegebene **Layouts.** Du kannst einen **neuen Master erstellen** oder den bestehenden **Master** und die darin enthaltenen **Layouts** an die eigenen Bedürfnisse **anpassen** bzw. mit neuen Layouts **ergänzen.** Über einen **Namen** kannst du diese wieder aufrufen.

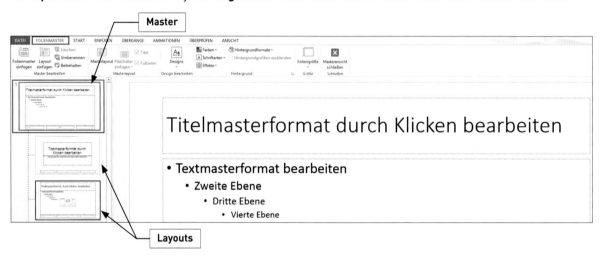

→ Neuen Master erstellen:

❶ Register FOLIENMASTER-FOLIENMASTER EINFÜGEN anklicken

❷ Nach dem bestehenden Master wurde ein **neuer Folienmaster** eingefügt

❸ **Namen** vergeben

❶   ❷ + ❸

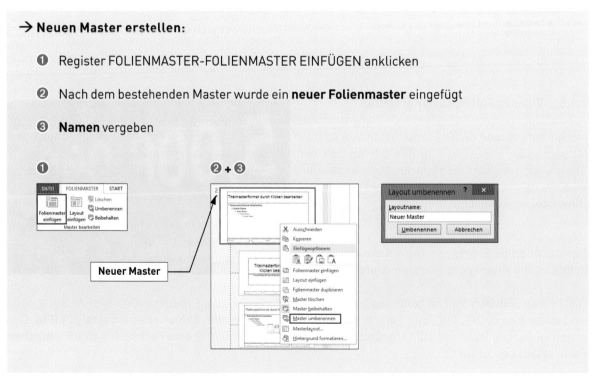

→ Neues Layout erstellen:

❶ Register FOLIENMASTER-LAYOUT EINFÜGEN anklicken

❷ **Nach** den bestehenden Layouts wird ein **neues Layout** eingefügt

❸ Layout einen **Namen** geben

❶

❷ + ❸

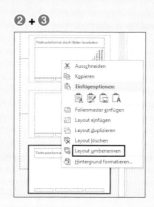

Passe den Master bzw. das Layout nach eigenen Wünschen an. Ändere beispielsweise die **Größe der Platzhalter** für Texte, füge einen **neuen Platzhalter** hinzu und/oder ändere deren **Positionen.** Beachte, dass eine Änderung am **Master** sich sofort auf **alle Folien** und **alle Layouts** der geöffneten Präsentation **auswirkt.** Änderst du ein **Layout,** werden nur die **Folien mit diesem Layout** angepasst.

→ Platzhalter hinzufügen, Größe anpassen, Position verschieben:

❶ Zu änderndes Layout auswählen

❷ REGISTER FOLIENMASTER-PLATZHALTER EINFÜGEN anklicken

❸ **Art** des **Platzhalters** wählen (hier: Text)

❹ In die Folie (Ansicht: Normal) klicken. Der Platzhalter wird eingefügt

❺ Mit den **Anfassern** lässt sich die **Größe** individuell **anpassen**

❻ Mit dem Mauszeiger an den **Rand** des **Platzhalters** gehen. Sobald der Mauszeiger sich in ✛ verwandelt, kannst du seine **Position** mit der Maus **verschieben**

❼ Platzhalter, die nicht benötigt werden, auswählen und mit ⌫ Rück entfernen

❶

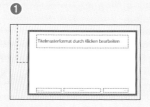

❷ ❸

❹ ❺ ❻

Mit einer **klar strukturierten Folie** erleichterst du deinem Publikum, dich zu verstehen. Lasse dir dabei von **PowerPoint** helfen. Blende beim Positionieren von Platzhaltern und sonstigen Objekten das **Lineal, Gitternetz-** und **(intelligente) Führungslinien** ein:

→ **Platzhalter gezielt positionieren:**

❶ Register ANSICHT-LINEAL/GITTERNETZLINIEN/FÜHRUNGSLINIEN anklicken

❷ Kontextmenü mit der rechten Maustaste aufrufen

❸ Optional über die Schaltfläche RASTER UND FÜHRUNGSLINIEN... **weitere Führungslinien hinzufügen**

❹ Sobald über einer Führungslinie ⊣├ erscheint, kann diese mit der Maus **verschoben** bzw. mit der rechten Maustaste das Kontextmenü aufgerufen werden

❺ **Farbe** der Führungslinien ändern bzw. Führungslinien **löschen**

❻ Über das Register ANSICHT-FOLIENMASTER zurück zur Masteransicht wechseln

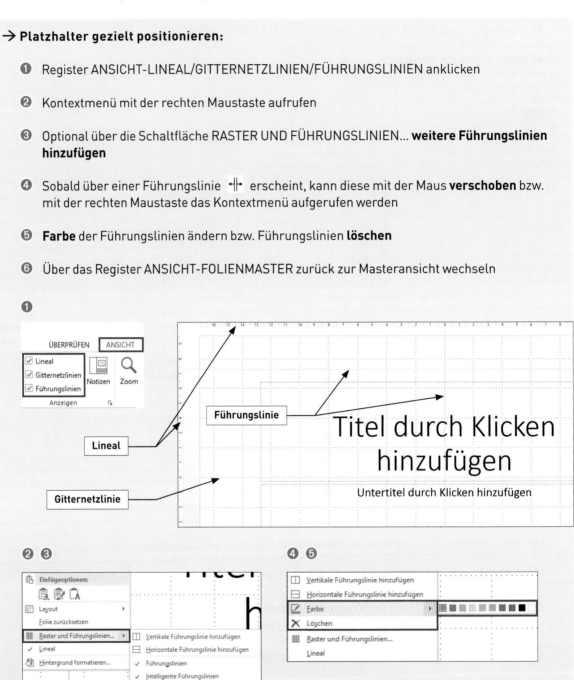

Die Inhalte deiner Präsentation sollten vom gesamten Publikum erkannt werden können. Die Lesbarkeit hängt insbesondere von der **Schriftgröße, Schriftfarbe** und **Schriftart** ab. Die Schriftart hat zudem Einfluss darauf, wie dein Vortrag wahrgenommen wird. „Alltägliche" Schriftarten wie **Arial** oder **Times New Roman** werden Langeweile auslösen, **Comic Sans** könnte deine Ernsthaftigkeit infrage stellen.

Schriftarttipps:

1. Benutze eine (lesbare) **Schriftart,** mit der das **Publikum nicht tagtäglich konfrontiert** wird.

2. Verwende innerhalb einer Präsentation nicht mehr als **zwei unterschiedliche Schriftarten** (z. B. für Überschrift und Text). Achte darauf, dass diese Schriftarten in einem starkem **Kontrast** (Gegensatz) zueinanderstehen. Bekannte **Kombinationen** von Schriftarten sind beispielsweise **Book Antiqua und Century Gothic** oder **Palatino Linotype und Lucida Sans Unicode.**

> Book Antiqua   **Palatino Linotype**
> Century Gothic   Lucida Sans Unicode

→ **Schrift anpassen:**

❶ Register FOLIENMASTER-FARBEN bzw. SCHRIFTART anklicken

❷ **PowerPoint** zeigt in einer **Livevorschau** die Auswirkungen Ihrer Auswahl

❷

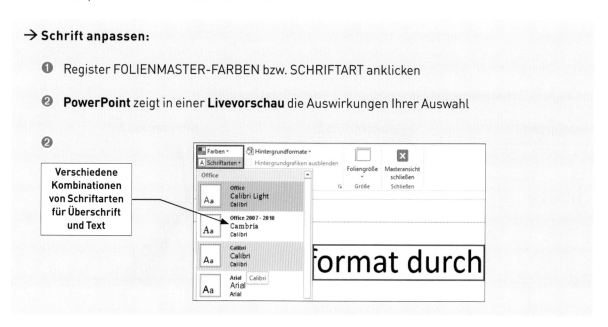

Verschiedene Kombinationen von Schriftarten für Überschrift und Text

Schrifttipps:

1. Die **Schriftgröße** sollte für **normalen Text mindestens 32 pt.,** für Überschriften mindestens 44 pt. betragen.

2. Wähle im Master solche **Schriftfarben** aus, die die **Lesbarkeit verbessern.** Achte insbesondere darauf, dass die **Schriftfarbe mit** dem **Hintergrund harmoniert.** Es kommt nicht selten vor, dass die **Farbwiedergabe** auf dem **Computerbildschirm** nicht mit der auf dem **Projektor** überein-stimmt!

3. Nicht auf allen Rechnern stehen alle Schriftarten zur Verfügung. **PowerPoint** kann nur **installierte Schriftarten** anzeigen. Informiere dich deshalb im Voraus bzw. nutze deinen eigenen Rechner!

4. Möchtest du nur bestimmte **Textabschnitte/Begriffe** durch eine besondere Farbe, Schriftgröße oder einen Schriftschnitt (fett, kursiv) **hervorheben,** solltest du dies zu einem **späteren Zeitpunkt** tun.

→ **Weitere Schriftanpassungen:**

❶ Kontextmenü mit der rechten Maustaste aufrufen

❷ **Schriftgröße, Schriftfarbe** und/oder **Schriftschnitt** (fett, kursiv usw.) festlegen

❷

Die folgenden **Hintergrundbilder** stammen aus **PowerPoint**-Vorlagen:

Hintergrund 1   **Hintergrund 2**   **Hintergrund 3**

  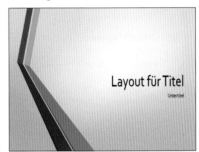

Für sich betrachtet mögen die Hintergrundbilder schön aussehen, zu einem Mehr an Lesbarkeit oder Verständnis tragen sie jedoch nicht bei.

Hintergrundtipps:

1. Verwende **keine (unruhigen) Bilder** als Hintergrund (siehe **Hintergrund 1** und **2**). Stelle Bilder, die zum besseren Verständnis beitragen, in den **Vordergrund.**

2. **Objekte,** die in keinem Zusammenhang mit dem Thema Ihres Vortrages stehen, gehören nicht in den Hintergrund (siehe **Hintergrund 3**).

3. Mittlerweile verwenden viele Unternehmen oder öffentliche Einrichtungen (z. B. Schulen) eigene Folienmaster **(Corporate Design) (Beispiel 1).** Ich bestreite nicht, dass ein einheitliches Erscheinungsbild den Wiedererkennungswert beim Kunden erhöht. Dies bedeutet aber nicht, dass du dein Publikum auf jeder **PowerPoint**-Folie mit dem **Logo** konfrontieren müssen. Zeige dein Logo! Zeige es zum **Beginn** und/oder **Ende** deines Vortrages! Zeige aber **während** deines **Vortrages nur Objekte,** die **zum** eigentlichen **Thema** gehören! Es spricht allerdings nichts dagegen, während der gesamten Präsentation das Farbschema des Corporate Designs zu verwenden.

Beispiel 1

Beispiel 2

4. Verwende bei deinen Folien **keinen Hintergrund (Beispiel 1),** einen **(dezenten) einfarbigen Hintergrund (Beispiel 2)** oder einen **Farbverlauf (Beispiel 3).**

Beispiel 1

Beispiel 2

Beispiel 3

5. Wähle eine **Hintergrundfarbe,** die **zum Inhalt passt** bzw. vom Betrachter mit diesem **Inhalt assoziiert** wird.

   Das von Microsoft designte Programmsymbol für **PowerPoint** ist **rot (Beispiel 1).** Die Farbe **Rot** verbindet man ebenso mit der Marke **Coca-Cola** oder dem **Weihnachtsmann.** Die Hintergrundfarbe **Blau** passt hingegen zum Thema **Wasser (Beispiel 2).**

Beispiel 1

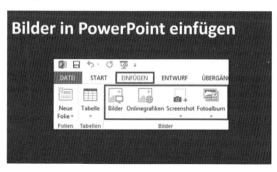

Beispiel 2

6. **Vermeide** es, jeder Folie einen neuen Hintergrund zu geben. **Wechsle** den Hintergrund nur, wenn es dadurch leichter ist, **Unterschiede** zu erkennen. Dies kann z. B. zu Beginn eines neuen Themengebiets sinnvoll sein.

Beispiel 1

Beispiel 2

9

PowerPoint

→ Hintergrund festlegen:

❶ Register FOLIENMASTER-HINTERGRUNDFORMATE anklicken

❷ Hintergrund aus den **PowerPoint**-Vorgaben auswählen

oder

❸ HINTERGRUND FORMATIEREN anklicken

❹ **Hintergrund** individuell gestalten (z. B. einfarbig, Farbverlauf usw.)

❺ Über die Schaltfläche FÜR ALLE ÜBERNEHMEN festlegen, ob dieser Hintergrund **für alle Folien** übernommen werden soll

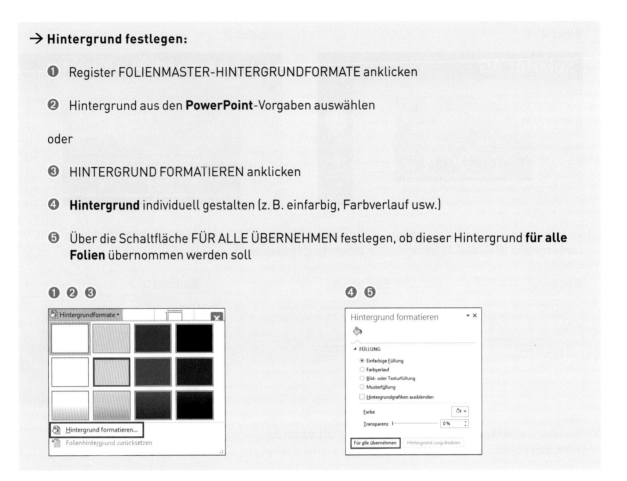

Interessiert es dein Publikum, **wann** Sie die **Präsentation erstellt** haben oder die **wievielte Folie** deiner Präsentation es gerade **gezeigt** bekommt? Gut möglich, dass Letzteres beim Einschlafen hilft: „Nur noch 100 Folien, 99 Folien, 98 Folien, rr, rr, rrr,rrr,rrrrr".

Fußzeilentipp:
Entferne alle Platzhalter der **Fußzeile!**
Schließe die **Masteransicht,** sobald du deine **Folienmaster-Einstellungen** vorgenommen hast.

→ Masteransicht schließen:

❶  anklicken

oder

❷ Beliebiges Register (z. B. START) anklicken

Innerhalb dieser Präsentation kannst du nun auf alle Layouts ihres **Folienmasters** zugreifen.

→ Masterlayout öffnen:

❶ Register START-LAYOUT anklicken

oder

❷ Kontextmenü LAYOUT

❸ Unter dem **Namen** des Masters das entsprechende Layout auswählen

❶ ❷ ❸

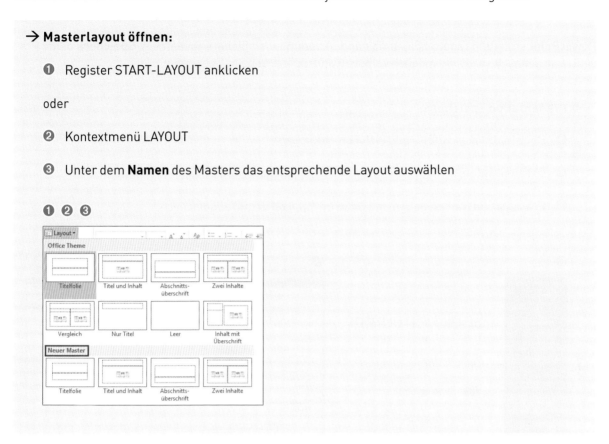

Möchtest du den Master später für andere Präsentationen nutzen? **Speichere** ihn **als Vorlage** ab.

→ Master als Vorlage speichern:

❶ Register DATEI – SPEICHERN UNTER anklicken

❷ Im Ordner BENUTZER-DOKUMENTE-BENUTZERDEFINIERTE VORLAGEN im ***.potx-Format** abspeichern (hier: MEIN MASTER.potx)

❸ Unter NEU-PERSÖNLICH deine Mastervorlage aufrufen

❷   ❸

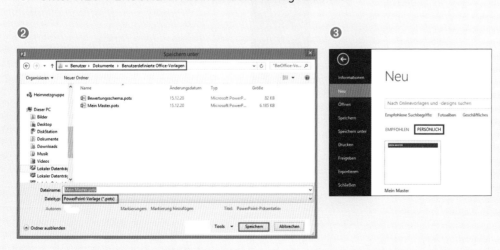

9.2 Präsentation speichern und PowerPoint schließen

PowerPoint erstellt in regelmäßigen Abständen automatisch Sicherungsdateien. **Speichere** deine Präsentation dennoch so oft wie möglich selbst ab und nicht erst beim Beenden.

→ Präsentation speichern:

❶ Register DATEI – SPEICHERN UNTER anklicken

❷ **Ort auswählen,** an dem die Präsentation gespeichert werden soll

❸ Präsentation Namen geben und Datei im ***.pptx-Format** abspeichern

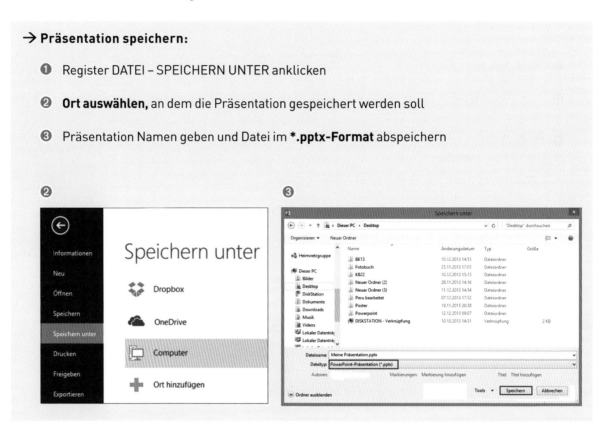

→ PowerPoint beenden:

Register DATEI – SCHLIEßEN anklicken

9.3 Inhalte eingeben

Ein **PowerPoint**-Master beginnt (in der Regel) mit einer **Titelfolie.** Auf dieser Folie findest du standardmäßig je einen **Platzhalter für** den **Titel** und einen **Untertitel.**

→ Text eingeben:

❶ In den Platzhalter klicken

❷ Text eingeben (hier: Meine erste Präsentation)

❶ ❷

Meine erste Präsen|

Untertitel durch Klicken hinzufügen

→ Neue Folie hinzufügen:

❶ In der Folienminiaturansicht die Folie auswählen, **nach** der eine neue Folie eingefügt werden soll

❷ Kontextmenü NEUE FOLIE anklicken

❸ Über das Kontextmenü LAYOUT der neuen Folie ein **Layout** zuweisen (hier: Titel und Inhalt)

❷

❸

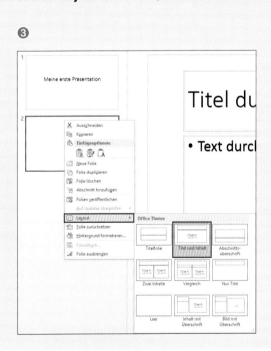

9

PowerPoint

Hast du eine Folie mit einem besonderen Layout gestaltet und möchtest dieses auf weiteren Folien anwenden? **Dupliziere** diese Folie! Du kannst die (duplizierte) Folie an eine beliebige Stelle deiner Präsentation **verschieben.**

→ Folie duplizieren und verschieben:

❶ In der **Folienminiaturansicht** Folie auswählen, die **dupliziert** werden soll

❷ Kontextmenü NEUE FOLIE anklicken

❸ In der **Folienminiaturansicht** Folie auswählen, die verschoben werden soll

❹ Folie mit **gedrückter linker Maustaste** bis zur gewünschten Stelle innerhalb der Folienminiaturansicht **schieben,** dann **Maustaste loslassen**

❷

❸ ❹

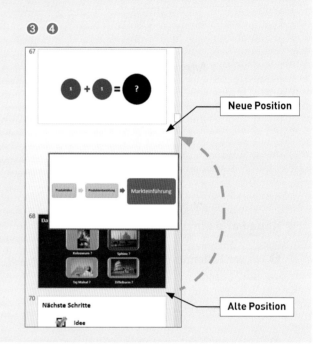

9.4 Bilder einfügen

Möchtest du einen Text nicht Wort für Wort wiedergeben, solltest du auf Fließtext verzichten und Bilder sprechen lassen!

→ Bilder einfügen

❶ Register EINFÜGEN – BILDER

❷ **Quelle** des Bildes auswählen (z. B. Bilder, Onlinegrafiken)

❸ Bild einfügen

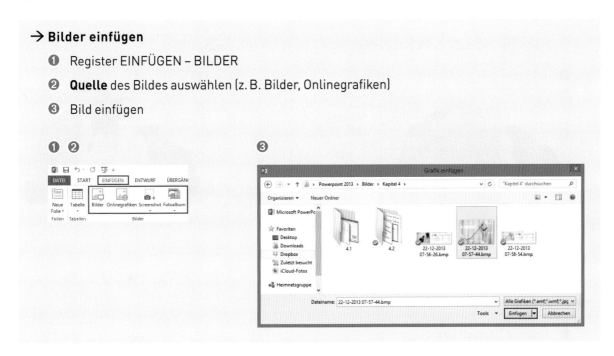

PowerPoint bietet zwar (noch) nicht so viele Möglichkeiten wie ein professionelles **Bildbearbeitungsprogramm** (z. B. Adobe Photoshop). Es würde allerdings schon heute den Rahmen dieses Handbuches sprengen, alle implementierten Funktionen zur **Bildverbesserung** ausführlich vorzustellen.

→ Position und Größe der Bilder anpassen:

❶ Bild auswählen

❷ Mit den **Anfassern** lässt sich die **Größe** individuell **anpassen.**

❸ Mit dem Mauszeiger über das Bild gehen. Sobald der **Mauszeiger** sich in verwandelt, das Bild an die neue Position **verschieben.**

❹ Kontextmenü GRÖßE UND POSITION

❺ Neben der Position und Größe kann die **Bilddrehung,** z. B. 25 Grad, bestimmt werden

oder

mit der Maus über ⊙ gehen und Bild mit **gedrückter linker Maustaste** drehen.

❶ ❷ ❸

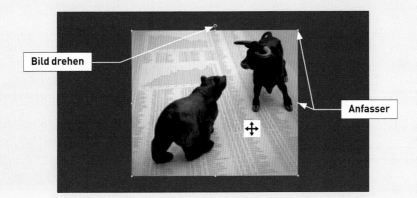

Fügst du **mehrere Bilder** auf einer Folie ein, kann es vorkommen, dass ein größeres ein kleineres Bild **verdeckt.** Ändere die **Reihenfolge** der **Bilderdarstellung:**

→ Reihenfolge der Bilder ändern:

❶ Bild auswählen

❷ Kontextmenü z. B. IN DEN HINTERGRUND – IN DEN HINTERGRUND

→ Bilder verbessern:

❶ Bild mit **Doppelklick** auswählen

❷ Register START – KORREKTUREN

❸ **Bildkorrekturen** (z. B. Helligkeit/Kontrast) durchführen

❹ Detailliertere Bildkorrekturen können über die Schaltfläche OPTIONEN FÜR BILDKORREK-TUREN aufgerufen werden.

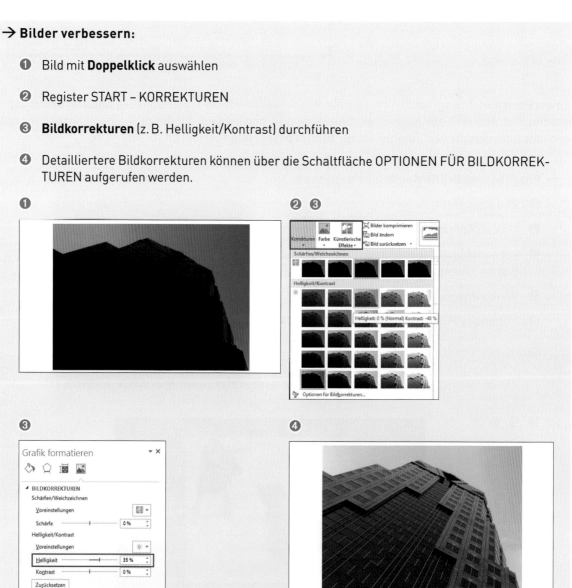

→ Bildern künstlerische Effekte geben:

❶ Bild mit **Doppelklick** auswählen

❷ Im Register FORMAT (BILDTOOLS) die Schaltfläche KÜNSTLERISCHE EFFEKTE anklicken

❸ Passenden **Effekt** auf das Bild **anwenden** (hier: Weichzeichnen)

❷

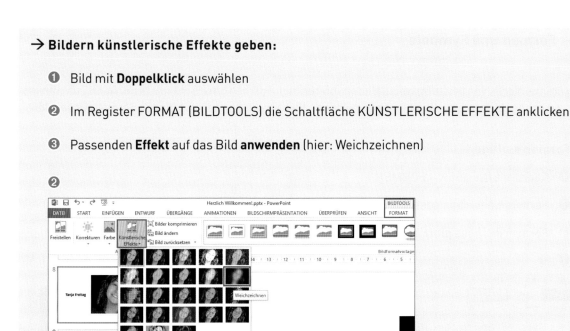

Bildelemente, die von der eigentlichen Aussage des Bildes **ablenken** oder **stören** (z. B. Hintergrund), lassen sich in **PowerPoint** entfernen (durch **Zuschneiden** oder **Freistellen**).

→ Bilder zuschneiden:

❶ Bild mit **Doppelklick** auswählen

❷ Register FORMAT

❸ Bild (z. B. in einem bestimmten Seitenverhältnis) **zuschneiden**

oder

mit der Maus an den **Anfassern** individuell anpassen und mit [Enter ←] bestätigen

❷ ❸   ❸   ❸   ❸

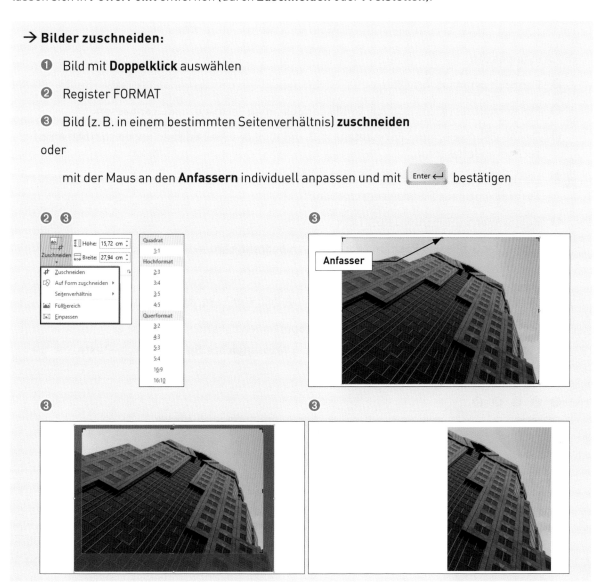

PowerPoint 9

9.5 Formen und Symbole

Zum Kommentieren von beispielsweise Bildern bieten sich Formen oder SmartArts an. Auch Zusammenhänge zwischen Bildern bzw. Beziehungen zwischen Elementen können mit diesen dargestellt werden.

→ Formen einfügen

❶ Register EINFÜGEN – FORMEN

❷ **Form** mit der Maus **auswählen**

❸ **Form** in der Folie **platzieren** und **Größe** mit gedrückter linker Maustaste **anpassen**

❶ ❷   ❸

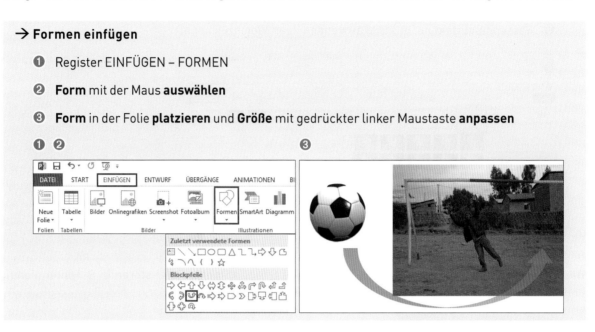

→ Form anpassen:

❶ Form mit der Maus auswählen

❷ Mit den Anfassern lässt sich die **Größe** der gesamten Form individuell **anpassen.**

❸ Das Aussehen einzelner **Formdetails** (z. B. der Kopf des Pfeiles) kann mit den **gelben Anfassern** verändert werden.

❸ Mit dem Mauszeiger über die Form gehen. Sobald der Mauszeiger sich in ✛ verwandelt, **Form** an eine neue Position **verschieben.**

❹ Kontextmenü GRÖßE UND POSITION

❺ Neben der **Größe** und **Position** kann die Form **gedreht** werden

oder

mit der Maus über 🔘 gehen und Form mit gedrückter linker Maustaste **drehen.**

❻ Soll die Form bei der Vergrößerung Ihre **Proportionen** behalten, d. h., nicht gedehnt oder gestaucht werden, muss beim Ziehen mit der Maus **gleichzeitig** die ⌃Umschalt **-Taste** bzw. die ⌃Umschalt **+** Strg gedrückt werden.

❶ ❷ ❸ ❹ ❺

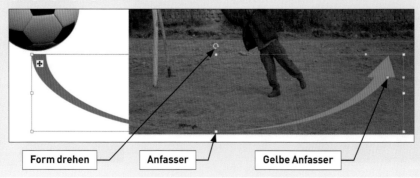

| Form drehen | Anfasser | Gelbe Anfasser |

→ Form formatieren:

① Form mit **Doppelklick** auswählen

② Im Register FORMAT (ZEICHENTOOLS) die **Formatierungen** vornehmen (z. B. Farbe anpassen)

② ③

→ Text in Form einfügen:

① Form mit der Maus auswählen

② Text eingeben

①

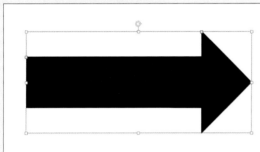

②

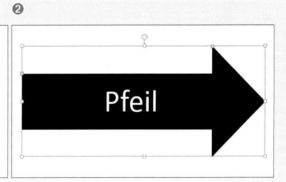

→ Symbole einfügen:

① Objekt (z. B. Form) auswählen, in welches das Symbol eingefügt werden soll

② Im Register EINFÜGEN die Schaltfläche Ω Symbol anklicken

③ In den Schriftarten **Webdings** und **Wingdings** lassen sich etliche Symbole finden und einfügen.

③

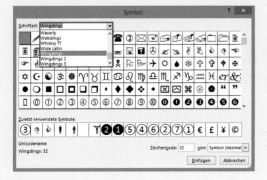

9

PowerPoint

9.5.1 SmartArts

SmartArt-Grafiken sind **Formen mit erklärendem Charakter.** Mit diesen grafisch professionell gestalteten **Formen** kannst du einfach komplizierte Sachverhalte visuell darstellen. SmartArts gibt es z. B. für Prozesse oder Hierarchiestrukturen (Organigramme).

> **→ SmartArt einfügen:**
>
> ❶ Register EINFÜGEN – FORMEN
>
> ❷ **SmartArt** aus einer Kategorie (z. B. Pyramide) mit der Maus auswählen
>
> ❸ **Text** in die dafür vorgesehenen Felder **eingeben**

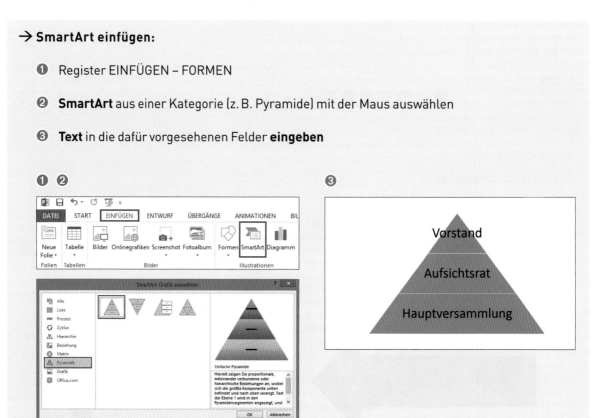

> **→ SmartArt formatieren:**
>
> ❶ SmartArt anklicken
>
> ❷ Im Register ENTWURF (SMARTART-TOOLS) aus **Formatvorlagenkatalog** Vorlage auswählen
>
> ❸ Über die Schaltfläche FARBE ÄNDERN **Farbänderungen** vornehmen
>
> ❹ Mit **Pfeil** am **linken Rand** der SmartArt **Textoptionen** öffnen
>
> ❺ Entsprechende **Textänderungen** und/oder **Formatierungen** durchführen

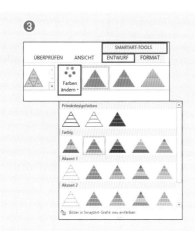

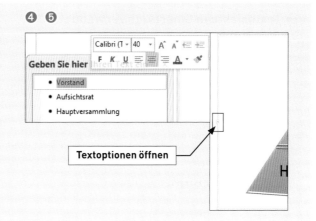

→ Größe der gesamten SmartArt ändern:

❶ SmartArt auswählen

❷ Mit den **Anfassern** lässt sich die **Größe** der gesamten SmartArt individuell **anpassen.**

❸ Einzelnes **SmartArt**-Element auswählen und mit der Maus an eine neue Position **schieben**

❶ ❷

❸

→ Bilder in SmartArts einfügen:

❶ Bild(er) auswählen

❷ Im Register FORMAT (BILDTOOLS) auf Schaltfläche BILDLAYOUT klicken

❸ Passendes **Layout** auswählen und entsprechende Texte eingeben

❶ ❷

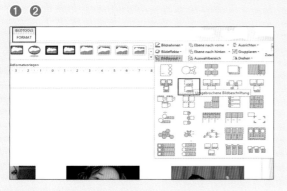

❸

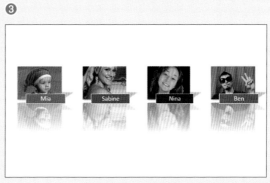

9

PowerPoint

→ Textobjekte in SmartArts verwandeln:

❶ Text auswählen

❷ Mit rechter Maustaste Kontextmenü auswählen und über die Option IN SMARTART KONVERTIEREN eine passende SmartArt-Grafik auswählen

❶ ❷

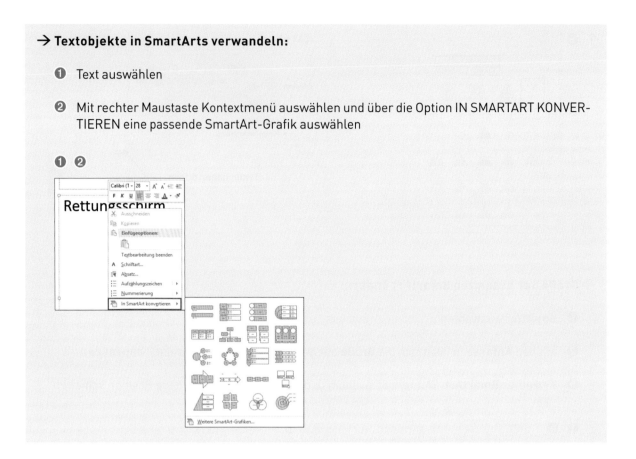

9.5.2 Zahlen mit Tabellen, Diagrammen und Bildern visualisieren

Visualisiere **Zahlen** eindrucksvoll mit **Tabellen, Diagrammen** oder **Bildern.**

Tabelle

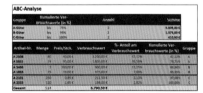

Diagramm

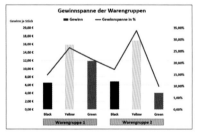

Bild

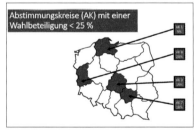

9.6 Tabellen

Möchtest du nur **wenige Zahlen** präsentieren? In vielen Fällen reicht es dann aus, diese in **Tabellenform** darzustellen. **Einfache Tabellen** kannst du problemlos in **PowerPoint** erzeugen. Das Publikum sollte mit dieser Art der Darstellung **vertraut** sein. Erleichtere das Lesen der Tabelle. Mache entweder selbst auf die wichtigen Zahlen aufmerksam oder formatiere diese auffällig (z. B. mit einem Rahmen oder in einer anderen Farbe).

→ Tabelle erstellen und Text bzw. Zahlen eingeben:

❶ Register EINFÜGEN – TABELLE

❷ **Größe** der Tabelle mit der Maus **festlegen** (hier 3 Spalten und 3 Zeilen) oder Tabelle aus **Excel** einfügen

❸ In Zelle klicken und **Text** bzw. **Zahlen eingeben**

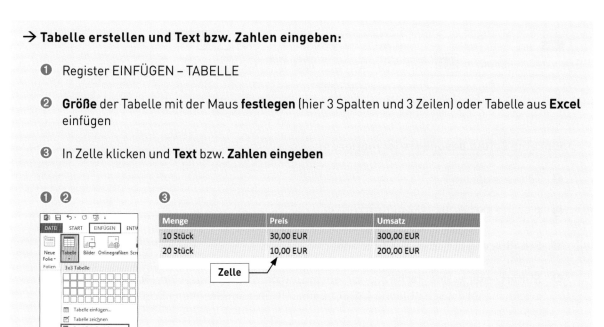

→ Tabelle bearbeiten:

❶ Tabelle auswählen

❷ Register LAYOUT (TABELLENTOOLS)

❸ **Neue Zeile** und/oder **Spalte einfügen** bzw. **löschen**

❹ Mit Mauszeiger **zwischen** die Spalten bzw. Zeilen zeigen, bis dieser sich in ╫ (Spalte) bzw. ╪ (Zeile) verwandelt. Mit **gedrückter linker Maustaste** die gewünschte **Spaltenbreite/ Zeilenhöhe einstellen.** Klickt man **zwischen** den Spalten/Zeilen **doppelt,** ermittelt **Power-Point** selbstständig die **optimale Spaltenbreite/Zeilenhöhe.**

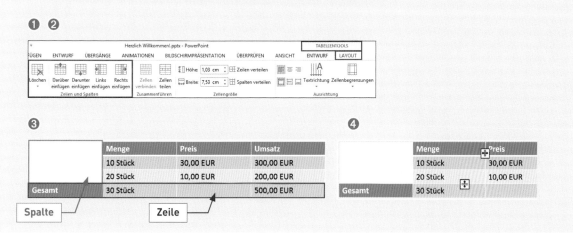

→ **Gesamte Tabelle formatieren:**

❶ Tabelle auswählen

❷ Register ENTWURF (TABELLENTOOLS)

❸ **Formatierungen** für gesamte Tabelle vornehmen (z. B. neue Farben)

❶ ❷ ❸

→ **Einzelne Zellen besonders formatieren:**

❶ Zelle auswählen

❷ Register ENTWURF (TABELLENTOOLS)

❸ **Schattierung** (Beispiel) der Zelle ändern

❹ **Stiftart, -stärke** und **-farbe** auswählen und mit dem Stift (Mauszeiger) **Rahmen** um die Zelle zeichnen. Auf die Schaltfläche TABELLE ZEICHNEN zum Beenden klicken

❷ ❸   ❹

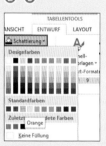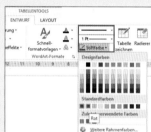

9.7 Diagramme

Am Verständlichsten kannst du Zahlen mit **Diagrammen** visualisieren. Wichtige **Entwicklungen** und **Werte** können mit Diagrammen **schneller erkannt** werden als in Tabellen. Achte darauf, den **richtigen Diagrammtyp** zu wählen.

→ Diagramm erstellen

❶ Register EINFÜGEN – DIAGRAMM

❷ **Diagrammtyp** wählen

❸ In angezeigtes Tabellenblatt die eigenen **Daten eingeben** oder mit [icon] in **Excel** bearbeiten

❹ Tabellenblatt mit ✕ schließen

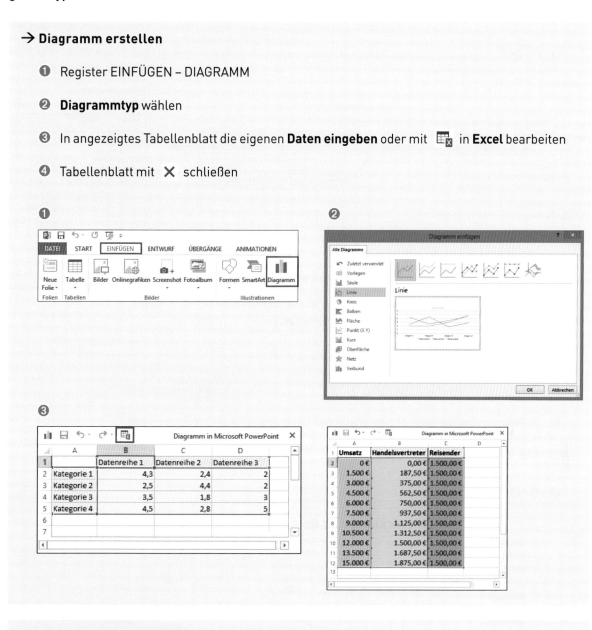

→ Diagrammlayout ändern:

❶ Diagramm mit **Doppelklick** auswählen

❷ Register ENTWURF (DIAGRAMMTOOLS)

❸ **Layout, Datenquelle, Diagrammtyp** usw. verändern

❶ ❷ ❸

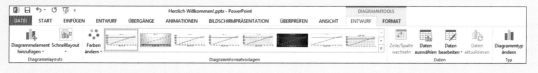

→ Diagrammelemente formatieren:

❶ Diagramm mit **Doppelklick** auswählen

❷ **Diagrammelement** (hier: Datenreihe), das geändert werden soll, anklicken

❸ Diagrammelement **formatieren**

❶ ❷ ❸

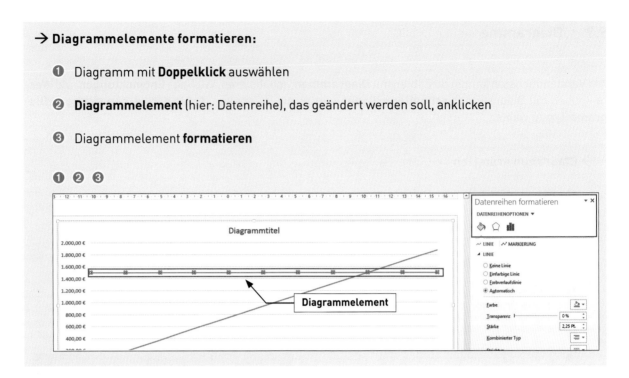

Du kannst Diagramme in **Excel** erstellen, kopieren und in **PowerPoint** einfügen:

→ Diagramme aus Excel-Arbeitsmappen importieren:

❶ In **Excel** das Tabellenblatt mit dem Diagramm öffnen

❷ Diagramm auswählen und mit 🖺 Kopieren in die Zwischenablage kopieren

❸ In **PowerPoint** die Folie öffnen, in die das Diagramm eingefügt werden soll

❹ Das Diagramm als **Grafik** einfügen.

❶ ❷ ❸

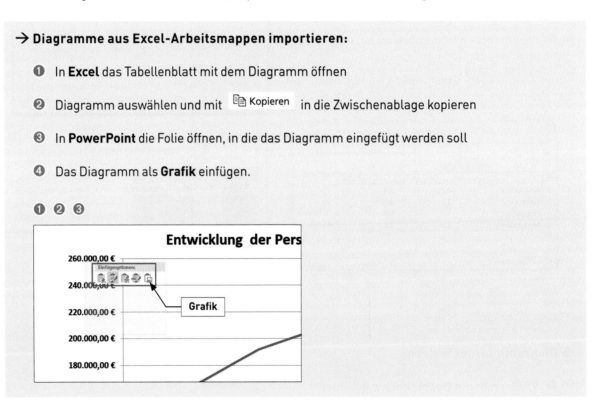

Zahlen mit Bildern/Formen/Symbolen verknüpfen

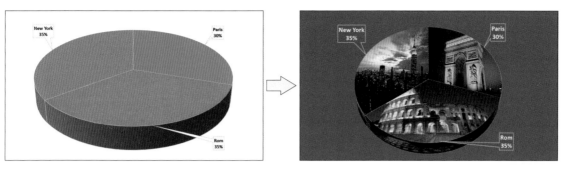

→ Diagrammelemente mit Bildern füllen:

❶ Diagrammelement (hier: Datenreihe), das geändert werden soll, anklicken

❷ Unter DATENPUNKT FORMATIEREN **Bild** aus Datei oder Onlinegrafik **einfügen**

❶ ❷

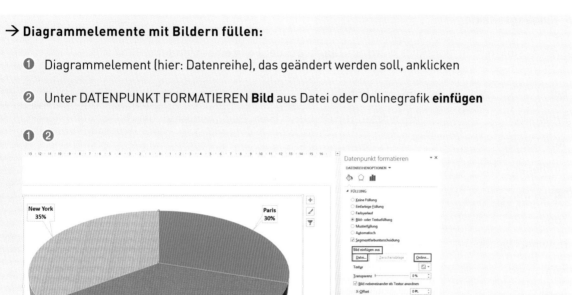

9.8 Animationen

Mache deine Präsentation zu einem „bewegenden Ereignis". Achte jedoch darauf, dass du es nicht übertreibst. Zu viele und vor allem verschiedene Animationen lassen deine Präsentation unruhig und hektisch wirken.

PowerPoint unterscheidet zwischen **Eingangs-,** Hervorhebungs- (Betonungs-) und **Ausgangseffekten.** Animationen, die am endgültigen Platz auf der Folie erfolgen, nennt man **statische Animationen** (z. B. Zoom). Soll das Objekt (z. B. der Text) erst an seinen endgültigen Platz bewegt werden, musst du **dynamische Animationen** (z. B. Einfliegen) einsetzen.

I. Eingangseffekte

Durch Auslösen (z. B. Mausklick) wird das Objekt auf der Folie eingeblendet.

Art	einsetzbar bei
Erscheinen	allen Arten von Objekten (Text, Bild, Diagramm usw.)
Verblassen	Text
Einfliegen	Text (in Leserichtung von rechts)
Wischen	Text (von rechts) und Liniendiagramm (von links)
Zoom	Bild und Form
Hineinschweben	Säulen- und Balkendiagramm
Rad	Kreisdiagramm
Form	mit entsprechenden Objekten (Kreis bei Kreis, Quadrat bei Quadrat)

II. Hervorhebungs- und Betonungseffekte

Möchtest du den Blick auf bestimmte Objekte lenken? Mache **mit** einem **Pfeil, Kreis** oder **Viereck** (siehe **Kapitel 10.5 Formen**) auf das Objekt **aufmerksam.** Alternativ kannst du dem Objekt einen Hervorhebungs-(Betonungs-)effekt zuweisen.

III. Ausgangseffekte

Mit Ausgangsanimationen werden Objekte von der Folie entfernt. Achte darauf, dass du die zur Eingangsanimation **passende Ausgangsanimation** auswählst.

Eingangsanimation	dazu passende Ausgangsanimation
Erscheinen	Verschwinden
Ausdehnen	Zusammenziehen
Einfliegen	Hinausfliegen
Hineinblitzen	Hervorblitzen
Zoom	Zoom
Hineinschweben	Herausschweben
Rad	Rad
Form	Form
Drehen	Drehen

→ Objekte animieren:

① Objekt, das animiert werden soll, anklicken

② Register FORMAT (BILDTOOLS)-ANIMATIONEN auswählen

③ **Effekt** (hier: Erscheinen) zuweisen

④ Bei einigen Effekten (z. B. Füllfarbe **①**, Einfliegen **②**) oder bei der Animationen von Diagrammen können **weitere Effektoptionen** ausgewählt **③** werden.

⑤ Über die Schaltfläche ANIMATION HINZUFÜGEN kann dem Objekt jederzeit ein zusätzlicher Effekt (z. B. Animationspfad) zugewiesen werden.

⑥ Alle Objekte mit Animationen haben in ihrer Wiedergabereihenfolge **Animationsnummern** erhalten.

⑦ Im Register ANIMATIONEN kannst du über die Schaltfläche den **Effekt testen.**

① ② ③

④

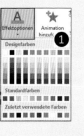  

⑤

⑥

⑦

→ **Objektanimationen anpassen:**

❶ Im Register FORMAT (BILDTOOLS) – ANIMATIONEN auswählen

❷ Auf die Schaltfläche ⏱◀Animationsbereich klicken

❸ Einen Effekt im Animationsbereich auswählen. Dieser lässt sich bei **gedrückter linker Maustaste** an eine neue Position **schieben** (gilt auch für Audio- und Videodateien). Die **Animationsdauer** lässt sich auch im Menübereich einstellen.

❹ Im Animationsbereich einen Effekt auswählen. Über den LISTENPFEIL können **weitere Effektoptionen** aufgerufen oder die Animation wieder **gelöscht** werden.

❺ Den **Auslöser** für die Animation und die **Animationsdauer** festlegen

❻ Option MIT VORHERIGEM BEGINNEN auswählen, falls **mehrere Animationen gleichzeitig** ablaufen sollen

❼ Im Animationsbereich die Effektoptionen aufrufen. Im Register ANZEIGEDAUER die Anzahl der **Animationswiederholungen** festlegen (dies ist insbesondere bei Hervorhebungseffekten sinnvoll)

❸ ❺

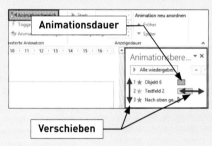

❸ ❹

❻

❼

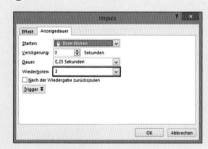

9.9 Folienübergänge

Mithilfe von Folienübergängen kann eine Präsentation „harmonisch" gestaltet oder es können einzelne Kapitel für den Betrachter voneinander abgegrenzt werden.

→ Folienübergänge festlegen:

❶ Register ANSICHT – FOLIENSORTIERUNG

❷ Register ÜBERGÄNGE

❸ Folie(n), der (denen) ein Übergangseffekt zugewiesen werden soll, anklicken

❹ Übergangseffekt aus den Bereichen **DEZENT, SPEKTAKULÄR** bzw. **DYNAMISCHER INHALT** (hier: Verhängen) und entsprechende Effektoption auswählen

❺ Der **Folienübergang** kann über die **Vorschau** bzw. in der **Normalansicht** über das Symbol ✶ betrachtet werden.

❻ Im Register ÜBERGÄNGE die Übergangsdauer einstellen, gegebenenfalls einen **Sound** hinzufügen und festlegen, ob der Folienübergang auf alle Folien angewendet werden soll.

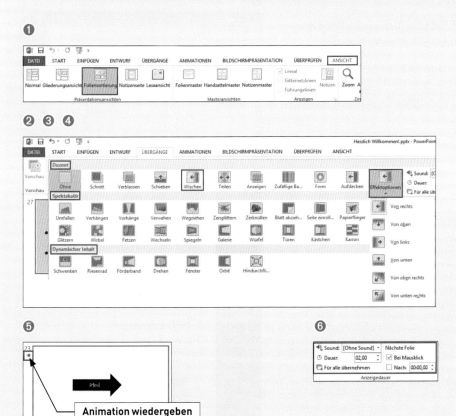

9

PowerPoint

9.10 Präsentation ausdrucken

1. Verteile deine Ausdrucke erst **nach deinem Vortrag** an dein Publikum. Ansonsten besteht die Gefahr, dass das Publikum während deines Vortrags im Manuskript **liest** und **blättert.** Dies lenkt sowohl das Publikum als auch dich ab.

2. Eventuell ist es sinnvoll, dem Publikum **zusätzliche Informationen** (z. B. detaillierte Tabellen) zu geben, die bei der Präsentation nicht von Ihnen gezeigt werden (können). Verteile diese Ausdrucke **vor deinem Vortrag.** Dies kann auch dann sinnvoll sein, wenn du dem Publikum die Möglichkeit geben willst, **handschriftliche Notizen** zu machen. Stelle in beiden Fällen genügend Zeit dafür zur Verfügung. Eine Kombination aus Notizen machen, Detailinformationen betrachten und gleichzeitig deinem Vortrag folgen erscheint nicht sehr Erfolg versprechend.

3. Für **beste Druckqualität** aktiviere die Optionen AUF SEITENFORMAT SKALIEREN und HOHE QUALITÄT.

4. **Füge** bei umfangreichen Ausdrucken **Seitenzahlen** auf deiner Folien **ein**. Entferne die Seitenzahlen vor Beginn der Präsentation wieder von deinen Folien.

5. Abhängig vom **Zielpublikum** kannst du die Folien als **Handzettel** mit unterschiedlich vielen Folien auf einer Seite ausdrucken.

→ **Fußzeile hinzufügen:**

❶ Im Register EINFÜGEN die Schaltfläche KOPF- UND FUßZEILE anklicken

❷ **Kopf-** und **Fußzeilen** können entweder auf der Folie (Register FOLIE) oder auf den Notiz- bzw. Handzetteln hinzugefügt werden.

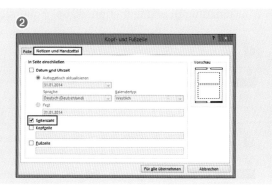

→ **Drucken:**

❶ Register DATEI – DRUCKEN

❷ **Drucker** auswählen

❸ **Weitere Druckeinstellungen** vornehmen (z. B. Ausgabe mehrerer Folien auf einer Seite, Druckqualität)

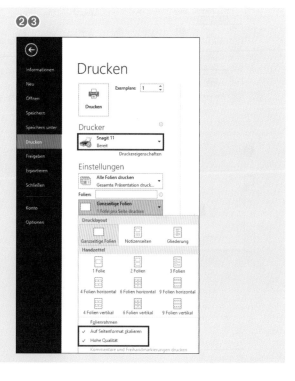

Willst du deiner Präsentation ein noch **individuelleres Erscheinungsbild** geben? Warum erstellst du nicht dein **eigenes Design,** also deinen eigenen (Folien-)**Master:**

9.11   Professionell präsentieren – Checkliste

I. Planung

❶ **Thema** der Präsentation

❷ **Art** der Veranstaltung

❸ **Zielgruppe**

❹ **Teilnehmerzahl**

     mit Vorkenntnissen

     ohne Vorkenntnisse

❺ **Zeitpunkt** der Veranstaltung

❻ **Veranstaltungsdauer**

❼ **Veranstaltungsort**

     Adresse

     Raumgröße

     Anzahl Sitzplätze

❽ **Technische Ausstattung**

	vorhanden	nicht vorhanden
Rechner		
Projektor		
Maus/Presenter		
Lautsprecher		
Mikrofon		
Offener USB-Anschluss		
Netzzugang		
Drucker		
Kopierer		
Stromversorgung		
Overheadprojektor		

❾ **Anwendungssoftware**

	Art	Version
Präsentation		
Textverarbeitung		
Tabellenkalkulation		
Mediaplayer		
Betriebssystem		
Sonstige		

9

PowerPoint

II. Präsentation vor Ort testen

❶ Raum

	gut	schlecht
Lichtverhältnisse		
Verdunklungsmöglichkeiten		
Sichtbarkeit Projektionsfläche		
Anordnung der Sitzplätze		

❷ Technik

	bekannt	nicht bekannt
Funktionsweise Rechner		
Funktionsweise Projektor		
Funktionsweise Presenter		
Funktionsweise Drucker		
Funktionsweise Lautsprecheranlage		
Funktionsweise Verdunklung/Licht		

❸ **Darstellung** der Präsentation

	korrekt	nicht korrekt
Schriftarten		
Schriftfarben		
Animationen		
Video		

III. Unmittelbar vor Präsentationsbeginn

❶ Vorbereitung

	erledigt
Belichtung prüfen und einstellen	
Rechner und Projektor einschalten	
Bildschirmschoner deaktivieren	
Energiespareinstellungen deaktivieren	
Schwarze Schlussfolie deaktivieren	
Präsentation auf Rechner speichern	
PowerPoint-Viewer auf USB-Stick installieren	
Präsentation auf USB-Stick speichern	
Präsentation online speichern	
Verknüpfte Anwendungen schließen	
Handzettel ausdrucken und kopieren	

❷ Präsentation beginnen

	erledigt
Projektorbild ausblenden	
Präsentation starten	
Referentenansicht öffnen	
Mikrofon und Lautsprecher einschalten	
Projektorbild einschalten	
Nerven bewahren	
Mit Vortrag beginnen	

Methodenpool

Kapitel 10

10   Methodenpool

10.1   5-Finger-Methode

Allgemeines

Bei der 5-Finger-Methode handelt es sich um eine Feedbackmethode. Es wird also zu einem Sachverhalt, einer Fragestellung usw. eine konkrete Rückmeldung gegeben. Dabei steht jeder Finger für einen bestimmten Bereich, eine bestimmte Dimension, wobei die „Symbolik der Finger" (z. B. „Daumen hoch" oder „mahnender Zeigefinger") eine maßgebliche Rolle spielt.

Die Finger dienen also als Gedächtnisstütze und helfen dem Feedbackgeber, in einer bestimmten Reihenfolge sein Feedback abzugeben, ohne etwas zu vergessen.

Vorgehensweise

1. Es wird eine Frage zu einem Sachverhalt, einem Themenbereich gestellt.
2. Die Feedbackgeber (z. B. Schülerinnen und Schüler) überlegen sich zu diesem Sachverhalt jeweils mithilfe der fünf Finger (also fünf Bereiche) Antworten.
3. Die Antworten zu allen fünf Bereichen werden nacheinander von den Feedbackgebern gegeben.
4. Ggf. können die Antworten gesammelt und später im Plenum nochmals erläutert werden.

Wie kann die Einteilung der „Finger" (Bereiche) stattfinden?

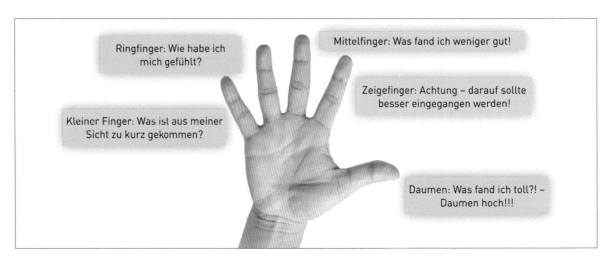

Ringfinger: Wie habe ich mich gefühlt?

Mittelfinger: Was fand ich weniger gut!

Zeigefinger: Achtung – darauf sollte besser eingegangen werden!

Kleiner Finger: Was ist aus meiner Sicht zu kurz gekommen?

Daumen: Was fand ich toll?! – Daumen hoch!!!

10.2 Ampelmethode

Allgemeines

Die „Ampelfarben" rot, gelb und grün sind jedem Menschen bereits ab Kindesalter bekannt und natürlich auch die Bedeutung dieser Farben.

Mithilfe der Ampelmethode kann schnell und einfach eine Rückmeldung z. B. zu einem bestimmten Themengebiet eingeholt werden.

Für die folgenden Fragestellungen

- **„Wurde etwas verstanden?"**
- „Wurde etwas teilweise verstanden?"
- **„Wurde etwas nicht verstanden?"**

stehen jeweils die Ampelfarben.

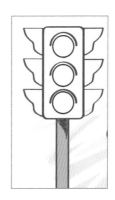

Vorgehensweise

1. Die Lehrerin/der Lehrer stellt eine konkrete Frage zu einem bestimmten Thema, Sachverhalt, usw.
2. Die Schülerinnen und Schüler signalisieren mithilfe der entsprechenden Ampelfarbe ihren Kenntnisstand/Lernstand (entweder durch hochhalten einer Karte/eines Stiftes in der entsprechenden Ampelfarbe oder durch das Anbringen von „Klebepunkten" auf einer im Raum ausgehängten Ampel).
3. Die Lehrerin/der Lehrer kann aus den Rückmeldungen (Verteilung der Farben) Erkenntnisse für das weitere Vorgehen ziehen und entsprechend handeln:
   - Plenumsrunde in der z. B. Schwierigkeiten und Unklarheiten verbalisiert werden
   - Gruppenarbeiten zwischen Schülerinnen und Schülern, die rot und grün gewählt haben, um sich die Themengebiete nochmals gegenseitig zu erläutern und offene Fragen zu beantworten, usw.

Notwendige Materialien

- Karten oder Stifte in Ampelfarben, die jeder Schüler besitzt
- ggf. Klebepunkte in den Ampelfarben
- ggf. eine im Raum aushängende Ampel

10

Methodenpool

10.3 Arbeiten in Sozialformen

Unter Sozialform versteht man die Arbeitsweise von Menschen miteinander oder eines Menschen alleine. Sind gegebene Räumlichkeiten und zeitliche Strukturen (was zwingend erforderlich ist) vorhanden, findet innerhalb dieser die Arbeit in einer Sozialform statt, was oft bedeutet, dass mehrere Menschen in einem Raum auf ihre Mitmenschen Rücksicht nehmen müssen, damit ein reibungsloser Arbeitsablauf gewährleistet ist.

Oft kristallisieren sich sogar die Rollen der Personen, die in der Sozialform arbeiten, heraus (z. B. ein „Leitwolf", ein „Pessimist", ein „Optimist", eine „stille Maus", ein „Denker", ein „Einzelgänger"). Hier ist die Kunst, trotz der verschiedenen Charaktere ein gutes Arbeitsergebnis zu erzielen also gute Teamarbeit zu leisten.

Auch die Kommunikationsstruktur spielt innerhalb der Sozialform eine wichtige Rolle – hier gilt: „Aktives Zuhören, Ausreden lassen des Gegenübers und gegenseitiger Respekt".

Werden diese Regeln beherzigt, steht dem erfolgreichen Arbeiten in Sozialformen nichts mehr im Wege!

Einzelarbeit
Ein Mensch arbeitet alleine! Das Arbeitstempo wird meist vom arbeitenden Menschen selbst bestimmt und steht im Zusammenhang mit den eigenen Fähigkeiten, Fertigkeiten und Kenntnissen.

Partnerarbeit
Zwei Menschen arbeiten zusammen. Das Arbeitstempo wird durch die Kenntnisse, Fähigkeiten und Fertigkeiten beider bestimmt. Die Partner ergänzen sich von ihrem Wissensstand her oft gegenseitig. Durch den Gedankenaustausch prägen sich die besprochenen Themen meist besser im Gedächtnis ein.

Gruppenarbeit
Menschen arbeiten in einer Gruppe mit drei bis fünf Personen zusammen und sind alle gleichberechtigt. Die gegenseitige Rücksichtnahme spielt dabei eine wichtige Rolle. Themenbereiche können innerhalb einer Gruppe aufgeteilt und später den Gruppenmitgliedern vorgetragen werden. Wichtig ist immer ein „Zeitnehmer", der die vorgegebene Zeit überwacht und einen „Zwischenstand" über die Restzeit gibt. In der Gruppenarbeitsphase haben die Gruppenmitglieder die Möglichkeit, sich gegenseitig auszutauschen und ihre verschiedenen Wissensstände zu einem „Gesamtpaket" zu vereinen.
Finden Präsentationen nach der Gruppenarbeit statt, ist es wichtig, dass alle Gruppenmitglieder einen Teilbereich präsentieren.

Plenum
Das Wort Plenum ist abgeleitet vom Lateinischen (plenus, plena, plenum = voll) und bedeutet, dass alle zusammen einen Sachverhalt erschließen, besprechen oder Probleme erörtern bzw. diskutieren und/oder konstruktive Kritik während/nach Präsentationen üben.
Im Plenum treffen viele Ideen und Wissensstände aufeinander, von denen jeder Einzelne, der an einer Plenumsrunde teilnimmt, profitieren kann.
Auch im Plenum gilt: „Gegenseitiger Respekt, aktives Zuhören, aussprechen lassen des Redners".

10.4 Arbeitsplan/Maßnahmenplan/Zeitplan

Wenn Arbeiten ordentlich und korrekt erledigt werden müssen, bietet sich das Erstellen eines Arbeitsplans/Maßnahmenplans/Zeitplans an. Mit diesem wird sichergestellt, dass einzelne Schritte nicht vergessen werden und man nicht in „Zeitverzug" gerät.

Gerade wenn mit mehreren Personen in einer Gruppe zusammengearbeitet wird, sind solche Pläne notwendig, damit jeder Schüler genau weiß, WAS er WANN und MIT WELCHEM ERGEBNIS zu erledigen hat. So kann gewährleistet werden, dass die gesamte Gruppe ein gutes Arbeitsergebnis erzielt und das Ergebnis ein Erfolg wird.

Muster für einen Arbeitsplan/Maßnahmenplan/Zeitplan

Arbeitsplan/Maßnahmenplan/Zeitplan			
Datum			
Alle Beteiligten			
Wer?	**Aufgaben/Schritte, die zu erledigen sind**	**Erledigung bis**	**Notizen**

Der Arbeitsplan kann bei „kleinen", aber auch bei „großen" Arbeitsaufträgen/Projekten eingesetzt werden!

Methodenpool

10

10.5 Bewertungsbogen „Zielscheibe"

Der folgende Bewertungsbogen dient der Einschätzung deiner Arbeitsweise bei der Bearbeitung einer Lernsituation. Du gibst dir also selbst ein Feedback. Markiere dazu bitte in jedem der vier Kreissegmente den für dich passenden Bereich mit einem Kreuz. Dabei stehen die Kreuze im „inneren Bereich" der Zielscheibe für „trifft voll zu". Je weiter du deine Kreuze in den „äußeren Bereich" setzt, umso „weniger" treffen die Aussagen für dich zu.

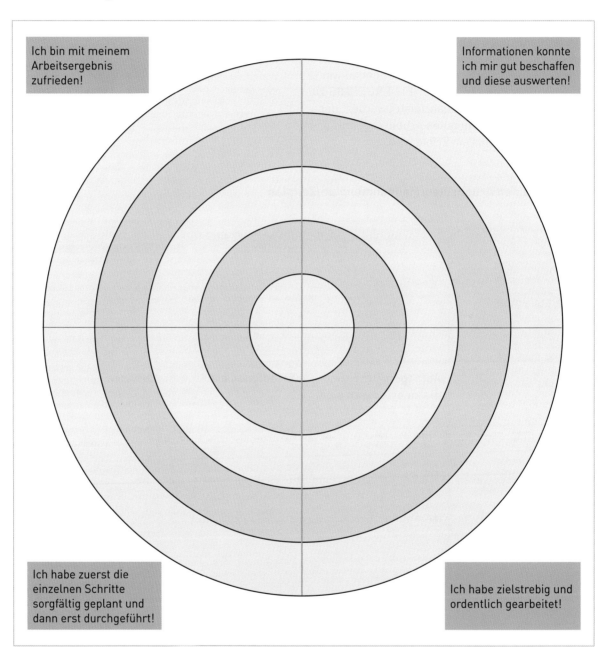

Ich bin mit meinem Arbeitsergebnis zufrieden!

Informationen konnte ich mir gut beschaffen und diese auswerten!

Ich habe zuerst die einzelnen Schritte sorgfältig geplant und dann erst durchgeführt!

Ich habe zielstrebig und ordentlich gearbeitet!

Beantworte bitte noch folgende Frage zu deiner Bewertung:
Was nimmst du dir im Hinblick auf die Bearbeitung der nächsten Lernsituation vor? Begründe deine Ansicht.

www.klv-verlag.de

10.6 Blitzlicht

Allgemeines

Soll schnell und einfach eine Rückmeldung z. B. zu einem Arbeitsprozess, einer Unterrichtseinheit, einer Präsentation usw. erfolgen, bietet sich der Einsatz des „Blitzlichtes" an.

Was wird benötigt?

– Spontanität der Durchführer
– Ruhe im Raum

Durchführung einer Blitzlichtrunde

Der Lehrer oder Schüler überlegt sich eine möglichst konkrete Frage, zu welcher er ein Feedback erhalten möchte.

Die Feedbackgeber müssen zu dieser Fragestellung kurz und knapp antworten (manchmal reicht sogar nur ein Wort aus).

Soll keine beliebige Reihenfolge der Antworten erfolgen (z. B. keine Befragung nach dem Alphabet oder der Sitzordnung), bietet es sich an, einen Gegenstand im Klassenraum zu einem wahllosen Feedbackgeber zu werfen. Dieser gibt dann sein „Blitzlicht" ab. (Tennisball, kleiner Softball usw. eignen sich hierfür.)

Ist die Äußerung erfolgt, wandert der Gegenstand weiter und der Nächste beantwortet die Frage.

Regeln, die eingehalten werden müssen

– Nur jeweils einer äußert sich (z. B. Träger des Gegenstandes) – alle anderen hören zu.
– Die Äußerungen sollten sich auf die gestellte Frage beziehen.
– Es werden keine beleidigenden Äußerungen gemacht .
– Äußerungen sollten möglichst in der „Ich-Form" gemacht werden (Ich habe wahrgenommen, dass …).
– Wortbeiträge sollen möglichst nicht länger als ein bis zwei Sätze sein (sonst ist es kein Blitzlicht mehr).
– Äußerungen werden nicht von den anderen Teilnehmern kommentiert, bewertet oder kritisiert.
– Alle Teilnehmer sollten möglichst eine Stellungnahme zur Fragestellung abgeben.

Auswertung

Wird eine Blitzlichtrunde durchgeführt, muss diese nicht unbedingt ausgewertet werden. Sie stellt vielmehr eine „Momentaufnahme zu einer Fragestellung" dar. Die getroffenen Aussagen bleiben also „im Raum stehen".

Sie kann jedoch auch die Grundlage für ein weiteres Vorgehen bilden, was bedeutet, dass im Anschluss an die Blitzlichtrunde die verschiedenen Aussagen diskutiert/erläutert werden.

1. Die konkrete Frage/Fragestellung wird vor dem Durchführen der Blitzlichtrunde an Tafel/Flipchart notiert.
2. Getroffene Aussagen der Blitzlichtgeber können ebenfalls visualisiert werden, damit später eine bessere Auswertung erfolgen kann.

10

Methodenpool

10.7 Brainstorming

Theorie: „Rufe alle deine Einfälle in den Raum!"

Praxis: „Melde dich und wenn du an der Reihe bist, gib deine Ideen preis!"

Alle Ideen, die die Teilnehmer eines Brainstormings haben, werden auf Karten notiert, an einer Pinnwand (oder einer Magnet-/Tafelwand) gesammelt und können später nach ihrem Inhalt geclustert (sortiert) werden!

Die vielen verschiedenen Ideen können dann zu einem Gesamtergebnis und/oder zu einer Lösung/einem Lösungsansatz führen.

Grundsätze:

„Jede Idee zählt" – gemäß Mark Twain.

„Menschen mit einer neuen Idee gelten so lange als Spinner,
bis sich die Sache durchgesetzt hat!"

10

Methodenpool

10.8 Feedback

Das Wort Feedback ist dir sicherlich im Alltag schon einmal begegnet. Unter Feedback versteht man „eine Rückmeldung zu etwas geben", das heißt, sich zu einem Sachverhalt, einem Themenbereich, einer Arbeitsweise, einem Dokument oder zu Sonstigem zu äußern.

Die Ziele von Feedback liegen klar auf der Hand:

- Seiner eigenen Wahrnehmung werden Sicht und Wertung von anderen Personen gegenübergestellt
- Aufdeckung von Fehlern, Verhaltensweisen, die weniger optimal sind
- Stärkung des Selbstwertgefühls beim Feedbacknehmer
- Förderung des Lernprozesses bzw. Anregung zur Selbstreflexion in Bezug auf den Umgang mit sich selbst und anderen (Selbstkompetenz, Sozialkompetenz)
- Förderung der Zusammenarbeit mit anderen Personen

Feedback geben

Beim „Feedback geben" spielen natürlich der Ton sowie die Wortwahl eine wichtige Rolle. Berücksichtige hier:

„Das gesprochene Wort kannst du nicht mehr zurücknehmen – es steht im Raum und wirkt."

Feedbackregeln beim „Feedback geben"

Um „Feedback geben" zu können, sind folgende Feedbackregeln zu beachten:

- Vor dem „Feedback geben" über Vertraulichkeit, Datenschutz, gegenseitiges Vertrauen sprechen.
- Gib Feedback konstruktiv, konkret, knapp.
- Analysiere oder bewerte mit deinem Feedback nicht, sondern beschreibe (was habe ich wahrgenommen?).
- Triff vor einem Feedback Absprachen und Vereinbarungen, an die sich jedes Mitglied der Feedbackrunde auch halten muss (z. B. Gesprächsregeln ...).
- Feedback darf den Feedbacknehmer nicht verletzen.

Feedbackregeln beim „Feedback nehmen"

Um „Feedback nehmen" zu können, sind folgende Feedbackregeln zu beachten:

- Nimm die Anmerkungen/das Gesagte deiner Feedbackgeber ernst.
- Beziehe das Gesagte nicht direkt auf deine Person – oft steht es vielmehr im Zusammenhang mit einem Themenbereich.
- Gehe konstruktiv mit dem Gesagten um (was könnte ich in Zukunft verändern, verbessern oder beibehalten?).
- Erstelle für dich gegebenenfalls eine Übersicht mit den positiven und negativen Aspekten, die angemerkt wurden, und nutze diese für die Zukunft (z. B. „Du hast eine sehr angenehme Stimme, wenn du Präsentationen vorträgst" – mache dir diese Aussage zunutze, indem du an deiner Stimme nicht viel veränderst).

10.9 Fragebogen

Wie erstelle ich einen Fragebogen?

Fragebögen begegnen Menschen im Alltag recht häufig. Es gibt sie digital, in Papierform, in verschiedenen Formaten (A4 – also ganzes Blatt, A5 – so groß wie ein halbes Blatt usw.) und eigentlich jammern viele, wenn sie einen Fragebogen ausfüllen müssen. Dies liegt oft daran, dass die Fragebögen unübersichtlich und kompliziert sind.

Warum gibt es Fragebögen?
Mithilfe von Fragebögen werden die Meinungen von verschiedenen Befragten eingeholt. Sie dienen aber auch dazu, Informationen gezielt zusammenzustellen. Aus den Antworten können die Fragebogenersteller dann die für sie wichtigen Informationen „herausziehen".

> Peter möchte, dass jeder Jugendliche ab 14 Jahren ein Smartphone hat, und befragt zehn Leute aus seinem Freundeskreis zu diesem Thema. Acht von zehn Befragten geben die Antwort: „Ja, das finde ich gut". Nur zwei haben mit **„Nein, finde ich nicht gut"** geantwortet.

Nun kann Peter zu seinen Eltern gehen, ihnen das Umfrageergebnis vorlegen und seine eigene Meinung zu diesem Thema mithilfe der Ergebnisse untermauern.

Bei den Fragebögen unterscheidet man verschiedene Arten:

1. Fragebögen, bei denen die Antworten **angekreuzt** werden können (also vorgegeben sind)
2. Fragebögen, bei denen die Antworten **schriftlich** vom Befragten **aufgeschrieben** werden müssen

Nachfolgend ein paar Tipps, damit ein guter Fragebögen erstellt werden kann:

10

Methodenpool

Tipps und Tricks:

- Überlege dir Fragen, die später dein Fragebogen enthalten soll, und schreibe sie auf. ACHTUNG: Formuliere sie so „einfach wie möglich", damit jeder die Fragen versteht.
- Prüfe nun, um welche Fragen es sich handelt, also ob die Antworten **„angekreuzt"** werden können und **vorgegeben sind** oder ob du Platz für Antworten brauchst.
- Gib den Fragen im nächsten Schritt eine sinnvolle Reihenfolge.
- Überlege dir eine Überschrift für deinen Fragebogen und notiere sie ebenfalls.
- Prüfe, welche Gestaltung dein Fragebogen haben soll und wie du ihn erstellen willst (von Hand, am PC, ggf. zum Online-Ausfüllen) und fertige ihn an **(denke an den Platz für Antworten, falls diese in deinem Fragebogen von den Befragten eingetragen werden müssen).** Bei der Erstellung am PC bietet sich oft der Einsatz einer Tabelle (Tabellenfunktion in Word – Registerkarte EINFÜGEN – TABELLE) an.
- Prüfe, ob dein Fragebogen übersichtlich ist und ob du ihn später einfach und schnell auswerten kannst. Nimm ggf. Änderungen vor. Wenn dein Fragebogen fertig ist, wende ihn an!

Beispiel für einen „Ankreuz-Fragebogen":

Befragung zum Thema „Sollten Jugendliche ab dem 14. Lebensjahr ein Smartphone haben?"		
Finden Sie, dass Jugendliche ab dem 14. Lebensjahr ein eigenes Smartphone haben sollten?	Ja Nein	☐ ☐
Haben Sie ein eigenes Smartphone?	Ja Nein	☐ ☐
Nach welcher Zeit kaufen Sie sich ein neues Smartphone?	Nach einem Jahr Nach zwei Jahren Weiß ich nicht	☐ ☐ ☐
...	...	

Beispiel für einen Fragebogen, bei dem die Antworten vom Befragten selbst formuliert werden müssen:

Befragung zum Thema „Sollten Jugendliche ab dem 14. Lebensjahr ein Smartphone haben?"	
Frage	**Antwort**
Finden Sie, dass Jugendliche ab dem 14. Lebensjahr ein eigenes Smartphone haben sollten?	
Haben Sie ein eigenes Smartphone?	
Nach welcher Zeit kaufen Sie sich ein neues Smartphone?	
...	...

Methodenpool

10

10.10 Galerierundgang oder „Markt der Möglichkeiten"

Sollen Ergebnisse in einer „Galerie" oder einem „Galerierundgang" dargestellt werden, müssen sie natürlich zuerst einmal erarbeitet werden, also:

Schritt 1

Erarbeitung in Gruppenarbeit oder an Stationen (Stationen-Lernen).

Schritt 2

- Präsentation der Ergebnisse an Pinnwänden, Wänden, Tafeln usw. in einem oder mehreren Räumen.
- Mitschüler schauen sich die Ergebnisse in Ruhe während eines „Rundgangs" an und machen sich auf einem eigenen Zettel oder auf einem vorgefertigten „Bewertungsbogen" oder „Kriterienkatalog", der neben den Ergebnissen hängt, Notizen.

Beispiel für einen Bewertungsbogen

Bewertungskriterien	Gut	Weniger gut	Nicht ausreichend
Inhalt			
Vollständigkeit			
Sachliche Richtigkeit			
Rechtschreibung			
Layout			
Aufteilung/ Strukturierung			
Schriftart/Schriftgröße			
Ggf. Grafik etc.			

Schritt 3

Die Notizen (auf eigenem Zettel oder auf dem Bewertungsbogen/Kriterienkatalog) werden im Plenum besprochen. Den jeweiligen Gruppen wird ein Feedback gegeben (aus den einzelnen Bewertungen wird also eine „Gesamtbewertung" zusammengesetzt).

Möglichkeiten und Ziele des Galerierundgangs sind:

– Vergleich der verschiedenen Ergebnisse miteinander
– Eindrücke von verschiedenen Ergebnissen gewinnen
– Ideen der Mitschüler aufnehmen
– Austausch mit Gruppenmitgliedern
– Austausch mit „sonstigen Mitschülern", die ebenfalls den Galerierundgang durchführen
– Ideenfindung und Steigerung der Kreativität
– Aufnehmen von Informationen, die in der eigenen Gruppe vielleicht nicht besprochen wurden
– „Bewegte Schule" – da ihr euch aktiv in dem Ausstellungsbereich bewegt

Aufgrund der oben genannten Punkte wird der Galerierundgang oft als „Markt der Möglichkeiten" bezeichnet.

10.11 Gruppenpuzzle

Ein Gruppenpuzzle ist eine abgewandelte Art der Gruppenarbeit und funktioniert wie folgt:

1. Die Teilnehmer werden in Gruppen eingeteilt, die **Stammgruppen** genannt werden. Jedes Gruppenmitglied bekommt nun die Aufgabe, sich mit einem Teilthemenbereich auseinanderzusetzen (einem Puzzleteil also).

2. Nachdem die Teilthemenbereiche verteilt wurden, gehen die **Stammgruppenmitglieder** in ihre entsprechenden Expertengruppen, finden sich also mit den Gruppenmitgliedern aus den anderen Gruppen, die dasselbe Teilthema haben, zusammen.

3. Hat sich jeder **Experte** in der Gruppe die Inhalte des Themenbereichs angeeignet, geht er zurück in seine **Stammgruppe**. Dort werden die Wissensstände ausgetauscht, sodass jedes Gruppenmitglied der Stammgruppe nun einen Überblick über die Inhalte der Themen aus den Expertengruppen bekommt.

10.12 Kriterienkatalog (Checkliste) für Präsentationen

Um Präsentationen bewerten zu können, bietet sich der Einsatz eines Kriterienkatalogs (einer Checkliste) an. Er kann beliebig erstellt und immer ergänzt/verändert werden.

Möchte man einen Kriterienkatalog/eine eigene Checkliste erstellen, sollte darauf geachtet werden, dass das „Grundgerüst" immer wieder verwendet werden kann und lediglich die einzelnen „Bausteine" (Fragen) ausgetauscht werden können. So wird viel Arbeit und Zeit gespart. Beim Erstellen eines Katalogs/einer Checkliste am PC bietet sich die Tabellenfunktion in Word an.

Beispiel für einen Kriterienkatalog/eine Checkliste

Thema der Präsentation:			
Name des Präsentierenden:			
Fragen zum Präsentierenden selbst		Trifft zu	Trifft nicht zu
Aussprache ist laut und deutlich			
Es wird frei gesprochen			
Es wird abgelesen			
Erklärungen erfolgen einfach			
Erklärungen erfolgen umständlich			
Es wird zum Publikum hin gesprochen			
Vortrag ist vollständig			
Inhalte des Vortrags sind richtig			
Rückfragen werden beantwortet			
Körperhaltung passt zum Vortrag (keine Hände in den Hosentaschen usw.)			
Sicheres Auftreten (kein „Zappeln" usw.)			
Fragen zur Präsentation an sich			
Passende Grafiken/Bilder wurden verwendet			
Gut lesbare Schrift (Schriftgröße, Schriftart und Schriftfarbe)			
Keine Rechtschreibfehler			
Keine Grammatikfehler			
Sinnvolle Überschriften wurden gewählt			
Einheitliches Design			
Präsentation passt zum Vortrag			
Bemerkungen			

Sinn eines Kriterienkatalogs/einer Checkliste
Wenn mit einem Kriterienkatalog/einer Checkliste geabeitet wird, hat dies den Vorteil, dass

- während der Präsentation aktiv zugehört werden kann und man „nur seine Kreuze" an der entsprechenden Stelle des Kalalogs setzen muss (also nicht noch Fragen überlegen und die Antworten notieren);
- dadurch Zeit gespart wird;
- nichts vergessen werden kann, was später für die Bewertung der Präsentation/für ein Feedback an den Prässentierenden notwenig ist;
- Richtlinien für sich selbst schriftlich vorliegen, auf die bei eigenen Präsentationen geachtet werden kann.

10.13 Kugellager-Methode

Allgemeines

Häufig kommt es vor, dass ein Meinungsaustausch innerhalb einer Gruppe weniger gut möglich ist. In diesem Fall bietet sich der Einsatz der Kugellager-Methode an. Die Teilnehmer kommen miteinander ins Gespräch, tauschen ihre Gedanken und Meinungen aus und verändern so unter Umständen ihre Betrachtungsweise zu einem bestimmten Sachverhalt.

Was ist notwendig?

Um die Kugellager-Methode durchzuführen, ist eine gerade Anzahl von Teilnehmern notwendig!

 Auch die Lehrerin/der Lehrer können bei dieser Methode mitmachen, um die notwendige Teilnehmerzahl zu erreichen!

Vorgehensweise

1. Alle Teilnehmer verteilen sich in einem Innen- sowie Außenkreis und zwar so, dass jeder Teilnehmer ein direktes Gegenüber hat.
2. Die Lehrerin/der Lehrer gibt die Diskussion zu einem bestimmten Themengebiet frei, welches er vorher erläutert hat.
3. Die Teilnehmer tauschen sich mit ihrem Gegenüber zu diesem Themengebiet aus.
4. Nach einer gewissen Zeit (etwa fünf Minuten) gibt die Lehrerin/der Lehrer ein Signal und die Teilnehmer des Innenkreises rutschen zwei Plätze im Uhrzeigersinn weiter. Die Diskussion beginnt mit dem neuen Gegenüber von vorne.
5. Nach weiteren z. B. fünf Minuten gibt die Lehrerin/der Lehrer das Signal erneut und der Außenkreis rutscht gegen den Uhrzeigersinn zwei Plätze weiter. Es beginnt der Gedankenaustausch mit dem „neuen" Gegenüber.
6. Nach einer gewissen „Rotationsphase" beendet die Lehrerin/der Lehrer" die Kugellagermethode.

 Im Plenum kann über die während der Durchführung gewonnen Erkenntnisse nochmals kurz diskutiert bzw. offene Fragen erläutert werden.

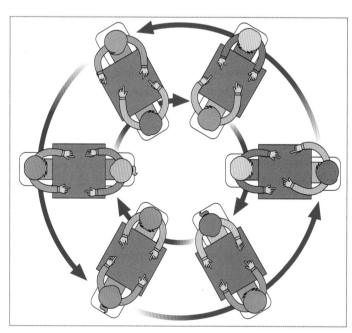

Ziele der Kugellager-Methode

- Meinungsaustausch
- Aktives Zuhören
- Förderung der Kommunikationsfähigkeit
- Anregung zum Nachdenken über andere Meinungen

10.14 Lernkartei

Allgemeines

Um sich wichtige Informationen zu Themenbereichen schnell einzuprä-
gen und diese nicht immer aus langen Hefteinträgen suchen zu müssen,
bietet sich das Anlegen einer Lernkartei an.

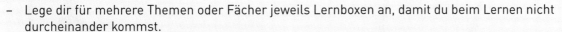

Vorgehensweise

– Lege dir eine Lernbox an und beschrifte diese mit deinem Themenbereich.
– Notiere auf Karten, die in deine Lernbox passen, auf der Vorderseite
  ein Stichwort oder eine Frage und auf der Rückseite die entsprechende Lösung.
– Teile deine Lernbox in mehrere Fächer ein.
– Lerne jetzt mithilfe der Karten deinen Themenbereich.
– Karten mit Fragen oder Stichwörtern, die du nicht beantworten
  kannst, stellst du in deiner Lernbox wieder in das Fach 1 zurück.
– Karten mit Fragen oder Stichwörtern, die du beantworten kannst, wandern ins Fach 2 und werden
  nach etwa zwei Tagen nochmals angeschaut. Solltest du diese dann nicht mehr beantworten können,
  müssen sie erneut ins Fach 1 gestellt und geübt werden.

– Lege dir für mehrere Themen oder Fächer jeweils Lernboxen an, damit du beim Lernen nicht
  durcheinander kommst.
– Du kannst auch mehrere Fächer innerhalb der Lernbox anlegen, z. B.:
  – Fach 1: Karten mit Fragen oder Stichwörtern, die du noch nicht beantworten kannst
  – Fach 2: Fragen oder Stichwörter, die du richtig beantwortet hast und nach zwei Tagen
    wiederholst und wieder konntest (diese wandern dann ins Fach 3)
  – Fach 3: Fragen oder Stichwörter, die du nach zwei Tagen immer noch richtig beantwortet
    hast und nun nach fünf Tagen wiederholst.

1. Lernbox beschriften	2. Karteikarte beschriften	3. Karteikarten einsortieren und mit dem Lernen loslegen!

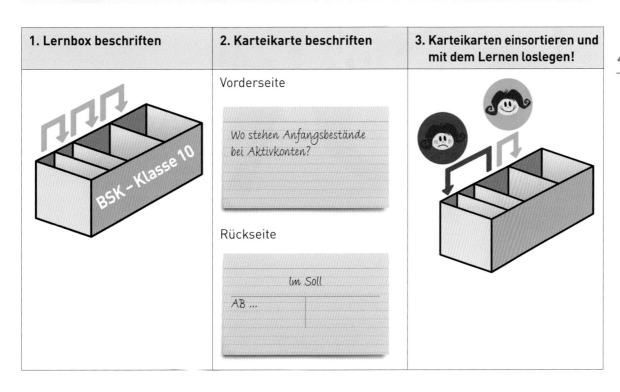

Vorderseite

Wo stehen Anfangsbestände
bei Aktivkonten?

Rückseite

Im Soll

AB ...

Methodenpool · 10

10.15 Mindmaps (Gedächtniskarten) erstellen

Sollen verschiedene Unterpunkte, die zu einem Hauptpunkt gehören, übersichtlich dargestellt werden, bietet sich eine Mindmap an. Oft wird diese auch als Gedächtniskarte oder Landkarte bezeichnet. Sie eignet sich hervorragend, um Themenbereiche zusammenzufassen und später mit der Mindmap diesen Themenbereich zu lernen.

Eine Mindmap ist wie folgt aufgebaut und sollte nach folgenden Grundsätzen erstellt werden:

Aufbau	Grundsätze
– Mittig steht das Hauptthema – An den einzelnen Ästen und Unterästen werden die Unterthemen an das Hauptthema gehängt – Grafiken unterstützen die jeweiligen Aussagen	– Ausreichend Platz für die Mindmap vorsehen (am besten Querformat) – Nur Stichworte verwenden – Genaue Gliederung vornehmen – Grafiken verwenden

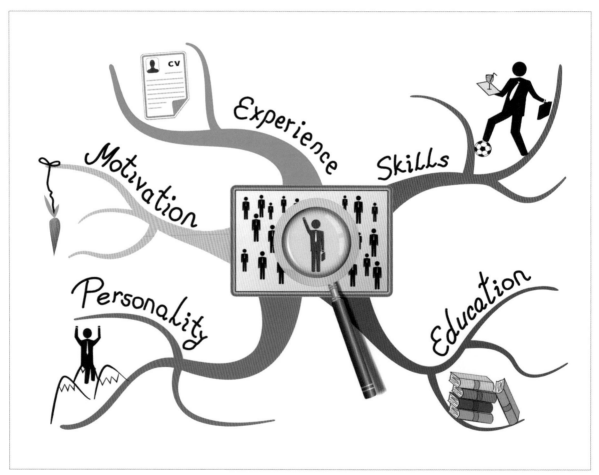

Mit dem Programm MindManagerSmart können problemlos und einfach Mindmaps erstellt, bearbeitet und formatiert werden. Einfach Programm öffnen, neue Mindmap erstellen und speichern sowie drucken oder in ein anderes Programm (Word, Paint) exportieren!

10.16 Plakatgestaltung

Wenn Schüler in einer Gruppenarbeit bestimmte Zusammenhänge und/oder Informationen sammeln und bearbeiten, können sie ihren Mitschülern die Ergebnisse mithilfe eines Plakats visuell vermitteln.

Es werden zwei Plakattypen unterschieden:

- Zum einen kann das Plakat zur Unterstützung eines Vortrages im Unterricht eingesetzt werden. Es enthält relativ wenig Text und wird deshalb eigentlich nur durch ergänzende Erläuterungen des Vortragenden verständlich.
- Zum anderen kann ein Plakat als Aushang im Klassenraum oder bei einer Ausstellung eingesetzt werden. Bei dieser Variante bedarf es keinerlei „Erklärungen", die Inhalte des Plakats sind auch ohne Zusatzinformationen verständlich.

Bei der Plakatgestaltung solltest du auf Folgendes achten:

- Wähle für dein Plakat eine passende Überschrift.
- Arbeite möglichst nur mit Stichpunkten/Schlagworten.
- Deine Schrift ist groß und gut lesbar.
- Dein Plakat hat einen logischen Aufbau, der sofort erkennbar ist.
- Jedes Plakat wird durch den Einsatz von Farben übersichtlicher. Beachte aber, dass die Farben sinnvoll eingesetzt werden.
- Jedes Plakat kann auch noch vom anderen Ende des Klassenzimmers gut gelesen werden.
- Weniger ist mehr! Achte darauf, das Plakat nicht mit Informationen zu überfrachten.
- Der Text kann durch Bilder und Grafiken unterstützt werden.

Bei der Präsentation der Plakate solltest du Folgendes berücksichtigen:

- Achte zu Beginn darauf, dass jeder Teilnehmer freie Sicht auf das Plakat hat.
- Lies die Angaben auf dem Plakat nicht vor.

Beim Deuten auf das Plakat solltest du den Zuhörern nicht den Rücken zuwenden. Ferner ist es selbstverständlich, dass du dich während der Präsentation nicht vor dem Plakat aufhältst. Dein Standort ist immer neben dem Plakat. Deute mit dem Handrücken auf das Plakat, dann stehst du automatisch richtig.

10

Methodenpool

10.17 Portfoliomappe

Allgemeines

Sollen wichtige Unterlagen zu einem bestimmen Vorgang, einem Projekt, einem Themenbereich aufbewahrt werden, bietet sich das Anlegen einer Portfoliomappe an. In dieser werden geordnet alle anfallenden Unterlagen zu dem jeweiligen Vorgang, Projekt bzw. Themenbereich aufbewahrt und können später vom „Anleger" noch einmal gesichtet und/oder zum Lernen verwendet werden.

Inhalte können sein:

- Protokolle von Besprechungen (z. B. während der Gruppenarbeit)
- Protokolle von Befragungen
- Fragebögen
- Kurzreferate
- Mindmaps
- Notizen zu dem jeweiligen Themenbereich
- Bilder und Zeitungsausschnitte
- Lerntagebucheinträge (Die beinhalten Fragestellungen wie:
  - Wie lerne ich?
  - Wie habe ich mich in der Themenstellung zurück gefunden?
  - Wo habe ich Hilfe benötigt?
  - Kenne ich alle Methoden, die ich zum Lösen der Aufgabe brauche?
- „Handlungsprodukte" (Fotos von den Ergebnissen)
- Reflexionen
- usw.

Tipps zum Aufbau und den Inhalten einer Portfoliomappe:

- **Erstelle** ein gut gestaltetes Deckblatt mit deinem Namen, deiner Klassenbezeichnung und deinem Themenbereich.
- **Erstelle** ein Inhaltsverzeichnis (unter Berücksichtigung der Tabstoppfunktion oder mit der Inhaltsverzeichnisfunktion, welche Word bietet – Achtung: vorher müssen die Überschriften als Formatvorlage definiert werden!)
- **Hefte** deine ersten Gedanken zu deinem Themenbereich, in der Portfoliomappe ab (Mindmaps, Aufzählungspunkte, Spickzettel, usw).
- **Erstelle** alle benötigten Unterlagen, alle Materialien unter Berücksichtigung der DIN-Regeln (denke natürlich auch an Rechtschreibung und Grammatik und eine gute Gestaltung) am PC und **lege** diese ebenfalls in deiner Portfoliomappe ab (dies können auf Fotos von fertigen Handlungsprodukten sein!).
- **Reflektiere** deine Arbeit, ggf. die Zusammenarbeit mit Mitschülern, einzelne Arbeitsschritte während der Bearbeitung des Themenbereichs (Fragen, wie „Wie habe ich mich gefühlt", „Was war gut, was war weniger gut", können dir dabei helfen.)
- **Nutze** zur besseren Übersichtlichkeit die Tabellenfunktion in Word unter Berücksichtigung der dazugehörigen DIN-Regeln.
- **Gib** Zitate oder fremde Textstellen als Fußnoten in deinen Dokumenten/Plakaten an, wenn du welche verwendet hast.
- **Füge** am Ende deiner Portfoliomappe ein Quellenverzeichnis (auch von Grafiken oder Statistiken, die du evtl. verwendet hast) ein.

Ziele

- Vollständige Dokumentation von Vorgängen und Projekten in einer Mappe
- „Nachschlagewerk" zum Nachvollziehen von Arbeitsschritten bzw. zum Lernen
- Gedächtnisstütze

10.18 Präsentationsmedien Flipchart und Folie (Overheadfolie)

Während eines Vortrags bietet sich oft das Visualisieren auf verschiedenen Präsentationsmedien wie Flipchart oder Folien an.

Dabei müssen folgende Vorüberlegungen angestellt werden:

- Was möchte ich auf meinen Medien präsentieren?
- Wie kann ich die Inhalte übersichtlich und ansprechend darstellen?
- Was eignet sich für meine Zwecke – Flipchart oder Folie?
  - Wie viel Platz benötige ich für die Informationen?
  - Was sagt die Raumausstattung?
  - Wer ist mein Publikum?

Eine ordentliche und übersichtliche Gestaltung des Mediums ist das A und O für das erfolgreiche Präsentieren. Schlecht gestaltete Folien oder Flipchartblätter wirken auf die Zuhörer abschreckend oder belustigend und die Präsentation kann – wie man umgangssprachlich sagt – „schneller in die Hose gehen, als man schauen kann".

Gestaltung – aber wie?

Gemeinsamkeiten	
Flipchart und Folie	– Ordentlich schreiben! Deine Schrift muss für jeden lesbar sein. – Geeignete Schriftgröße wählen (nicht zu klein). – Vermeide Rechtschreib- und Grammatikfehler. – Der Einsatz von Farben bietet sich oft an, um eine bessere Übersicht zu gewährleisten, aber bedenke: Weniger ist mehr. – Ggf. Grafiken oder Diagramme zur Veranschaulichung/Visualisierung einfügen. – Informationen gut strukturiert darstellen, um Übersichtlichkeit zu gewährleisten. – Ggf. Handout für die Präsentationsteilnehmer erstellen, damit sie während der Präsentation nicht mitschreiben müssen.
Besonderheiten	
Flipchart	– Möglichst dickere Stifte verwenden. – Möglichst nur Stichpunkte verwenden. – Eignet sich unter Umständen auch als „NOTIZBRETT" während einer Präsentation.
Folie	– Geeignete Stifte wählen (Folienstifte, wasserlöslich – wenn die Daten später nicht mehr verwendet werden, wasserfest – wenn die Folie mehrmals benötigt wird). – Folie nicht bis zum Rand beschriften (oft schneidet der Projektor die Seitenränder ab).

Wichtig bei der Nutzung von Overheadfolien ist, dass die technischen Geräte vor der Präsentation ausprobiert werden. Falls ein Gerät defekt ist, kann es noch rechtzeitig ausgetauscht werden und einer erfolgreichen Präsentation steht nichts im Wege.

Methodenpool

10

10.19 Präsentieren, aber wie?

Richtig präsentieren bedeutet, dass zum einen das Medium, mit dem präsentiert wird, stimmen muss, zum anderen das Auftreten des Präsentierenden selbst.

Vorüberlegungen

- Was möchte ich präsentieren, also welche Inhalte muss meine Präsentation haben?
- Wie möchte ich präsentieren (Flipchart, Folie, Plakat, PowerPoint-Präsentation)?
- Eignet sich das von mir ausgesuchte Medium eigentlich für meine Präsentation? (Wie ist die Raumgröße? Gibt es überhaupt einen PC oder Beamer in dem Raum, in dem präsentiert wird?)

Wenn du dich entschieden hast, welches Medium du einsetzt, kannst du deine Präsentation erstellen. Dabei solltest du auf die nachfolgenden Punkte achten:

Präsentation selbst (Darstellung)

- Einheitliches Design
- Möglichst nur Stichpunkte auf dem Präsentationsmedium verwenden
- Dein Inhalt muss vollständig und richtig sein
- Folien, Plakate nicht bis zum Rand beschriften
- Geeignete Schriftgrößen verwenden (nicht zu klein schreiben, damit auch in der letzten Reihe des Präsentationsraums der Text gelesen werden kann)
- Nicht zu viele Farben verwenden
- Ggf. Grafiken oder Diagramme mit einbinden und dafür auf Text verzichten
- Rechtschreib- und Grammatikfehler vermeiden
- Präsentation muss von der Gestaltung und dem Aufbau her zum Vortrag/dem Thema passen
- Ggf. Quellenangaben machen (wenn du Bilder aus dem Internet verwendest, musst du angeben, woher sie genau stammen)

Auftreten während der Präsentation

- Möglichst frei sprechen und nicht ablesen
- Rückfragen müssen beantwortet werden
- Keine Hände in den Hosentaschen haben
- Äußeres Erscheinungsbild muss zur Präsentation passen
- Laut und deutlich sprechen
- Auf sicheres Auftreten achten (ggf. vor dem Spiegel üben)
- Nicht „zappeln"

Nachbereitung

- Was war gut – was war weniger gut?
- Bin ich mit meiner Leistung zufrieden?
- Wie habe ich mich während der Präsentation gefühlt?
- Was würde ich bei der nächsten Präsentation anders machen – umstellen?

„Übung macht den Meister."

Methodenpool

10

10.20 Pro-Kontra-Liste

Die Begriffe „Pro" und „Kontra" sind dir sicherlich schon einmal begegnet. Der Begriff „Pro" stammt aus dem Lateinischen und bedeutet „dafür" – das Wort „Kontra" heißt übersetzt „dagegen".

Bei einer Pro-Kontra-Liste geht es also darum, welche Argumente FÜR und welche Argumente GEGEN eine Entscheidung sprechen.

Tim möchte sich ein neues Handy kaufen. Er überlegt, was dafür und was dagegen spricht, und hält seine Gedanken fest:

Pro	Kontra
– Besserer Empfang als das alte Handy – Cool auf dem Pausenhof – ... – ...	– Teuer – Empfindlicher, wenn es runterfällt – Internetflat notwendig, damit die Updates des Handys günstig heruntergeladen werden können – ... – ...

Nachdem Tim nun die einzelnen Argumente gegenübergestellt hat, muss er entscheiden, ob er bei seinen Eltern den „Antrag auf ein neues Handy" stellt oder den Gedanken wieder fallen lässt.

Wichtig bei der Pro-Kontra-Liste ist, dass man sich wirklich Gedanken über den Themenbereich macht und sie erst dann notiert.

10

Methodenpool

10.21 Referate anfertigen – aber wie?

Du musst einen Vortrag in Form eines Referates halten? Keine Panik, wenn du einige Regeln einhälst, kann bei deinem Referat nichts schief gehen!

Grundsatz
Bringe wichtige Informationen auf den Punkt!

„Vorarbeiten"

– Informiere dich über deinen Themenbereich mithilfe von Fachbüchern, Fachzeitschriften, Internet ... und fasse wichtige Informationen zusammen (in einer Mindmap, auf Karteikarten ...)
– Überlege dir einen klaren Aufbau für dein Referat, also:
  1. Wie gestalte ich die Einleitung?
  2. Was gehört in den Hauptteil?
  3. Welche Inhalte hat mein Schluss?

Erstellen des Referats

– Erstelle ein ansprechendes Deckblatt für dein Referat.
– Erstelle dein Referat in schriftlicher Form! Achte dabei auf ansprechende Formulierungen, Grammatik und Rechschreibung.
– Verwendest du Grafiken/Bilder, Zitate oder Auszüge aus Büchern oder dem Internet in deinem Referat, musst du die Quellenangaben aufführen (als Fußnote oder in einem extra (Bild-)Quellenverzeichnis).
– Nimm entsprechende Formatierungen nach der DIN 5008 vor.
– Drucke dein Referat aus und gib es möglichst geheftet ab (in einem Schnellhefter, Heftstreifen), damit keine Unterlagen verloren gehen.

Halten des Referats

– Bereite dich auf das Halten des Referats gut vor.
– Übe es vor dem Spiegel oder trage es deinen Eltern/Freunden/Bekannten vor.
– Stehe gerade und spreche laut und deutlich.
– Sei selbstsicher, dann wird dein Referat ein Erfolg!

10.22 Spickzettel anfertigen

Diese Aussage habt ihr sicherlich schon mehrfach in eurem Schulleben gehört!

Und trotzdem werden täglich Tausende von Spickzetteln geschrieben! Aber warum eigentlich?

Ein Spickzettel dient dazu, wichtige Informationen zu einem oder mehreren Themenbereichen kurz, knapp und übersichtlich darzustellen, damit der Spickzettelschreibende diese zum einen **besser behalten** und zum anderen **des Öfteren nachlesen** kann. Durch dieses Vorgehen prägt sich das Geschriebene besser im Gehirn ein und kann z. B. bei Proben leichter abgerufen werden – und zwar dann **OHNE** Spickzettel!

Er soll nämlich nicht der Täuschung eines Lehrers dienen!

Wie schreibe ich einen Spickzettel, damit ich mit diesem besser lernen kann?

- Lies die zu lernenden Informationen genau durch und markiere wichtige Stellen.
- Schreibe die von dir gefundenen Informationen stichpunktartig auf einem Spickzettel zusammen. Achte dabei auf Übersichtlichkeit und eine gute Lesbarkeit. Die Größe des Spickzettels spielt keine Rolle – der Spickzettel kann im A4-Format oder in einem anderen, kleineren Format erstellt werden. Wichtig ist allerdings, dass er überallhin mitgenommen und somit an jedem Ort mit ihm gelernt werden kann.
- Lerne nun mithilfe des Spickzettels die wichtigen Informationen!

Du kannst auch deine eigenen Gedanken zu einem Themenbereich auf einem Spickzettel notieren und dann mithilfe von diesem mit deinen Mitschülern über die Gedanken diskutieren!

10

Methodenpool

10.23 Szenische Darstellung

Sollen Situationen praxisnah inszeniert werden, bietet sich eine szenische Darstellung an. Es werden also Szenen oder Sketche nachgespielt. Der Unterschied zum Rollenspiel besteht darin, dass bei einer szenischen Darstellung keine exakten Requisiten benötigt werden. Die Schauspieler müssen sich also nicht wirklich in eine Rolle mithilfe von *Kleidung* und *Requisiten* hineinversetzen.

Vorgehensweise

1. Überlege, wie du deinen Themenbereich mithilfe einer szenischen Darstellung präsentieren könntest.
2. Notiere Stichpunkte, die unbedingt während der szenischen Darstellung angesprochen werden müssen.
3. Frage dich: **Was** will ich mit der szenischen Darstellung erreichen? **Welches** Ziel verfolge ich?
4. Finde einen netten Einstieg.
5. Sei in deiner Rolle überzeugend, ohne zu lachen oder lustige Gesten zu machen, es sei denn, diese gehören zu deiner Rolle.
6. Überzeuge deinen Gegenüber von deiner Forderung (wenn du z. B. der Auszubildende bist und dein Gegenüber der Chef ist und du möchtest ein Fachbuch von diesem für die Berufsschule gezahlt bekommen) und natürlich auch das Publikum.
7. Lasse deine eigenen Gedanken und Gefühle einfließen. So wirkst du noch überzeugender.
8. Finde einen Abschluss für deine szenische Darstellung (z. B. Verabschiedung).

Nachbearbeitung

In einer Plenumsrunde soll im Anschluss an die szenische Darstellung über den Inhalt, das verfolgte Ziel sowie die Durchführung gesprochen werden. Denke dabei an: konstruktives Feedback geben, Feedback annehmen.

Anhang

Sachwortverzeichnis

A

Anhang

A

Anhang

A

Anhang

Bildquellenverzeichnis

Fotolia Deutschland GmbH, Berlin:
S. 9.1, 9.2, 9.3, 18, 45.7, 49, 50.1, 50.2, 56.1, 62.1, 61.2, 63, 69.1, 69.2, 82, 87, 94, 102, 103, 125, 130.1, 130.2, 131, 134, 140, 146, 147.1, 147.2, 148, 155.1, 155.2, 156.1, 156.2, 157.1, 157.2, 158, 159, 201, 304.1, 304.2, 306, 309.1, 310.1, 310.2, 311, 314, 315, 318.1, 318.2, 320, 321, 322, 324.1, 324.2, 328 (Trueffelpix), S. 40 (Avanne Troar), S. 45.1 (tackgalichstudio), S. 45.2 (axel kock), S. 45.3 (Andrey Popov), S. 45.4 (pixelproHD), S. 45.5 (schepers_photography), S. 45.6 (geniuskp), S. 47. (anelluk), S. 56.2 (Carsten Reisinger), S. 59 (koya979), S. 60 (ufotopixl10), S. 65 (dessauer) S. 68 (fotogesoeber), S. 71 (alexsl), S. 72 (Malchev), S. 75, 309.2 (Coloures-pic), S. 86.1 + S. 86.2 (Redshinestudios), S. 89 (redline 1980), S. 117 (Sascha Bergmann), S. 160 (.shock), 285 STEVE JOBS , S. 307 (DOC RABE Media), S. 313 (photo4luck), S. 319 (rendermax),S. 325.1, S.325.2 (ra2 studio), S. 326, S. 327.1, 327.2 (thingamajiggs), S. 329.1 329.2, S. 330 (sinseeho)

iStock: S. 13 (Maydaymayday), S. 305.1 (aluxum), S. 305.2 (GlobalStock), S. 312.1 (sturti), S. 312.2 (Alex-Raths), S. 312.3 (ericsphotography), S. 312.4 (style-photographs),

Eigene Bilder der Autoren: 14.1, 14.2, 17,